치마폭에 흐르는 중국역사

– 황제의 여인들 –

짜오지엔민 지음

곽복선 옮김

마인드탭
MIND TAP

역자 서문

중국 역사의 주인공은 누구인가?

일반적으로 제왕, 관료, 환관, 외척의 넷이 손에 꼽히며 이들을 통해 역사의 속내를 이해하는 것이 보통이다. 수많은 왕조가 세워지고 멸망하고 하면서 수천 년에 걸쳐 내려 온 중국역사의 격랑 속에서 언제나 주인공은 대부분 남성들이었다. 물론 정권을 쥐락펴락하였던 여태후, 가남풍, 측천무후, 서태후 같은 지독한 여인들이 있었기는 하였지만 대부분의 여성들은 역사 속에서 조연(또는 화려한 조연)의 역할을 하였다고 볼 수 있다.

그러나 짜오지엔민이 젊은 날 심혈을 기울여 써내려갔던 황후와 비빈들의 이야기인 〈치마폭에 흐르는 중국역사(黃冠與鳳冠)〉를 보고나니 오히려 중국역사의 중심에 여성들이 있었음을 알게 되었다. 어쩌면 남성들은 그녀들의 보이지 않는 실에 연결된 꼭두각시일지 모른다는 생각이 들 정도였다. 물론 그 꼭두각시가 절대권력을 쥔 군주였기 때문에 실이 끊어지면 대번에 피바람이 일어나곤 하였지만 말이다. 중국역사를 보는 이러한 새로운 시각도 있음을 독자들에게 알리고 싶은 마음에 이 책을 번역하게 되었다.

진정 중국의 역사를 속속들이 이해하고 싶다면, 중국의 여인들을 이해하고 싶다면 아니 그 보다 인간이란 존재의 그 깊은 욕망을 알고 싶다면 이 책은 좋은 안내서가 될 것이다.

나이를 떠나 오랜 친구인 상하이대학 짜오지엔민 교수의 책을 세 권 째 출간하게 되었다. 상하이 근무 시에 그의 책을 읽고 그와 만난 지 어느새 20년 가까이 된다. 이번에도 그의 글을 번역하면서 그의 유려한 문장을 한국어로 다 풀어내지 못하는 점이 깊은 아쉬움으로 남는다.

끝으로 30년 넘는 결혼 생활에도 묵묵히 옆에서 도와주는 아내 선미와 미국 유학에서 돌아와 연구소에 다니는 딸 혜린과 출판사에 취직해 여러 가지로 바쁜 가운데도 도움을 준 아들 인철에게 감사를 전하고 싶다. 또한 부족한 필력임에도 흔쾌히 출판을 허락한 마인드탭과 직원들께 깊은 감사를 드린다.

2017. 12.
바람이 차져가는 황령산 자락에서
곽복선

한국어판 서문

〈도덕경(道德經)〉에서는 '도에서 하나가 나오고 하나에서 둘이 나오고, 둘에서 셋이 나오고, 셋에서 만물이 나온다. 만물은 음을 등에 지고 양을 가슴에 안고 있으면서 비어있는 기로 조화를 이룬다(道生一, 一生二, 二生三, 三生万物, 万物负阴而抱阳, 冲气以为和).'고 한다.

〈역경(易經)〉에서는 '역에는 만물의 근원인 태극(太極)이 있어, 양의를 낳는다(易有太极, 是生兩儀).'고 한다.

〈여씨춘추 · 대악(呂氏春秋 · 大樂)〉에서는 '근원적 하나(太一)가 양의를 낳고 양의가 음양을 낳는다(太一出兩儀, 兩儀出陰陽)'고 한다.

이러한 중국의 옛 책들은 우주의 본체는 세계만물을 안에서 밖으로, 통일에서 음양(陰陽)의 대립과 조화를 이루게 한다고 기술하고 있다. 자연이든 인간사회이든 음과 양의 제일 기본적인 두 가지 요소로 구성되지 않은 것은 없다.

중국의 역대 왕조에서 음양이 서로 어울린 조직을 전형적으로 반영하고 있는 것은 바로 남자들의 세계인 조정(朝廷)에 상대되는 여인들의 세계인 내궁(內宮)이다. 지위, 권력, 부유함을 제일 고귀한 형식으로 한 몸에 집중시킨 군주는 부권사회에서 논쟁의 여지가 없는 유일무이한 남성의 대표로 천하의 여성에 대해 수적으로나 질적으로나 독특한 지배권을 가지고 있었다.

중국의 예법과 의례를 집대성한 경전의 하나인 〈예기(禮記)〉에 '옛 시대 천자와 황후가 육 궁(宮), 삼 부인(夫人), 구 빈(嬪), 이십칠 세부(世婦), 팔십일 어처(御妻)를 세운다고 명확히 규정하고 있다. 이것은 단지 예법규례를 지키는 군주가 배우자를 선택하는 행위일 뿐 예법규례 외의 여인을 획득하는 것을 포함하고 있지 않는다. 미인선발의 과정과 다른 경로를 통해 출현한 군주 신변의 여인들이 군주가 보유한 방대한 여성세계 즉 내궁(內宮)을 구성하였다.

자연세계와 인류사회를 대비시키는 음양의 도로 말하자면 군주는 해(日)이며 황후는 달(月)로 해와 달이 서로 비추면서 음양의 조화를 구성하는 최고표현이 되고 있다. '천자와 황후는 해가 달과 같이하며, 양이 음과 같이 하는 것과 같아서 서로를 필요하도록 구성되어 있다.' 황후는 내궁여성의 주인이며, 천하 모든 여성들의 모범으로 천하의 어머니로서의 자격을 갖추었다. 황후와 비빈, 궁녀들로 구성된 내궁은 절대로 여성들이 숨죽여 사는, 죽은 물만 고여 있는 호수가 아니며, 기만과 기이함, 세파가 격렬하게 몰아치는 생명력 넘치는 가장 큰 무대이다. 부드러움을 귀하게 여기는듯한 내궁의 분위기 속에서, 여인들 마다 자신의 생존과 발전을 위하여 자각하든 자각하지 못하든, 주동적이든 피동적이든 끊임없는 음모와 싸움, 전술과 책략이 난무하는 피비린내 나는 투쟁에 뛰어들어야했으며, 이를 통해 그녀들의 미래가 활짝 피어날 것이냐 쇠락할 것이냐를 결정하였다.

생존이란 차원에서 보면 이러한 여성의 세계는 외부의 남성세계와 거의 차이가 없었다. 그녀들은 지위를 갈망하였다 — 지위가 이러한 세계 속에서 그녀들의 존귀함과 비천함을 결정하였기 때문이었다. 그녀들은 권력을 추구하였다 — 권력이 이러한 세계 속에서 그녀들의 지배력을 결정하였기 때문이다. 그녀들은 — 정을 갈망하였다 — 애정이 이러한 세계 속에서 그녀들의 삶의 윤택함을 결정하였기 때문이다. 그러나 이 모든 것들은 그녀들의 개인의지만으로 결정되는 것이 아니었으며, 무수한 내궁의 규칙, 규례 및 금기의 제한을 받아야 했다. 당시 사회가 허락하는 범위 안에서 그녀들의 행위는 합리적인 인생궤적으로 여겨질 수 있으며, 심지어는 역사의 긍정과 칭찬을 얻을 수 있었다. 그러나 만일 사회적 제한을 넘어선다면 화근[禍水]으로 지적되어 역사의 채찍과 욕설을 받게 될 수 있었다. 사실 그녀들에 대한 평가는 지금도 계속되고 있으며, 그녀들의 이야기를 읽는 독자들의 마음에 따라 그녀들에 대한 각각의 평가가 다르게 된다. 모든 황후와 비빈은 역사서에 기재된 추상명사나 무미건조한 기록이 결코 아니며, 불꽃과 연기가 넘쳐나는 봄가을의 아름다움 속에서 그녀들 모두는 아주 활기찬 생명력을 가지고 있었으며, 일반 사람과 다름없는 희로애락, 욕망과 감정을 가지고 있었다. 그렇기 때문에 이로부터 일어났던 일들은 풍부하고 생동감이 있으며 역사의 무대에서 결코 사라질 수 없는 독특한 질감을 드러내고 있다.

중국과 한국은 아주 가까운 이웃으로 문화적으로 같은 전통을 가지고 있고, 역사적으로 비슷한 경로를 걸어왔다. 중국의 주요 왕조는 하, 은, 주, 춘추전국시대, 진, 한, 삼국, 위, 진, 남북조, 수, 당, 오대, 송, 원, 명, 청이 있었다. 한국에는 역사적으로 기자조선, 위만조선, 삼국, 통일신라, 후삼국, 고려, 조선이 있었다. 두 나라의 왕조를 비교해 보면 내궁의 제도, 인사, 변화, 발생한 이야기들에 있어 사람의 이름, 땅이름이 다른 외에는 전체적으로 놀라울 정도로 유사한 모습을 보여 주었다. 수년전 중국에서 인기리에 방영되었던 〈대장금〉, 〈보보경심〉 등 연속극은 한국 왕조 내궁의 이야기를 통해 우리의 심금을 울리면서 흥분하게하기도 황홀한 경지로 이끌기도 하는 장면들을 연출하였다. 이들이 중국인들의 관심을 끌었던 근본적인 원인은 한국왕조 내궁의 모습이 중국왕조의 내궁과 방식은 다르지만 똑같은 효과를 가지는 미묘함이 있었으며, 양국의 문화풍속의 뿌리가 같았기 때문이다.

한국의 독자들이 이번에 한국어로 번역 출간되는 〈치마폭에 흐르는 중국역사(皇冠與鳳冠)〉를 읽고 나면 한중 양국의 역사적 동질감과 친근감을 갖게 될 것이라고 생각한다. 이 책을 번역한 경성대학교 중국학과 곽복선 교수는 중국에서 오랜 기간 생활하면서 풍부한 업무 경험을 가지고 있을 뿐만 아니라, 중국역사와 문화에 대해 나름의 식견과 감성을 가지고 있어 한중 양국의 문화교류에 도움을 주고 있다. 그는 금세기 초 나의 저작 〈개원의 치세(盛世魂—大唐玄宗時代)〉를 번역 출판하였으며, 이어서 나의 저작 〈빼어난 속물 — 죽림칠현(竹林七賢)〉을 번역 출판하였다. 이 두 권의 중국역사서 출판은 매체에서 나름의 높은 평가를 받은 바 있다. 곽 교수가 나에게 〈치마폭에 흐르는 중국역사(黃冠與鳳冠)〉를 번역 출판하겠다고 하였을 때 나는 흔쾌히 이를 받아들였다. 그가 원고를 다 번역하고 출판사에 건네주면서 내게 한국독자를 위한 서문을 요청하여 왔다. 나는 그의 명령을 흔쾌히 이행하는 외에는 다른 선택이 없었기에 이 한국판 서문을 쓰게 되었다. 곽 교수의 번역 업무는 내가 알기론 그의 현명한 아내의 내조에 힘입은 바가 크다. 이 자리를 빌어서 곽 교수 내외에게 진정한 감사를 드린다. 또한 이 책을 출판하는 출판사와 관련된 모든 분들께 감사를 드린다.

짜오지엔민(趙劍敏)

2017. 12.

상해 자택에서

머리말

나무 그늘이 해를 가리는 산길을 넘어, 마차와 말이 끊임없이 다니는 번잡한 큰길 위로 꽃가마가 하나하나 지나간다. 황궁을 향하여 구중궁궐 안으로 들어간다. 사치향락이 극에 달하던 태평성대든 전쟁의 불길이 여기저기 일어나던 혼란한 세월이든 꽃가마들은 한가로이 흔들거리며 끊임없이 들어간다.

꽃가마에서 천천히 내려서는 여인들. 미소를 머금거나 볼에 눈물 자국이 있거나 간에 그녀들은 제왕의 처와 첩, 즉 황후와 비빈이 되거나 아니면 직분이 없는 궁녀가 되었다.

일부다처제가 법도인 국가의 가부장 중의 가부장인 중국의 제왕이 거느렸던 여인의 수는 홀아비들의 말문을 막히게 할 정도를 넘어서 서양의 왕들 역시 발밑에도 미치지 못하게 한다. '삼궁육원칠십이비(三宮六院七十二妃)'는 마음이 깨끗하고 욕심이 적은 제왕의 가계이며, 수천 수만의 미녀들로 풍류 넘쳐나는 내실에서 천자는 풍류를 즐겼다.

오늘날 간단명료하게 남아 있는 자료에서 찾아볼 수 있는 황후비빈들의 이름은 황궁에 들어간 여인들의 만분의 일도 되지 않는다.

당시의 사회가 피라미드 구조였듯이, 내궁(內宮)도 마찬가지였다. 두 피라미드는 똑같이 등급이 엄격하였다. 태황태후(太皇太后), 황태후(皇太后), 황후(皇后)로부터 비빈(嬪妃), 여관(女官), 궁녀에 이르기까지 내궁은 여인천하를 이루었다.

여인천하의 모든 여인들은 오직 한 남자, 군주만을 둘러싸고 움직여야 했다.

한 남자만을 둘러싸고 돌고 돌면서 얼마나 많은 이야기들을 만들어냈던가? 마음이 갈기갈기 찢어지는 듯한 이야기들, 희한하고 드문 괴이한 이야기들, 후세 사람들에게 흥미진진함을 더해주는 이야기들…

우리가 흥미진진하게 느끼는 이야기들이 그 당시에는 절대로 그렇게 감동적일 리가 없었다. 삶과 죽음의 투쟁, 영혼과 육체의 충돌, 자유와 질식의 격투. 이러한 것들이 시도 때도 없이 꽃같이 아름답고 옥같이 고운 육체들을 괴롭혔다.

일단 궁궐에 들어서면 천국처럼 보이는 지옥에 발을 들여 놓은 것이다.

그녀들은 공동으로 소유한 유일한 남자가 안배하는 그대로 해야 했지만 동시에 그와 은근하게 힘겨루기를 해야 했다. 자기의 가치를 실현하기 위해서는 그에게서 자신에 대한 호감, 환심, 총애를 반드시 얻어내야 했으며, 하늘이 도와 그의 아들을 낳고 언젠가 봉황이 새겨진 황후의 관을 쓰기를 간절히 바랐다. 이러한 길을 걸어가지 못하면 그녀들은 적막히 떠도는 밤배가 될 수밖에 없었다.

'삼천궁녀를 대표해 자기 한 몸에 총애를 받는다.'고 해도 그것이 반드시 복이라고 할 수도 없었다. 색을 밝히는 군주가 미인의 화려한 치마폭에서 헤어나지 못하여 정사를 게을리하고, 국사를 그르쳐 나라가 망하는 지경에 이르게 되면, 사람들은 '색이 사람을 미혹케 하는 것이 아니라, 자기가 스스로 색에 미혹되는 것이다(色不迷人人自迷).'라는 옛 가르침을 잊어버리고, 이 미인을 '여화(女禍)', '화근[禍水]'이라고 부르면서 나라를 망하게 한 화의 단서이자 뿌리로 여겼다. 그러나 사실 그녀들은 군주의 손아귀에 있는 노리개요 장난감에 불과했다. 군주가 노는데 정신이 팔려 국정에 대한 뜻을 잃어버리는 것을 그녀들이 어떻게 한단 말인가?

아마도 중국인들의 관념과 심리상태의 차이로 인해, 이러한 '화근'으로 여겨진 여인들이 현숙한 여인들보다 오랜 세월이 흘러도 더욱 입에 오르내리게 되었을 것이다.

자신의 찬란한 앞길을 위해서 그녀들은 내궁에서 싸움을 해야만 했다.

대상인 남자는 단지 한 명에 불과하고, 황후 자리도 한 개에 불과하며 눈에 두드러지는 비빈의 자리도 몇 개에 불과한데 여인들의 수는 너무나 많아, 이러한 자리들을 얻을 확률은 지극히 낮았다. 남편을 얻기가 쉽지 않으며 황후의 자리도 얻기 어려운 상황에서 얼마나 많은 장애물을 넘어야만 원하는 것을 얻을 수 있는 것일까? 권모술수를 부리고, 인심을 사로잡으며, 정적(情敵)을 제거하면서, 내궁은 매번 여인들의 자리 쟁탈전을 연출하였으며, 얻은 자리를 지키기 위한 전쟁 역시 치열하게 벌어지면서 피가 난무하였고, 꽃 같은 육체가 땅바닥에 뒹굴면서 처참한 울음소리가 새어 나왔다.

'이기면 왕이 되고 패하면 도적이 된다(成者爲王敗者寇).'는 말 그대로 내궁 여인들의 세계와 그 바깥 남성들의 세계는 별 차이가 없었다.

그녀들에게 가장 어렵고 가장 처참한 일은 자기와의 싸움이다. 몇몇 소수의 여인들이 구름을 밟을 때, 대다수의 여인들은 찬밥 신세로 전락한다. 그나마 운 좋은 여인은 남편과 한 번이라도 정을 나누지만, 운이 없는 여인은 길고 긴 동안 빈방만을 지키면서, 살아 있는 과부 신세를 견디며 아름다운 한 구의 살아있는 시체가 되어갔다. 그녀들은 가능한 자기의 마음을 마비시키면서, 어디를 가보거나 생각하려 하지 않았고, 혈압이 올라가는 것을 억제하면서 길고 긴 밤을 지냈으며 세월을 보내야 했다.

그녀들 내부에서 일어나는 생명의 활력을 어디로도 발산할 수 없음은 정말 고통스러운 것이었다. 이렇게 많은 여인들이 한 남자에게만 속하여 그가 죽으면 모두 과부가 되었다. 극히 불균형적인 성관계의 배합, 극히 비인도적인 성생활의 조화상실로 인해 그러한 고통을 극복할 수 없었던 일부 황후비빈들은 위험을 무릅쓰고 미남자를 노리개로 삼았으며, 그들을 통해 인생의 즐거움을 누리고 여인이 되는 재미를 몰래몰래 맛보았다. 일부의 여인들은 욕망을 만족시키는 동시에 정치적인 조력자를 찾아내었다.

자기 처지에 안주하며 냉담한 눈으로 상황을 지켜보며 지내는 여인들도 있었다. 그러나 자신들이 처한 국면을 좌지우지할 수 없었기에 운명에 자신의 몸을 맡길 수밖에 없었다.

깊고 깊은 내궁에 있는 여인들은 벼랑 끝에 서 있는 것과 같았기 때문에 성공만이 허용되며 실패는 허용되지 않았다. 일단 남편에게 버림을 받거나, 정적에게 공격을 받아 쓰러지거나, 금단의 과실을 따먹은 것이 새어 나가게 되거나, 남편이 죽은 후에도 여전히 자식이 없다면 그 여인은 치명적인 재앙을 맞거나 치욕을 당하는 것을 면하기 어렵게 된다. 비빈의 직위가 폐해지고 자살하도록 명령을 받거나, 냉궁(冷宮)에 갇혀 처량한 바람소리 참혹한 빗소리를 들으며 일생을 마치거나, 머리 깎고 중이 되어 푸른 불빛 아래 경전을 벗삼아 남은 생을 살거나, 끝없이 넓은 황량한 땅에 가서 죽은 남편을 위해 무덤을 지키거나, 죽은 황제를 위해 순장되거나 하였다.

미인 선발에서 뽑히게 되면 비극의 무대에 올라간 것과 같다. 매번 비극을 맛보게 될 뿐만 아니라 매번 비극을 연출하게 된다.

남자 중심의 사회에서 황후와 비빈을 포함하는 여자들의 비극은 바로 그들이 여자라는데 있다. 그녀들은 각종 윤리도덕의 교화를 받고, 번잡하고 복잡한 규율의 속박을 받으면서, 자연적으로 한 걸음 한 걸음 남자의 부속물로 전락하였으며, 여인의 가치는 단지 남자들의 마음에 들고, 남편을 위해 아이를 낳고 대를 이어가는 것이 되었다. 그녀들은 내키지 않는 마음에서 기꺼운 마음으로, 습관이 되지 않은 상황에서 습관이 되는 상황으로, 반대자에서 옹호자로 변하여 남자들과 함께 그녀들을 압박하는 사회질서를 유지하였다. 만일 이를 위반하는 사람이 있다면 그녀들 스스로도 이를 용납할 수 없었다.

역사의 강물이 격랑을 일으키며 이러한 단계에 이르게 되면, 그녀들은 단지 파도를 따라 흘러갈 수밖에 없었다.

위험한 국면을 만회하고, 시대의 조류를 거슬러 움직이면서, 황제와 가깝다는 편리를 이용하여, 남자들의 지배를 격파하고, 국가의 지배자로 변하여, 남자들을 다스리고, 여인들을 다스리며, 모든 세상 사람들을 좌지우지하면서, 자기 자신을 주재했던 황후비빈들도 있었는데, 그 지배방식은 장기간 수렴청정을 하는 것이었다.

수렴청정의 결과는 수많은 혼란을 불러일으켰다.

황후의 관에서 황제의 관으로 바꾸어 쓰려던 시도는 민란을 제외한다면, 당(唐)나라 시대 몇몇 황후비빈이 용감하게 시도한 경우가 전부라고 할 수 있다. 그러나 대부분 생명과 명예를 모두 잃어 버렸다. 혈로를 뚫고 황제위에 올라간 사람은 무측천(武則天) 한 사람뿐이며, 이로써 천고에 길이 빛나는 여황제가 되었다. 그 대가는 일천여 년에 걸친 여론의 공격이었다.

아름다운 치마, 보물장식의 비녀, 탐스러운 귀밑머리, 한 몸의 화려함.

궁궐의 버드나무, 황금빛 기와, 붉은 담장, 눈에 가득한 황가(皇家)의 기상.

봄의 난초, 가을 국화, 여름 연꽃, 겨울 매화, 꽃마다 꽃의 색깔, 색색의 변환.

황후, 비빈, 궁녀. 그녀들은 화려함을 몸에 감고 황가의 기상을 도드라지게 하며, 윤회 속에서 형형색색으로 변화하며 한 가닥 옛 노래를 부른다. 몇 개의 높고 탁월한 음표를 제외하고는 슬프고 은밀하며 처량한 음표로 노래를 불렀다.

가수의 수준이 어떠하든지, 그 자태가 어떠하든지, 출신이 어떠하든지, 그녀들은 남자들이 그녀들을 위해 곡을 만들어 주고 가사를 붙인 이러한 노래들을 불렀다.

남자들이 지배하는 사회에서 여인이 어찌 자기가 편곡한 민요를 부르며, 자기가 창작한 사랑가를 부를 수 있었겠는가?

규율을 벗어난 자는 반드시 징벌을 받았다. 징벌은 인위적인 것도 있고, 운명적인 것도 있었다.

현대인이 역사의 짙은 안개 너머로 이미 흙으로 변한 황후비빈을 본다면 결국은 안개 속에서 꽃을 보는 것같이, 대충만 알게 되는 것이지 확실하게 알 수는 없는 법이다. 남당(南唐)의 황제이자 재자가인이었던 이욱(李煜)이 〈상견환(相見歡)〉의 곡에 붙였던 가사가, 그의 신세보다 오히려 황후비빈의 처지를 더 잘 나타내 준다고 할 수 있다.

숲 속에 핀 꽃, 봄날의 화사함이 사라지네.
너무도 빨리 사라지네. (林花謝了春紅/太匆匆)
새벽녘 차가운 비, 저녁에 부는 바람
어찌할 수 있겠는가? (無奈朝來寒雨晩來風)
연지에 번지는 그녀의 눈물,
아쉬운 마음 남아 취하도록 하는구나. (臙脂淚/相留醉)
언제나 다시 만나랴 (幾時重)
인생이란 본래 한이 많은 것,
끊임없이 동쪽으로 흘러가는 강물 같은 것을 (自是人生長恨水長東)

짜오지엔민

1995년 5월

상하이 태흥방(泰興坊)에서

차 례

4 형형색색의 노리개용 남자

5 화근[禍水]과 패방(牌坊)

6 미녀들의 같은 슬픔

7 종잡을 수 없는 여인들의 마음

1

군주의 여인들

누가 군주의 곁에 설 수 있는가? / 비단치마와 권력 /
미녀들의 피라미드 / 업무에 익숙한 여관(女官) /
재혼에서 정절(貞節)로 / 가문의 운세 / 물의를 일으키기 쉬운 풍류

고대의 군주는 특수한 위치의 남성으로 여성에 대해 논쟁할 수 없는 지배권을 가지고 있었다. 더 할 수 없이 높은 권력으로 인해 윤리 관념상 금기로 여기는 직계친속 외에는 군주가 원하기만 하면 모든 여성이 그의 배우자가 되거나 정욕을 발산하는 대상이 될 수 있었다. 수많은 노총각이 운명이 고르지 못한 것을 한탄할 때 군주는 꽃밭 속 비단치마 무리 속에서 마음대로 노닐고 있었다.

군주가 여성에 대해 가지는 특권은 후궁제도로 확립되었다. 이러한 제도로 인해 군주는 일부다처제에서 그 누구도 넘어설 수 없는 경지에 이르렀다. 아주 당당하게 한 남성이 백 명, 천 명, 만 명의 아내를 거느렸다. 후궁에는 비빈, 궁녀가 겹겹이 층을 이루고 있었으며, 황후를 핵심으로 거대한 여인왕국을 이루고 있었다. 군주 외의 남성은 결코 발을 들여놓을 수 없는 나라 속의 또 다른 나라를 구축하였다. 울긋불긋 아름다운 꽃이 만발한 아름다운 왕국에서 부귀를 뽐내는 모란, 귀엽고 사랑스러운 장미, 나긋나긋하고 감미로운 향기를 머금은 각종 꽃들이 한 사람만을 향하여 꽃을 피웠다.

군주는 백성들 앞에서는 국가 최고지도자의 권력으로 천하를 다스렸으나, 후궁 안에서는 또 다른 신분을 가지고 있었다. 즉 최고지도자이자 남편, 즉 군주권과 부권(夫權)이라는 이중의 권력을 구축하고 있었다. 이 부권은 단순한 가정윤리상의 부권이 아니라 최고권력과 결합된 부권으로, 부권의 최고봉에 위풍당당하게 자리 잡고 있었다.

누가 군주의 곁에 설 수 있는가?

군주의 특수한 정치적 지위로 인해 그의 결혼 문제는 국가의 중대사가 되었다. 본인이 이러한 것을 자각하든 못하든 간에 국가 전체 통치층과 뿌리 깊은 전통적 관념은 그가 일생의 대사를 신중하게 고려하도록 강제할 수 있었다. 그러나 군주도 필경은 감정과 욕망을 지닌 육체를 가진 인간이었기 때문에, 미혹하는 미색에 대해 일반 사람과 마찬가지로 억제하기 어려운 유혹을 받았다. 개인의 눈과 마음을 즐겁게 하기 위해서든 국가의 이익을 고려하기 위해서든, 군주의 배우자 선택은 모두 복잡한 기준과 일정한 경로를 거쳐야 했다.

군주는 천하의 모든 것을 누릴 수 있었으므로, 세상의 미인 미녀는 원칙상 모두 그의 소유가 될 수 있었다. 사회적 측면에서 보면 모범적 품격을 갖춘 대가의 규수거나, 사람의 마음을 설레게 하는 여염집의 아리따운 처녀거나, 순박하고 자연스러운 산촌의 여인이든 모두 그의 선택대상이었다. 지리적 차원에서 보면 망망한 하늘의 황토고원이든, 흰 눈이 날리는 변경이나 사막이든, 비단같이 아름다운 강남의 물 많은 지방이든 모두 그가 선택할 수 있는 범위였다. 당(唐)의 여향(呂向, ?~742)[1]은 〈미인부(美人賦)〉에서 '전국 방방곡곡 그 어디나 사농공상 상하귀천 가리지 않고, 뛰어난 기예가 있으면 소문이 나고, 자색이 뛰어나면 바로 알려졌다.'라고 적고 있다. 군주가 필요로 하는 절세의 미인은 권문세가에서 찾아내는 것만으로는 절대적으로 부족

1 당(唐)나라 시대 유명한 학자이자 서예가. 722년 한림원(翰林院)과 집현원(集賢院) 교리(校理)가 되었으며, 태자와 여러 왕들을 위해 문장을 지었다. 〈미인부(美人賦)〉를 지어 시정을 비평하였으며, 중서사인(中書舍人), 공부시랑(工部侍郎)을 지냈다.

하였기 때문에, 일반 백성의 동네를 샅샅이 뒤지고, 심지어 아주 외진 시골마을까지 가서 뽑아 와야, 비로소 자태가 각기 다른 기이한 꽃과 풀들이 황제의 뜰을 가득 채울 수 있었다.

세상에서 가장 아름다운 여인이 황궁에 뽑혀 들어가는 것을 확실하게 하기 위하여, 민간에서 미인을 뽑는 일이 매 왕조마다 조금도 쇠하지 않고 성행하였다. 미인을 뽑는 방식은 보통 두 가지가 있었는데, 그 하나는 예의제도에 따라 정기적으로 뽑는 것이며, 다른 하나는 군주가 환관을 파견하여 비밀리에 뽑는 것이다. 미인을 뽑는 활동이 빈번했는지 아닌지는 군주 개인의 정서와 관계가 있었을 뿐만 아니라, 시대의 풍조와도 밀접한 관계가 있었다. 한대(漢代)에는 매년 음력 8월에 한 차례씩 거행하였다. 중대부(中大夫), 액정승(掖庭丞),[2] 상공(相工)이 구체적인 책임을 지고 양가집의 처녀를 대상으로 자태가 곱고 단정하며, 인상이 좋은 자를 물색하였다. 첫 선택이 완료되면, 선발된 여성들은 궁궐로 보내져 두 번째 심사를 기다렸다. 군주의 배우자 선택의 품질을 확보하기 위하여, 정부는 신하와 백성의 혼인은 반드시 미인을 선발하는 활동이 끝난 후에 하도록 규정하였다. 진(晉) 왕조에서는 매번 이러한 시기가 되면 조정에서 먼저 공문으로 각 지방에서 혼인을 중지하도록 명령을 내려 보낸 후에, 환관이 화려한 마차를 타거나 건장한 말을 타고 다니면서 각 지방마다 명령을 고지하였으며, 선발된 인원이 입궁하고 나서야 비로소 민간의 정상적인 시집장가를 회복시켜 주었다. 미인을 뽑는 일은 일반적으로 군주의 측근 환관이 책임을 졌는데, 이들은 이것을 군주의 은혜에 보답하는 아주 좋은 기회로 여겨 온 힘을 다하여 주도면밀하게 진행하였다. 일단 지방에서의 첫 선발활동이 끝나면 신속하게 선발된 인원을 궁중으로

2 액정(掖庭)은 정전(正殿) 옆에 있는 비빈과 궁녀들이 거하던 궁궐을 말한다.

들여보내 군주가 하루라도 빨리 그녀들을 만나보도록 하였다. 여향(呂向)은 이를 해학적으로 '환관을 태운 마차가 엇갈려 달려가는 모습이 구름을 펼쳐 놓은 듯하며, 폭풍이 몰아치는 듯하다.'라고 썼다. 일부 군주들은 일 년에 한 차례 또는 몇 년에 한 차례 하는 정부의 공식 미인선발 활동에 만족치 못하고, 절세미인을 얻기 위해 상시로 최측근 환관을 각지에 보내 비밀리에 순찰하도록 하였다. 예를 들면, 고력사(高力士)가 당 명황(당 현종)의 명령을 받들어 복건, 광동 일대를 순찰하여 '옅은 화장, 우아한 복장, 빼어나고 맑은 자태, 필설로는 도저히 묘사할 수 없는' 미인 중의 미인인 강채평(江采萍, 710~756)[3]을 발굴하였다.

진(秦) 이전부터 명·청(明·淸)에 이르는 시기에 전국 각지에서 뽑혀 후궁에 들어 온 여인들은 거의 대부분이 13, 14세의 소녀[4]였다. 민간에서는 남녀의 연령이 서로 비슷한 것이 풍속이었지만 군주의 혼인은 이러한 풍속을 거의 따르지 않았다. 분을 바르는 어린나이이든 아니면 늙고 연약한 말년의 천자든 선택되는 비빈은 모두 청춘기의 여자였다. 한(漢) 왕조의 규정을 보면 선발되는 대상은 모두 동정녀로 연령은 13세 이상 20세 이하였다. 역사를 살펴보면 이러한 규정이 엄격히 집행되었다. 예를 들면, 화제(和帝)[5]의 황후 등수(鄧綏, 81~121)[6]가 입궁할 때 16세였으며, 순제(順帝)[7]의 황후 양납(梁妠)이 뽑혔을 때는

3 양귀비가 등장하기 전 당(唐) 현종의 총애를 한몸에 받았던 여인으로 매화꽃에 비겨 매비(梅妃)라 불렸다. 지금의 복건성(福建省) 포전(莆田) 사람이다.

4 중국에서는 이를 두구년화(荳蔻年華)라고 한다. 당나라 두목(杜牧)의 시에서 유래하였다.

5 유조(劉肇, 79~105). 동한의 제4대 황제.

6 남양(南陽) 신야(新野) 사람. 동한 왕조의 저명한 여성 정치인. 22세에 황후로 책봉되었으며, 남편(화제)이 27세에 급서하자 어린 황제를 데리고 15년간 수렴청정을 하면서 국가를 안정시켰다.

막 13세가 되었을 때였다. 순제의 우미인(虞美人)이 부모에게 이별을 고할 때도 13세 무렵이었다. 다른 시대도 한(漢) 왕조와 차이가 없었다. 명(明) 영종(英宗)[8]의 손(孫)태후는 영종의 비를 간택할 때 '황제의 혼기가 가까워졌으니 반드시 현숙한 여자를 배필로 삼되, 도성 안팎의 신료와 민간 집안에서는 15세에서 18세에 이르는 법도가 있는 규수들을 간택에 참여시키도록 교지를 내렸다. 명(明) 가정제(嘉靖帝)[9]의 진(陳)황후는 혼례복을 입었을 때 겨우 15세였다. 혼인연령을 이러한 나이 범위로 두게 한 것은 매우 실제적인 이유가 있었다. 이 나이의 소녀들은 아름다움을 발산하기 시작하면서 청춘의 기운이 충만하며, 체형이 우아하고 매혹적이며, 얼굴이 부드럽고 귀여워서 남성들이 쉽게 마음을 빼앗기고 정신을 잃게 되는 매력을 갖추게 된다. 이 외에도 생기발랄하여 출산하는 아이가 비교적 건강하고 튼튼하다는 설도 있다. 도교에서는 남성과 소녀가 교합하면 신체양생에 유리하다는 실없는 말도 있다. 명(明) 중엽에 위세가 대단하였던 도교의 우두머리 소원절(邵元節)은 일찍이 가정제에게 방중술을 가르치면서 "나이든 여자와의 교합은 정력을 소모하지만, 동정녀와 교합하면 기운을 받아 양기를 보충할 수 있다."고 하였다. 이렇게 소녀는 좋은 점을 많이 가지고 있었기 때문에, 역대 황제들은 줄곧 소녀들을 애호하였다.

---

7 유보(劉保, 115~144). 동한 제7대 황제로 125~144년간 재위.

8 주기진(朱祁鎭, 1427~1464). 명의 제6대 및 제8대 황제(재위 1435~1449년, 1457~1464년). 9살에 등극하였으며 장(張)태후가 정국을 운영하였다. 1449년 몽고족 와라(瓦剌)가 명나라를 공격하자 황제가 친정에 나섰다가 지금의 하북성 장가구(張家口)시 일대에 있던 성인 토목보(土木堡)에서 적군의 포로가 되어 1년여 잡혀 있다가 돌아왔으나 이복동생인 제7대 황제 주기옥(朱祁鈺)에 의해 7년여간 남궁에 유폐되었었다. 1457년 석형(石亨) 등이 변란을 일으켜 주기진을 다시 황제위에 앉혔으며 1464년에 병사한다.

9 주후총(朱厚熜, 1507~1567). 명 제11대 황제로 1521~1566년간 재위.

중국에서 전통적 풍속 관념을 가진 사람은 같은 한 얼굴에서 두 가지 내용을 읽어낸다. 그 하나는 잘 생겼는지 못 생겼는지를 따지는 용모이며, 다른 하나는 얼굴 생김새로 길하고 흉한 상황을 읽어내는 관상이다. 예쁜 것과 복스러운 얼굴은 별개의 것으로, 잘 생기면서 복스러운 얼굴을 가진 사람은 많지 않았다. 이러한 관념을 가진 사람은 관상을 용모보다 훨씬 더 중요하게 생각한다. 왜냐하면 용모는 주변에 있는 사람들의 시각에 영향을 줄 뿐이지만, 관상은 본인은 물론 그와 친밀한 관계에 있는 사람들의 운명과 관계가 있기 때문이다. 군주가 배우자를 선택할 때, 특히 황후를 간택할 때 관상이 중요한 기준의 하나로 열거되었다. 군주는 나라의 주인이기 때문에 그의 운명은 바로 국운과 연계되며, 배우자의 타고난 복이 어떠한지가 또한 그의 운명에 영향을 줄 수 있다. 범위를 더 넓히면 황후와 비빈의 관상이 통치집단의 이익과 연계되게 된다. 매번 군주가 혼인을 하거나 황후를 책봉하기 전에 항상 선택되는 대상에 대해 엄격한 관상 심사를 해야 했다. 후한(동한) 광무제(光武帝)[10]가 황후의 관(鳳冠)을 음려화(陰麗華)의 머리에 씌울 때 그녀에게 '모의지미(母儀之美: 나라의 어미가 될 아름다움)'가 있다고 하였다. 명제(明帝)의 마(馬)황후는 규방에서 결혼을 기다릴 때, 관상쟁이가 "장래에 반드시 내가 이 여인의 신하가 될 것이다."라고 예언하였었다. 장제(章帝)[11]의 두(竇)황후는 일찍이 가세가 기울었음에도 불구하고, 여인을 뽑는 상공(相工)이 "(그녀는) 신하의 부인이 될 용모가 아니다."라는 한 마디로 그녀를 높이었다. 순제의 황후 양납(梁妠)이 입궁한 후에 저명한 관상가인 모통(茅通)이 그녀를 보

10 유수(劉秀, B.C. 5~A.D. 57). 동한 초대 황제. 왕망이 서한을 무너뜨리고 세운 신(新)의 말기부터 20여년 간 지속된 군벌 간의 전쟁을 수습하고 동한을 건국하였다. 33년간 재위하였으며 유학을 크게 일으켰다.

11 유달(劉炟, 57~88). 13년간 재위(75~88년).

자 거듭거듭 축하하며 "이 얼굴상은 이른바 일각언월(日角偃月)[12]의 상으로, 지극히 존귀한 관상입니다. 일찍이 이러한 상을 본 적이 없습니다."라고 하였다. 태사가 그녀에 대해 점을 쳐 보았는데 (하늘을) 돕는 땅의 자리라는 괘를 얻고는 대길한 것으로 여겼다. 북위(北魏) 선무제(宣武帝)[13]의 호(胡)황후는 일설에 따르면 출생 시에 붉은 빛이 사방을 비추었다고 한다. 이에 아버지인 사도(司徒) 호국진(胡國珍)이 점괘관상을 잘 보는 조호(趙胡)를 불러 그녀의 얼굴상을 보게 하였다. "따님은 크게 귀하게 될 상으로, 천하백성의 어미가 될 것이며, 천하백성의 주인을 낳을 것입니다."라고 하였다. 통치집단은 얼굴상이 한 사람의 운명, 받을 복, 소질을 나타낸다고 생각하였다. 길한 상을 가진 황후는 남편(황제)의 사업에 도움을 줄 것이며, 나아가 국가에 좋은 운세를 가져다 줄 것이라고 여겼다. 반면에 얼굴상의 관상법에 맞지 않는 황후는 화근이 될 수 있으며, 국가와 궁정에 재난을 가져온다고 생각하였다. 그러나 순전히 국가의 이익만을 생각하는 군주는 많지 않았다. 그들의 입장에서는 어여쁘고 아름다운 얼굴이 길한 얼굴상보다 더욱 흡인력이 있었다.

아름다움을 좋아하는 마음은 누구나 다 있다. 아름다움과 색을 좋아하는 것은 남자의 천성으로 예쁜 얼굴을 가진 여인은 남자들의 총애를 아주 쉽게 받을 수 있다. 군주가 내궁의 여인들을 받아들일 때, 거의 대부분이 '물고기가 깊은 물속으로 숨고, 날아가던 기러기도 떨어지며, 달도 구름 뒤로 숨고, 꽃도 부끄러워 고개를 숙이는'[14] 미모

12 관상에서 이마가 나오고, 이마와 머리카락 선이 반월처럼 생긴 상을 말한다.

13 원각(元恪, 483~515). 남북조 시기 북위의 제8대 황제(재위 499~515년).

14 침어낙안폐월수화지모(沉魚落雁閉月羞花之貌)는 미인의 미모를 묘사하는 중국의 성어로 서시(西施), 왕소군(王昭君), 초선(貂蟬), 양귀비(楊貴妃)와 관련 있다. 춘추전국 시대 월나라의 서시가 빨래하는 모습을 보고 물속의 고기가 그 미모에

를 요구하였다. 군주들은 미색을 추구하는 데 있어, 하나를 얻으면 또 다른 하나를 탐냈다. 그 욕망을 도저히 다 채울 수 없었으며, 천하의 뛰어난 미인들을 전부 누릴 수 없음을 한탄하였다. 여향(呂向)의 우아한 문장에서 이러한 아름다운 장면을 대강이나마 알 수 있다.

가득한 자색 빛, 아름다운 자태들이 보좌를 둘러싸니
빛나는 연꽃인가? 하늘하늘한 버들인가?
바람에 살랑거리는 안개 같은 비단치마,
윤기 흐르는 피부, 부드러운 자태와 뛰어난 자질
그 넘쳐나는 요염함은 그 누구도 따를 수 없네.

가득 가득한 아름다움, 수많고 수많은 미인
물결치듯 던지는 아름답고 묘한 눈길
비취 빛 머금은 듯한 긴 눈썹,
하얗고 가지런한 이
무성하고 짙은 검은 머리카락
부드럽고 백설같이 흰 살갗,
오래도록 여운을 남기는 짙은 향기.

허리에 달린 패물, 움직일 때마다 아름다운 소리를 내고
온갖 장식품 아름답게 번쩍인다.
섬세하고 아름다운 가녀린 몸매이든, 화려하고 풍성한 몸매이든
고요함 속에 절도를 보이며,
미소 머금은 말 속에 아름다움을 드러내니
생각은 노숙하지만, 육체는 어린 아이 같구나.
진정 천자를 모시는 자리는

놀라 강바닥으로 숨었으며, 한 무제 때 흉노족의 선우에게 시집가게 된 왕소군을 보고 날아가던 기러기가 그 미모에 놀라 땅으로 떨어졌다고 한다. 삼국지에 나오는 초선의 경우 달이 부끄러워 구름으로 자기를 가렸다고 하며, 당 현종의 애비(愛妃)였던 양귀비의 경우 꽃들이 그 미모에 부끄러워 고개를 숙였다고 한다.

일반 서민은 참으로 감당할 수 없는 일이네.[15]

미색은 일정한 유형이 없다. 맑고 깨끗한 아리따움, 풍만한 매혹, 요염한 교태, 군주의 심미관, 품격의 차이와 각 시대 풍조의 변화로 인해 어느 것이 최고로 아름다운 것인지 말하기 어렵다. 중국 역사상 최고의 명성을 날렸던 서시(西施), 왕소군(王昭君), 조비연(趙飛燕), 양옥환(楊玉環, 양귀비) 같은 미인 중의 미인들은 각각 서로 다른 특징을 가지고 있었지만, 각각 오(吳)왕 부차(夫差), 흉노의 호한사선우(呼韓邪單于), 한(漢) 성제(成帝), 당(唐) 현종(玄宗)의 애첩이 되었다. 이들 미녀들은 풍모가 서로 판이하게 달랐지만, 모두 남다른 매력과 감정적 위로를 주는 능력을 가지고 있었다. 그녀들은 군주의 혼을 쏙 빼어, 군주가 그녀들을 간절히 그리워하며, 그녀들에 대한 사랑에 집착토록 하였던 점에 있어서는 한결같았다.

비록 중국의 조상들이 '여자는 재능이 없어야 덕이 있다.'라는 말을 전해 주었지만, 왕왕 현실은 오히려 반대의 현상을 보여 주었다. 군주들이 재능 있는 여인들에게 쉽게 끌렸기 때문이다. 군주가 배우자를 선택할 때 국가이익을 위해선 덕 있는 여인을 필요로 하였지만, 자신의 개인감정을 위해서는 재능 있는 여인을 필요로 하였다. 덕과 재능 이 둘은 영원히 맞부딪히는 모순이었다. 재능이 있어야 여인 특유의 맛을 두드러지게 하면서 상대방의 흥취를 돋을 수 있고, 생기가 넘쳐나서 오랜 시간이 흘러도 늘 신선한 느낌을 갖게 한다. 군주들이 재능이 뛰어난 여인들을 좋아하였기 때문에 재녀들이 끊임없이 내궁

15 闐紫微, 環帝座, 藻華灼爍, 柳容婀娜, 輕羅隨風, 長縠舒霧。肌膚紅潤, 柔姿靡質; 妖豔夭逸, 絕眾挺出。嬛然容冶, 霍若明媚; 曼錄騰光以橫波, 修蛾濯色以總翠。齒編貝, 鬢含雲; 顏綽約以冰雪, 氣芬鬱而蘭薰; 腰佩激而成響, 首飾曜而騰文。或纖麗婉以似羸, 或穠盛態而多肌; 有沈靜見節, 有語笑呈姿。思若老成, 體類嬰兒, 真天子所禦者, 非庶人當有之.

으로 들어갔다. 역사상 가장 이름을 날렸던 몇몇의 황후비빈들은 모두 재녀였다. 여성의 재능은 여러 가지인데 제일 보편적인 것은 거문고를 타고 바둑을 두며, 시를 짓고 그림을 그리는 문예적 재능이었으며, 비교적 이목을 끌었던 것은 노래와 악기를 잘 다루고 춤을 잘 추는 것이었다. 이러한 기능들은 그녀들의 매력을 도드라지게 하며, 용모를 더욱 아름답게 보이게 하여, 군주가 성적인 즐거움을 누리는 동시에 정신적인 카타르시스를 느끼게 해주었다. 말하자면 군주들은 그녀들의 육체에서 말로 표현할 수 없는 예술적인 향기를 누릴 수 있었다. 궁녀가 신선한 목소리로 맑고 아주 높은 고음의 노래를 부르면 더 이상 반주하는 악기들의 소리는 들리지 않는 듯하였다. 당 현종은 그 소리에 푹 빠져서 "이 여인의 노래는 천금의 가치가 있다."라고 말할 정도였다. 정통과 전통을 중시하는 군주는 노래와 춤을 잘하는 여인들을 장난감이나 애완동물 정도로 여겼지만, 일부 군주들은 감정에 넘쳐 그녀들에게 특수한 지위와 영예를 안겨 주었다. 한(漢) 성제의 조비연, 진(陳) 후주(後主)의 장려화(張麗華), 당 현종의 양옥환이 그런 여인들이었으며, 이로 인해 이들 군주들은 풍류만을 즐긴 혼용한 군주라는 지탄을 받았다.

비단치마와 권력

황제들은 가장 유력한 계층의 지지를 얻어야만 자신의 자리가 안정적인 기반을 확보할 수 있게 된다는 것을 정치경험을 통해 인식하고 있었다. 이러한 유력한 지지를 얻으려면 혼인관계를 맺는 것이 가장 좋은 방식 중의 하나였다. 이러한 정치적 고려로 인해 정치를 인생의 제일 급선무로 여기는 군주는 어쩔 수 없이 좁다란 개인의 욕망의 울타리를 벗어나 냉정한 이성적 지혜로 충동적인 천성을 억제하고 가능한 한 통치계층에서 배우자를 물색하였다. 명 태조 주원장(朱元璋)이 일찍이 서달(徐達, 1332~1385)[16]에게 "짐과 경은 가난했을 때부터 친구가 아닌가? 옛날에 군주와 신하가 서로 의기투합하면 늘 서로의 자녀들을 혼인시켰네. 경은 딸이 있으니 내 아들과 결혼을 시킬 수 있네." 라고 하였다. 홍무황제(洪武皇帝, 주원장(朱元璋))가 주도하여 서달의 큰딸이 연왕(燕王) 주체(朱棣)에게 시집을 갔으며, 훗날 명(明) 성조(成祖, 주체(朱棣))의 황후가 되었다.

혼인관계를 통해 정치기반을 구축하려는 것은 군주만의 일방적인 소망이 아니었다. 관료세계에서 권력에 빌붙으려는 자들은 이러한 혼인관계에 열렬한 반응을 보였다. 위로는 고관대작으로부터 아래로는 지방의 하급관리까지 서로 뒤질세라 앞 다투어 자기의 딸을 궁중에 들여보냈으며, 이를 통해 부귀영화의 찬란한 앞길을 얻으려고 하였다. 군신 쌍방 간에 서로 목적은 달랐지만 동일한 필요가 있는데다, 전통적 예의규범에 따라 군주는 상층사회 안에서 광범위한 배우자선택의 환경을 가지고 있었다. 관료의 딸들은 모두 간택 대상이 되어야 하는 의무가 있었으며, 시집가고 싶은 마음이 절실하든 가슴 가득 원망의 마음을 갖고 있든 간에, 일단 중간단계의 간택이 되고 나면 돌아올 기약 없이 구중궁궐로 들여보내졌다. 그녀들이 궁궐에 들어간 후에는 자신의 용모, 재능, 매력, 덕행에 기대여 어느 정도 신분 상승의 기회가 있었기는 하였지만, 전체적으로 보면 어느 집안 출신인지가 여전히 그녀의 지위를 평가하는 주요한 근거가 되었다.

---

16 호주(濠州) 종리(鍾離: 지금의 안휘성 봉양(鳳陽) 동북 지역) 출신으로 농가에서 태어났다. 원(元) 말기에 주원장이 이끄는 반군에 참가하였고, 우승상(右丞相)의 자리에 올랐으며, 명나라 건국의 일등공신이다.

진(晉) 무제(武帝)[17]가 비빈의 명칭을 정할 때 중앙정부의 고관 및 사림의 딸들은 3부인(夫人) 9빈(嬪)으로 삼았고, 지방 문무관원의 딸들은 양인(良人) 이하의 자리에 배치하였다. 그로부터 몇 세기 후에 송(宋) 진종(眞宗)[18] 역시 비빈들의 지위를 정함에 그녀들 아버지의 지위를 충분히 고려하였다. 군주가 가문과 관료지위의 출신 순서에 따라 황후 비빈의 인선을 확정하는 것은 서로 다른 정치세력 간의 실력에 따라 결정하는 것으로, 일종의 은밀하며 상대적인 등가교환을 약속하는 것이라 할 수 있다. 일부다처제의 혼인관계는 군주와 통치계급이 다양한 정치관계 채널을 구축하는데 도움이 되었다. 이로부터 제왕 종족의 기본줄기 위에 한 가닥 한 가닥 외성(外姓) 종족의 가지를 구축하여, 그들이 마치 위성처럼 황족을 둘러싸고 돌면서 공동으로 종족통치의 질서를 유지하였다.

덕(德)은 중국 사회에서 최고의 품행표준으로 남존여비(男尊女卑), 즉 남자가 주인 여자가 종인 성별 질서에 기초하고 있으며, 남성은 자신을 핵심으로 하는 사회이익에 근거하여, 더욱 가혹하고 엄격한 여성의 도덕 표준을 제시하였다. 장기적으로 이러한 표준이 사회적으로 실행되면서 여성은 점차 무조건적으로 이러한 표준들을 받아들이게 되었다. 동한(東漢)의 여성 대문학가인 반소(班昭)[19]가 역사적 경험을

17 사마염(司馬炎, 236~290). 하내(河內) 온현(溫縣: 지금의 하남성 온현) 사람. 서진(西晉)의 개국황제로 265~290년간 재위. 사마의(司馬懿)의 손자이며, 사마소(司馬昭)의 적장자이다.

18 조항(趙恒, 968~1022). 송의 제3대 황제(재위 997~1022년). 1004년 요(遼)가 침입해 왔을 때 전황이 유리했음에도 불구하고 장기전을 꺼려 지금의 하남성 개봉(開封)시의 삼백리 북쪽인 단연(澶淵)에서 요와 강화조약[澶淵之盟]을 맺고 매년 일정액의 금은을 주는 것으로 전쟁을 끝마친 일로 유명하다. 그 조약 이후 북송은 경제적 번성기에 들어간다.

19 45년경 출생, 117년 사망. 희(姬)라는 이름도 가지고 있었으며 자는 혜반(惠班)

총괄하여 2천 자에 달하는 〈여성의 계율(女誡)〉을 썼으며, 그중 〈부녀자의 행실편[婦行篇]〉은 여성도덕에 대해 전면적이며 또한 구체적인 규범을 제정하였다.

여자에게는 네 가지 행실이 있다. 첫째가 부녀자의 덕[婦德]이며, 둘째는 부녀자의 언행[婦言]이며, 셋째는 부녀자의 용모[婦容], 넷째는 부녀자의 솜씨[婦功]이다. 대저 부녀자의 덕은 재능이 절륜할 필요가 없음을 말하며, 부녀자의 언행은 변설과 날카로운 말이 필요 없음을, 부녀자의 용모는 얼굴이 아름다울 필요가 없으며, 부녀자의 솜씨는 지나치게 교묘하고 뛰어날 필요가 없음을 말한다. 맑고 한가로우며 정결하고 조용하며, 절조를 지키고 가지런한 차림새를 가지며, 자기행실에 부끄러움이 없어야 하며, 행동거지에 법도가 있어야 하는데 이를 일컬어 부녀자의 덕이라고 한다. 어휘를 가려서 말하며, 나쁜 말은 하지 않으며, 때가 이르러서야 비로소 말하며, 다른 사람을 배척하지 않는 것을 부녀자의 언행이라고 한다. 먼지를 씻어내고 더러운 것을 세탁하며, 복장이 깨끗하고 청결하며, 때에 맞춰 목욕하며, 몸에 때가 없는 것을 부녀자의 용모라고 한다. 마음을 다하여 직물을 짜고, 시시덕거리는 것을 싫어하며, 음식을 갖추어 손님을 접대하는 것을 부녀자의 솜씨라고 한다. 이 네 가지를 부녀자의 큰 덕이라고 하는데 부족하면 안 된다.

이 네 가지를 후대 사람들이 부녀자의 '네 가지 덕'으로 받들었다.

으로 부풍(扶風) 안릉(安陵: 지금의 섬서성 함양시) 사람이다. 동한의 사학자, 문학가로 역시 사학자이자 문학가인 반표(班彪)의 딸이자 반고(班固)의 여동생으로 14세에 같은 고향의 조세숙(曹世叔)에게 시집을 갔기 때문에 후에 '조대가(曹大家)'라 불리기도 한다. 반소는 박학하고 재능이 출중해서 오빠 반고가 〈한서(漢書)〉를 끝내지 못하고 죽자, 황제의 뜻을 받들어 동관장서각(東觀藏書閣)에 들어가 〈한서〉를 이어서 썼다. 그후 한 화제(和帝)가 여러 차례 불러서 입궁하였으며 황후와 귀인들은 그녀를 선생으로 여겨 '대가(大家)'라 불렀으며 등(鄧)태후가 수렴청정 시에는 정치에도 관여하였다.

반소 이전에 서한(西漢)의 대학자였던 유향(劉向)[20]은 조비연 등의 음란한 모습을 목도하고 나서, 후궁들에게 응당 왕가의 교육을 활성화시켜야 하며, 예의법도를 지키게 해야 한다고 생각하여, 〈열녀전(烈女傳)〉 8편을 지어 천자의 경계로 삼았다. 관련 책은 현재 모의(母儀), 현명(賢明), 인지(仁智), 정순(貞順), 절의(節義), 변통(辯通) 및 얼폐(孽嬖) 7편이 남아 있다. 그는 각 주제별 취지를 하나하나 자세히 밝히고 뒤에 역사상 부녀들의 바른 행적과 그른 행적을 첨부하였다.

이 책이 세상에 나온 후에 역대 통치자들의 환영을 받았으며, 또한 민간에서도 광범위하게 받아들여졌다. 군주가 백성의 표본인 것처럼, 황후비빈도 여성들의 표본이어서, 덕스러운 군주가 덕스러운 황후와 어깨를 나란히 하여 궁전에 등장하면, 사람들이 용과 봉황이 상서로움을 드러낸다는 느낌을 받을 뿐만 아니라 전체 국가의 기풍을 개선하는 막대한 촉진작용을 한다. 덕은 일종의 추상적인 도덕표준으로, 만일 구체적으로 한 여인을 평가한다면 왕왕 '현(賢)'이란 글자를 채용하였다. 비록 사람들이 '현'자에 대해 마음속으로 나름대로의 기준을 가지고 있었다 할지라도, 실제상황에서 필요로 하는 것이 서로 달랐기 때문에 깜짝 놀라게 할 만큼 이에 대한 해석이 달랐으며, 심지어는 완전히 상반되었다.

진(晉) 무제가 태자 사마충(司馬衷)[21]의 혼인을 의논할 때, 처음에는

---

20 B.C. 77년경에 출생하여 A.D. 6년에 사망하였다. 원래 이름은 갱생(更生), 자는 자정(子政)으로 팽성(彭城: 지금의 강소성 서주(徐州)) 출신이다. 서한의 저명한 경학가(經學家)이자 문학가이다. 〈설원(說苑)〉, 〈열녀전〉, 〈전국책〉 등의 저자이다.

21 혜제(惠帝, 259~307). 진 무제 사마염의 둘째 아들로 290~307년간 재위하였으나 지능이 모자라는 사람으로 외척, 황후, 왕들에게 평생을 휘둘리며 살았고, 48세에 죽었는데 이도 독살되었다는 설이 유력하다.

위관(衛綰, 220~291)[22]과 가충(賈充, 217~282)[23] 두 대가족의 딸들을 선택하였다. 무제는 어느 가문 딸이 더욱 태자비로 취할 만한지 대신들에게 의견을 구하였다. 한 무리는 위씨 가문이 후손들이 현명하고 자녀를 많이 낳는 가문이며, 용모가 아름답고 키가 크고 피부가 하얀데 반해, 가씨 가문은 후손들이 질투가 많으며, 자녀출산이 많지 않고, 못생겼으며 키가 작고 피부도 검다고 주장하였다.[24] 다른 한 무리의 신하들은 가씨 가문의 딸들이 현명하고 자비롭다고 끈덕지게 주장하였고, 결국에는 무제를 설득하였다. 이로 인해 백치황제인 진 혜제와 가남풍(賈南風)의 기이한 혼인이 이루어졌다. 현(賢)을 잘못 선택한 이러한 사례는 도덕표준과 정치수요가 충돌할 경우, 결국 승리하는 것은 전자가 아니라 왕왕 후자라는 것을 설명해 주는 것이다.

완전히 '덕'만을 중요한 표준으로 삼아 배우자를 선택하는 것은 군주가 아주 짙은 전통사상을 가지고 있으며, 순박한 사회적 배경을 가

22 서진(西晉) 하동(河東) 안읍(安邑) 사람이다. 종회(鍾會)의 지휘 아래 등애(鄧艾)와 함께 촉나라를 정벌했다. 촉 멸망 후에 종회가 반란을 일으키자 이를 토벌했고, 죄를 씌워 등애를 살해했다. 사공(司空)의 지위에 올랐으며, 아들 위선(衛宣)은 무제의 딸인 번창공주(繁昌公主)를 아내로 맞아들였다. 291년에 혜제의 황후인 가남풍에게 살해당했다.

23 평양군(平陽郡) 양릉현(襄陵縣) 사람이다. 조위(曹魏)의 정치가 가규(賈逵)의 장남이다. 어렸을 때 예주자사(豫州刺史)였던 아버지가 세상을 떠나자 그 작위를 이어받았으며, 사마소(司馬昭)의 친신이 되었다. 사마소가 실권을 잡고 있던 시기에 황제였던 고귀향공(高貴鄕公) 조모(曹髦)를 부하인 성제(成濟)를 시켜 죽이면서 사마소의 절대 신임을 얻었다. 오(吳)나라 정벌 시 이를 반대하였으나 총사령관이 되었으며, 천하가 통일된 후에 죽었다. 두 딸은 태자비(太子妃)와 제왕비(齊王妃)가 되었는데, 태자비 가남풍은 후에 혜제(惠帝)의 가(賈)황후가 되어 전횡을 하다 '팔왕의 난' 중에 유폐되어 독살되었으며 가씨 가문도 이로 인해 멸망하였다.

24 진서(晉書)에 따르면 관련 의견은 일반사람의 의견이 아니라 무제가 자기 황후(양(楊)황후)에게 의견을 표시한 내용이다. 양황후는 가충의 친신들의 말을 듣고 가남풍을 며느리로 맞아들이지만 나중에 며느리에 의해 가문이 멸망당하게 된다.

지고 있고, 또한 조정에 큰 정치적 충돌이 없는 경우에 한한다. 마치 세상에 이를 데 없이 순전한 사물이 없는 것처럼, 덕으로써 황후비빈을 선택하는 것 역시 여타 조건과 연계되어 있다. 제일 중요한 것은 가문으로, 상당한 가문의 출신이어야 그녀의 덕행이 세상에 알려질 수 있는 기회를 가질 수 있으며, 비로소 군주가 이를 듣게 되기 때문이다. 요(遼)나라 북부(北府)의 재상이었던 소사온(蕭思溫)의 딸 소작(蕭綽)은 어렸을 때 언니 동생들과 함께 땅바닥을 빗자루로 쓸었는데, 그녀만이 깨끗하게 쓸어서 아버지가 칭찬하였다. "이 아이가 반드시 가문을 세울 것이다." 가문을 세울 수 있으면 국가를 세울 수도 있으므로 그녀는 그러한 덕성으로 인해 경종(景宗)[25]의 비빈으로 간택되어 귀비가 되었으며, 후에 황후로 책봉되었다.

동한(東漢)의 등수(鄧綏)는 다섯 살에 어른들의 마음을 헤아릴 줄 알았으며, 여섯 살에 역사서를 읽고 열두 살에 시경과 논어를 다 알았으며, 낮에는 부녀의 행실을 배우고, 밤에는 경전을 읽었으며, 간택을 받아 귀인이 되었으며, 덕과 명예가 날로 더 하였다. 화제(和帝)가 감탄하여 말하기를 그녀가 '덕을 닦는 노력'을 갖추고 있다고 말하고, 질투가 심한 음(陰)황후를 폐하고 그녀를 황후로 세웠다. 덕과 재능을 겸비한 자는 얻기 어렵기에, 덕과 재능을 겸비한 자는 어디서나 환영을 받았다.

25 야율현(耶律賢, 948~982). 요나라 제3대 황제(969~982년 14년간 재위). 적장자 제위계승 제도를 확립하였다.

미녀들의 피라미드

사회조직의 원칙에 근거하여 집단을 이루고 있는 조직은 반드시 일종의 질서를 확립하여야 하며, 그래야 비로소 존재해 갈 수 있다. 여성을 주체로 하는 후궁(내궁)이라는 곳은 다른 세상과 마찬가지로 피라미드식의 사회구조 형식을 갖추고 있으며, 상부로부터 바닥까지 완전하고 엄격한 등급질서를 가지고 있었다. 구성원마다 자기의 지위에 따라 상응하는 직능을 이행해야 하며 그에 상응하는 대우를 받아야 한다. 군주의 녹봉을 받으며 군주의 일에 충성을 다하는 것은 내궁의 구성원들이나 정부관원이 극히 유사하며, 그 구별은 전자가 미색과 인생을 지불하는 대가를 얻는데 반해 후자는 정력과 재능을 팔아 녹봉을 받는다는 데 있다. 내궁의 엄격한 등급은 궁정생활을 관리하는 데 유리하였다. 궁궐의 여인들이 승진할 수 있는 계단을 제시하여 주고 있었으며, 최선을 다하여 군주를 모시도록 촉진하였다.

문헌 기록으로 볼 때 제일 이른 등급제도는 하·은·주(夏·殷·周) 3대에 걸쳐 형성된 것이다. '옛 천자의 황후는 육궁(六宮), 삼부인(夫人), 이십칠 세부(世婦), 팔십일 어처(御妻)를 세웠다(《예기·혼의(禮記·昏義)》).' 대체로 역대 왕조들이 이러한 제도를 계승하여 왔다. 비록 적지 않은 숫자의 증가와 변화가 있었지만 완전히 다른 새로운 제도를 만드는 국면은 출현한 적이 없다. 제도가 사실과 꼭 같지는 않았지만, 매 왕조마다의 명목과 순서는 법규법령제도가 표현된 것이며, 절대로 여인들 전부가 군주의 성(性) 대상이었던 것은 아니었다. 그러나 자기의 정욕관계를 정상적인 범위 안에 두었던 군주는 단지 욕심이 적고 마음이 깨끗했던 그러한 군주들 뿐이었다.

천자와 황후는 태양과 달의 관계

망망한 푸른 하늘 한 가운데 사방으로 빛을 뿜어내는 태양이 있으며, 또한 맑고 깨끗하며 빛나는 달이 있다. 한 국가 안에 신성하고 위세가 등등한 군주가 있으며, 용모와 자태가 각양각색인 황후가 있다. 달이 태양을 따르듯이 황후는 군주를 따르는데, 그녀는 군주가 천하를 다스린다는 전제 하에, 국모(國母)로서 백성을 사랑하고 보살피는 자격을 얻었다. 정상적인 상황에서는 군주가 사회 전체의 실무를 다 다스리고 황후는 허명(虛名)만 가지고 있는데 불과하였다. 그러나 그녀 자신의 몸이 여성의 사회적 지위와 권리를 상징하였다.

'황후'의 명칭은 '황제'와 동시에 나타났다. 진시황이 전국을 통일한 후에 규정한 것으로 당시의 문서에 '적통을 황후[嫡稱皇后]'로 한다고 되어 있다. 즉, 황제의 정실(正室, 정식 부인)을 황후라고 불렀다. 후대에 이러한 제도를 이어받았으며 별다른 변화가 없었다. 다만 북주(北周)에서 잠시 잠깐 나타났다 사라진 변화가 있기는 했다. 북주 선제(宣帝)가 황후를 천원대황후, 천대황후, 천중대황후, 천좌대황후, 천우대황후의 5황후로 나누었던 것이다. 그러나 실제로는 천원대황후가 정식 황후라 할 수 있고 나머지 황후는 고위 비빈의 이름을 바꾼 것에 불과하였다.

군주가 군부(君父)라고 불리면서 황후는 국모가 되었다. 형식상 그녀는 전체 여성의 지도자이기 때문에, 비록 광대한 하층의 부녀들에 대해서는 돌아볼 겨를이 없었지만, 상류사회의 귀부인들은 정기적으로 황후를 알현해야 했다. 당(唐) 고종(高宗)[26]의 무후(武后, 무측천), 숙

26 이치(李治, 628~683). 당 왕조 제3대 황제로 649~683년간 재위.

종(肅宗)[27]의 장(張)황후는 모두 융중한 의례 속에서 내궁의 궁녀들(내명부)과 외부의 귀부인들(외명부)의 알현을 받았다. 황후와 그 권력은 모권에 대한 상징적 의의를 가지고 있었기 때문에, 매번 군권이 쇠락할 때는 그녀들이 항상 출현하여 여성의 남성에 대한 통치를 회복하였다. 황후의 권력찬탈과 수렴청정(垂簾聽政)[28]이 이러한 상황을 가장 뚜렷하게 보여주는 사례이다. 모권제의 유산 아래 제도를 다시 구축하는 것이 몇몇 황후의 뜻이었을 뿐만 아니라 왕왕 일부 남성들도 찬성하는 것이었다.

황후의 실권은 주로 내궁에서 실현되었다. 〈주례(周禮)〉 중에 "왕후(王后)는 6궁의 사람들을 거느린다."라고 되어 있는데, 황후가 모든 비빈궁녀를 관리한다는 뜻이다. 이 외에 군주가 매번 규정에 따라 간택활동을 할 때, 마지막 인물을 선택하는 것은 황후가 본 후에 결정하였다. 진 무제가 후궁을 확장할 때, 이 일을 주재한 양(楊)황후는 미인들이 총애를 얻으려고 다툴까 두려워하여 단정하고 아름다운 자는 가능한 배척하고 피부가 깨끗하고 희며 키가 큰 여자들을 선택하였다.

어르신네

'황제의 어머니를 황태후, 할머니를 태황태후'라고 하는 것도 진시

27 이형(李亨, 711~762). 당 왕조 제10대 황제로 756~762년간 재위. 안록산·사사명의 난이 발생하자 부친인 현종에 의해 천하병마대원수로 임명되어 난을 진압하도록 명령을 받았다. 현종이 사천으로 피난갈 때 숙종은 마외파(馬外坡)에 남았으며, 756년 영무(靈武)에서 황제위에 올랐으며 757년에 장안, 낙양을 수복하였다. 762년 병이 위중한 시기에 장황후가 황태자(이예(李豫))를 폐하고 월왕(越王) 이계(李系)를 세우려고 하였으나 이보국(李輔國), 정원진(程元振)이 태자를 보호하고 장황후와 이계 등을 체포하였으며, 그날 밤에 숙종이 52세로 운명하였다.

28 황태후가 어린 황제를 대신하여 조회에 참가하여 정사를 처리하는 것을 말하며, 일반적으로 남녀유별의 관습에 따라 보좌와 대신들 사이에 발을 내리고(수렴: 垂簾) 국가대사를 처리하였다.

황이 정한 제도이다. 후대에는 황태후를 일반적으로 태후라고 간략히 칭하였다. 태후는 황후와 다른 지위로 군주를 뛰어넘는 명분을 가지고 있었으며 어떤 면에서는 군주권을 넘어서는 권한을 가지고 있었다. 그녀는 군주의 어머니로서 군주를 교육시키는 책임을 맡고 있었으며 전통적인 규례로 군주가 수양을 쌓도록 도와 주었다. 이 분야에 가장 책임감을 가지고 있던 사람은 명(明) 만력제(萬曆帝)[29]의 어머니 이(李)태후였다. 그녀는 10세에 황제가 된 아들을 가르치는데 아주 엄격하였다. 아들이 독서에 게으름을 피울 때마다 오랫동안 꿇어앉아 있는 벌을 주곤 하였다. 새벽 4, 5시면 반드시 만력제의 침실에 가서 아침 조회에 나가도록 재촉하였다. 한 번은 만력제가 술을 먹고 즐기면서 기녀가 새 노래를 부르지 못하자 장난으로 칼을 들어 머리카락을 잘랐던 적이 있었는데, 태후가 이 이야기를 듣고 오랫동안 꿇어앉아 있는 벌을 주었으며, 그 잘못을 면전에서 책망하고 자기 잘못을 기록한 글을 쓰도록 하였다. 매번 어린 군주가 어전회의에 나가면 태후가 늘 조정에 나아가 정사를 듣도록 추대되었는데, 사실상은 태후가 군주를 대신하여 군주권을 행사한 것이다. 유명한 여(呂)태후(B.C. 241~180),[30] 동한(東漢)의 4태후,[31] 무측천(武則天,

29 주익균(朱翊鈞, 1563~1620). 명(明)의 제13대 황제로 1572~1620년간 재위하였다. 초기에는 장거정(張居正)을 등용하여 내정개혁을 추진하여 '만력중흥(萬曆中興)'이라고 불리는 사회의 발전을 가져왔으나 장거정 사후 친정(親政)을 하면서 정사를 거의 다루지 않아 정치적 혼란을 가져왔다. 임진왜란 때 이여송 등을 보내 조선을 도와 주었다.

30 산양(山陽) 단부(單父: 현재의 산동성 하택(河澤)시 단현(單縣))에서 출생하였으며, 한고조 유방의 아내였다. 유방이 죽은 후 유방의 후비들을 처참하게 죽였으며 여씨들(외척)이 전권을 휘두르는 상황까지 갔었다. 중국 역사상 최초의 황후이자 황태후였으며, 외척정치의 길을 열었다.

31 동한의 화제(和帝) 때 두(竇)태후, 상제(殤帝)·안제(安帝) 때 등(鄧)태후, 북향후의(北鄉侯懿) 때 염(閻)태후, 충제(沖帝)·질제(質帝)·환제(桓帝) 때 양(梁)태후, 영제

624~705),[32] 자희태후(慈禧太后, 1835~1908)[33] 등 수많은 태후들이 모두 이러한 경력을 가지고 있다. 태후의 수렴청정은 남성들의 질책을 받지 않았을 뿐만 아니라, 반대로 일종의 정상적인 정치제도로 인정되었다. 그러나 여기에는 한계가 있었는데 그녀들의 국사 참여는 군주가 직접 정사를 처리하는 시기가 되면 자동으로 멈추어야 했으며, 그렇지 않을 경우 권력을 탐하는 것으로 여겨졌다.

군주의 황후를 간택하는 데 있어 그 권한은 태후에게 있었다. 명(明) 가정제(嘉靖帝)[34]가 황후를 간택할 때에 먼저 예부(禮部)에서 선발을 한 후 장(張)태후가 결정하였다. 최종 간택을 할 때에 장태후의 의자 앞에 투명한 비단으로 막을 치고서 선발된 3명을 1조로(1명 조장, 2명 부조장) 순서에 따라 알현하도록 하였다. 간택이 된 사람은 금이 상감된 붉은 색 팔찌를 팔뚝에 끼워주어 기호를 삼았으며, 떨어진 사람은 본인의 사주팔자를 은화로 싸매서 소맷자락에 넣어주고 원적지로

(靈帝) 때 두(竇)태후, 소제(少帝)때의 하(何)태후 등이 수렴청정을 하였다. 이 중 비교적 긴 시간을 수렴청정한 4명의 태후를 일컫는다.

32 중국 역사상 최초의 여황제(67세에 즉위)로, 원래 당 태종의 병 수발을 들던 후궁이었으나 태종이 죽은 후, 아들 고종의 황후가 되었다. 고종이 죽은 후에는 자신의 아들인 중종(中宗), 예종(睿宗)을 통해 수렴청정을 하였으며, 나중에는 당나라를 없애고 주(周)를 세워 황제가 되었다. 역사상 가장 논쟁이 많은 여성 중 하나이다.

33 서(西)태후로 더 유명하다. 청의 함풍제(咸豐帝)의 비빈이었으며, 동치제(同治帝)의 생모로 청조 말기 중요한 정치인물이었다. 1875년 동치제가 서거한 후에 조카인 애신각라재활(愛新覺羅載湉)로 함풍제의 대통을 잇게 하였는데 그가 광서제(光緖帝)이다. 수렴청정을 하였다. 광서제가 친정을 하도록 하고 이화원으로 물러났었으나 1898년 무술변법(戊戌變法: 백일유신이라고도 하는 실패한 중국 근대 개혁운동) 후에 무술정변을 일으켜 광서제를 가두고 관련 인사들을 처단하면서 다시 정권에 나섰다. 1908년 광서제가 죽자 겨우 3세인 부의(溥儀)를 황제로 등극시키면서 태황태후가 되었으며 바로 그 다음날 사망하였다.

34 주후총(朱厚熜, 1507~1567). 무종(武宗)이 후사가 없이 죽었기 때문에 사촌동생인 주후총이 제위에 올랐으며, 1521~1566년간 재위하였다.

돌려보냈다.

태후는 지고지존한 존재여서 그녀의 생일은 당연히 국경일이 되었으며, 황제가 직접 장수 축하를 주재하였다. 일부 조정의 명맥을 좌지우지하며 국가대사를 주재하던 태후들은 개인숭배를 조장할 필요를 느끼면서 자신의 생일을 백성들이 지켜야 할 절기로 명문화하였다. 예를 들면 송(宋) 인종(仁宗)[35]의 유(劉)태후는 자신의 생일을 '장녕절(長寧節)'로 요(遼) 흥종(興宗)[36] 시대 소(蕭)태후는 자신의 생일을 '응성절(應聖節)'로 정하였다.

태황태후가 휘둘렀던 정치권력의 성격은 태후와 동일하였으며, 명분상 한층 더 높았을 뿐이다. 당(唐) 중흥의 명신인 곽자의(郭子儀)[37]의 손녀는 헌종(憲宗)[38]의 귀비(貴妃)로, 목종(穆宗)의 어머니였다. 그녀는 다섯 조정[39]의 정사에 관여하였다. 목종이 승하하자 신하들이 조정에 나와 국사를 처리하기를 청하자, 화를 내며 "내가 어찌 무측천의 뒤를 따르겠느냐? 오늘날 태자가 비록 어리기는 하나 덕망이 높고 유

35 조정(趙禎, 1010~1063). 송(宋) 왕조 제4대 황제로 북송, 남송 통틀어 가장 오랜 기간인 43년간(1022~1063년) 재위하였다. 1033년 유(劉)태후가 죽은 후부터 친정(親政)을 시작하였다.

36 야율종진(耶律宗真, 1016~1055). 요(遼)나라 제7대 황제로 1031~1055년간 재위.

37 곽자의(郭子儀, 697~781). 당나라 명장. 어린 시절 군대에 들어가 공을 쌓으면서 구원(九原)태수가 되었으나 중용을 받지 못하였다. 안록산, 사사명의 난이 발생했을 때 삭방(朔方)절도사로 임명을 받아 하북, 하동 지역을 회복하고 병부상서, 동중서문하평장사(同中書門下平章事)가 되었으며, 757년 광평왕(廣平王) 이숙(李俶)과 함께 장안, 낙양을 수복하여 사공(司公)의 지위에 올랐으며 작위도 받았다. 그 후에 여러 차례 혁혁한 공을 세워 당나라를 위기에서 건졌으며, 말년에는 '상부(尙父)'로 존경받았다.

38 이순(李純, 778~820). 원화중흥(元和中興)을 이루었던 뛰어난 황제로 805~820년간 통치하였다.

39 목종(穆宗, 820~824년) 및 세 명의 목종의 아들 경종(敬宗, 824~826년)·문종(文宗, 826~840년)·무종(武宗, 840~846년), 헌종의 아들 선종(宣宗, 846~859년).

능한 신하들이 보필한다면 내가 어찌 정사에 간여할 수 있겠느냐?" 라고 거절하였다. 그러나 목종이 일찍 죽고 태황태후가 되고나서 무종(武宗)이 종일 수렵, 씨름에 빠져있자 대단히 불만족하여 그를 훈계하였다. "훌륭한 천자가 되려면 신하들의 상주문을 반드시 자세히 살펴보아야 한다. 쓸 만한 의견이면 사용하고, 그렇지 않다면 재상들의 의견을 물어보아야 한다. 신하들의 직언을 거절할 수 없으며, 잘못된 의견을 용납할 수도 없는 것이다. 응당 충성되고 재능이 있는 인재를 선발하여 친신으로 삼아야 한다."

태황태후가 여전히 건재하고 있으면 조정의 정사를 처리하는 중임을 그녀가 맡았으며, 태후는 단지 동반하여 옆에 앉아 있을 뿐이었다. 예를 들면 송(宋) 신종(神宗)[40]때, 일체의 정사는 태황태후인 조(曹)씨가 주역 역할을 했으며, 황태후인 고(高)씨는 조역에 불과하였다.

삼궁(三宮) 육원(六院) 칠십이비(七十二妃)

붉은 담장, 황금기와의 내궁에서 가장 찬란한 빛을 발하는 계층은 비빈들이라고 할 수 있다. 십리 밖까지도 향기를 뿜어내는 연못처럼 한 사람 한 사람 미인들이 한 송이 한 송이 물위에 피어난 연꽃처럼 아름다운 자태로 바람결에 나부끼는 듯하였다. 중국 민간에서는 황제가 거느린 여인들을 줄곧 '삼궁(三宮) 육원(六院) 칠십이 비(七十二妃)'라고 하였지만, 이것은 완전히 민간의 통속적인 이야기이며 정확한 근거는 없었다. 고궁(故宮: 지금의 자금성)을 참관해 보면 삼궁(三宮)은 두 개의 궁과 한 개의 전, 즉 황제가 거주하는 건청궁(乾清宮), 황후가 거주하는 곤녕궁(坤寧宮)과 그 가운데 교태전(交泰展)으로 이루어져 있다.

40 조욱(趙頊, 1048~1085). 북송 제6대 황제. 1067년 제위에 오르자 왕안석(王安石)의 신법(新法)을 시행하였으나 실패하였다.

육원(六院)이란 지칭은 없으며 실제론 육궁(六宮)이 있을 뿐으로 재궁(齋宮), 경인궁(景仁宮), 승염궁(承艷宮), 종수궁(種粹宮), 경양궁(景陽宮), 영화궁(永和宮)으로 이루어진 '동육궁(東六宮)'과 저수궁(儲秀宮), 익곤궁(翊坤宮), 영수궁(永壽宮), 장춘궁(長春宮), 함복궁(咸福宮), 중화궁(重華宮)으로 이루어진 '서육궁(西六宮)'이 있다. 칠십이 비(妃)는 어느 왕조에서도 이러한 정수로 비빈을 정했던 적이 없다. 사실 고대에는 대부분 3, 6, 9를 실질적인 숫자로 여기기보다 많은 것을 표시하는 상징적인 허수로 여겼다. 72는 3, 6, 9 등의 배수일 뿐이다. 그러므로 '삼궁육원 칠십이비'는 대개의 상황에 따라 부연 설명한 것에 불과하며 그 뜻은 황제의 후궁이 가득 차 있다는 뜻이다.

비빈의 숫자, 규격, 등급은 역대 왕조에서 다양한 변화를 겪었으며, 고대에 설계된 후궁제도에 따라 북제(北齊)에서 반포한 하청신령(河清新令)이 제일 전형적이다. 관련 법령에서는 후궁이 소의(昭儀), 부인(夫人), 빈(嬪), 세부(世婦), 어녀(御女)의 다섯 등급으로 나뉘어져 있다.

소의(昭儀): 좌우 두 명으로 재상(宰相)급이었다.

부인(夫人): 홍덕(弘德), 정덕(正德), 숭덕(崇德) 세 명으로 삼공(三公)급이었다.

빈(嬪): 모두 아홉 명으로 광유(光猷), 소훈(昭訓), 융미(隆微) 세 명을 상빈(上嬪)이라고 하였고 삼경(三卿)급이었으며, 선휘(宣徽), 응휘(應暉), 선명(宣明), 순화(順華), 응화(凝華), 광훈(光訓) 여섯 명을 하빈(下嬪)이라고 하였으며 육경(六卿)급이었다.

세부(世婦): 정화(正華), 령칙(令則), 수훈(修訓), 요의(耀儀), 명숙(明淑), 방화(芳華), 경완(敬婉), 소화(昭華), 광정(光正), 소녕(昭寧), 정범(貞范), 홍휘(弘徽), 화덕(和德), 홍유(弘猷), 무광(茂光), 명신(明信), 정훈(靜訓), 요덕(耀德), 광훈(廣訓), 휘범(暉范), 경훈(敬訓), 방유(芳猷), 완화(婉華), 명범(明范), 염의(艷儀), 휘칙(暉則), 경신(敬

信) 모두 27명으로 삼품(三品)관에 해당하였다.

어녀(御女): 목광(穆光), 무덕(茂德), 정의(貞懿), 요광(耀光), 정응(貞凝), 광범(光范), 영의(令儀), 내범(內范), 목규(穆閨), 완덕(婉德), 명완(明婉), 염완(艶婉), 묘범(妙范), 휘장(暉章), 경무(敬茂), 정숙(靜肅), 경장(瓊章), 목화(穆華), 신의(愼儀), 묘의(妙儀), 명의(明懿), 숭명(崇明), 여칙(麗則), 완의(婉儀), 팽원(彭媛), 수정(修靜), 홍신(弘愼), 염광(艶光), 의용(漪容), 휘숙(徽淑), 수의(秀儀), 방완(芳婉), 정신(貞愼), 명염(明艶), 정목(貞穆), 수범(修范), 숙용(肅容), 무의(茂儀), 영숙(英淑), 홍염(弘艶), 정신(正信), 응완(凝婉), 영범(英范), 회순(懷順), 수원(修媛), 양칙(良則), 요장(瑤章), 훈성(訓成), 윤의(潤儀), 영훈(寧訓), 숙의(淑懿), 유칙(柔則), 목의(穆儀), 수례(修禮), 소신(昭愼), 정원(貞媛), 숙규(肅閨), 경순(敬順), 유화(柔華), 소순(昭順), 경녕(敬寧), 명훈(明訓), 홍의(弘儀), 숭경(崇敬), 수경(修敬), 승한(承閑), 소용(昭容), 여의(麗儀), 한화(閑華), 사유(思柔), 원광(媛光), 회덕(懷德), 양원(良媛), 숙의(淑猗), 무범(茂范), 양신(良信), 염화(艶華), 휘아(徽娥), 숙의(肅儀), 묘칙(妙則) 총 81명으로 정사품(正四品)관에 해당하였다.

각종 등급의 비빈은 단지 각종 모양의 꽃병으로 군주의 음란한 즐거움을 만족시키는 것 외에는 다른 정규적인 정치권리가 없었다.

후궁 미인 삼천 명

풍류를 즐기는 호방한 군주에게는 정식 호칭과 지위를 가지고 있는 황후와 비빈은 소수에 불과하였고, 그 아래 수천의 궁녀들이 있었다. 진시황이 여섯 나라[41]를 멸망시킨 후에 각국의 남아 있는 비빈궁녀들을 그 숫자대로 다 받아들였다. 이에 따라 '내궁에 만여 명의 여인, 그 생기가 하늘을 찌를 듯하였다.' 동한(東漢)의 환제(桓帝)[42]는 여

41 연(燕), 초(楚), 제(齊), 조(趙), 한(韓), 위(魏)의 전국 7웅 중 6국을 말한다.

색을 지나치게 탐하여서 궁녀를 계속 뽑았는데 5, 6천 명에 달하였다. 진(晉) 무제(武帝)는 동오(東吳)를 멸망시킨 후에 수천 명에 달하는 오나라의 궁녀를 자기의 내궁으로 편입시켰다. 명(明)대의 내궁에는 궁녀가 제일 많을 때는 9천 명에 달했다. 청(淸)의 강희제(康熙帝)[43]는 궁녀 수를 300여 명으로 제한하였으며, 수녀(秀女)와 관여자(官女子) 두 종류로 나누었다.

궁녀를 조달하는 통로는 두 가지로 민간에서 미인을 선발하여 들여보내는 것 외에, 아버지나 남편의 죄로 인해 몰수된 죄인의 처와 딸들이었다. 예를 들면, 북위(北魏)의 문명황후(文明皇后) 풍(馮)씨는 아버지인 풍랑(馮朗)이 자사(刺史) 벼슬을 지냈으나 죄로 인하여 처형당하자 그녀의 신분이 없어지고 몰수되어 궁궐로 보내졌다. 당(唐)의 효명황후(孝明皇后) 정(鄭)씨는 일찍이 반란의 영수였던 이기(李錡)의 첩이었으나 이기가 패망한 후에, 그녀는 궁궐의 비녀(婢女)가 되도록 판결을 받았었다. 금(金)의 원비(元妃) 이사아(李師兒)는 가족의 죄로 인하여 부모가 감시받는 궁궐의 노비로 되면서, 정부규정에 따라 궁에 강제로 들여보내져야 했다. 이런 죄인들의 처와 딸은 입궁한 후에는 여타 민간의 딸들과 전혀 구별이 없었으며, 크게 차별대우를 받지 않았다.

궁녀는 궁정교육을 받아야 했으며 각종의 예의범절과 기예에 익숙

42 유지(劉志, 132~167). 동한의 제10대 황제. 15세에 제위에 올랐으며 양(梁)태후 일가의 정권 장악을 환관들과 함께 뒤집었으나, 오히려 환관들에게 휘둘렸다. 환관들의 정치 관여를 반대한 관료들과 태학생들을 탄압하였다(당고의 화[黨錮之禍]). 당시 환관들의 발호와 부패한 인사 등용으로 인해 당시에 "천거된 수재는 글을 모르고, 천거된 효자는 부모와 떨어져 산다(擧秀才不知書, 察孝廉父別居)."라는 조롱 섞인 말이 유행하였다.

43 애신각라현엽(愛新覺羅玄燁, 1654~1722). 청의 황금기를 이끌었던 제4대 황제로 8세에 등극하여 14세에 친정에 나섰으며, 61년간 재위하면서 중국 역사상 가장 강력한 제국을 이룩했던 황제이다.

해야 했다. 북위의 군주들은 그녀들로 하여금 글쓰기와 산술을 배우도록 하였으며, 당 현종은 그녀들에 대한 교육에 음악과 춤을 중점에 두었으며, 금(金)의 장종(章宗)[44]은 궁정 교사들로 하여금 궁녀들에게 독서를 가르치도록 하였으며, 수업을 받을 때 교관과 궁녀 사이를 얇은 푸른 비단으로 가리게 하였으며, 만일 이해하지 못하는 것이 있으면 궁녀들이 글자 첩(帖)을 비단 위에 걸어 궁녀 교관이 외부에서 볼 수 있도록 하였다.

궁녀들은 정식 명칭이 없었으며 그녀들은 아내도 아니지만 또한 첩도 아니었다. 군주와 부부의 명분은 없었지만, 오히려 합법적으로 군주와 기이한 성관계를 맺을 수 있었다. 수많은 궁녀들을 군주가 다 상대할 수 없었고, 그녀들은 단지 우연한 기회에 행운을 얻을 수 있었을 뿐이다. 만일 군주가 갑자기 마음이 끌려서 한 궁녀와 즐거움을 나누면 내시가 시간을 기록해 두었다. 명나라의 규정은 궁녀가 천자의 승은(承恩)을 입으면 반드시 기념 물건을 하사하였으며, 문서방의 내시는 연월일시 및 기념물을 기록하였다. 만일 임신이 되면 이를 통해 대조해 보았다.

궁녀의 인격은 무시되었고 궁중의 가장 낮고 천한 계층에 속하였다. 저급의 내시보다는 약간 좋은 정도였으며 언제든지 모욕을 당하곤 하였다. 덕령(德齡)[45]이 쓴 〈청궁이년기(淸宮二年記)〉에는 다음과 같

44 완안경(完顔璟, 1168~1208). 여진족으로 금(金)의 제6대 황제. 1189년 제위에 올랐으며, 그가 통치 시에 금나라가 쇠퇴기에 들어섰으나 여전히 남송의 공격을 물리쳤다. 후사가 없이 죽어 그의 숙부가 제위를 이어받았다.

45 유덕령(裕德齡, 1886~1944). 필명 덕령공주. 어린 시절 아버지를 따라 일본과 프랑스에서 6년간 생활하여 견식을 갖추고 보는 시야가 넓었으며 여러 외국어에 능통하였다. 17세에 아버지를 따라 북경으로 돌아왔다. 외국어와 서방의 예의에 익숙했기 때문에 동생인 유용령(裕容齡)과 함께 자희(慈禧, 서태후)에게 부름을 받아 입궁하여 자금성의 여덟 명의 여관 중의 하나가 되었다. 1905년 아버지의

은 내용이 있다.

내가 벌받는 것을 처음 본 것은 한 궁녀에 대한 벌이었다. 그녀가 태후를 대신하여 양말을 가져 올 때 짝이 서로 다른 양말을 가져왔다. 태후가 이를 발견하고는 바로 크게 화를 내었다. 다른 궁녀를 불러 그 궁녀의 두 빰을 각각 10대씩 때리라고 하였다. 이 궁녀가 때리는 것이 그리 심하지 않자 태후가 아주 화가 났다. 그들이 모두 친한 친구라 태후의 명령조차 듣지 않은 것이라고 하였다. 이에 태후가 매 맞은 궁녀로 하여금 자기를 때린 궁녀를 때리라고 하였다. 이러한 우스운 상황을 지켜보면서 거의 큰 소리로 웃을 뻔했으나 끝까지 참아냈다. 그날 저녁에 그 두 궁녀에게 내가 물어 보았다.

"당신들이 교대로 매를 때리고 맞았는데, 어떻게 느꼈어요?" 내가 이렇게 물어 본 까닭은 그녀들이 태후의 방문을 나서자 서로 일상과 마찬가지로 시시덕거렸기 때문이다. "별거 아니예요. 이런 일들에 습관이 되었어요. 마음에 남겨 둘 것이 없는 일이지요." 과연 뒤에 가서는 나도 이런 일들이 기이하게 여길 것이 못된다고 느끼게 되었다.

궁궐에 들어간 궁녀들은 그 중 극소수가 황제의 마음에 들어 높은 지위로 가는 것 외에는, 대다수가 그저 심부름을 하고, 각 종의 잡일들을 하는 시녀가 되었다. 일부 왕조에서는 그녀들을 평생 궁궐에 묶어 두었으며, 일부 왕조는 군주가 붕어한 뒤에 일부 궁녀들을 방출했다. 청나라는 입궁하여 10년이 되면 나가도록 하여 자유롭게 결혼하도록 하였다. 대다수의 궁녀들은 비참하게 냉대를 받았다. 백거이(白居易, 772~846)[46]는 '삼천궁녀 어여쁜 얼굴 / 몇 번이나 봄이 와야 눈

병이 중하여 궁정을 떠났다. 뒷날 친구의 요청과 재촉으로 영어로 그녀가 궁정에서 지낸 2년간의 생활을 통해 보고들은 것을 〈청궁이년기(淸宮二年記)〉로 기록하였다. 1944년 캐나다에서 자동차 사고로 사망하였다.

46 자는 낙천(樂天)으로 만년에는 향산거사(香山居士)로 불렸다. 광범위한 소재, 다양한 형식, 평범하고 통속적인 언어로 현실주의 시인으로 평가받고 있다. 한림학

물자국 사라지리요?'[47]라고 읊었다.

업무에 익숙한 여관(女官)

남성이 거의 대부분인 관료세계에 뜻밖에도 아주 적은 숫자의 여성관료(여관)가 있었다. 그녀들은 모두 궁궐 안에 있었는데 군주의 주변에서 군주를 보좌하였다. 신분이 특수하여, 기이한 이중의 성격을 가지고 있었다. 한편으론 정상적인 관료와 같아서 궁궐 안의 일부 직무를 맡았으나, 한편으론 비빈과 마찬가지로 군주가 언제라도 점유할 수 있었다.

여관제도가 구체적이고 명확하게 정해졌던 것은 남북조 시대 유송(劉宋)[48]에서였다. 유송의 명제(明帝)[49]는 중앙정부의 관직제도를 본떠서 내궁에 여관제도를 확립하였다. 일품(一品)은 후궁통윤(後宮通尹)으로 자극호주(紫極戶主), 광흥호주(光興戶主)로 나뉘었으며 내궁 전체의 관리 책임을 맡았다. 이품(二品)은 후궁열서(後宮列敍)로 자극중감윤(紫極中監尹) 등의 자리가 있었으며 부책임자 역할을 하였다. 삼품(三品)은 후궁

사(翰林學士), 좌찬선대부(左贊善大夫)의 벼슬을 했다. 대표적인 작품으로 〈장한가(長恨歌)〉, 〈비파행(琵琶行)〉 등이 있다.

47 백거이의 후궁사(後宮詞):
비와 이슬 내려주는 은혜 / 어찌 문마다 내릴 수 있겠는가(雨露由來一點恩 / 爭能遍布及千門)
삼천궁녀 어여쁜 얼굴 / 몇 번이나 봄이 와야 눈물자국 사라지리요(三千宮女胭脂面 / 幾個春來無淚痕).

48 남북조 시대 남조의 첫 번째 왕조(420~479년)로 군주의 성이 유(劉)여서 훗날 조광윤(趙匡胤)이 세운 송(宋) 왕조와 구별하기 위하여 유송(劉宋)이라고 부른다.

49 유욱(劉彧, 439~472). 재위 466~472년.

사의(後宮司儀), 사정(司政) 등의 자리가 있었다. 사품(四品)은 후궁도장치직(後宮都掌治職) 등, 오품(五品)은 후궁통관참사(後宮通關參事) 등의 자리가 있었다. 육품(六品)은 중대시어감규수(中臺侍御監閨帥) 등, 칠품(七品)은 합당수(合堂帥) 등의 자리가 있었다. 그 아래에 각종의 전문직 관원을 두었다. 삼품에서 칠품까지는 예의, 정무, 감찰, 양식, 의복, 음악, 문사(文史), 축복(祝卜), 교육, 방직, 자수, 감옥, 청소, 야간경비, 방위, 주방, 창고 등 각종 사무를 관리하였다.

수(隋) 문제(文帝)[50]가 즉위한 후에 역대 여관제도의 구습을 개혁하였다. 그는 제일 위로 빈(嬪) 세 명을 세워 사덕(四德)[51]을 가르치고 관리하도록 하였으며, 세부(世婦) 아홉 명을 세워 손님접대, 제사 등을 관리하도록 하였으며, 여어(女御) 삼십팔 명을 세워 여인들의 기능과 방직을 관리토록 하였다. 그 아래에 육상(六尙), 육사(六司), 육전(六典)의 세 기구를 세워 궁정사무를 총괄토록 하였다. 첫째는 상궁(尙宮)·사령(司令)·전종(典琮)으로 정무명령, 교육, 옥새, 기물들을, 둘째는 상의(尙儀)·사악(司樂)·전찬(典贊)으로 의례, 음률(음악), 알현 관련 사항 등을, 셋째는 상복(常服)·사식(司飾)·전즐(典櫛)로 복식과 화장품을, 넷째는 상식(尙食)·사의(司醫)·전기(典器)로 식품, 약품, 그릇을, 다섯째는 상침(尙寢)·사연(司筵)·전집(典執)으로 침상이불, 정리, 용구 등을, 여섯째는 상공(尙工)·사제(司制)·전회(典會)로 건축, 의복, 재무 등을 관리하였다.

여관은 일반적으로 비빈의 신분을 가지고 있어서, 군왕이 한가하

---

50 양견(楊堅, 541~604). 동한(東漢) 태위(太尉) 양진(楊震, ?~124)의 14세 손. 수(隋) 왕조 개국황제로 저명한 정치가이자 전략가이다. 재위기간 중에 분열되었던 중국을 재통일하였으며 외정과 내정에서 성공한 제왕 중 하나로 그가 통치할 때 인구가 700여만 호에 달했다.

51 여자의 네 가지 덕. 중국 전통 여인이 갖춰야 했던 네 가지 덕목으로 부덕(婦德: 덕성), 부언(婦言: 고운 말씨), 부용(婦容: 깨끗한 자태), 부공(婦功: 솜씨)을 가리킨다.

여 마음이 편안하면 언제라도 그녀들과 마음대로 정을 통할 수 있었다. 송(宋)의 이(李) 신비(晨妃)는 궁궐에 처음 들어왔을 때 상침(尙寢)을 맡고 있어서, 진종(眞宗)[52]의 이부자리를 정리하였다. 이 시기에 황제가 비단휘장 안으로 그녀를 안아 들였다. 명(明)대 기(紀)태후는 일찍이 여사(女史)를 맡아 내장고(內藏庫)를 선회하면서 관리하였는데, 헌종(憲宗)[53]이 우연히 시찰을 하다 기(紀)씨가 물 흐르듯이 응대를 잘하자 당장에 정을 나누게 되었다.

무릇 문재(文才)가 있는 여관들은 늘 내궁의 교육을 맡도록 임명되었다. 유송(劉宋)의 한난영(韓蘭英)[54]은 〈중흥부(中興賦)〉를 지어 위에 올리면서 궁궐로 불러들여져 박사가 되어 궁인들의 학문을 가르쳤다. 박학다식하고 나이도 많으며 덕망도 있어서, 당시 대가들의 존중을 받았으며, 존경의 뜻으로 '한공(韓公)'이라 불리었다.

여관들은 일반적으로 공개된 장소에서 얼굴을 내밀지 못하도록 되어 있었다. 그러나 여러 방면의 재능이 뛰어난 경우는 이러한 예를 깨는 것이 허용되었다. 당(唐) 중기의 송약신(宋若莘), 송약소(宋若昭), 송약륜(宋若倫), 송약헌(宋若憲), 송약순(宋若荀) 다섯 자매는 재능과 학

52 조항(趙恒, 968~1022). 제3대 황제.

53 주견심(朱見深, 1447~1487). 영종(英宗) 주기진(朱祁鎭)의 장자로 태자로 세워졌으나 부친인 영종이 몽고족 와라(瓦喇)와의 전쟁에서 포로가 되자 작은 아버지인 주기옥(朱祁鈺)이 1452년에 제위에 올랐으며, 주견심을 태자에서 폐하고 기왕(沂王)으로 삼고 주견제(朱見濟)를 태자로 세웠다. 1457년 영종이 복위한 후에 태자로 다시 세워졌다. 주견심은 영명하고 관대한 제왕으로 즉위 초기에 쫓겨난 작은아버지 주기옥의 황제존호를 회복시켜 주었으며, 영종 복위 후 억울하게 처형된 명신 우겸(虞謙)의 억울함을 풀어 주었다. 현명한 대신 상로(商輅) 등을 등용하여 태평성세를 열어갔으나 비교적 이른 나이인 41세에 죽었다.

54 지금의 강소성 소주(蘇州) 사람으로 생몰연대 미상. 문장에 능하였으며, 유송 효무제(孝武帝) 때 〈중흥부(中興賦)〉를 바쳐 입궁했다. 제(齊)의 무제(武帝) 때 박사로 임명되어 궁인들을 가르쳤다.

문으로 세상에 이름을 날렸는데 덕종(德宗)[55]이 이들을 입궁시키고 관직을 주었다. 덕종은 시 짓기를 좋아하였는데 매번 신하들과 시를 짓고 이를 노래할 때마다 반드시 다섯 자매를 불러 같이 시 짓는 즐거움을 더하도록 하였다. 덕종은 그녀들의 체면을 높여주어 처첩으로 대우하지 않고 줄곧 학사(學士)라고 호칭하였다. 그 중에서 송약소(宋若昭)는 세 황제를 모셨는데 사람들이 모두 다 그녀를 선생(先生)이라고 높여 불렀으며, 황후비빈, 친왕, 공주들이 그녀를 만나면 스승에 대한 예를 갖추었다.

고대에는 여인이 화근[禍水]으로 여겨졌기 때문에 일반적인 상황에서는 정치에 참여하는 것이 허락되지 않았다. 그러나 군주가 이러한 원칙을 무시할 경우, 그녀들에 대한 이러한 제한을 취소하였을 뿐만 아니라 심지어는 중요한 업무와 직위를 주었다. 중국 역사상 직위가 가장 높았던 여관은 대개 북제(北齊, 550~557년)의 육대희(陸大姬)로 재상인 시중(侍中)의 자리까지 올랐으며 권세가 대단하였다. 궁인 황화(黃花)가 후주(後主)와 정분을 나눈 것을 알게 되자, 그녀를 양녀로 삼고 적극적으로 추천하여 홍덕부인(弘德夫人)이 되게 하였다. 얼마 지나지 않아서 황화가 황자(皇子)를 낳아 슬하에 자녀가 없는 후주가 계승자를 얻게 되었다. 육대희는 자신의 관운을 오랫동안 보장하려고 거대한 정치적인 도박을 벌였다. 사실을 날조하여 황후 호(胡)씨를 자리에서 물러나도록 하고 황화와 그 아들이 황후와 태자가 되도록 도와주었다. 당(唐)대의 상관완아(上官婉兒) 역시 대단한 인물로 문재가 대단하였을 뿐만 아니라 정치적인 일들도 익숙하게 알고 있어서 중종

55 이적(李适, 742~805). 당 현종의 증손자(숙종의 장손)이자 대종(代宗) 이예(李豫, 727~779)의 아들로 26년간 재위하였다. 처음에는 선정을 베풀었으나 후에는 환관들에게 금군을 지휘토록하고 전국적인 범위로 세금을 많이 거두어 들임으로써 백성들의 원망을 샀다.

(中宗)[56]이 중용하였다. 그녀는 군주의 문서들을 전문적으로 관리하였으며 신하들이 상주문을 올렸을 때 상당수는 그녀가 결재하였다. 여관제도는 기형의 제도로 국가의 중요한 기구가 아니라 군주의 손바닥 안에 있는 장난감이었다.

재혼에서 정절(貞節)로

오대(五代)[57]를 분수령으로 하고 북송(北宋, 960~1127년)을 완충기로 하여 중국 여인들의 성관념에 거대한 변화가 나타났다. 이 시기 이전에는 여성이 남성에 종속되는 것이 상대적인 것이어서 남편이 죽으면 재혼하거나, 이혼 후에 재혼하는 것이 정상이었으며 다른 사람들의 지나친 비난을 불러오지 않았다. 그러나 이 시기 이후 주자(朱子)[58]

56 이현(李顯). 무측천의 셋째 아들로 683~684년, 705~710년간 두 차례 재위하였다.

57 당(唐, 618~907년)의 붕괴 이후 송(宋)이 통일할 때까지 5대 11국의 혼란기가 있었는데 5대는 당의 멸망 후 중원 일대를 차지하였던 후량(後粱, 907~923년), 후당(後唐, 923~936년), 후진(後晋, 936~946년), 후한(後漢, 947~979년), 후주(後周, 951~960년)를 일컬으며 11국은 그 주변의 국가들로 기(岐, 907~924년), 남초(南楚, 907~951년), 오월(吳越, 907~978년), 전촉(前蜀, 907~925년), 후촉(後蜀, 934~965년), 남오(南吳, 910~937년), 걸연(桀燕, 911~913년), 남한(南漢, 917~971년), 형남(荊南, 924~963년), 민(閩, 933~945년), 남당(南唐, 937~975년)을 일컫는다. 중국 역사가들은 동 시대에 존재했던 송(宋), 요(遼)는 대국이어서 5대 11국에 포함시키지 않았다.

58 주희(朱熹, 1130~1200). 복건성 우계(尤溪) 출신으로 중국 역사상 최고의 유학자로 꼽히며 주자학을 집대성하였다. 우주를 형이상학적인 '이(理)'와 형이하학적인 '기(氣)'로 구성되어 있다고 주장하였으며, 인간은 선한 '이'를 본성으로 가지고 있으나, 불순한 '기' 때문에 악하게 된다고 주장하고, '격물(格物)'로 이 불순함을 제거할 수 있다고 하였다. 사변철학(思辨哲學)과 실천윤리(實踐倫理)의 체계를 확립하였으며, 〈사서집주〉, 〈근사록(近思錄)〉 등 수많은 저술이 있다.

와 정이천(程伊川),[59] 정명도(程明道)[60]의 이학(理學)이 등장하면서 정절을 지키는 것이 생명보다 더 중요하게 여겨져, '굶어죽는 것은 작은 일이요, 정절을 잃는 것이 큰일이다.'라고 하였다. 이로부터 '좋은 여자는 두 남편을 섬기지 않는다.'라는 도덕규범이 형성되었다.

이러한 사회관념의 변화에 맞추어 군주들도 배우자를 선택하는 문제에 있어 뚜렷하게 사회의 조류를 따라갔다. 선진에서 오대까지 군주들은 정절을 지나치게 중시하지 않았으며, 일반상황에서는 가능한 숫처녀를 찾으려 하였지만, 마음에 드는 여인을 만나면 그녀가 처녀인지 아닌지는 따지지 않았다. 따라서 두 번 결혼하는 여인을 아내나 첩으로 취하는 장면을 늘 볼 수 있었다. 첫 황제인 진시황의 어머니 조희(趙姬)는 흥미 있는 사례로, 원래 조(趙)나라의 큰 상인이었던 여불위(呂不韋)의 첩이었으나, 뒷날 여불위가 선물처럼 진시황의 아버지 영이인(嬴異人)[61]에게 처로 바쳤다. 이인이 즉위한 후에 그녀를 정식 왕후로 책봉하였다. 한(漢) 경제(景帝)[62]의 왕(王)황후는 본래 민간의 한

59 정이(程頤, 1033~1107). 북송(北宋) 중기의 유학자로 형 정호(程顥)와 함께 주염계(周濂溪)에게 배웠다. 형과 함께 '이정자(二程子)'로 불리며 정주학(程朱學)의 창시자이다. '이기이원론(理氣二元論)'의 철학을 수립하였다.

60 정호(程顥, 1032~1085). 젊은 날 관료가 되었으나 왕안석(王安石)의 신법과 뜻을 같이 하지 못해 관직을 떠났다. 처음에는 동생과 함께 주염계(周濂溪)에게 학문을 배웠으며, 노장사상 및 불교에 이끌렸으나, 나중에는 다시 육경(六經)에서 도를 찾았다. 우주의 만물은 음양의 교감에 의해 생성된다고 생각하였다. 그의 학설은 주자(朱子)에게 전승되었고, 직관적 방법은 육구연(陸九淵)의 심학(心學)의 발생에 기여했다.

61 장양왕(莊襄王, B.C. 281~247). 여불위(呂不韋)의 도움으로 왕위에 오름. B.C. 250~247년간 재위.

62 유계(劉啓, B.C. 188~141). 문제(文帝) 유항(劉恒)의 다섯째 아들이며 재위기간 중 제후들의 봉토를 줄이면서 발생한 7국의 난을 평정하고 중앙집권제를 확고히 하였다. 16년간 재위하였는데 그의 아버지와 함께 태평성세를 이루었다고 하여 그의 집권시기를 '문경의 치세[文景之治]'로 일컫는다.

남자의 부인이었는데, 어머니인 장아(臧兒)가 자기 딸이 크게 부하고 귀하게 된다는 점괘를 얻자 그녀를 집으로 다시 데리고 가려고 하였다. 이에 남편 집에서 화가 나서 그녀를 내궁의 시녀로 들여보냈다. 한(漢) 황실의 황숙(皇叔) 신분으로 천하를 다투었던 유비(劉備)는 아내인 손권(孫權)의 여동생이 동오(東吳)로 돌아가자 유모(劉瑁, 익주목 劉焉의 아들)의 과부 목(穆)씨를 부인으로 맞아들였다. 동진(東晋) 원제(元帝)[63]는 본래 강남의 대족인 오(吳)씨의 여자를 아내로 맞으려 하였었는데 오씨 가문에 붙어살던 과부 정(鄭)씨가 더욱 현숙하고 총명하다는 이야기를 듣자 뜻을 바꾸어 정씨를 대신 취하였다. 후당(後唐)의 장종(莊宗)[64]이 양(梁)나라의 성을 공격할 때 적장 부도소(符道昭)의 처였던 후(侯)씨를 얻었다. 그녀를 측실로 받아들였으며 너무나 총애하여 매번 전쟁하러 갈 때마다 데리고 다녀서, 궁중에서는 그녀를 '병영을 겨드랑이에 끼고 있는 부인[협채부인(夾寨夫人)]'이라고 불렀다. 후주(後周) 세종(世宗)[65]의 부(符)황후는 본래 절도사 이수정(李守貞)의 며느리로 남편이 죽은 후에 세종과 재혼하였다. 그녀가 이수정의 아들 이숭훈(李崇訓)의 처가 되었을 때 음성을 듣고 길흉화복을 점치는 것으로 유명한 술사가 단언하여 말하기를 그녀가 '천하의 어머니'가 될 것이라고 말하였다. 이수정이 이 이야기를 들은 후 은근히 좋아하면서 "내 며느리가 천하의 어머니가 된다고 하니, 내가 천하를 취하게 될 것이

63 사마예(司馬睿, 276~323). 동진의 초대 황제(재위 317~322년). 사마의의 증손자.

64 이존욱(李存勖, 885~926). 사타족(沙陀族)으로 현 산서성 태원(太原) 출생. 후당(後唐)의 개국황제로 이극용(李克用)의 아들이었다. 당나라에서 아버지의 직위를 세습받아 하동절도사(河東節度使)를 지냈으며, 진왕(晉王)이 되어 15년을 다스렸으며, 923년 황제의 자리에 올라 국호를 당(唐)이라고 하였는데, 역사가들이 이를 후당(後唐)이라고 불렀다.

65 시영(柴榮, 921~959). 951년 곽위(郭威)가 후주(後周)를 건국한 후에 시영에게 단주(澶州)를 다스리도록 하였다. 954년 곽위가 죽자 시영이 황제위를 계승하였다.

다."라고 하였다. 이로부터 반란을 일으키기로 결정하였다. 주(周) 태조 곽위(郭威)[66]가 군대를 이끌고 진압에 나서서 성(城)이 돌파되던 날, 이승훈은 퇴로가 없음을 보고 가족들을 칼로 베어 죽이면서 사방으로 아내 부씨를 찾았으나 찾지 못하고 자살하였다. 장막 안에 숨어있던 부씨가 걸어 나와 대청 위에 단정히 앉아서 몰려들어오는 사병들에게 "내 부친과 곽공은 오랜 친구이다. 너희들은 나를 범하지 말라!"고 소리쳤다. 곽위는 일개 아녀자인 부씨가 반란군들을 제압할 수 있는 것을 보고 크게 감탄하여 자기의 양딸로 거두어들였다. 이에 그녀의 어머니가 출가하여 중이 되라고 권하자 "죽고 사는 것은 하늘이 정해 준 것인데 스스로 자기를 훼손시킬 필요가 있습니까?"라고 반박하였다. 주(周) 세종은 정실이 병으로 죽자 이 기이한 여인을 부인으로 맞아들였다. 천하의 여성들을 선택하는 특권을 지닌 군주들이 재혼하는 여자를 처나 첩으로 맞아들였다는 것은 당시 시대의 조류가 정절을 엄격한 사회도덕으로 삼지 않았으며, 여자의 재혼이 남녀 쌍방의 체면을 깎는 것이 아니었음을 알 수 있다.

사회적으로 처녀를 중시한 것은 송(宋)·명(明)의 이학(理學)이 흥성하면서 힘을 얻게 되었다. 이때부터 여인의 몸값과 정절 여부가 밀접한 관계를 갖게 되었다. 스스로 존귀함이 있어야 다른 이의 존귀함을 얻게 되는데, 여인의 존귀함은 한 남편만을 죽을 때까지 섬기는 데 있었다. 이러한 관념을 위반하는 행위는 치욕으로 여겨졌으며 적어도 비천한 것으로 여겨졌다. 전체 사회를 놓고 보면 정절 관념의 제도화는 점진적으로 진행되었다. 송대 특히 북송시대에는 이혼 후 재혼하는 것을 시시때때로 볼 수 있었다. 상층사회 역시 마찬가지였다. 그러나 송대의 군주들은 재혼하는 여인을 취한 적이 없었다. 그들이 국

66 후주(後周)의 건국자로 951~954년간 재위.

가의 여론을 통해 정절을 주창하지 않았을지라도 그들 자체의 혼인 태도가 이 모든 것을 설명하고 있다. 만일 황후비빈 중에 재혼한 사람이 적지 않았다면 정이천이나 주자가 그들의 이론을 밀고 나갈 때 거리낌이 없을 수 없었을 것이다. 명대로 접어들자 정절 관념은 상층이 모범을 보이고 하층이 이를 따르는 사회 전체 구성원의 도덕규범이 되었다. 여성이 정절을 지키지 못한 경우 다른 남자에게 재혼을 할 수도 없었고, 감히 하려고 하지도 않았다. 남성이 재혼녀를 맞아들이는 것은 가문을 더럽히는 것이었다. 명 태조 주원장(朱元璋)은 즉위 초부터 정절 관념을 뚜렷하게 제창하였다. 그는 '민간의 과부가 30세 이전에 남편을 잃고 50세가 넘도록 정절을 지키면 문 앞에 기(旌)를 세워 표창하고 전 가족의 역(役)을 면한다.'는 내용의 조서를 내렸다. 정절 관념의 교화에 보조를 맞추기 위하여 유학자인 해진(解縉) 등이 하·은·주 고대부터 원(元)대까지의 〈열녀전(烈女傳)〉을 편찬하였다. 이 책은 여성들의 필독서가 되었으며 명(明) 성조(成祖)[67]가 직접 서문을 써서 정절의 중요성을 명확히 하였다. 혼인관계에 있어 비교적 원시적이었던 청(淸)의 통치자들도 중원으로 들어 온 후에는 신속하게 정절 관념을 받아들였으며, 원래보다 더 엄격하게 실행하였다.

가문의 운세

로맨틱한 애정이 넘쳐나는 근대나, 부모의 명령, 중매인의 말이 중요한 고대사회에서나 혼약은 어쨌든 두 집안의 형편이 비슷하다는

67 주체(朱棣, 1360~1424). 영락제(永樂帝). 명 태조의 넷째 아들로 명의 제 3대 황제가 되었고 수도를 남경에서 북경으로 옮겼다.

것이 전제조건이었다. 이러한 원칙은 남자가 처를 얻을 때만 적용되었으며 첩을 들일 때는 관계가 없었다는 것을 지적할 필요가 있다. 왜냐하면 첩은 단지 장식품에 지나지 않았으며 혼인인격을 갖추지 못하였었기 때문이다. 군주에 대해서도 그렇다고 할 수 있다. 그들이 황후 및 높은 지위의 비빈을 책봉할 때는 그녀들의 가문에 대한 충분한 고려를 했으나, 일반 비빈이나 궁녀를 받아들일 때는 격식에 구애받지 않았다. 앞에서 말한 상황들은 일반적인 상황에서 그렇다는 것이고 좀 더 자세히 살펴보면 서로 다른 사회상황에서 군주가 가문을 고려하는 준칙은 당연히 서로 달랐다. 그 중 가장 뚜렷한 것은 태평성세 때와 전쟁과 난리의 시대에 따른 구별이다.

태평성세 때는 군주가 정략적 결혼이라는 원칙을 엄격히 지켰다. 구체적으로는 군주가 가문의 상황을 감안하여 주요 배우자를 선택하는 것으로 표현되었다. '상층부에는 대단한 가문만 있으며, 하층부에는 대단한 가문이 없다.'라고 하던 진(晉)대에는 사대부[士族]들이 정권을 쥐고 흔드는 특수계층이 되었다. 군주는 자신의 통치에 대한 그들의 지지를 얻기 위해, 황후의 지위를 거의 전부 사대부 가문의 딸들에게 주었다. 무제(武帝)[68]의 양(楊)황후의 조상은 4대가 모두 삼공(三公)[69]을 지냈으며, 혜제(惠帝)[70]의 가(賈)황후의 조부 가규(賈逵), 부친 가충(賈充)은 후작(侯爵) 작위를 받았으며, 혜제의 양(羊)황후 부친 양현지

68 사마염(司馬炎). 사마의(司馬懿)의 손자, 사마소(司馬昭)의 아들로 서진(西晉)의 개국황제(재위 265~290년).

69 삼공(三公) 중국 고대의 조정에서 가장 존귀한 세 관직을 함께 칭하는 말로, 주대(周代)에 이미 이러한 단어가 있었다. 일반적으로 사마(司馬), 사도(司徒), 사공(司空)을 일컬으며, 주례(周禮)에 근거하여 태사(太師), 태부(太傅), 태보(太保)를 일컬었다.

70 사마충(司馬衷, 259~307). 무제 사마염의 둘째 아들로 290~307년간 재위하였다.

(羊玄之)는 후작에서 공작으로 봉해졌다. 명제(明帝)[71]의 유(庾)황후는 강남지방의 거대 문벌 출신이며, 성제(成帝)[72]의 두(杜)황후는 저명한 유학자이자 장군인 두예(杜豫, 222~285)[73]의 증손녀이며, 강제(康帝)[74] 저(褚)황후의 조부 저계(褚契)는 안동장군(安東將軍)이었다. 목제(穆帝)[75]의 하(何)황후는 명문가문에서 간택에 나선 경우이며, 간문제(簡文帝)[76]의 왕(王)황후의 가문은 대대로 벼슬을 한 집안이며, 안제(安帝)[77]의 왕(王)황후는 온 천하에 명성이 높았던 왕희지(王羲之, 303~361 또는 321~379)[78]의 손녀였다. 개별적인 특별한 사유가 있는 경우를 제외하고는 서진과 동진의 황후는 모두 명문가문으로부터 나왔다. 이러한 풍조는 남북조(南北朝) 시대에 일시적으로 없어졌다가 수(隋), 당(唐)대에 이르러 다시 뜨거워졌으나 그 열기가 서진과 동진 시대에는 미치지 못하였다. 사대부 가문은 정치, 경제, 문화적인 면에서 절대적인 우위를 점했던 사회세력으로 세습적인 요인과 기득권 보장을 위해 변경시킬 수 없는 보수성을 보였다. 이로 인해 통치질서를 확보하려는 군주의 필요와 하나가 되었으며, 쌍방의 혼약을 통해 서로 정치적인 계약을 맺게 되었다.

사회가 혼란스러운 시기에 새로이 일어선 군주의 혼인은 상당수가 중하층의 사회로 향하였고 상층부와의 혼인은 비교적 보기 드물었다.

71 사마소(司馬紹). 재위 322~325년.
72 사마연(司馬衍). 재위 325~342년.
73 서진(西晋)의 저명한 정치가이자 저술가. 저서로 〈춘추좌씨경전집해(春秋左氏經傳集解)〉, 〈춘추석례(春秋釋例)〉 등이 있다.
74 사마악(司馬岳). 재위 342~344년.
75 사마담(司馬聃). 재위 344~361년.
76 사마욱(司馬昱). 재위 371~372년.
77 사마덕종(司馬德宗). 재위 396~418년.
78 동진 시대 유명한 서예가. 대표작 〈난정서(蘭亭序)〉는 천하제일의 행서(行書)라는 명예를 얻고 있다.

그 원인을 살펴보면 새 군주들의 행위가 옛 질서에 충격을 주었으며, 기존 이익의 손해를 보는 사대부 가문과 옛 관료들이 그들과 협력하는 태도를 견지하기 어려웠기 때문이다. 그 외에도 신 군주들은 새로운 세력의 지지가 필요했기 때문이다. 말하자면 권력과 이익의 재분배가 실현되기를 희망하는 중하층과의 협력이 필요하였기 때문이다. 새롭게 일어선 군주들은 대부분 중하층사회에서 일어선 호걸과 효웅들이었기 때문에, 그 풍격이 소탈하고 시원하며, 호방하고 거칠 것이 없었으며, 문벌을 중시하지 않았기 때문에 가난한 평민을 아내로 취하거나 심지어 창기(娼妓)를 아내로 취한 경우도 있다. 문벌의 딸들을 간택하는 것이 서진과 동진의 특색이었다면 황후의 관[봉관(鳳冠)]을 비천한 여인들의 머리에 씌워 주었던 것은 조위(曹魏, 220~265년)의 특징이었다. 이런 기풍을 먼저 열어간 사람은 다름 아닌 조조(曹操)였다. 정식으로 천자는 아니었지만 실질적으로는 천자의 권세를 넘어섰던 위왕 조조는 일찍이 기녀였던 변(卞)씨(훗날 황후로 추존되었다)를 위(魏)왕후로 책봉하였다. 조비(曹丕)[79]는 동한에서 황위를 빼앗아 조위(曹魏)를 세울 때 먼저 원소(袁紹)의 아들 원희(袁熙)의 아내였던 견(甄)씨를 황후로 삼았다. 뒷날 다시 하급관리의 딸인 곽(郭)씨를 황후로 책봉하였다. 명제(明帝)[80]가 즉위하고 황후의 지위를 일반 민가 출신인 모(毛)씨에게 주었다. 조조에서 명제까지 삼대가 책봉한 황후는 모두 측실(첩)에서 신분 상승한 것으로 정통적인 방식과 어긋나는 것이었다. 그러므로 곽(郭)씨가 책봉되는 의식을 하기 전에 중랑(中郎) 잔잠(棧潛)이 격렬하게 반대하는 글을 썼다. "〈춘추(春秋)〉에 명확하게 '첩으로 부인을 삼지 않는 것이 법도'라고 되어있습니다. 만일 총애가

79 문제(文帝). 변씨의 아들로 220~226년간 재위.
80 조예(曹叡). 견씨의 아들로 226~239년간 재위.

지나쳐 이러한 법도를 위배하여 비천한 자를 갑작스레 귀한 자리에 올린다면 상하의 질서가 거꾸로 되어, 혼란함이 위로부터 일어날까 두렵습니다." 명제의 본처 우(虞)씨는 모(毛)씨가 적통의 자리를 빼앗자 하늘에 닿을 정도의 억울함으로 인해 극히 신랄하게 비난하였다. "조(曹)씨가 본래 비천한데서 일어섰기에, 원래부터 법도와 예의를 따라본 적이 없다. 시작을 선(善)하게 하지 않았는데, 그 끝이 어찌 좋겠는가? 이런 식으로 한다면 국가가 반드시 망하고 말리라." 조위가 황후를 세우는 법도를 바꾼 것은 옛 세력을 배척하고 새로운 국면을 열어가려는 정치적인 의도가 있었다. 따라서 한쪽이 기뻐할 때 다른 한쪽은 슬퍼하는 국면이 나타나는 것을 이상하게 여길 것은 없다. 방식의 변화가 관념의 변화를 가져오는 것은 아니다. 일반 사람들도 자기 자신의 견해를 가지고 있다는 것은 말할 필요가 없다. 비천한 신분의 사람이 행운을 얻더라도 그에게는 형언할 수 없는 열등감이 있는 법이다. 일부 사람들은 속임수도 마다하지 않고, 가문의 계보를 위조하여 자기의 신분을 높여 사회의 인정을 받기를 갈망하였다. 후당(後唐) 장종(莊宗)[81]의 황후 유(劉)씨는 일찍이 첩실로 본부인과 총애를 다툴 때 자신의 미천한 가문을 속이고, 거짓으로 고귀한 가문 후손이라고 하였다. 당시 유씨의 아버지 유수(劉叟)가 살아 있었는데, 딸이 총애를 받는 비빈이 되었다는 이야기를 듣고 흥분하여 달려가 친척임을 밝히고 국가의 장인으로서 대우를 받으려고 하였다. 그러나 그가 어찌 딸의 허영과 고충을 알았겠는가? 그가 궁궐에 갔을 때 유씨는 단호하게 부인하면서 남편에게 말하였다. "첩이 고향을 떠나던 날 부친은 이미 반란군들에 의해 살해당하였습니다. 첩이 일찍이 시체 앞에 엎드려 대성통곡을 하였었습니다. 첩은 이미 아버지가 없는데, 어디

81 이존욱(李存勖). 재위 923~926년.

에서 온 시골 노인네가 아버지를 사칭하는지 모르겠습니다." 장종은 명령을 내려 궁궐에 온 자에게 매를 치도록 하였다. 당시 내시들이 확실히 그가 유씨의 아버지임을 알아냈지만, 감히 드러내놓고 이야기 하지 못하였다. 장종이 유씨를 황후로 세울 때 대신들이 군주의 마음을 사려고 연달아 찬성하였다. 하지만 등 뒤에서는 유씨의 출신이 미천하며, 이익을 쫓아 재물 모으기를 좋아하므로 국가에 좋지 않다고 수군거렸다. 비천한 여인을 황후로 삼는 것은 아무튼 어쩔 수 없는 형세에서 임시변통으로 취하는 계책이었지, 정통 여론에서 받아들여지지 않는 것이었으며, 대단히 큰 사회적 압력을 받는 일이었다.

역사가 진수(陳壽)는 '잔잠(棧潛)의 말은 제왕이 따라야 할 의례가 될 만하다.'고 지적하였다. 송(宋) 인종(仁宗)[82]이 부자 상인의 딸 진(陳)씨를 황후로 세우려고 대신 송수(宋綬)에게 조서의 초안을 만들도록 하였으나 그는 그 명령을 거부하면서 힘을 다하여 반박하였다. "폐하께서 비천한 자로 중궁의 자리를 정하시는 것은 그 자체가 모순되는 것으로 황후를 간택하는 원래의 큰 뜻에 부합되지 않습니다!" 신하들의 압력으로 인해 인종은 결국 명령을 거둬들일 수밖에 없었다.

물의를 일으키기 쉬운 풍류

후궁제도는 군주에게 종횡무진으로 정욕을 쏟을 수 있는 천지를 마련해 주었다. 일반 사람들은 군주들이 아주 만족할 것이라고 생각하지만 그렇지 않다. 끊임없이 발생한 사실들을 보면 그렇지 않음을 알 수 있다. 일부 군주들은 욕망의 계곡을 채우기 어려워 처첩들과

82 조수익(趙受益). 재위 1022~1063년.

같이 자고 밤을 지새우지만, 때때로 일부 군주들은 혼외의 애정 문제를 일으키며 과잉정력을 쏟아 넣곤 했다. 그들은 이런 일들에 대한 흥취가 대단히 광범위하여 꽃봉오리가 막 피어나려는 묘령의 처녀를 사냥했을 뿐만 아니라, 우아한 자태가 변함 없는 중년부인에게도 반하였으며, 남편이 있는 부인 역시 거리낌이 없었다. 인격이 덜 된 군주는 정치적으로 권력의 광풍을 몰아왔지만 사생활에 있어서도 쉽게 색정(色情)의 광풍을 몰아왔다. 그들은 인륜도덕을 대담하게 짓밟고 사욕의 필요를 만족시키고자 하였다.

인수궁(仁壽宮) 안에 촛불이 희미하게 빛나고 있었다. 병이 골수까지 깊어진 수(隋) 문제(文帝)는 이미 숨이 끊어지려 하고 있었다. 선화부인(宣華夫人)[83]과 태자인 양광(楊廣, 569~618)[84]이 병상을 지키고 있었다. 날이 아직 밝지 않았을 때 선화부인 진(陳)씨가 옷을 바꾸어 입으려고 나갔을 때 양광이 바싹 그녀를 쫓아갔다. 연령이 서로 비슷하면서 꽃과 같이 아름다운 서모에게 못된 짓을 하려고 했다. 진씨는 있는 힘을 다해 반항하여 비로소 도망을 칠 수 있었다. 병상으로 돌아온 애첩의 안색이 이상한 것을 보고 문제가 그 이유를 묻자, 진씨가 눈물을 철철 흘리면서 태자가 무례하게 굴었다고 이야기하였다. 문제가 대로하여 태자를 다른 황자로 세우려고 준비하였다. 양광은 사태가 급함을 보고 심복을 시켜 부황의 목을 졸라 죽였다. 진씨와 궁녀들은 너무 놀라 창백해진 안색으로 마치 키질을 당하는 곡식 알갱이

83 선화부인 진씨(陳氏, 대략 577~605년으로 추정됨)는 진(陳) 선제(宣帝)의 딸로 수(隋) 문제, 양제의 비빈이 되었다. 진나라가 멸망당한 후 수나라 궁녀로 입적되었는데 당시 13살이었다고 한다. 문제의 눈에 들어 선화부인에 책봉되었다. 태자였던 양광이 제위에 오르자 양제의 총애를 받는 선화부인도 정식으로 귀비로 책봉되었지만 양제의 후궁이 된지 1년만에 병으로 죽었다. 그녀의 나이 29살이었다고 한다.

84 수 양제(煬帝)로 수 문제의 차남.

처럼 와들와들 전신을 떨고만 있었다. 얼마 지나지 않아 양광이 사람을 통해 금으로 된 작은 상자를 보내면서 상면에 자신이 직접 '봉(封)' 자를 쓴 띠를 두르고 진씨에게 하사하였다. 진씨는 짐독(鴆毒)[85]이라 생각하여 황망한 가운데 감히 상자를 열지 못하였다. 사자의 재촉에 따라 인봉을 뜯고 상자를 열어 보니 뜻밖에도 사랑의 징표인 몇 개의 동심결(同心結)[86]이 들어 있었다. 궁녀들은 뜻밖의 기쁨으로 인해 "살았다!"라고 말하였다. 진씨는 너무나 부끄러워 감사표시를 하지 않으려 하였지만, 궁녀들의 재촉으로 비로소 사자에게 몇 차례 절을 하였다. 바로 그날 밤 양광은 계모를 자기의 침궁으로 불러들였다. 양광이 즉위한 후에 진씨를 더욱더 총애하였지만, 그녀는 즐거운 기색이 거의 없이 줄곧 우울해 하였으며 결국 일 년 후에 황천길로 떠나갔다. 양광은 크게 상심하여 직접 〈신상부(神傷賦)〉를 지어 슬픔을 달랬다. 양광이 자기 소유로 삼은 아버지의 첩은 진씨 외에도 용모가 출중한 용화부인(容華夫人) 채(蔡)씨도 있었다. 그녀 역시 치욕스런 운명을 벗어날 수 없었다.

3월 따사한 햇빛, 장안(長安) 교외에는 버들꽃이 만개하였으며, 버들가지에는 담황색의 부드러운 잎사귀가 돋아나고 있었다. 감업사(感業寺)는 유람객으로 붐비었다. 그때 돌연히 큰길가에 먼지가 크게 일

85 짐(鴆)새의 깃털을 술에 담그면 짐주가 되는데 맹독으로 거의 해독제가 없다. 성어에 음짐지갈(飮鴆止渴)이란 말이 있는데 〈후한서(後漢書)〉 열전(列傳)에 나오는 성어로 '독주를 마시고 목마른 갈증을 해소한다.'는 말이다. 뒷따를 일을 생각하지 않고 당장 눈앞의 위급한 문제를 해소하기 위해 독주라도 마신다는 의미를 가지고 있다.

86 실 같은 것으로 묶은 매듭으로 양무제(梁武帝) 소연(蕭衍, 464~549)이 쓴 시구 '허리 사이 두 비단 띠가 꿈에 동심결이 되었다(腰間雙綺帶夢爲同心結).'에서 유래된 말로, 남녀가 굳게 사랑하기로 맹세한 후 서로 정표로 주고받는 물건이라는 의미로 사용되었다.

어나면서 기세가 대단한 대열이 멀리서 감업사를 향해 다가오고 있었다. 그 대열이 절 앞에 멈추어 서자 어림군(御林軍)의 호위 아래 봉황이 아로새겨진 연(輦)에서 황금빛 옷을 입은 중년남자가 내려섰다. 그는 바로 당시 대당제국의 천자인 이치(李治, 628~683)[87]였다. 주지의 장중한 영접 속에 그는 성큼성큼 절 안으로 걸어 들어갔다. 그가 감업사를 찾은 이유는 봄날을 즐기며 답청(踏靑)[88]을 하려는 것도 향을 올리며 부처를 만나려는 것도 아니었다. 옛 연인이자 아버지의 소첩이었던 무측천(武則天)을 만나려는 것이었다. 일찍이 태종(太宗, 李世民)이 살아있었을 때, 새로이 입궁한 재인(才人) 무측천은 독특한 미모, 솜씨 좋은 아양, 박력으로 수많은 사람들의 이목을 끌었으며, 당시 태자였던 이치도 그녀에 대해 애모의 정을 갖게 되었다. 기민한 무측천은 가슴을 출렁거리게 하는 추파를 던져 이에 화답하면서 이치의 가슴에 진한 정(情)을 심었다. 두 사람은 태종이라는 장애물 때문에 감히 법도에 어긋나는 행위를 할 수는 없었다. 태종이 승하한 후에 무(武)재인은 선 황제의 비빈을 처리하는 관례에 따라 감업사로 배속되어 여승이 되었다. 꿈속에서도 무측천에게 혼이 나가 있던 이치는 제위에 오르자 정무를 대충 처리한 후에 황급히 감업사로 달려가 염원하던 바를 이루었다. 두 사람이 얼굴을 맞이하자 감정을 억제할 수 없었다. 무측천은 소리를 죽이며 하염없이 눈물을 흘렸으며, 이치도 목이 메어 흐느끼며 감격하였다. 감정이 조금 가라앉자 두 사람은 이별 후에 서로가 사모하던 고충을 오랫동안 이야기하였으며, 서로 만날 기약을 하였다. 이치는 궁궐로 돌아 온 후에 좋은 날짜를 택해 무씨를 입궁토록 하였다. 무씨는 재인(才人)의 호칭이 변하지 않았으나

87 당의 제3대 황제 고종(高宗, 재위 649~683년)으로 당 태종의 3남.
88 청명절에 교외를 거닐며 자연을 즐기던 일을 가리킨다.

아버지의 첩에서 아들의 첩으로 변하였다. 이치는 양광보다 더욱 대담하였다. 양광은 아버지의 첩을 갖고 노는 대상으로 삼았지만 이치는 아버지의 첩을 정식으로 자신의 첩으로 삼았다.

서하(西夏) 개국 군주인 이원호(李元昊)[89]는 영토를 개척하며 원대한 포부를 펼치는 동시에 연속해서 여섯 차례나 아내를 맞아들이는 대례(大禮)를 하였다. 제왕이 누리는 의례에 따랐기 때문에 아무도 이에 대해 이의를 제기하지 않았다. 그러나 그는 결코 만족할 줄 몰랐다. 정상적인 방법을 취한다면 더욱 많은 비빈을 취한다 해도 불가하다고 말할 수는 없었다. 그러나 그는 오히려 어리석은 짓을 저지르면서 집안 내부의 화를 불러왔고 일순간에 목숨을 잃었다. 그는 영릉갈(寧凌噶)이라는 아들을 총애하여 그를 태자로 세웠다. 처음에는 아버지로서의 책임을 확실히 다하였다. 온간 노력을 기울여 백방으로 미인을 찾아 아들의 배우자를 삼으려고 하였다. 그러나 영릉갈의 혼인시기가 다가왔을 때 이원호는 아직 혼인하지 않은 장래 며느리 몰이(沒口移)씨를 좋아하게 되었다. 끝내는 아들의 염원을 저버리고 강제로 자기의 비빈으로 삼았다. 아들의 혼례가 아버지의 혼례로 변하였으며 신부는 '신(新)황후'로 불리었다. 이원호는 신부의 마음을 잡기 위해 대규모로 토목공사를 하여 궁전 및 오락장소를 건조하였으며, 즐길 수 있는 일은 다 하였다. 고단한 영릉갈은 어디에도 이야기할 수 없는 실망감에 사로잡혔으며, 원망과 분함이 더욱 심해지면서 참으려 해도 참을 수 없을 지경이 되었다. 이에 칼을 들고 입궐하여 환락을 즐기고 있던 아버지를 찔렀다. 이원호는 사태가 좋지 않음을 보고 급히 몸을 피하였으나, 이미 코는 베어져 나갔고 얼마 지나지 않아 코의 상처 감염으로 인해 신부를 잃어버리게 되었다. 며느리를 자기의 비빈으로

89 무열제(武烈帝). 재위 1032~1048년.

삼은 군주로는 당 현종 이융기(李隆基)[90]도 있다. 그가 총애했던 양옥환(楊玉環, 양귀비)은 원래 아들 수왕(壽王) 이모(李瑁)의 아내가 될 상황이었다. 현종과 양귀비의 사정은 이원호 부부의 상황과 같았으나, 단지 좀 더 우아하고 풍류가 있었기에 천년을 두고 내려오는 사랑 이야기가 되었다.

일세의 효웅이었던 양(粱) 태조 주온(朱溫)[91]은 중원에 왕조를 세운 후에 마음껏 가무와 여색의 즐거움에 빠져들어갔다. 그러나 그가 가지고 즐겼던 대상은 비빈이 아니라 며느리들이었다. 그는 여러 명의 아들을 낳았으며, 당시의 풍속에 따라 또한 몇 명의 양아들이 있었다. 전쟁으로 인해 변경을 지킬 필요가 커짐에 따라 아들들은 거의 모두 외지로 파견되었다. 이러한 상황아래 그는 며느리들에 대해 시아버지의 책임을 다하지 않았을 뿐만 아니라 그녀들을 불러 자기 시중을 들게 하였다. 시간이 길어지면서 그와 며느리들 사이에 결국은 남녀관계가 발생하였다. 이들 며느리들은 이를 부끄럽게 여기지 않았을 뿐만 아니라 서로가 총애를 얻으려고 서로 앞다투어 모시자 시아버지의 얼굴은 기쁨으로 웃음이 가득하게 되었다. 그 중 양아들 주우문(朱友文)의 아내 왕(王)씨의 미모가 제일 뛰어나 주온의 환심을 가장 많이 얻었다. 게다가 그는 줄곧 주우문을 편애하여 태자로 세우려고

90 재위 712~756년.

91 주전충(朱全忠, 852~912). 5대10국 시대 5대 양 왕조의 초대 황제로 907~912년간 재위하였다. 당나라 말기 왕선지(王仙芝), 황소(黃巢) 농민반란군에 참가하여 낙양, 장안 등을 함락시켜 당을 위기에 빠뜨렸으나, 882년 당나라에 투항하여 이극용(李克用)과 농민반군을 물리치면서 희종(僖宗)으로부터 주전충이란 이름을 하사받았다. 이로 인해 절도사를 거쳐 양왕(梁王)이 되었으며 하남지역을 근거지로 하는 강력한 군벌이 되었다. 901년 관중지역으로 진입해 중앙정부를 장악하였으며 907년 선위 형식으로 황제가 되어 국호를 양(梁)으로 하였다. 역사적으론 후량으로 불린다.

준비하였다. 셋째 아들 주우규(朱友圭)[92]의 아내 장(張)씨가 옆에서 그 징조를 알아채고서는 비밀리에 남편에게 편지를 보냈다. 주우규는 첫째는 태자가 되고 싶어서, 둘째는 살해당하는 화를 피하기 위해 심복을 데리고 입궐하여 음란에 빠져있던 아버지를 찔러 죽였다. 주온은 30년 넘게 세상을 주름잡았던, 수많은 영웅호걸들도 감히 맞설 수 없었던 인물이었는데, 최후에는 윤리도덕을 위반한 것으로 인해 갑자기 죽게 되었으며, 이원호와 동일한 결말을 맞게 되었던 것이다.

금(金)의 해릉왕(海陵王)[93]은 애정세계에서 전문가라고 할 수 있다. 상당한 수의 정부(情婦)가 있었는데, 그의 정부들은 매력으로 끌어들인 것이 아니라, 권력을 사용해서 강제로 끌어들인 것이다. 더욱 의아한 것은 그의 모든 정부가 대부분 친척이라 할 수 있었으며, 일부는 대신들의 첩실이었다. 그는 중국 역사상 가장 황음무도한 군주로 윤리도덕의 구속을 전혀 받지 않았다. 어떻든 매우 아름답기만 하면 온갖 방법을 다 동원하여 손에 넣었으며, 비열하고 참혹한 그 수단은 치를 떨게 하였다. 어느 여자가 마음에 들면 그 남편은 멀리 외직으로 쫓겨 나가거나 죽임을 당하였다. 그가 차례로 들인 여인들로는 숙모 아나(阿懶), 사촌조카 중절(重節), 사촌형수 아리호(阿里虎), 사촌자매들인 십고(什古)·포자(蒲剌)·습념(習捻)·사고아(師姑兒), 육촌자매들인 사리고진(沙里古眞)·여도(餘都) 등이 있었고, 외척첩실로는 내자홀(奈剌忽)·포노호지(蒲魯胡只) 등이 있었으며, 신하들의 아내로는 정가(定哥)·택특나(擇特懶)·찰팔(察八) 등으로 20여 명이 되었다. 그가 석가(石哥)와 정분을 맺은 후에는 그녀의 남편인 완안문(完顏文)을 외지로 쫓아 보냈다. 정가(定哥)가 정을 나누었을 때는 정가로 하여금 남편인 절도사

92 정왕(郢王). 재위 912~913년.

93 완안량(完顏亮). 재위 1149~1161년.

오고대(烏古帶)를 은밀히 죽이도록 하였다. 그가 대신 소공(蕭拱)으로 하여금 처제 미륵(彌勒)을 입궁시키도록 하였는데, 정사를 나눌 때 미륵이 이미 처녀가 아님을 발견하자 소공을 살해하였다. 다시 소공의 처 택특나를 속여서 입궁하게 한 후 욕망을 쏟아 넣었다. 사촌형수인 아리호와 몇 차례 정을 나눈 후에 그의 딸인 중절 역시 능욕하였다. 아리호는 딸에게는 그렇게 하지 말라고 책망한 일로 인해 그에게 죽임을 당하였다. 이와 같은 일들은 이루 헤아릴 수 없을 정도였다. 해릉왕은 음란의 즐거움을 인생 최대의 중요한 일로 여겼다. 사리고진과 약속을 하고 직접 전각 밖에서 기다리고 있다가, 피곤하여 시녀인 고사고(高師古)의 무릎 위에 앉았다. 시녀가 관심을 보이며 그에게 "천자께서 어찌 이렇게 고생을 하십니까?"라고 물어보자, "천자 자리는 얻기 쉽지만, 이렇게 기대하며 기다리는 즐거움은 더 얻기 어려운 일이다."라고 답하였다. 매번 여인들과 관계를 가질 때마다, 장막이나 방안에서 하는 것이 아니라 공개적으로 모습을 드러내 놓고 하였다. 한쪽 구석에서는 연주자들에게 악기를 연주하도록 하였고, 비빈들이 죽 둘러앉아 이를 지켜보도록 하였다.

일찍이 황후 지위를 다섯 개나 만들었던 북주(北周)의 선제(宣帝)[94]는 정치적으로는 용렬하고 진취적이지 못한 인물이었지만 여인 문제에 있어서만은 기발함으로 다른 이들을 능가하였다. 늘 기이한 일들을 쫓아다니며 미색을 추구하였다. 백성들이나 신하들을 멸시하고 싫어하였지만 자기 자신만은 옳다고 여기고 있었다. 왕공대신들이 자기의 노예들이니, 그러면 그들의 처첩 역시 당연히 자신의 처첩이라 생각하였고 이를 직접 실천했는데, 결국 성(城) 안 가득 비바람이 몰아쳤

94 우문윤(宇文贇, 559~580). 선비족(鮮卑族). 무제(武帝) 우문경(宇文邕)의 큰 아들로 북주의 제4대 황제. 재위 578~579년.

으며, 소문이 무성하게 되었다. 사건의 발생은 상당히 우연이었다. 한번은 황실종친들의 부녀들이 입궐하여 모여서 군주를 배알하는 일이 있었다. 그 중에 한 여인의 자태가 너무나 곱고 아름다웠다. 선제는 구실을 만들어 그녀만 혼자 남게 하였으며, 그날 밤 강제로 그녀를 범하였다. 이 여인은 일반 대신의 처자가 아니라 혁혁한 권세를 지닌 기국공(杞國公) 우문량(宇文亮)의 며느리이자 선제의 사촌인 서양공(西陽公) 우문온(宇文溫)의 아내인 위지치번(尉遲熾繁)이었다. 이 소식이 전해지자 우문량은 치욕을 씻기 위해, 또한 오래된 정치적인 이유로 황제를 끌어 내리기로 비밀리에 모의를 하였다. 그러나 그가 한발 늦었으며, 선제가 발 빠르게 행동하여 이를 제압하였다. 그리하여 우문온 일족을 몰살하였다. 사태가 끝나자 위지치번은 죄인의 가솔은 궁궐에 노예로 입궁시킨다는 조례에 따라 선제에게 보내졌다. 선제의 그녀에 대한 애정이 너무 깊어 장귀비(長貴妃)라는 칭호를 내리고 일정 시간을 지내게 한 후에, 곧 천좌대황후(天左大皇后)로 책봉하였다. 선제는 여인을 손에 넣었지만, 황제의 위신은 땅에 떨어졌으며, 이러한 염문으로 인심을 크게 잃게 되었다. 이로 인해 양견(楊堅)이 왕조를 바꾸고 새 왕조를 열게 되는 계기를 얻게 되었다.

전해지는 바로는 춘추시대에 혼용한 폭군으로 유명한 송(宋)의 강왕(康王)[95]이 신료인 한빙(韓凭)의 아내 하(何)씨를 좋아하게 되어 강제로 입궐토록 하였다. 한빙이 이로 인해 원망 섞인 말을 내뱉자 벌을 내려 그를 성곽을 쌓는 잡역부가 되게 하였다. 하씨가 비밀리에 편지를 썼는데 거기에 "기우음음(其雨淫淫), 하대수심(河大水深), 일출당심(日

95 자언(子偃. ?~B.C. 286). 형인 척성군(剔成君)의 군주 자리를 빼앗았으며, 전국시대 송나라 최후의 군주로 B.C. 328~286년간 재위하였고 잔혹한 정치로 인해 역사적으로 걸송(桀宋)으로 불렸으나, 망국의 군주라 사실이 부풀려졌을 가능성이 높다.

出當心)"이라고 쓰여 있었다. 그녀가 남편에게 편지를 보내려고 준비할 때 그만 다른 사람에게 발각이 되어, 편지가 강왕에게 보내졌다. 강왕이 무슨 뜻인지 아무리 해석하려 해도 그 뜻을 알 수 없었다. 대신 소하(蘇賀)가 "기우음음(其雨淫淫)은 추사(秋思), 즉 적막한 심정을 이야기하며, 하대수심(河大水深)은 부부가 서로 만날 길이 없음을 나타내며, 일출당심(日出當心)은 죽을 뜻을 명백히 밝힌 것입니다."라고 아뢰었다. 한빙은 모든 의욕을 상실하고 한적한 곳을 찾아 자살하였다. 하씨는 이러한 소식을 알게 된 후에도 얼굴에 전혀 반응을 나타내지 않았지만 은근히 몸을 감싼 옷의 재질들을 헐겁게 만들었다. 며칠 후 강왕(康王)이 높은 누각에 올라가 같이 즐기자고 초청하자 그녀는 그 제안을 흔쾌히 받아들였다. 강왕의 마음이 둥둥 뜨는 순간에 하씨가 돌연히 빠른 걸음으로 누각난간으로 달려가 밖을 향하여 몸을 날렸다. 수종들이 황급히 그녀를 잡으려고 하였지만 찢어진 몇 가닥 옷자락만 남기고 순식간에 하씨는 누각 아래로 떨어져 죽었다. 시신을 검사할 때 시종이 허리띠 안에 쓰여진 유서를 발견하였다. '왕은 첩이 살기를 원하시지만 첩은 오직 죽음 한 길 뿐입니다. 부디 첩의 시신과 한빙을 합장하여 주시옵소서!' 화를 억제할 수 없었던 강왕은 유서와는 반대로 행하였다. 사람들을 시켜 무덤을 두 개로 만들어 서로 마주보게 떨어뜨려 놓고는 "너희 부부가 정말 서로 사랑하여, 만일 두 무덤이 하나로 합쳐진다면 내가 막지는 않겠노라." 얼마 지나지 않아 두 무덤 위에서 각각 한 그루의 녹나무[장수(樟樹)]가 자라나기 시작하였으며, 나무 몸통이 점점 휘어져 자라면서 서로가 가까워지더니 얽히기 시작하였고, 뿌리도 가지와 나뭇잎도 서로 얽혀 있었다. 또한 한 쌍의 원앙새가 어디선가 날아와 나무 위에 둥지를 틀고는 서로의 목을 교차시켜 비벼대면서 슬피 울기 시작하여 보는 사람들을 애상에 빠지게 하였다. 송나라 사람들이 참으로 기이한 일이라고 칭하고 그 나무를 '상사수(相思樹)'라고 이름지어 주었다. '상사(相思)'라는 말이 여기에서 나왔다. 뒷날 남방지역의 민간에서는 원앙새가 한빙 부부의 혼이 변화되어 날아온 것이라는 이야기가 회자되었다. 이 이야기는 중국 전역에 아주 널리 퍼졌는데 어떤 사람이 이야기를 개편하여 〈상사수(相思樹)〉라는 가극으로 만들어, 죽을지라도 변하지 않는 그들의 사랑을 기렸다.

삼천궁녀들과의 놀이에도 염증이 난 송(宋) 휘종(徽宗)[96]은 장안의 명기 이사사(李師師)의 미모와 기예가 모두 절세의 경지에 있다는 이야기를 듣고는 천자의 존엄, 조정의 체면을 개의치 않고 그녀를 데리고 놀기로 결심하였다. 처음에는 부유한 상인으로 변장하고 이름도 조을(趙乙)로 지었다. 선물을 잔뜩 갖추고 변장한 시종들의 보호 아래 기생들의 집결지인 진안방(鎭安坊)의 대문을 두드렸다. 기생어미인 늙은 이(李)씨가 손님이 부유하고, 씀씀이가 큰 것을 보자 미소를 띠우며 맞아들이면서 은근하게 자리를 양보하였다. 한참이 지나서야 내실로 안내되었다. 그리고 나서도 한참을 기다리고 나자 이사사가 느릿느릿 나타났다. 그녀는 옅게 화장을 하였을 뿐 분을 바르지 않았으며, 하얀 비단 옷을 입고 있었는데 그 교태와 아름다움이 막 물 밖으로 고개를 내민 연꽃 같았다. 그녀는 손님을 거들떠보지도 않는 듯하였고, 한참이나 뜸을 들이더니 칠현금을 꺼내들어 〈평사낙안(平沙落雁)〉[97] 한

96 조길(趙佶, 1082~1135). 송 신종(神宗)의 11번째 아들이자 철종(哲宗)의 동생이다. 송 왕조 제8대 황제로 1100~1125년간 재위하였다. 서예와 그림에 능하였다. 금(金)이 처들어 오자 아들에게 제위를 양위하였으나 끝내 금의 포로가 되어 고통을 받다 죽었다.

97 또는 안락평사(雁落平沙)라고 하며 중국 고대 칠현금의 명곡으로 기러기의 원대한 뜻을 빌어 선비의 흉중을 그린 곡으로 1634년 간행된 〈고금지종(古音止宗)〉에 실려 있다. 작곡자로는 당대 진자앙(陳子昂), 송대 모민중(毛敏中), 명대 주권

곡조를 뜯었다. 휘종은 그녀의 은밀하면서 아름다운 자태에 푹 빠졌으며, 또한 그녀의 뛰어난 칠현금 연주기예에 감동을 받았다. 닭이 울어 새벽을 알릴 때까지 기다렸지만 그녀는 시종일관 냉랭하였으며, 다소 조롱하는 모습으로 작별을 고하였다. 두 번째로 찾아갔을 때 그는 신분을 밝혔으며, 이사사는 이전의 태도를 바꾸어 먼저 문 앞 계단에 무릎을 꿇고 그를 맞아들였으며, 미소를 띠고 아름다운 자태로 〈매화삼농(梅花三弄)〉[98]을 뜯었다. 휘종의 용안에 화색이 가득해졌다. 그 뒤로 휘종은 시시때때로 사람을 보내 많은 선물을 보내었다. 금은, 진귀한 보석, 서화, 값비싼 물건 등 이루 헤아릴 수 없었다. 휘종을 바로 곁에서 모시는 환관인 장적(張迪)은 안전을 확보하기 위하여 휘종의 동의를 얻어 황궁에서 진안방까지 지하도를 만들어 은밀히 만날 수 있게 하였다. 이로 인해 만남이 편리해진 두 사람은 늘 만나면 마음의 애절함을 오랜 시간 나누면서 아름다운 밤을 보내고는 하였다. 휘종의 이사사에 대한 특별한 총애는 날이 갈수록 깊어졌다. 황후와 비빈들의 권고, 대신들의 상소, 백성들의 여론을 모두 개의치 않았고 두 사람의 관계는 금(金)나라가 쳐들어 올 때까지 계속되었다. 금의 군대가 북송의 수도인 변경(汴京)[99]을 점령하자 금나라 군대의 대장인 달나(撻懶)가 금의 황제를 위해 이사사를 찾아 나섰으며, 금에 복종한 한족[100] 장방창(張邦昌)이 앞잡이가 되어 그녀를 금의 궁궐로 들여보냈다. 이사사는 적군과 그에 빌붙은 한족들을 통렬히 비난하면서 "나는 일개 기생에 불과하지만, 황제의 특별한 총애를 받은 몸으

(朱權) 등 여러 설이 있으나 믿을 만한 사료는 없다.

98 매화인(梅花引), 매화곡(梅花曲)이라고도 하며 칠현금의 곡으로는 1425년 간행된 〈신기비보(神奇祕譜)〉에 실려 있다.

99 지금의 하남성 개봉(開封).

100 중국에서는 이러한 사람들을 한간(漢奸)이라고 부른다. 우리가 일본에 협력한 사람을 친일파라고 부르는 것과 비슷하다.

로 오직 죽는 길 외에는 다른 방도가 없다."라고 뜻을 밝히고는 즉시 금비녀를 뽑아 삼킴으로써 죽었다. 이는 〈이사사외전(李師師外傳)〉에 쓰여진 결말로 다른 전설과는 내용이 같지 않다.[101] 어쨌든 이러한 결말은 이사사의 이미지를 비극적으로 만들어 이를 높여 주었다.

101 이사사의 종말이 어떠했는지는 정확히 알려져 있지 않다. 전쟁을 치르며 항주로 피해가서 살았지만 예전의 우아함은 간 곳이 없이 초췌하게 살아갔다는 이야기와, 금군에게 끌려가 치욕을 당하며 살았다는 이야기 등이 있다.

2

막후에서 무대 전면으로

음의 기운이 성(盛)하고 양의 기운은 쇠(衰)하다 / 임시 조타수 / 수렴청정 / 권신(權臣)들과의 협력과 전쟁 / 군주 폐위와 옹립의 게임 / 어머니로서 천하를 다스리기에서 군주로서 다스리기까지

군주의 아내나 어머니가 된 황후나 비빈은 특별히 우월한 조건을 갖춘 최고권력 주변의 인물이다. 정치상황이 전통의 관성에 따라 굴러갈 때에는 그녀들은 좋은 장소에서 귀한 대접을 받으면서 시간을 보내기만 할 뿐이었다. 그러나 정치적 풍운이 일거나 건강의 문제, 지력의 문제로 군주가 정치를 잘 관리하기 곤란할 경우 그녀들은 국모라는 신분을 빌어 최고의 정치권력을 관리하는데 참여하였다. 그녀들이 막후에서 무대의 전면으로 주동적으로 나서는 경우도 있고 어쩔 수 없어 수동적으로 나서는 경우도 있었다. 역사적인 사명을 완성하고 공적을 세운 후 명예롭게 물러나거나, 권력을 휘두르다 황천길로 가는 경우도 있었다. 마음과 뜻을 다하여 군주를 보필한 경우도 있었고 보좌를 엿보다 자기가 소유하는 경우도 있었다. 그 모양과 형식은 상당히 다채로왔다.

음의 기운이 성(盛)하고 양의 기운은 쇠(衰)하다

남자는 양(陽), 여자는 음(陰)으로 군주와 황후는 음양 관계를 이루었다. 전통적 관념에 따르면 양의 기운이 성하고 음의 기운은 쇠하는 질서를 잘 지켜야 정치상황이 비로소 정상화된다. 그러나 이러한 관념을 전혀 어기지 않고 지속적으로 굳건히 지키기는 어려웠다. 일부 강렬한 권력욕을 가진 황후나 비빈은 성격이 지극히 나약하거나 병치레가 많거나 재난이 많은 군주를 만날 경우, 여건을 만들어 실권을 자기의 손 안에 넣을 수 있었다. 더욱 심한 경우는 차근차근 군주의 인격을 그녀들의 발아래 밟아 버리고, 제멋대로 사람을 부리며 명령을 내렸다. 이러한 일을 사람들은 음의 기운이 성하고 양의 기운이 쇠했다고 조롱하였다.

당(唐) 숙종(肅宗)의 장(張)황후는 아주 민첩하고 뛰어났으며, 청산유수로 말을 잘하는 여인이었다. 게다가 안사의 난[1] 때 남편과 일찍이 서로를 위로하며 도와주는 관계였기 때문에 줄곧 남편의 총애를 받아 내궁을 다스렸다. 그러나 그녀는 애정의 울타리 안에서 노는 것만으로 만족하지 않았으며, 남편의 사랑을 교묘하게 정치자본으로 삼아 정치계에 발을 들여 놓았다. 처음에는 일반적인 정무에 간섭하는 정도였고 아주 큰 정치적 야심은 드러내지 않았다. 그러나 시간이 흐르면서 권신이자 내시인 이보국(李輔國, 704~762)[2]의 도움을 받아 최고 권력에 발을 들여 놓기 시작하였다. 자신의 지명도와 위신을 높이기 위하여 이전에 없었던 대규모 친잠(親蠶) 활동을 하였다. 친잠은 황후가 일 년에 한 차례씩 직접 양잠(養蠶)하는 것을 표현하는 의식으로 이를 통해 천하의 부녀들에게 농업과 양잠에 종사하도록 권하였던 활동이다. 명문가문의 귀부인들의 마차행렬이 끝없이 이어지면서 성대한 의식이 행해졌다. 군신들이 숙종에게 존호(尊號)[3]를 올릴 때, 그

1 당 현종(玄宗) 말기부터 대종(代宗) 초년까지(755년 12월 16일~763년 2월 17일) 안록산(安祿山)과 사사명(史思明)이 반란을 일으키면서 벌어진 전쟁으로 당나라가 성세에서 쇠퇴기로 접어드는 전환점이었다. 또한 번진(藩鎭)이 국가를 나누어 다스리는 국면이 시작되는 분기점이었다.

2 숙종 시대 환관으로서 권력을 쥐고 있었으며 환관으로서 최초로 재상(宰相)이 되었다. 안사의 난 중에 이형(숙종)이 제위에 오르도록 권유하였고, 숙종이 제위에 오른 후에 원수부행군사마(元帥府行軍司馬)로 봉해져 병권을 쥐기 시작하였다. 그 후에 대종(代宗)의 즉위를 도왔으며 사공(司空)과 중서령(中書令)을 겸임하면서 대권을 잡았으나 끝내는 칼에 찔려 죽었다.

3 고대에 황제와 황후를 높이는 호칭을 말한다. 황제의 존호는 존호(尊號, 휘호(徽號)라고도 한다), 시호(諡號), 묘호(廟號), 연호(年號)의 네 가지가 있다. 황제의 존호는 재위시기에 올리는 아름다운 호칭을 말하며 휘호(徽號)라고도 하였다. 대신들이 상의하여 상주문을 올리고 황제의 재가를 받아 전 국민에게 발표되었다. 정치적으로 재위 중인 황제의 공덕을 기리는 호칭이다.

녀는 이 기회를 틈타 대신들이 글을 지어 자기에게 '익성(翊聖)'의 존호를 올리도록 암시하였다. 중종(中宗)[4]의 위(衛)황후(?~710)[5]가 전권을 휘두를 때에 일찍이 자신에게 '익성'이란 이 존호를 올렸던 적이 있었다. 숙종은 이런 상식을 벗어난 일에 자신의 의견을 확실히 정하지 못하고 대신인 이규(李揆)의 의견을 구하였다. 그는 아주 명확하게 반대를 표시하였으며, 공교롭게도 월식이 발생하였다. 그 당시 내려오던 천인감응(天人感應)설에 따르면 달은 황후와 연계되기 때문에, 월식은 하늘이 황후의 음덕이 제대로 닦여지지 않았다는 표시를 한 것이다. 이에 비로소 숙종은 이러한 황당한 요구를 중지시켰다. 장황후는 비록 존호는 얻지 못하였지만 점차 실제 권력을 제어하기 시작하였다. 철저하게 남편을 옆에 끼고 파트너인 이보국으로 하여금 이미 퇴위한 태상황 현종을 외떨어진 궁궐로 옮기도록 강제하여 아버지와 아들 사이의 관계를 단절시켰다. 숙종은 여러 차례 아버지를 배알하려고 하였지만 장황후의 위세에 눌려 감히 경솔하게 찾아갈 수 없었다. 이러한 상황을 보면서 사람들은 비로소 누가 궁궐의 주인인지를 어렵지 않게 알 수 있었다.

귀비에서 황후가 되는 의례 후에 남편인 금(金) 희종(熙宗)[6]에게 황

---

4 이현(李顯). 683~684년, 705~710년간 두 차례 재위. 중종은 고종과 무측천의 셋째 아들로 숙종의 아버지인 현종의 큰 아버지가 된다. 무측천이 중종을 퇴위시키고 넷째 아들 예종을 세웠다가 그도 퇴위시키고 남주(南周)를 세웠었기 때문에 중종과 예종은 황제위에 두 번씩 재위하게 된다.

5 당 중종(中宗)의 두 번째 황후로 중종이 태자 시절(680~683년) 미모가 뛰어나 태자비로 책봉되었다. 소왕(邵王) 이중윤(李重潤), 영태(永泰)공주, 영수(永壽)공주, 장녕(長寧)공주, 안락(安樂)공주의 생모였다. 705년 중종이 복위하고 위황후는 무삼사(武三思) 등과 연합하여 조정의 실권을 잡았다. 710년 중종이 갑자기 죽자 온왕(溫王) 이중무(李重茂)를 제위에 올리고 수렴청정에 나섰지만, 얼마 지나지 않아 조카인 이융기(李隆基, 훗날의 현종)가 정변을 일으켜 자신의 아버지 예종(睿宗)을 복위시켰다. 위씨는 궁중에서 살해되었고 폐서인이 되었다.

6 완안단(完顔亶). 재위 1135~1149년.

태자를 낳아준 배만(裵滿)[7]씨는 정말 겹경사가 찾아온 것 같았다. 그러나 이러한 좋은 감정은 우담바라 꽃[담화(曇花)][8]처럼 잠시 나타났다 사라졌다. 자신이 낳은 아들이 한 살이 못되어 죽은 것이다. 그녀는 종일 우울해 하였다. 그러나 얼마 지나지 않아 그녀는 침전된 감정의 골짜기에서 걸어 나왔다. 우울함을 해결해 주는 한 첩의 양약이 그녀 인생의 재미를 불러일으켰기 때문이다. 그 당시 종한(宗翰), 종간(宗幹), 종필(宗弼, 금올출(金兀術)) 등 원로대신들이 연달아 죽었고, 희종은 정치적으로 별다른 업적을 이루지 못하고 있었다. 이러한 상황은 그녀에게 하늘이 주는 좋은 정치적 기회라는 생각을 갖게 하였다. 기회가 왔을 때 잡아야 한다는 생각에 이끌려 배만씨는 차근차근 단계를 밟아 권력을 쟁취하는 일반적인 방식을 취하지 않고, 대담하고 괄괄한 풍격을 보여 주었다. 그녀의 개입이 순조롭게 진행되면서 조정이 아주 빨리 규방으로 변화되었다. 황제가 아니라 그녀의 명령이 국가대사를 결정하는 데 첫 번째가 되었다. 그녀는 눈에 보이는 것이 없었다. 남편이 겉껍데기에 불과하고 대신들은 마음대로 조종할 수 있으며, 석류꽃 무늬 황후의 치마가 황제의 곤룡포보다 더욱 찬란하고 힘이 있다고 생각하였다. 황제의 후사 문제가 그녀의 앞길에 영향을 주는 것을 막기 위하여, 동궁(東宮)을 누구로 정할 것인지를 준비단계부터 다양한 방법으로 가로막고 나섰기 때문에. 희종은 다시 태자를 세우려는 생각을 줄곧 접어 둘 수밖에 없었다. 희종은 일마다 견제를 받게 되자 마음에 점점 더 무거움이 쌓여가기 시작했으며, 정말 어찌해 볼 도리가 없게 되자 술을 빌어 우울함을 달래게 되었다. 언젠가

7 독고, 선우와 같이 두 글자 성(姓)씨.

8 산스크리트 우둠바라(udumbara)의 음역으로 우담화(優曇華)라고 쓰기도 한다. 중국성어 담화일현(曇花一現)은 아름다운 일은 순간적으로 나타났다 순간적으로 사라진다는 뜻을 가지고 있다.

는 술이 들어가고 화가 치미는 것을 억제할 수 없게 되자, 드디어는 연달아 여러 명의 시종들과 궁녀들을 살해하였다. 이를 데 없이 존귀한 신분의 황제 부부에게는 이미 살가운 부부의 정은 조금도 없었으며, 한 이불에서 각자 다른 꿈을 꾸기 시작했다. 한 사람은 남편이 아내의 근본(綱)이 된다는 전통윤리를 회복하려 하였고, 한 사람은 모권(母權)을 유지하려 하면서 부부간의 전쟁이 점차 뜨거워지기 시작하였다. 유약해 보이는 희종은 실질적으로는 외유내강의 인물이었다. 그는 표독한 아내의 행위를 거듭거듭 참아가면서 공개적으로 반격을 하지 않고, 은밀히 총결산을 하려고 준비하고 있었다. 좌승상 완안량(完顔亮), 즉 훗날 제위를 찬탈한 해릉왕(海陵王)의 생일 때 희종은 사마광(司馬光)의 조각상과 진주로 만든 새, 말을 선물로 하사하였다. 배만씨는 남편의 기를 꺾고 완안량을 자기편으로 만들려고 더욱 비싼 생일선물을 보내었다. 희종이 그 소문을 들은 후에 하사했던 물품을 거두어들임으로써, 아내의 일처리가 지나쳐도 너무 지나치다는 것을 암시하였다. 민감한 배만씨는 항상 이것을 염두에 두고 있었다. 그녀는 대전 내시 고수성(高壽星)을 멀리 보내려는 사건을 이용하여 희종이 분노토록 하였다. 희종이 충동적으로 그 사건에 책임을 지고 있던 대신 삼합(三合)과 병덕(秉德)을 각각 사형과 태장(笞杖)에 처하도록 하여, 군주와 신하 간의 관계가 더욱 벌어지도록 하였다.[9] 그녀의 이러한 목적은 후에 벌어진 일들로 증명되었지만, 아쉽게도 그녀 자신은 자기의 걸작을 보지도 못하고 머리가 잘려 나갔다. 희종이 아내의 계략

9 금 희종의 내시인 고수성이 규정에 따라 연경(燕京) 이남 지역의 둔전(屯田)에 근무토록 되었는데 고수성이 궁에 들어가 배만씨에게 이 사실을 고하였다. 배만씨가 이를 활용하여 희종을 격노시켜 좌사랑중(左司郎中) 삼합(三合)을 죽이고 평장정사(平章政事) 병덕(秉德)에게 곤장을 치게 하였다. 고수성은 끝내 옮겨가지 않았으며 병덕은 이로 인해 반란을 일으키는 음모를 꾸미기 시작하였다.

에 걸린 것을 안 뒤에, 오랫동안 가슴에 쌓인 분노의 감정이 살해하려는 마음을 갖게 하였고, 끝내는 마음속에 쌓인 아내에 대한 두려움을 칼로써 해결하기로 결심하게 되었기 때문이다.

아내에 대한 두려움을 놓고 보면 역대 제왕 중에서 수(隋) 문제(文帝)가 가장 심하였다. 그의 아내인 독고(獨孤)황후는 천하의 대사에 대해서는 기개가 있었지만, 사생활에 있어서는 그 도량이 상당히 작아서 남편에게 다른 여인을 사랑하지 못하게 하였다. 문제는 그녀에게 순순히 복종하였으며 가능한 그녀를 기쁘게 해주려고 하였다. 한번은 문제가 자신의 감정을 억제하지 못하고 아름다운 궁녀를 사랑하게 되었으며 그녀와 정을 나누게 되었다. 독고황후가 이를 알게 된 후 남편이 조정에 나가자 그 틈을 타서 그녀를 살해하였다. 문제는 분함과 슬픔이 극에 달했지만 감히 대놓고 화를 내지 못하고 혼자서 말을 몰아 깊은 산속으로 달려갔다. 대신인 고영(高穎), 양소(楊素)가 바로 문제를 뒤쫓아 가면서 회궁할 것을 권하자 "내가 일국의 천자이건만, 도리어 자유를 얻지 못하였소!"라고 연달아 탄식하였다. 이에 고영이 "폐하! 어찌 일개 아녀자로 인해 강산을 버리시려 하십니까?"라고 권하였다. 깊은 밤이 돼서야 문제가 비로소 허전한 마음을 안고 궁궐로 돌아갔다.

한 가정에서 남편이 가정 대소사를 주재할 힘이 없으면, 결국 주부가 나서서 가문을 유지하게 된다. 군주가 건강이 좋지 않아 국정을 주재하기가 어려울 경우, 황후가 기꺼이 나서서 남편을 대신하는 수고를 아끼지 않았다. 제일 정치색이 짙은 부부관계 속에서 황후는 강렬한 정치적인 책임감을 길렀으며, 국가를 하나의 큰 가정으로 여기게 되었다. 만일 남편이 부족한 부분이 있다면 이 큰 가정을 잘 관리하는 것은 황후로선 미룰 수 없는 책임이 되었다.

정치적으로 이렇게 어질고 총명한 자질을 갖춘 황후는 원나라의 복로한(卜魯罕)황후가 가장 전형적인 사례라고 할 수 있다. 남편 성종(成宗)[10]은 체질이 너무 약해 늘 병이 떠나질 않아 장기간 정상적인 업무를 할 수 없었다. 그녀가 용감히 앞으로 나서 남편을 대신하여 천하대사를 처리하였다. 자신이 여자여서 일부 상황과 장소에서는 일처리가 대단히 불편하다는 점을 고려하여, 대신인 합자합손(哈剌哈孫)에게 간단한 것은 바로 처리할 수 있는 권한을 주었다. 이로 인해 유력한 조수를 얻었을 뿐만 아니라 얽히고설킨 자질구레한 일들에서 벗어날 수 있었다. 만일 이 퍼스트레이디에게 무슨 대단한 정치적 수완이 있었다고 한다면, 지나치게 칭찬하는 말이겠지만, 그녀는 절대로 감정적으로 일을 처리하거나 도량이 밴댕이 속 같은 사람은 아니었다. 그녀가 사람을 대하고 사물을 다루는 비결은 '공정과 타당[平允]'이라는 두 단어가 전부라고 할 수 있다. 보기에는 대단히 간단해 보이지만 이것을 행하기는 대단히 어려운 원칙이라고 할 수 있는데, 그녀는 시종일관 이 원칙을 적재적소에 활용하였다. 이로써 정무들을 질서정연하게 다루었을 뿐만 아니라 각종 정치세력 관계를 빼어나게 잘 처리하였다. 그녀가 나서서 정무를 처리한 것은 권력욕에 마음이 뜨거워진 것이 아니라 남편에 대한 사랑에서 나온 것이다. 남편이 한적한 환경에서 좋은 요양을 받을 수 있기를 원했던 것이다. 대권을 행사하는데 있어 정도를 매우 잘 지켰으며, 무슨 일이든지 자신이 책임을 졌고 천자의 결재를 따랐으며, 모든 일에 있어 사리가 분명하였다. 당시 불교가 성행하여 절들이 여기저기 세워졌으며, 그 규모 또

10 패아지근·철목이(孛兒只斤· 铁穆耳, 1265~1307). 원(元) 세조(世祖) 홀필열(忽必烈)의 손자로 원나라의 제2대 황제.

한 엄청 컸다. 금빛이 휘황찬란한 만녕사(萬寧寺)에 불상 하나가 추하고 사나운 모양으로 조각되어 있었는데, 황후가 직접 행차하여 자신의 큰 수건으로 불상의 머리를 덮어 씌운 후에 단호하게 그 불상을 부수었다. 얼마 후에 신하들이 모여 연명으로 성종(成宗)에게 존호(尊號)를 올리려고 하였다. 오랜 기간 병가 상태였던 군주 성종은 자기 자신을 잘 아는 지혜있는 군주로 존호를 받는 그러한 영광을 누릴 수 없다고 생각하여 그 요청을 거절하여 돌려보냈다. 복로한(卜魯罕)황후는 도리어 남편이 그러한 존호를 받아도 무방하다고 생각하여 친히 남편에게 존호를 받으라고 간청하였다. 성종은 솔직하게 공개적으로 이야기하였다. "짐은 병이든지 이미 오래요. 국가의 대사를 대부분 폐하고 잘 다스리지 못하였는데 어찌 명예를 탐한단 말이요!" 이런 정도까지 이야기하자 그녀는 더 이상 말하지 않았다.

임시 조타수

군주가 세상을 떠난 후에 계승자가 전혀 흠잡을 데 없이 권력을 이어받는 것은 대단히 어려운 일이다. 왜냐하면 시간적으로 적어도 법률적인 승인 수속, 즉위예식, 정무 숙달 과정 등 일련의 일들을 완성해 나가야 하기 때문이다. 이러한 것을 고려하여 황가(皇家)의 이익과 이해가 일치하며, 뭇사람들의 기대를 능히 감당할 수 있는 인물이 나서서 임시로 국정을 맡고 승계자가 권력을 순조롭게 이어받도록 도와주는 것이 필요하다. 이러한 인물들 중 태후와 황후가 가장 흔히 선택되는 인물들이다.

명문가문 출신인 저산자(褚蒜子, 324~384)[11]는 진(晉) 강제(康帝)[12]에게 시집가 황후로 책봉되었다. 어찌 알았으랴? 그만 강제가 등극한 지 2년만에 세상을 떠나고 말아 그녀는 젊은 나이에 과부가 되었다. 애정의 대상은 사라졌지만 정치적인 지위는 오히려 높아졌다. 아들 목제(穆帝)[13]가 등극하면서 그녀는 황태후로 높여졌다. 새 군주는 아직 강보에 싸여 있는 어린 아이여서 대신들은 동한(東漢)의 황후들이 조정에 나와 정사를 보살폈던 고사를 들어 그녀가 조정을 주재하도록 간하였다. 저(褚)태후는 태극전(太極展)에 하얀 비단으로 발을 치고, 이제 막 두 살이 된 목제를 안고서 정사를 처리하기 시작하였다. 저산자는 결코 주제넘게 나서는 것을 좋아하는 사람이 아니었다. 그녀가 얼굴을 내밀게 된 것은 거절할 수 없는 책임을 다하기 위해서였다. 아들이 성년의식인 관례(冠禮)를 치르고 나자 조금도 주저함이 없이 정무를 중지하고[14] 그가 명실상부한 군주가 되도록 하였다. 유감스러운 일은 목제가 아

11 명문가 출신으로 할아버지 저흡(褚洽)은 무창(武昌)태수를 지냈으며 아버지 저부(褚裒)는 위장군(衛將軍), 서주자사(徐州刺史), 연주자사(兗州刺史)를 지냈다. 저산자는 명문가문의 신분으로 낭야왕(琅琊王) 사마악(司馬岳)의 비(妃)가 되었으며 342년 성제(成帝) 사마연(司馬衍)이 죽자 사마악이 즉위하였고, 저산자는 같은 해 황후로 책봉되었고 343년 사마담(司馬聃)을 낳았다. 344년 9월 사마악이 죽자 겨우 두 살인 사마담[목제(穆帝)]이 즉위하였다. 이에 사도(司徒) 채모(蔡謨) 등이 상소를 올려 태후가 섭정할 것을 건의하자 수렴청정에 나섰다.

12 사마악(司馬岳). 재위 342~344년.

13 사마담(司馬聃). 재위 344~361년.

14 357년 정월에 진(晉) 목제(穆帝)의 나이가 15세가 되었다. 저(褚)태후는 '이전에 불행한 일을 맞았을 때 황제가 아직 어린 나이여서 황제의 권한이 미약하고 그 지위가 허약하였다. 문무백관이 이전 왕조의 사례를 따라서 나로 하여금 섭정을 하도록 권하였다. 사직을 이어가기 위해 선대에 이루어진 규칙을 따르고 중의(衆議)를 따르기 위해 노력하면서 내 의견을 감히 고집하지 않았다. 위로는 조상의 보우를 받고 아래로는 군신들의 도움을 받으면서, 황제가 이제 성년이 되었고, 예의제도도 이미 확고해졌으며 덕망을 갖추었으니 남면(南面)하여 직접 정치를 하면서 만국을 다스려야 한다. 이제 나는 정사를 돌려드리니 일체를 옛 전거에 따르겠노라.'라는 내용의 조서를 내리고 물러났다.

버지와 마찬가지로 명이 짧았다는 것이다. 한번 병들어 눕자 어머니를 홀로 남겨두고 눈을 감았다. 저산자는 중년에 아들을 잃는 비통함을 가슴에 안고 대신들과 애제(哀帝)[15]를 선택하여 대통을 잇게 하였고, 똑같은 이유로 하얀 비단 발을 늘어뜨리고 정사를 처리하였다. 아마 운명의 장난일지 모른다. 애제는 성인이 되기 전에 황천길로 향하였다. 나라에 단 하루도 군주가 없으면 않되니 그의 형제 해서공(海西公)[16]이 옥새를 물려받았다. 저산자는 계속해서 그녀의 정치적인 사명을 다하였다. 그러나 당시에 그녀는 이미 그러한 사명을 겉으로만 지고 있었다. 왜냐하면 권신인 환온(桓溫, 312~373)[17]이 정권을 좌지우지 하고 있었기 때문이다. 해서공은 나이가 어리고 무지하여 환온의 미움을 받았고 결국 폐출되었다. 새 군주인 간문제(簡文帝)[18]가 즉위한 후에 저삼자는 내궁으로 물러났다. 즉위 3년이 채 되지 않아 간문제 역시 세상을 등졌다. 아직 나이가 어린 그의 아들 효무제(孝武帝)[19]가 용포를 입게 되었다. 당시 환온이 이미 세상을 떠났으며, 조정에는 각 정파가 서로 비등비등한 세력으로 서로 겨루고 있었다. 저태후가 다시 한 번 정치적인 격랑 속에 등장하게 되었다. 무수한 풍상을 겪고 나서도 그녀는 여전히 소박하고 실재적이었으며 원망의 말도 태도의 변화도 없었다. 정무를 처리할 때에 힘을 다해 효무제를 가르쳤

15 사마비(司馬丕). 재위 361~365년.

16 사마혁(司馬奕). 재위 365~371년.

17 동진(東晋)의 정치가, 군사가, 권신. 동한(東漢)의 유명한 유학자였던 환영(桓榮)의 후예. 명제(明帝)의 사위로 성한(成漢)을 멸망시킴으로써 명성을 떨쳤으며 전진(前秦), 강족(羌族), 전연(前燕)에 대한 세 차례의 북벌을 단행하였으며, 10여년간 정권을 독점하였으며, 제위를 탈취할 뜻이 있었으나 세 번째 북벌이 실패하면서 그 명성이 손상되었으며, 조정 내에서 왕사(王謝) 세력의 견제를 받아 뜻을 이루지 못하였다.

18 사마욱(司馬昱). 재위 371~372년.

19 사마요(司馬曜). 재위 372~396년.

으며, 그가 성인이 된 후에 권력을 예전에 아들에게 돌려 주었듯이 미련 없이 황제에게 돌려 주었다.

지세가 험준한 석두성(石頭城: 지금의 남경)은 옛날부터 영웅호걸들이 서로 차지하려던 지역이지만, 뜻밖에도 진(陳) 왕조가 붕괴될 무렵엔 미녀들이 실력을 겨루던 무대였다. 본 단락의 주제를 고려하여 잠시 색과 기예로 세상을 풍미했던 장려화(張麗華)의 이야기는 뒤로 미뤄두고 선제(宣帝)[20]의 과부 유경신(柳敬信)을 주로 이야기하고자 한다. 유씨는 아주 아름다운 용모에 몸매가 늘씬 하였으며, 두 손이 무릎 아래까지 내려갔다.[21] 당시 관상을 이해하는 사람들은 그녀가 부귀하게 될 상을 지녔다고 말하였다. 더욱 감탄을 금치 못하게 하는 일은 아름다운 미모로 사람을 사로잡은 것이 아니라 예의를 잘 알고 자기 주견이 뚜렷한 점을 통해 조정에서 덕망을 얻었다는 것이다. 아들 후주(後主)[22]가 재위에 오른 후에 자연스럽게 황태후가 되었다. 당시는 아주 다사다난한 시기로 북방에서 수(隋)나라 군대가 파죽지세로 쳐들어오면서 회남(淮南)[23] 지역을 정복하고 장강(長江) 변에 도달했다. 진나라 내부에서는 종실인 시흥왕(始興王) 진숙릉(陳叔陵)이 선제가 막 죽은 상황을 틈타 황제 자리를 빼앗으려고 반란을 일으켰다. 이렇게 긴박한 상황에서 공교롭게도 후주의 병이 발작하여 제대로 일을 처리할 수 없는 상황이 되었다. 만일 어느 특출한 인물이 후주를 대신해서 국면을 수습하지 않는다면 그 결과가 어떻게 될지 장담할 수 없었

20 진예(陳頊). 재위 568~582년.

21 손이 무릎을 지나갈 정도로 팔이 길다는 뜻일 것이다. 삼국지의 주인공인 유비(劉備), 서진(西晉)의 무제(武帝) 사마염(司馬炎)의 모습에 대해 정사의 기록에 모두 “팔이 무릎을 지나간다(雙手過膝)”란 표현이 있다.

22 진숙보(陳叔寶). 재위 582~589년.

23 회하(淮河)의 남부지역.

다. 대신들이 여러 차례 상의를 한 후에 유태후를 정치무대로 불러냈다. 아들에 대한 존중의 뜻과 자신의 의중을 명확히 하여 발을 내리고 정치를 하는 수렴청정(垂簾聽政) 방식을 택하지 않고 아들의 이름으로 국사를 처리하였다. 그녀가 섭정하는 동안 날로 나빠지고 있던 진(陳)나라의 퇴락세를 되돌릴 수는 없었지만, 아주 유효적절하게 화급한 상황을 해결하였다. 그녀의 국정처리 솜씨는 보통이 아니었다. 우선 진숙릉의 반란을 진압하였고, 이기고 돌아오는 가운데 국장을 치르고 선제의 혼을 위로하였다. 이를 통해 국내의 형세를 안정화하고 민심을 다독거렸다. 그런 후에 장강의 방어선을 강화하여 수나라 군대의 공세를 억지하였다. 후주의 병세가 이미 완쾌되었음을 보자, 그녀는 아무런 미련 없이 대권을 아들에게 넘겨 줌으로써, 권력 과도기의 업무를 뛰어나게 마무리하였다.

저산자와 유경신 이 두 명의 태후는 전통적인 정치원칙을 고수했다. 그녀들은 잠시 최고권력을 장악했지만 이것은 군주가 교체되는 시기의 간극을 메꾸고, 정국의 안정과 국가의 안녕을 유지하려는 목적이었지, 권력을 자기의지를 실현하려는 수단으로 삼으려 했던 것이 아니었다. 정치적인 이미지 면에서 그 두 사람은 무측천(武則天)과 서태후(자희태후)와 뚜렷한 대조를 보였다.

수렴청정

수렴청정(垂簾聽政)은 태후의 섭정을 일컫는 대명사로, 남녀 간에 직접 물건을 주고받지 않는다는 유가의 예법에 따라, 그녀들이 대전에서 일을 처리할 때에 얇은 비단을 치거나 발을 내려서 자신과 대신들 사이를 격리시켜, 그 안에서는 밖을 볼 수 있지만 밖에서는 안을 볼 수 없도록 하였다.

이러한 제도는 본래 군주 교체 시기의 문제를 해결하려는 임시변통의 대책이었다. 그러나 실제로는 변태적 현상이 발생하곤 하였다. 일부 권력욕에 물든 태후는 이러한 정치형식을 빌어 조정에서 권력을 오랫동안 틀어쥐었다. 극히 적은 사례를 제외하고는 절대적으로 남자가 중심이었던 사회에서 황후와 비빈들은 절대 금기로 여기는 군주 자리를 감히 차지하려고 하지는 않았다. 그녀들이 만일 권력을 제멋대로 휘두르려고 하였다면 가장 총명한 방법은 형식적인 군주, 즉 스스로 실력을 키울 수 없는 군주나 그녀들의 눈치를 살피는 군주를 두는 것이며, 연령상 가장 좋기로는 어린 군주를 세우는 것이다. 이렇게 되면 그녀들의 뜻을 확실히 실현할 수 있게 된다. 정상적인 상황에서 수렴청정은 모후가 어린 황제를 보호하는 제도의 일종이다. 그러나 모후에게 별도의 동기가 있게 되면, 수렴청정은 어린 황제의 인격에 대한 일종의 모욕과 유린으로 변하게 된다. 그러나 역사적으로 살펴보면 자기의 친아들이 아닌 경우에는 이러한 변태적인 일이 상당수 발생하였지만, 친아들에 대해서는 드문 일이었다. 변태적인 수렴청정은 태후 자신이 원하는 대로 황제권을 행사할 수 있도록 했을 뿐만 아니라, 격렬한 여론의 공격을 피하게 해주는, 실질적으로 여자가 정치에 간여하는 것을 잘못으로 여기지 않게 하는 교묘한 방법이었다.

동한(東漢) 장화(章和) 2년(서기 88년), 겨우 열 살의 화제(和帝)[24]가 제위에 오르자, 적통인 두(竇)태후가 수렴청정을 하였다. 이러한 임시적

24 유조(劉肇). 재위 88~105년.

인 정치적 조치가 이후 네 명의 태후가 장기간 수렴청정하게 되는 서막을 열리라고는 아무도 예측할 수 없었다.

두(竇)씨는 대담한 정치적인 포석을 놓는 조치를 취하였다. 오빠인 두헌(竇憲, ?~92)[25]을 시중(侍中)에 앉혀 내외의 대권을 모두 장악하였다. 동시에 본가와 자신의 계파 사람들을 중앙정부와 지방의 요직에 배치하여 위로부터 아래로 방대한 두씨 정치망을 구축하였다. 이에 비교가 되지 않을 정도로 황제 가문인 유씨 가문은 매우 제한적인 권력을 가지고 있었다. 화제는 일국의 군주였지만 일일이 모후의 지시를 받아야만 했고 점차 불만이 쌓이기 시작하였으며, 은밀히 권력을 빼앗아 올 것을 계획하게 되었다. 14세가 되던 해에 화제는 뜻밖에도 심복인 환관 정중(鄭衆)을 기용하여 비밀리에 정치집단을 구성토록 하는 노련함을 보였다. 그런 후에 적합한 시기를 택하여 두씨 집단에 파멸적인 타격을 가하였으며, 태후가 대권을 되돌려주고 수렴청정을 끝내도록 하였다.

원흥(元興) 원년(서기 105년) 화제가 붕어하자 그의 정궁인 등수(鄧綏)가 막 태어난 지 백일이 된 상제(殤帝)[26]를 황제에 등극시키고 황태후

25 대사공(大司空) 두융(竇融)의 증손자로 동한의 유명한 외척이자 권신이며 명장이었다. 77년에 한(漢) 장제(章帝)가 두헌의 여동생을 황후로 책봉하였으며, 두헌은 정예기병 만여 명을 보내어 계락산(稽落山)에서 흉노를 대파하여 대장군이 되었다. 91년 다시 출병하여 알타이산맥 근처에서 북흉노의 선우(單于: 흉노 왕을 지칭하는 칭호)의 주력부대를 격파하였다. 흉노 격파로 권한이 막강해진 두헌은 한나라를 뒤엎으려고 하였으나, 이를 눈치챈 화제가 중상시(中常侍) 정중(鄭衆)과 두헌을 제거할 계획을 세우고 92년 그 일당들을 체포하고, 두헌의 대장군 인수(印綬: 벼슬자리에 임명될 때 왕에게서 받는 신분이나 벼슬의 등급을 나타내는 관인(官印)과 그것을 몸에 차기 위한 끈)를 몰수한 후에 얼마 뒤 사사(賜死)하였다.

26 유융(劉隆). 재위 105~106년.

의 신분으로 동한 정권 두 번째의 수렴청정을 시작했다. 일년이 못되어 세상에서 제일 존귀한 아기가 돌연히 요절하였다. 등(鄧)태후는 오빠인 거기장군(車騎將軍) 등즐(鄧騭)과 상의한 후에 13세의 안제(安帝)[27]를 세웠다. 두 태후가 지나치게 외척을 중용하였다가 멸문된 것을 교훈으로 삼아서 용인(用人) 정책에 변화를 주었다. 외척과 환관을 대등하게 대우하면서 명망이 높은 인사들의 지위를 높여 줌으로써 일종의 세 정치세력이 서로를 견제하는 국면을 조성하였다. 등태후는 죽을 때까지 황제를 대신해 정사를 처리하였는데 생활이 검소하고 백성들의 어려움을 잘 보살펴 명망이 대단히 높았다. 이에 따라 22년간의 통치여정을 순조롭게 마칠 수 있었다. 그러나 그녀가 죽은 후 시체가 아직 식기도 전에 안제는 등씨 가문의 통제를 벗어나기 위해 환관 이윤(李潤), 강경(江京) 등과 대규모 옥사를 일으켰다. 사약을 내리거나, 감옥에 잡아넣거나, 재산을 몰수하거나, 관직을 파면하는 등 일련의 비상조치를 취하여 등씨 집단을 정치무대에서 사라지게 하였다.

연광(延光) 4년(서기 125년) 황후 염희(閻姬)와 오빠 염현(閻顯), 강경(江京) 등 문무백관을 대동하고 안제는 장릉(章陵)을 순시하고 돌아오는 길에 돌연히 발병하여 죽었다. 염희 등은 발상(發喪)을 하지 않고 이를 비밀에 부친 채 원래 계획대로 수도로 돌아왔다. 일체의 일들을 잘 안배한 후에, 비로소 안제의 상(喪, 초상)을 공개 발표하고 동시에 염희를 황태후로 선포하고 황제를 대신해 정사를 처리하기 시작하였다. 염현이 거기장군의동삼사(車騎將軍儀同三司)로 군권과 정권을 장악하였다. 염태후는 권력을 좋아하였기 때문에 어린 군주를 책립하는

27 유호(劉祜). 재위 106~125년.

것을 원칙으로 정하였으며, 최후에 종실인 북향후(北鄕候)를 새 군주 소제(少帝)[28]로 확정하였다. 황실에 충성을 다하는 세력들의 반항을 막기 위하여 그녀와 염현이 죄명을 짜맞추어 지위가 높고 권력이 상당했던 대장군 경보(耿寶) 등을 일망타진하였다. 염희가 막 득의만만해하던 시기에 등극한지 200일밖에 안 된 소제가 돌연히 죽었다. 그녀는 기존에 정한 방침에 따라 다시 새로이 어린 군주를 선택하기로 하였지만, 최종 인물선정을 확정하기도 전에 손정(孫程)을 우두머리로 한 19명의 환관이 정변을 일으켰다. 정변의 결과 일찍이 황태자가 되었다가 뒤에 참소를 받아 제양왕(濟陽王)으로 폐하여졌던 순제(順帝)[29]가 등극하였다. 염씨 형제는 주살되었으며, 염희는 냉궁(冷宮)[30]에 갇혔다.

건강(建康) 원년(서기 144년) 순제가 저승길로 가자, 슬하에 자식이 없는 황후 양납(梁妠)은 우(虞) 미인의 아들 유병(劉炳)을 제위에 오르게 하였는데 이가 충제(冲帝)[31]다. 그녀는 다른 사람이 하는 대로 따라서 황태후의 신분으로 수렴청정을 하였다. 그녀를 곤혹스럽게 한 것은 충제가 등극한지 몇 개월도 되지 않아 황제가 된 진정한 맛도 느끼지 못한 채 아버지를 따라 죽었다는 것이다. 다행히도 왕자들이 많았기 때문에 양태후는 질제(質帝)[32]를 세웠다. 그는 상당히 똑똑하였지만 세상 물정을 모르는 아이였다. 신중치 못한 말을 내뱉는 바람에 세상에

28 유의(劉懿). 재위 125년 3월~125년 10월.

29 유보(劉保). 재위 125~144년.

30 일반적으로 황제의 체면을 고려하여 황후나 비빈이 죄를 저질러도 사사(賜死)되는 경우는 드물었고, 궁궐의 편벽진 곳, 즉 냉궁(冷宮)에 유폐되었다. 자금성의 냉궁은 정해진 장소가 없었으며, 황후나 비빈이 연금된 곳을 냉궁이라 불렀다.

31 재위 144~145년.

32 유찬(劉纘). 재위 145~146년.

두려울 것이 없던 태후의 오빠인 대장군 양기(梁冀)에게 짐주(鴆酒)로 독살당하였다.[33] 양납은 이전과 같은 방식으로 환제(桓帝)[34]를 황제로 세웠다. 그녀는 외척을 중용하는 한편, 환관들도 중용함으로써 쌍방이 서로 안정을 유지하며 별일 없이 지나가기를 기대하였다. 그녀는 19년간 권력을 확고하게 유지하면서 정치생애를 마쳤으며, 임종 전에야 비로소 정권을 환제에게 돌려 주었다. 양태후가 눈을 감자마자 환제는 환관 단초(單超) 등과 연합하여 양씨집단을 멸절시키려고 계획을 짰다. 이 정변으로 동한 황태후들의 수렴청정 시대가 막을 내리게 되었다.

1875년 청(淸) 동치제(同治帝)[35]가 천연두로 사망하자(일설에는 매독에 걸려 죽었다고 한다) 정권을 장악하고 있던 자희(慈禧)태후(서태후)가 외아들을 잃은 비통함을 돌볼 겨를도 없이, 새로운 황제를 선택하여 세우는 데 온 힘을 기울였다. 충분히 고르고 고른 끝에 다섯 살의 조카 재첨(載湉)[36]을 자기 자식으로 만들어 바로 황제로 세웠다. 군주가 아직 어리기 때문에 그녀는 관례에 따라 수렴청정을 하였다. 권모술수를 잘 부리는 자희태후는 수렴청정의 재미를 깊숙이 체득하게 되었으며, 또한 자신이 자신의 신분에만 만족하는 태후라는 것을 연기를 통해 잘 표현하였다. 일찍이 동치제가 즉위하자 서태후와 자안(慈安)

33 146년 양기(梁冀)가 조정을 장악하고 있었다. 그 해 7월 26일 아홉 살의 질제(質帝) 유찬(劉纘)이 조회 때 양기를 보자 장난으로 그를 제멋대로 난동을 부리는 자라는 뜻의 '발호장군(跋扈將軍)'이라 불렀다. 양기는 이 말에 앙심을 품고 그날 저녁 질제가 먹는 떡 안에 독을 넣어 질제를 독살하였다. 질제 대신 자신의 매부인 환제(桓帝) 유지(劉志)를 황제로 옹립하였다. 13년 후인 159년 환제는 환관들에 의지하여 양기를 살해하고 모든 가산을 몰수하였다.

34 유지(劉志). 재위 146~167년.

35 목종(穆宗) 재순(載淳). 재위 1861~1874년.

36 광서제(光緒帝). 재위 1874~1908년.

태후(東太后)가 같이 수렴청정을 하게 되면서 '우리가 이러한 일을 좋아하는 것이 아니라 시대의 상황이 아주 어렵기 때문에 대신들의 주청을 받아 어쩔 수 없이 잠시 정사를 돌보는 것이다. 황제가 사리를 분별하게 되면 바로 정권을 황제에게 돌려 줄 것이다.'라고 공동으로 성명을 발표하였다. 이번에 광서제가 등극한 후에 그 두 명의 태후가 역시 '지금의 황제가 대통을 이었으나 나이가 어리고, 현 시국이 어려움이 많은 때여서 부득이 수렴청정을 하노라.'고 발표하였다. 몇 년 후에 자안태후가 병으로 죽자, 자희가 단독으로 수렴청정을 시작하였다.

광서제가 결혼대례를 올린 후에야 자희태후는 비로소 정권을 그에게 돌려주었다. 그러나 광서제는 황모(皇母)의 성격과 애호를 잘 알고 있었기 때문에 매번 조정에서 중요한 일이 있을 때에는 반드시 태후에게 가서 가르침을 청하였다. 자희는 비록 표면적으로는 조정 일에 관여하지 않았지만 실질적으로는 상당수의 옛 관료들이 그녀에게 충성을 다하고 있었다. 광서제는 허수아비에 불과하였다. 당시는 국가의 상황이 점점 더 나빠지고 있던 시기로, 계속해서 침략하고 있던 세계열강에 땅을 내주고 배상금을 물어주며, 주권을 양도하고 있었다. 각 직급의 정부 관리들은 옛것을 답습만 하고 있었고, 공공경비를 제멋대로 쓰면서 자기 배만 불리고 있었으며, 부패하기 이를 데 없는 상황이었다. 광서제는 이러한 현상이 지속된다면, 청제국을 지킬 수 없다는 염려로 개량파인 강유위(康有爲), 양계초(梁啓超) 등의 주장을 받아들여 유신변법(維新變法)[37]을 실행하였다. 혁신정치에 강한

37 백일유신 또는 무술변법(戊戌變法)이라고 한다, 1898년 6월 11일부터 9월 21일까지 개혁을 주장하는 인사들이 광서제를 통하여 서방을 배우며, 과학문화를 창성시키고, 정치와 교육제도를 개혁하며 농업, 공업, 상업의 발전을 꾀하였던 정

불만을 가지고 있던 자희태후가 돌연히 이화원(頤和園)에서 고궁(故宮)으로 나와 아주 신속하게 정변을 일으켰으며, 광서제를 영대(瀛臺)에 구금하고 수렴청정을 회복시켰다. 그녀가 다시 정권을 잡은 후에 아주 가혹하게 유신파를 진압하였으며, 새 정치를 폐지하였다. 자희태후의 입장에서 보면 이번 정변은 결코 처음으로 자신을 드러낸 것이 아니다. 자기의 남편 함풍(咸豊帝)[38]이 열하(熱河: 지금의 하북성 승덕(承德))에서 병사하자 아들 동치제가 제위를 계승하였으며, 단화(端華)·재원(載垣)·숙순(肅順) 등 여덟 명이 함풍제의 유언을 받들어 고명대신(顧命大臣)이 되었다. 자희는 공친왕(恭親王) 혁흔(奕訢)과 연합하여 황제의 시신을 운구하여 북경으로 돌아오는 기회를 이용하여 정변을 일으켜 단화, 재원, 숙순 세 명을 처형하고, 나머지 다섯 명의 직위를 해제하면서 제 일차 수렴청정의 권리를 얻었었다. 연호를 기상(祺祥)에서 동치(同治)로 바꾸었기 때문에 역사적으로 이 정변을 '기상정변'이라 부른다.

권신(權臣)들과의 협력과 전쟁

어린 군주의 등극과 함께 필연적으로 따라오는 것은 일정기간의 섭정(攝政) 시기이다. 섭정은 기본적으로 두 가지 형태를 보인다. 하나

치운동이다. 자희태후를 정점으로 하는 수구파(守舊派)가 무술변법이 자신들의 이익에 반하자 이를 반대하여 1898년 9월 21일 자희태후 등이 무술정변을 일으켜 광서제를 중남해 영대에 유폐시키고 수구파가 다시 정권을 잡았다. 유신파인 담사동(譚嗣同), 강광인(康廣仁), 임욱(林旭), 양심수(楊深秀), 양예(楊銳), 유광제(劉光帝) 등이 피살되었고 강유위, 양계초는 프랑스와 일본으로 피신하였다. 유신변법은 103일만에 실패로 끝났다.

38 혁저(奕詝). 재위 1850~1861년.

는 황태후가 전면에 나서는 것으로 수렴청정이라고 한다. 다른 한 형태는 황제의 유언으로 지정하거나 조정의 의론을 거쳐 한 명에서 여러 명에 달하는 중신들로 정치를 보필하게 하는 것이다. 섭정대신은 당당한 권신이어서 섭정의 권한을 얻지 못한 태후는 마음이 깨끗하고 권력욕이 없어 내궁에 평안히 거주하는 경우를 제외하고는 권신의 말을 들어야 했다. 그렇지 않으면 그녀 자신도 별로 유쾌하지 않은 결말을 불러올 수 있었으나, 자신과 자식의 이익을 위해 권신들과 공방전을 벌일 수밖에 없었다. 조건과 천성, 실력이 서로 달랐던 까닭에, 황태후가 권신들을 다루는 데 있어서도 형식이 다를 수밖에 없었다. 어떤 때는 눈꼬리를 치켜뜨고 너 죽고 나 살자는 식의 싸움이 벌어졌으며, 어느 경우에는 아주 솜씨 좋게 권신과의 관계를 처리함으로써 전쟁을 평화로 바꾸기도 하였으며, 간단명료하게 두 집안이 혼인을 맺고 대업을 같이 도모하기도 하였다. 권신과 태후 쌍방이 기이하고 독특한 정치관계를 형성함으로써 보는 이로 하여금 감탄을 금치 못하게 하였다.

남조의 진(陳, 559~589년) 문제(文帝)[39]가 명이 다하여 음부로 들어가자, 그의 정실황후인 심묘용(沈妙容)과 아직 성년이 되지 않은 아들 폐제(廢帝)[40]가 각각 황태후와 새로운 황제가 되었다. 심태후가 아무리 생각해도 이해가 되지 않는 것은 남편이 죽으면서 섭정의 대권을 그녀에게 넘기지 않고 종실인 진욱(陳頊), 대신 도중거(到仲擧), 유사지(劉師知) 세 명에게 맡겼다는 것이다. 그녀가 내궁에서 은밀히 속닥거리고 있을 때 섭정대신들 사이에 충돌이 일어났다. 자신을 아주 대단한 존재로 여기고 있던 진욱은 죽은 황제가 자기에게 중임을 맡긴 것을

39 진천(陳蒨). 재위 559~566년.
40 소제(少帝). 임해왕(臨海王)으로 566~568년간 재위.

감사히 여기지 않았을 뿐만 아니라, 오히려 아직 젖비린내도 가시지 않은 폐제(廢帝)의 자리가 응당 자기에게 돌아와야 한다고 생각하고 있었다. 지배적인 지위를 차지하려고 그는 삼백여 명의 자기 직계부하들과 함께 상서성(尙書省: 지금의 중국 국무원 격)[41]을 점령하였다. 새로운 군주에게 충성을 다하는 유사지는 진욱이 법도에 벗어난 행위를 할까 두려워서, 가짜 조서를 만들어 그에게 양주(揚州)로 부임하도록 명령하였다. 진욱은 병을 핑계 삼아 그곳에 부임하지 않고, 유사지를 오라고 하여 업무협의를 하게 하는 동시에, 심복 모희(毛喜)를 입궁시켜 진상을 파악토록 하였다. 심묘용은 사태가 갑자기 발생한 것을 보고 답하기를 "지금의 황제는 어린 아이여서 정무를 모두 도중거와 유사지에게 주어 처리하고 있소. 조서를 내린 일은 알지 못하오."라고 하자, 폐제 역시 "이 일은 유사지 등이 처리한 것으로 짐의 뜻이 아니오."라고 하였다. 장기판에서 차(車)를 버리고 장(將)을 지키는 식으로 신하를 버리는 이러한 현상은 역사상 상당히 많았다. 약한 군주가 일부 대신들과 비밀리에 모의하여 조서라는 방식으로 권신의 권력을 깎아내려 하는 일이 성사되면 군주가 조서를 내린 것이며, 일이 실패하면 신하가 조서를 날조한 것이 되어 신하를 속죄양으로 삼는 것이었다. 진욱은 모희의 보고를 받은 후에 즉각 유사지를 체포하여 감옥에 집어넣었으며, 그날 밤에 폐제를 협박하여 그가 자결하도록 하였다. 사태 후에 도중거는 중립을 지켰으며, 대권은 전부 진욱의 손에 들어갔다. 유사지의 패배로 심묘용은 말하기 어려운 어려움에 빠졌다. 진욱에 대해 참고 또 참았으나 더 이상 참을 수 없을 정도까지 이르자 그녀는 비밀리에 환관 장유(蔣裕)를 매수하여 건안지방의 세력가인 장안국(張安國)에게 가서 거병하여 황제 주변을 정리하도록 요청

41 한국의 국무총리실 격.

하였다. 장안국은 군주를 위해 목숨을 다할 것을 흔쾌히 동의하였다. 그러나 거사하기도 전에 소식이 새어나가 진욱에게 기선을 빼앗기면서 진압되었다. 심묘용은 화가 자신에게 미칠 것을 두려워하여 비밀을 알고 있는 주변의 시종들을 전부 죽여 입을 막았다. 그녀가 비록 아주 잔인한 방법으로 그 난관을 벗어나긴 하였지만, 폐제를 보호하는 일에 있어서는 결국 어찌할 힘이 없었다. 황제의 면류관은 결국 진욱의 머리에 씌워졌다(그가 바로 선제(宣帝)[42]이다). 불행 중 다행이라고 할 수 있었던 것은 진욱이 심묘용의 체면을 살려주어 계속해서 황후의 칭호를 누리도록 하였다는 것이다.

심묘용과 진욱이 손을 맞잡고 한편의 비극을 써내려 갔다면, 청(淸)나라 초의 박이제길특(博爾濟吉特)과 다이곤(多爾袞)은 희극을 연출한 파트너였다. 박이제길특은 태종(太宗) 황태극(皇太極)[43]의 장비(莊妃)였으며 또한 순치제(順治帝)[44] 복림(福臨)의 친모였다. 생전에 누가 자기 뒤를 이을지를 정해 놓지 않았기 때문에, 황태극이 붕어한 뒤에 누가 황제위를 계승할지가 문제가 되었다. 그에게는 11명의 아들이 있었는데 적장자의 원칙에 따르면 큰 아들 호격(豪格)이 가장 적합한 인물이었다. 그러나 당시의 권력은 황태극의 동생인 다이곤이 장악하고 있었다. 그는 용감하고 전쟁을 잘 할 뿐만 아니라 전략전술에 능하였으며 여러 차례 전공을 세운 원로대신이었다. 게다가 누르하치(努爾哈赤)[45]가 살아 있었을 때 일찍이 그를 후계자로 세우려는 생각도 있었기 때문에, 그를 황제로 옹립해야 한다는 소리가 아주 높아졌다. 박이제길특이 쌍방이 서로 버티며 양보하지 않는 것을 보고는 여성특유의 교

42 재위 568~582년.
43 재위 1627~1643년.
44 재위 1643~1661년.
45 청 태조. 재위 1616~1626년.

제수법을 전개하여 다이곤과 정치적인 거래를 하였다. 호격을 배제하고 6세가 된 복림을 황제위에 앉히고 다이곤은 섭정왕이 되며, 그녀 자신은 황태후로 승격하는 것이었다. 이러한 정치적 유희 속에서 진정한 희생자는 호격이었으며, 다이곤은 표면적으로는 얻은 것 같았지만, 더욱 중요한 황제위를 잃어버렸다. 어부지리를 얻은 것은 박이제길특과 복림 모자였다. 여러 해 동안 같이 일을 하면서 박이제길특과 다이곤은 서로를 연모하는 감정을 가지게 되었다. 한 편이 연모하게 된 사람은 일세의 영웅이었고, 다른 한 편이 탐하게 된 것은 절세의 미녀였다. 더욱이 정치적인 목적으로 쌍방이 더욱 관계를 심화시키기를 원하였고, 심지어 합법화하기를 바랐다. 이렇게 하면 여자측은 다이곤이 철저하게 그녀 모자를 위해 충성을 다하게 할 수 있고, 남자측은 황제의 의부가 될 수 있었다. 순치 3년(1646년) 쌍방이 혼약을 하였으며, 공경대부 및 문무백관이 각종 축하선물과 축사를 한 후에 복림이 어머니의 재혼과 관련하여 기묘하기 이를 데 없는 조서를 내려 보낸다.

태후께서 장년에 홀로되어 꽃피는 봄, 달 밝은 가을에도 즐거움이 없이 적적히 지내셨다. 짐은 귀하기로는 하늘의 아들이어서, 천하를 보살피며 (어머니의) 세상적인 필요를 보살펴 드릴 수는 있지만, 마음의 뜻은 보살펴 줄 수가 없었다. 어머니께서 배우자를 잃은 연유로 날마다 수심과 우울함에 계신다면 내가 어찌 천하에 효도를 가르칠 수 있단 말이냐? 황숙은 섭정왕으로 현재 홀로 계신데 그 신분과 용모가 나라의 으뜸가는 분이시어서, 태후께서 몸을 낮추어 시집을 가시는 것이다. 짐은 우러러 자애로움을 품고, 공경함으로 삼가 뜻을 따르고자 한다. 모든 전례에 따라 정해진 대로 잘 준행하도록 하라.

의례를 다루는 한 바탕의 바쁜 준비를 거쳐 형수와 시동생의 융중한 혼례가 치러졌다. 형수와 시동생의 결합은 당시에는 결코 미풍양속을 해치는 황당한 일이 아니었다. 당시 만주인들은 본토로 진입한 후에 상당히 많은 옛 풍습을 유지하고 있었다. 혼인 및 배우자 관계가 한인들처럼 그렇게 뚜렷이 엄격하지 않았다. 여인이 과부로 지낸 후에도 남편의 형제에게 다시 시집갈 수 있었다. 심지어 자기가 낳지 않은 아들에게도 시집갈 수 있었다. 청 조정이 이러한 일을 엄격히 금기시한 것은 후대에 이르러 한문화의 영향을 받은 까닭이었다.

황후 및 비빈들과 권신 간의 충돌은 전부가 정치투쟁이라고만 할 수는 없다. 일부는 개인의 은원관계에서 비롯되기도 한다. 조정이라는 특수한 환경에 처해 있었기 때문에 모든 관계가 아주 짙은 정치적 색채로 덮여 있었다. 권신들이 황후 및 비빈들의 이익을 침범했을 때, 그녀들이 공개적으로 보복하는 것은 전혀 도움이 되지 않았고, 반대로 더욱 큰 손해를 불러일으킬 것이라는 것을 잘 알고 있었기 때문에, 은밀한 가운데 일을 진행시키면서 기회를 잡아 마음속의 쌓인 한을 풀었다.

남송 영종(寧宗)[46]의 궁궐에는 내력이 분명치 않은 비(妃)가 있었는데, 그녀는 민간에서 미인으로 뽑혀서 궁에 들어온 여인으로 본인도 자기의 성(姓)이 무엇인지 몰랐다. 그저 회계(會稽: 지금의 절강성 소흥(紹興)) 출신이라는 것만 기억하였다. 뒤에 양차산(楊次山)이라는 같은 고향 출신을 알게 되자, 그녀는 한 마디로 자기가 양차산의 언니라고 정하고, 이때부터 양(楊)씨를 자기 성으로 삼았다. 귀비(貴妃)로 승격된 후에는 조(曹) 미인(美人)과 함께 군주의 총애를 받았다. 이 두 사람은 품격이 완전히 달랐다. 양씨는 천성이 기민하고 게다가 역사서 읽기

46 조확(趙擴). 재위 1197~1224년.

를 좋아해서 권모술수에 꽤나 정통하였다. 반면에 조씨는 성격이 유순하고 마음씨가 착하지만 일을 처리하는 능력이 부족하였다. 그때 한(韓)황후가 병으로 죽자 영종이 두 귀비 중에서 한 명을 뽑아 후임을 삼으려고 하였다. 권신인 한탁주(韓侂胄, 1152~1207)[47]가 조씨가 비교적 적합하다고 건의하였다. 그러나 영종은 이리저리 생각한 끝에 매력이 훨씬 넘치는 양씨를 황후로 책봉하였다. 군신 간에 대사를 의논한 내용은 본래 기밀에 속하는 것인데, 바람이 통하지 않는 벽이 없다는 속담처럼 한탁주의 이야기가 마침내 양차산의 문객을 통해 알려지게 되었다. 새 황후가 이러한 이야기를 전해 듣게 된 후에 한탁주에 대해 깊은 원한을 품게 되었다. 양차산에게 조정 신료 중에서 같이 일을 도모할 수 있는 자를 물색하여 기회를 틈타 그를 제거하라고 밀명을 내렸다. 한탁주는 금(金)나라 문제에 있어 강력한 주전파로 군사를 동원해 중원을 회복해야 한다고 주장하였다. 그러나 출병을 한 후에 도리어 참혹하게 실패하고 말았다. 조정에서 급히 금나라에 강화를 요청하자 금나라가 강화조건으로 제시한 것은 주전파를 엄벌에 처하라는 것이었다. 바로 이때에 재상의 지위를 오랫동안 노리고 있던 예부시랑 사미원(史彌遠)이 양차산의 매수를 받아, 한탁주가 조회에 참가하자 자객을 시켜 철퇴로 때려 죽였다. 이러한 모살은 영종의 강화요구에 적합하였기에 사미원은 재상의 자리로 올라가게 됐고 양씨는 마음속의 원한을 갚게 되었다.

47 명신 한기(韓琦)의 증손으로 과거를 거치지 않고 조상의 공훈에 의해 특별한 대우로 벼슬을 얻는 이른바 음보(蔭補)로 벼슬길에 나갔다. 영종 옹립에 공을 세워 총애를 받았으며, 이학(理學)을 위학(僞學)이라 하여 배척했다. 태사(太師)와 평장군국사(平章軍國事)의 지위에 올랐으며 평원군왕(平原郡王)에 봉해진 뒤 13년 동안 정권을 좌우했다. 1206년 금(金)나라 토벌군을 일으켰으나 여러 차례 시도가 실패하였다. 예부시랑(禮部侍郎) 사미원(史彌遠)이 양(楊)황후와 밀모하여 그를 살해하고, 머리를 베어 금나라 조정에 보낸 뒤 화의를 구걸했다.

군주 폐위와 옹립의 게임

주종의 순서를 놓고 보자면, 황후와 비빈들은 군주에게 절대로 복종해야 했으며, 군주를 중심으로 한 일원(一元)적 권력구조를 구축하였다. 그러나 권력을 갈망했던 황후와 비빈들의 경우 그러한 권력구조를 당연하다고 생각하지 않았다. 반대로 그녀들의 뜻을 구체적으로 표현하는 군주들이 되도록 요구하였다. 만일 군주가 이에 대해 반감을 보이면 그를 정치적 장애물로 여기고, 방법을 생각하여 그를 제거하였고, 시키면 시키는 대로 복종하는 자로 대체하였다. 당연히 이렇게 대담하게 일을 처리하려는 황후나 비빈들은 적어도 거대한 권력과 심대한 세력을 장악하고 있어야 했다. 그 외에도 대면해야 하는 군주는 어리석은 자이거나, 약골이거나, 어린 군주여야 했다. 그렇지 않으면 그러한 일을 생각할 수 없었다.

한(漢) 혜제(惠帝)[48]가 붕어한지 4년이 되던 해, 미앙궁(未央宮)에 군신들이 모두 모여 위세등등한 황태후 여치(呂雉)가 중대 사항을 발표하는 것을 듣고 있었다. 그녀는 전소제(前少帝)[49]의 병이 회복될 수 없는 상황이어서 대권을 감당하기 어려우므로 새로운 사람을 뽑아 황제위에 앉혀야 한다고 말하였다. 수많은 대신들은 도저히 그 내막을 알 수 없었지만, 상황이 뭔가 미심쩍다고 느끼고 있었다. 원래 소제는 혜제의 적장자가 아니라 혜제와 우연히 관계를 갖게 된 궁녀의 자식이었다. 그가 태어나고 얼마 되지 않아 여태후가 그의 생모를 독살하고 아이를 정궁인 장(張)씨에게 주어 적장자가 되게 하여 태자로 세웠었다(정궁인 장씨는 혜제의 외조카로 여태후가 나서서 혜제에게 시집을 보내어,

48 유영(劉盈). 재위 B.C. 195~188년.
49 유공(劉恭). 재위 B.C. 188~184년.

삼촌과 조카가 결혼하게 하였다). 아버지가 죽은 후에 그가 할머니의 부축을 받아 황제로 등극하였다. 처음에는 할머니와 손자가 서로 사이 좋게 지냈다. 그러나 후에 어디서 자기의 신분을 알게 되었는지 모르지만 화를 억제치 못하고 내뱉었다. "태후가 어찌 내 생모를 죽이고 나를 황후의 자식으로 만들 수 있단 말인가? 내가 크면 반드시 그 방법 그대로 하리라." 여치가 정탐꾼으로부터 이를 알게 된 후에 그가 장래에 생모를 위해 보복할 것을 두려워하여 구실을 찾아 그를 감금하고, 대외적으로는 소제가 병이 중하여 국사를 처리하기 어렵다고 선포하였다. 그런지 몇 개월 후에 앞에서 말한 일이 발생한 것이다. 세상과 격리되어 있던 소제는 분하고 우울한 마음을 다스릴 길 없어 끝내는 병이 들어 죽었다. 소제의 죽음에 대해 여치는 조금도 슬픔을 느끼지 못하였으며, 오히려 마음의 가시를 제거한 느낌이었다. 그녀는 아주 자연스럽게 항산왕(恒山王) 유홍(劉弘)[50]을 황제로 선택하였으며, 그녀의 형제 여록(呂祿)의 딸을 황후로 책봉하였다. 허수아비 황제에다 친정 사람으로 황후를 삼는 혼인 방식을 이용하여 100% 자신에게 복종하도록 하였다. 그러나 여치의 이러한 뜻은 그녀가 죽은 후에 완전히 뒤집혀졌다. 한(漢) 왕조에 충성을 하던 대신들이 여씨 세력을 소탕하는 동시에 유홍도 함께 살해하면서 유방(劉邦)의 적자계통의 통치를 회복시켰다.

무측천이 당(唐)을 주(周)로 바꾼 이후에 그녀의 셋째 아들인 당 중종(中宗)[51]과 아내 위(衛)씨는 함께 방릉(房陵)으로 유배당하였다. 매번 사신이 올 때마다, 중종은 아주 독한 마음을 가지고 있는 어머니(측천무후)가 사람을 보내 그가 죽어야 한다고 선포할까봐 종일 불안해 하

50 후소제(後少帝). 재위 B.C. 184~180년.
51 이현(李顯). 재위 683~684년, 705~710년.

며 어쩔 줄 몰라 했다. 여러 번 목숨을 끊어 인간세상의 번뇌를 끊으려고 하였다. 그러나 위씨는 이러한 것에 전혀 당황하지 않고 극히 평탄하게 그에게 권하곤 하였다. "인생의 복과 화는 늘 변하는 것입니다. 만일 한 번 죽어야 한다면 하필이면 그리 바쁘게 죽으려고 하실 필요가 있습니까?" 위씨가 여러 모양으로 권유한 덕에 중종은 비로소 일생에 있어 가장 어려운 시기를 견디어 냈다. 사랑하는 아내가 곤경에 처하여도 힘을 다해 도와 주는데 감사를 표하기 위해 그녀에게 맹세를 한 바가 있다. "만일 다시 한 번 정권을 잡게 된다면 당신이 무엇을 하든지 하는 대로 내버려 둘 것이며, 결코 간섭하지 않을 것이요." 몇 년이 지나 당(唐) 왕조의 재건이 성공하면서 중종은 다시 한 번 조정에 들게 되었고, 위씨는 황후의 지위를 회복하였다. 이치상 어려움을 같이 겪은 부부는 서로 화목하게 지내는 것이 맞았지만, 위씨는 이전의 현숙하고 지혜로운 모습에서 돌변하여 남편이 이전에 했던 맹세를 지키도록 압박하였다. 세상의 우여곡절을 다 겪은 이 여인은 권력의 중요성을 깊이 인식하였던 것이다. 그녀가 가지고 있는 외부적인 조건과 마음속에 잠재적으로 가지고 있던 야심이 합해지면서 황후가 최종목적이라는 생각이 바뀌었다. 그녀도 시어머니였던 무측천의 행위를 본받기 시작하였다. 여황제가 되는 것을 맛보기 위해 준비하기 시작하였다. 목표가 정해지자 그녀는 자신의 무리를 형성하고 이를 운영하는데 착수하였다. 대량의 친척들과 당료들을 승진시켜 정부의 요직에 앉혔다. 그리고 문무백관에게 '순천황후(順天皇后)'라는 명칭을 올리도록 암시하였다(순천익성황후(順天翊聖皇后)로 다시 고쳤다). 동시에 여론을 동원하여 그녀 자신의 공적을 기리고 덕을 칭송하도록 하여 정치적 영향력을 넓혀갔다. 그녀를 추종하는 사람들은 그녀가 굳이 말하지 않아도 그 의도를 잘 알아서 적극적으로 이에 맞추려고 하였다. 그들이 제일 먼저 띄운 우상화 문구는 황후의 옷장에서 오색영롱한 빛이 나왔다는 것이다. 중종은 아주 생동감 있는 표현에 조금도 의심하지 않고 그 일을 깊이 믿게 되었고, 화가를 시켜 그 장면을 그리게 하여 조정에 걸어 놓도록 하기까지 하였다. 두 번째 우상화는 역사편찬을 책임지고 있던 가엽지충(迦葉志忠)이 맡았다. 그는 여러 사례를 찾아내어 위 황후를 우상화하였다.

이전에 고조(高祖)[52]께서 천명을 아직 받지 못하셨을 때, 세상 사람들이 〈도리자(桃李子)〉[53]를 불렀고 … 천후(무측천)께서 천명을 아직 받지 못하셨을 때, 세상 사람들이 〈무미낭(武媚娘)〉을 불렀고 … 순천황후께서 천명을 아직 받지 못하셨을 때, 세상 사람들이 〈상조위(桑條韋)〉를 불렀습니다.

이렇게 위씨가 장차 여황제가 될 것이라고 공개적으로 찬양하는 논조에 대해 혼용한 황제인 중종은 기분 나빠한 것이 아니라 오히려 사관으로 하여금 위씨를 찬양하는 유행가요를 역사책에 기록하라고 명하였다. 그리하여 그들 부부가 "오랜 기간 서로를 잘 알아왔기 때문에, 서로 의심하지 않는다."는 것을 보여 주고자 하였다.

52 이연(李淵). 재위 618~626년.

53 수(隋) 양제(煬帝) 시대에 〈도리장(桃李章)〉이란 민요가 있었다. 일종의 참언(讖言)으로 그 내용은 "도리자가 천하를 얻으리라. 황후가 양주를 돌며 꽃밭을 배회하리라. 쓸데없는 말을 하지 말라! 누가 알겠느냐?(桃李子得天下 / 皇后繞揚州,婉轉花園裏 / 勿浪語,誰道許)." 이현영(李玄英)이란 사람이 〈도리장〉을 연구한 후에 세 가지 일을 예언하였다. 첫째 도(桃)는 도(逃)와 같은 음으로 도망한 이(李)씨 성의 사람이 천하를 얻을 것이다. 둘째는 황제와 황후가 양주에서 헤매이며 수도로 돌아가지 못할 것이다. 셋째 '물랑어 수도허(勿浪語,誰道許)'는 '밀(密)'의 뜻이다. 따라서 황제와 황후가 수도로 돌아오지 못하고 양주에서 죽을 것이며, 포산공(蒲山公) 이밀(李密)이 천하를 얻을 것이다. 그래서 그는 온갖 방법을 동원하여 낙양에서 도망하여 이밀에게 몸을 의탁하였다. 양제(煬帝)는 구실을 찾아 고위직으로 막중한 권한을 쥐고 있던 우효위대장군(右驍衛大將軍) 이금재(李金才)의 전 가족을 살해하였다. 뜻밖에도 양제는 양주에서 반란군에 의해 살해당하였으며 수 왕조를 대체하였던 것은 수 양제의 외종사촌 [表弟]인 이연(李淵)이었다.

위씨는 그녀의 정치그룹을 만들 때 외척에 의지하는 외에 다방면으로 노리개용 미남자들과 사귀어, 자신의 몸과 마음의 즐거움을 얻었을 뿐만 아니라 믿을 수 있는 정치 협력자들을 얻었다. 비록 중종이 양보에 양보를 거듭하여 대권이 전부 그녀의 손에 들어가고 중종 자신은 원서공(元緒公)[54]이 되었지만, 여전히 위씨는 만족해 하지 않았다. 왜냐하면 위씨가 노리고 있는 것은 황제의 보좌였기 때문이다. 중종이 보좌에 앉아 있는 한 그는 불가피하게 그녀의 눈엣가시 같은 존재여서 어떻게 양보를 하더라도 성에 차지 않았다. 얼마 지나지 않아 지금의 황제가 황후에 의해 독살되었다는 엄청난 소문이 발 없는 말 천리 간다는 식으로 조정과 민간에 퍼졌다. 이것은 단지 소문이었다. 궁중의 일은 비밀리에 행해지기 때문에 역사서에는 "황제께서 독으로 인해 급서하셨다."고 아주 간단하게 기재되었다. 중종의 모살안건은 결코 실마리가 없었던 것은 아니다. 사건이 발생한 후에 일부 대신들은 중종 주변의 어의 마진객(馬秦客)과 안락공주(安樂公主)가 독을 넣은 것이 아닌가 하고 의심하였다. 그 근거로 전자는 위씨의 노리개용 미남자였으며, 후자는 일찍이 아버지에게 자기를 황태녀(皇太女)로 책봉해 달라고 요구하였으나 답변을 듣지 못하였기 때문이다. 게다가 위씨의 거동이 대단히 이상하였다. 중종이 죽은 후에 그녀는 상(喪)이 난 것을 비밀에 부치고, 신속하게 친신을 보내어 금군(禁軍)을 장악하였다. 만일 모종의 원인으로 그 사건이 발생하지 않았다면 그녀가 이와 같이 긴급한 조치를 취할 필요가 있었겠는가? 중종은 생전에 후계자를 지정해 놓지 않았기 때문에 위씨는 즉각 왕자인 이

54 거북이를 일컫는 말. 중국에는 지독한 욕으로 왕빠딴(王八蛋: 애비가 누군지 모르는 놈)이란 것이 있는데 이와 비슷한 뜻이라고 할 수 있다. 아내가 외도를 하는 남편을 원서공(元绪公) 또는 속어로 거북이라고 하였는데, 거북이 머리가 녹색이어서 아내 외도의 추문을 '녹색모자[녹모자(綠帽子)]'라고 하였다.

중무(李重茂, 695~714)[55]를 태자로 삼은 후에 바로 황제의 자리에 앉히고, 자신은 황태후의 신분으로 수렴청정을 하였다. 그녀가 이중무를 등극케 한 것은 결코 원래의 심산을 포기한 것이 아니라 시기가 아직 성숙하지 않아 과도기적인 조치를 취한 것으로, 은밀히 최종의 목표를 향해 나가기 시작하였다. 그러나 그녀가 제이의 무측천이 되기 전에 종실인 이융기(李隆基)[56]가 일으킨 반정 중에 목숨을 잃음으로써 여황제가 되려던 꿈은 개꿈이 되고 말았다.

몽고인이 주체 민족인 원(元) 왕조의 마지막 황후인 기완자홀도(奇完者忽都)는 고려인으로 순제(順帝)[57]에게 태자인 애유식리달랍(愛猷識理達臘)을 낳아 주었다. 이 여인은 평범한 여자가 아니었다. 책략이 아주 뛰어났고, 처세에도 아주 밝았으며 조정에서도 평판이 좋았다. 그녀가 일부 대신들의 불만을 샀던 것은 그녀가 조정의 일에 지나치게 열심이었다는 것이다. 그녀는 정사에 관심을 갖는 것을 금기로 여기지 않고, 오히려 황후가 당연히 해야 하는 의무로 여겼다. 우매한 남편이 여색을 탐닉하며 정사를 돌보지 않자, 아주 대담한 계획을 마련하였다. 순제를 압박하여 태상황으로 퇴위토록 하고 태자에게 황제위를 넘겨 주도록 하는 계획이었다. 모자 두 사람이 먼저 의견의 일치를 본 후에, 승상인 태평(太平)에게 사람을 보내 그의 긍정적 답변을 얻고자 하였다. 그러나 상대방은 이를 고의로 모르는 체하면서 무시하였다. 그들은 심부름을 보낸 사람의 지위가 충분치 못해 태평이 감

55 상제(殤帝) 또는 소제(少帝)로 불리며 중종의 넷째 아들로 누구의 소생인지는 불명확하다. 710년 중종이 독살된 후에 위 황후에 의해 제위에 올랐으나 꼭두각시에 불과하였다. 같은 해 임치왕(臨淄王) 이융기가 정변을 일으켜 위황후를 살해하고 이중무를 폐위시켰다. 711년 양왕(襄王)에 봉해졌으며, 714년 방주자사(房州刺史)로 전직되었고 같은 해 7월 사망하였다.

56 현종(玄宗). 712~756년간 재위. 현종에게 그녀는 큰 어머니가 된다.

57 재위 1333~1370년.

히 갑작스런 답변을 하지 않았다고 추측하였다. 이에 따라 황후가 직접 나섰다. 술 한잔하자면서 태평을 궁궐로 불러들여 술자리에서 더욱 명확하게 설명하였지만 여전히 핵심적인 답을 듣지 못하였다. 선위(禪位)의 계획이 대신들의 반응을 얻지 못하자 잠시 내려놓아야 했다. 모자 두 사람의 정치 간여가 너무 많았으며, 일부 일들은 그 처리가 지나친 면이 있어 조정에서 세력을 쥐고 있던 장군, 재상들과 격렬한 모순을 빚어내게 되었다. 순제가 황후와 태자에 대해 아무런 제재조치도 하지 않는 것을 보고 대장군 패라첩목아(孛羅帖木兒)가 어쩔 수 없이 자신의 부대를 수도로 이동시키면서 태자를 처벌할 것을 요구하였다. 애유식리달랍이 포위망을 뚫고 달아나자, 패라첩목아는 가짜 조서를 내려 기(奇)씨를 군영에 감금하였다. 그런 연후에 그녀를 협박하여 황후의 인장을 내놓게 하고, 사람을 시켜 태자보고 돌아오라는 가짜 서신을 쓰게 하였다. 태자가 그 계책을 눈치챘기 때문에 조서를 더 이상 아랑곳하지 않았다. 다른 사람의 세력 아래 있게 되자 머리를 숙일 수밖에 없었던 기황후는 여러 차례 패라첩목아에게 미녀를 진상하면서 그의 적대감을 풀어줌으로써 위험한 상태를 평온하게 만들었다. 패라첩목아가 병들어 죽자 순제는 태자를 수도로 불러들였다. 기씨는 중무장한 병력을 거느리고 있던 대장 곽확첩목아(廓擴帖木兒)에게 태자를 호위하여 입궐하도록 지령을 내렸으며, 이러한 기회를 틈타 선위계획을 다시 시행하려고 하였다. 곽확첩목아는 군주를 배신할 생각이 없었으며, 황후의 마음 씀씀이를 간파하였기 때문에 수도에서 삼십리 떨어진 곳에서 각 부대가 행진을 멈추고 모두 병영으로 돌아가도록 조치하였다. 기씨의 희망은 다시 한 번 물거품이 되었다. 이후에 국내 형세가 급변하고 원 왕조의 형세가 위태위태해지자, 기씨는 비로소 어쩔 수 없이 자기의 생각을 포기하였다.

기씨가 아들로 아버지를 대신하게 하려던 폐위계획이 실패를 맛보게 된 것은 그녀가 정치상황을 제대로 파악하지 못하고, 제대로 정사를 돌보지 않는 순제를 바꾸는 것이 인심에 따르는 행위라고 잘못 인식한데 있었으며, 이러한 행위로 반대세력에게 모반을 획책한다는 비난을 받게 되었다. 이 외에도 그녀의 세력기반 역시 매우 부족한 상황이어서, 마지막에는 한 손바닥으로 손뼉을 칠 수 없는, 즉 우군이 전혀 없는 국면을 조성하고 말았으며, 수동적인 위치에 처하게 되었다. 다행히도 순제는 유약한 인물이어서 시종일관 그녀에 대해 아무런 조치를 취하지 않았다.

어머니로서 천하를 다스리기에서 군주로서 다스리기까지

중국에서 부권제가 확립된 이후에 위반하기 어려웠던 자연적인 정치법칙은 여성이 국가원수가 될 수 없다는 것이었다. 비록 명문규정은 없었지만 남존여비, 남자가 주도하고 여자는 복종한다는 윤리질서로 인해 그것이 당연한 것이 되었다. 그러나 모권제의 사상적 잔재, 억눌리고 있는 여성의 심리적 반항이 이러한 법칙에 대한 반동을 가져왔다. 그러나 이러한 반동은 반동이고, 성공을 하느냐는 또 다른 일이었다. 수천 년의 정치역사 속에서 이를 실천해 보려고 안달하던 여성들이 있었다. 일부는 한계선에서 머뭇거리며 앞으로 나아가지 않았으며, 일부는 성공 직전에 실패하여 지위도 명예도 모두 잃었다. 오직 한 사람만 천천히 최고의 자리로 올라갔는데 그녀가 바로 역사상 유일한 여황제인 무측천이다.

무측천이 누구나 다 아는 이름이 되고, 이렇게 높은 지명도를 누리는 것은 그녀가 중국의 유일한 여황제였다는 데 있다. 그녀는 당(唐) 태종(太宗)의 비빈 중 하나였으며, 남편이 죽은 후에는 출가하여 여승이 되었다. 고종(高宗)[58]이 대통을 이은 후에 그녀의 미색과 매력에 완전히 넋이 나가 다시 궁궐로 불러들여 자신의 재인(才人)으로 삼았다. 자질이 뛰어나고 총명한 무측천은 권모술수의 삼매경에 빠져 어느 장소 어느 역할이든 잘 소화하면서 매우 빠르게 새 남편과 같이 정국을 이끄는 지위가 되었다. 그녀는 자신이 단독으로 조종하던 권력의 힘을 빌어 전혀 힘들이지 않고 황후의 보좌로 올라갔다. 고종이 세상을 떠난 후에, 그들의 셋째 아들 이현(李顯)[59]이 순서대로 황관을 쓰게 되었다.

무측천은 고종과 사이에 네 명의 아들을 낳았는데, 장자 이홍(李弘), 차남 이현(李賢), 삼남 이현(李顯), 사남 이단(李旦)이었다. 장남과 차남은 모친의 정치적 장애물이어서 처형당하거나 변방으로 쫓겨나는 결말을 맞았다. 이현이 곧 중종(中宗)이며, 이단이 곧 예종(睿宗)이다. 중종이 즉위한 후에 수위가 높아지면 배도 따라서 높아진다고 무측천은 황태후가 되었다. 새 군주는 황제가 된 바에야 당연히 황제의 직분을 다하는 것이 맞다고 생각하였지만, 모후는 선황(고종)의 유서를 끄집어 내면서 국가의 대사는 그녀가 처리해야한다고 말하였다. 이렇게 되자 천자의 귀한 몸인 중종은 껍데기뿐으로 사실상 용포를 걸친 죄수에 불과했다. 조정의 정사를 다루는 것은 무측천의 방편에 불과하였고, 그녀의 진정한 목적은 당나라를 주재하는 것이었다. 길고 긴 권력쟁탈의 과정 속에서 그녀는 심혈을 기울여 전면적인 안배를 통해 자신의 당파를 심어나갔다. 자기의 당파를 키우고, 조정대신

58 이치(李治). 재위 649~683년.
59 중종(中宗). 재위 683~684, 705~710년.

들과 관계를 깊이하면서 자신과 의견이 다른 자는 제거하고 정부조직을 개편해 갔다. 중종이 자신이 설계한 대로 기꺼이 따르려 하지 않는 것을 보자, 그녀는 조금도 망설임 없이 그를 여릉왕(廬陵王)으로 강등시키고 외지로 보내 감금하였다. 그 후 즉시 이단을 황제의 자리에 올려 앉히고는, 시작부터 아주 황당하게 정전에 나가 정사를 살피지 못하도록 함으로써, 그를 편전의 한 구석만을 차지하는 허수아비가 되게 하였다. 이단은 자신의 역할을 명확히 알고 있었다. 자신의 등극은 모후가 사람들의 이목을 가리는 가장 큰 연막에 불과하다는 것을 알고 있었다. 연호를 바꾸고, 깃발을 바꾸고, 관직명을 바꾸고, 도시 이름을 개명하면서 무측천을 황제로 부르게 될 조건이 날이 갈수록 성숙해져 갔다. 재초(載初) 원년(690년) 그녀는 당(唐)이란 국호를 폐하고 국명을 주(周)로 하며 연호도 천수(天授)로 바꾼다고 선포하였다. 자신을 높여 '성신황제(聖神皇帝)'라 칭하고 예종은 황사(皇嗣)로 강등시키고, 태자 이성기(李成器)는 황태손(皇太孫)으로 강등시켰다. 무측천은 이로써 어머니로서 천하를 다스리는 입장에서 직접 군주로서 천하를 다스리게 되었다.

3

서로 굳게 의지하며 살아가기

아들이 있으면 만사형통 / 아들이 없으면 모든 것이 헛된 것 / 어미는 아들로 인해 귀해진다 / 뿌리가 흔들리면 나무가 움직인다 / 아들은 어미로 인해 귀해진다 / 달빛이 흐려지자 별빛도 어두워지고

종법(宗法)[1]의 관념으로 보면 인간의 가장 핵심적인 관계는 부자(父子) 관계이다. 그러나 실제 생활에서 제일 근본적이고 가까운 관계는 오히려 모자(母子) 관계로, 그들이야말로 진정으로 서로 굳게 의지하며 살아가는 관계이다.

'집에서는 아버지를 따르고, 출가하면 남편을 따르고, 남편이 죽으면 아들을 따른다.' 옛 여인들은 인생의 세 단계에서 반드시 세 종류의 남성을 의지해야 했다. 이 중 어느 단계가 결핍되면, 그 곳에서 불행이 찾아온다. 이 셋을 서로 비교해 보면 아들이 특히 중요했다, 어머니로서 인생 후반부에 유일하게 기댈 수 있는 사람이었기 때문이다. 극도의 부귀영화를 누리는 황후와 비빈들도 본질적으로는 일반 가정의 여인들과 같은 운명이었다. 다만 겉으로 드러남에 있어 차이가 있어 보이는 것뿐이었다. 민가 여인들의 아들에 대한 요구는 주로 생활상의 필요를 보장해 주는 것이었지만, 황후비빈은 아들의 존재 여부가 그녀들의 몸값, 지위, 전도와 관계되었다. 종법제도와 정치제도라는 이중의 제도가 생산해낸 혼합체제는 황후와 비빈들에게 상과 벌을 내리는 잠재적인 표준을 가지고 있었다. 즉, 그녀들이 군주와 아들 사이의 매개역할을 할 수 있는 능력이 있느냐 없느냐가 핵심이었다.

중국 속담에 '밥 빌어먹는 엄마와 같이 살망정, 벼슬하는 아버지와 같이 살지 않는다.'는 말이 있다. 이 속담은 어머니가 아버지보다 아이들에 대한 관심과 사랑이 더욱 많다는 것을 소박하게 표현하고 있

1 종법은 서주(西周)의 중요한 정치제도로 혈연관계를 기초로 하고 있는데 핵심은 적장자(嫡長子) 승계제도이다. 이 제도는 서주의 정치등급 제도를 유지하고 사회 질서를 안정화시키는 역할을 하였다. 적장자란 본디 첩(妾)이 인정되는 가족제도에서, 정실(正室, 본처)이 낳은 장자(長子)를 일컫는 말이다.

다. 왕자가 되면 황실혈통 출신의 귀족이 아닐지라도 앞길이 비단길 같았다. 그의 성장과정에서 잠시라도 어머니의 보호가 없으면 안 되며, 그것도 당연히 유력한 어머니의 보호가 있어야 한다. 만일 모친이 일찍 죽기라도 한다면 그는 가시밭길을 걸어가야 한다. 이 외에도 어머니의 신분이 그에게 아주 중요한 영향을 미친다. 모친이 위세등등하고 고귀한 지위라면 그는 태어나자부터 사람들의 이목을 끄는 지위를 가질 수 있었다. 그러나 모친의 명분이 낮고 천하면 다른 사람들의 주목을 받을 기회가 거의 없었다. 모자 두 사람은 서로 고립된 존재가 아니라 서로가 서로를 의지하는 자연적이고 깊은 관계였다. 진정으로 한 사람이 귀해지면 똑같이 귀해지고 한 사람이 실패하면 다 같이 실패하는 관계였다.

아들이 있으면 만사형통

고대사회에서 여인의 사회적 가치는 처음부터 끝까지 남성의 부속품이었다. 이러한 뿌리 깊은 부속성은 누구의 의지에 따라 생겨난 것이 아니라 역사의 흐름에서 나타난 산물이다. 이러한 문화적 분위기에서 태어난 여성에겐 사회질서란 이를 따르면 역사적 비극을 만들었고, 따르지 않으면 개인적인 비극을 만들어냈다. 역사적 비극들은 서로 간에 별다른 차이가 없었기 때문에 사람들은 그에 대해 별다른 감각이 없었을 뿐만 아니라 내심으로 편안해 하였다. 개인적인 비극들은 남들과 다르기 때문에 피해를 입는 자는 견뎌내기가 어려웠다. 황후비빈들은 일반 여인들과 마찬가지로 자기의 생존요건이 무엇인지를 잘 알고 있었으며, '늙어서 누리는 복이 진정한 복'이라는 뜻을 깊이 이해하고 있었다. 아버지와 남편이 비록 없어서는 안 될 것들을 가져다 줄지라도 마지막으로 의지하게 되는 것은 오히려 아들이었다. 이로 인해 황후비빈들의 입장에서 보자면 일체의 신조들은 믿을 수도 믿지 않을 수도 있었지만, '아들만 있으면 만사형통'이라는 신조는 잠시도 잊어서는 안 되는 요체였다.

정상적인 상황에서 보면 자녀를 낳아 기를 수 있는 황후비빈의 수는 적지 않았다. 만일 그렇지 않았다면 군주가 대대로 대를 이어갈 수 없었을 것이다. 예를 들자면 한(漢) 고조(高祖)[2]의 여(呂)황후, 조(曹)부인, 박(薄)희(姬), 척(戚)부인, 조(趙)희(姬) 등은 그에게 여덟 명의 아들을 낳아주었다. 수(隋) 문제(文帝)의 독고황후는 혼자서 네 명의 아들을 낳았다. 명(明) 태조(太祖)[3]의 마(馬)황후, 호(胡)충비(充妃), 달(達)정비(定妃), 곽(郭)영비(寧妃), 곽(郭)혜비(惠妃), 호(胡)순비(順妃), 한(韓)비, 여(余)비, 양(楊)비, 주(周)비, 조(趙)귀비(貴妃), 이(李)현비(賢妃), 유(劉)혜비, 갈(葛)여비(麗妃) 등은 남편에게 26명의 아들을 낳고 길러주었다.

아들이 있는 사람은 근원이 있는 물이 멀리 흘러도 마르지 않는 것 같고, 봄을 맞이하는 나무의 가지가 무성해지는 것과 같았다. 황후비빈들은 이러한 점을 잘 알고 있었기 때문에 또한 이것을 얻기 위해 남편과의 성관계 기회를 아주 귀중하게 여겼다. 주어진 몇 차례의 기회 속에서 자신의 무한한 희망을 실현코자 하였기 때문에 그녀들은 아주 주동적이었으며, 열심과 열렬함을 드러냈다. 그녀들은 남녀 간의 즐거움을 누리려는 것이 아니라 군주의 크고 도도한 은혜를 받으려는 것 같았다.

2 유방(劉邦). 재위 B.C. 206~195년.
3 주원장(朱元璋). 재위 1368~1398년.

가벼운 바람이 버들가지를 흔드는 하남(河南) 성고(成皐)의 영대(靈臺)는 봄빛에 가득 잠겨 있었다. 유방(劉邦)이 관(管)부인, 조 부인[趙子兒]과 함께 누대에 높이 앉아 술을 즐기며 경치를 감상하고 있었다. 두 미녀가 갑자기 입을 오므리면서 서로가 서로에게 미소를 지어보였다. 유방이 이런 모양을 보고는 이상함을 이기지 못하고 여러 차례 그 이유를 캐묻고 나서야 비로소 일의 자초지종을 명확히 알게 되었다. 그녀들이 어린 시절 궁녀가 되었을 때 박희(薄姬)라 불리는 다른 궁녀와 의기투합하여 자매로 지냈는데 일찍이 "누구든지 먼저 군주의 은총을 입으면, 다른 사람들을 잊지 않겠다."고 맹세한 바 있었다. 그녀들은 박희가 지금까지 전혀 이름이 알려지지 않았으니, 당시에 그녀들이 맹세했던 것들은 그저 말에 그친 것이라고 감상적으로 말하였다. 유방의 뇌리에 박희의 이미지가 점차 떠오르기 시작하였다. 초(楚)와 한(漢)이 천하를 놓고 다툴 때에 박희가 제후 위표(魏豹)[4]의 궁궐에 뽑혀 들어갔다. 어느 날 관상으로 명성을 날렸던 허부(許負)가 초청을 받아 궁녀들의 관상을 보았는데, 그녀를 본 허부가 그녀가 천자를 낳을 관상이라고 한 마디로 딱 잘라 말하였다. 이 말에 위표는 은근히 좋아하면서 박(薄)씨가 이렇게 귀한 관상이라면 이미 자기 소유가 되었으니 내가 어찌 천자의 아비가 되지 않겠느냐고 스스로 추측하였다. 그는 황당하게도 이를 근거로 하여 한에서 초나라를 공략하려던

4 출생연도 미상, B.C. 204년 사망. 전국시대 위나라의 귀족 혈통으로 진(秦) 말기에 진승(陳勝)이 난을 일으켰을 때 형인 위구(魏咎)를 위왕으로 옹립하였으나, 진나라 장수인 장한(章邯)의 공격으로 위구는 자살하였고 본인은 초(楚)나라로 도망하였다. 초 회왕(懷王)에게 수천 명의 군사를 빌려 위나라의 20여 성을 공략하였고 스스로 위왕이 되었다. 항우가 제후들을 대규모로 책봉할 때 서위왕(西魏王)이 되었다. 유방에게 투항하였다가 반란을 일으켜 항우에게 다시 돌아갔으나 한신(韓信)이 위나라를 공략할 때 형양(滎陽)에서 포로로 잡혔으며 한의 장군 주가(周苛)에게 살해되었다.

전략을 바꾸어 중립으로 입장을 바꾸었다. 그가 전쟁에 패하여 유방에게 포로로 잡히자, 관례에 따라 박씨도 한나라의 궁궐로 끌려 들어갔다 … 유방이 박희를 생각하자 자기도 모르게 동정심이 일어나서, 그 즉시 두 미녀에게 그녀들의 맹세가 이루어지도록 돕겠노라고 답하였다. 그날 밤에 박희는 남편의 비단침대로 불려갔다. 그녀는 흥분하여 "신첩이 어제 저녁 꿈을 꾸었는데, 꿈속에 한 마리 용이 첩의 가슴 위에 엎드려 있었습니다." 일찍이 스스로를 용이라고 자처했던 유방은 기쁨으로 눈썹이 꿈틀 거렸다. "이것은 아주 귀한 징조이다. 내가 네 꿈을 이루어주마." 당장에 그 두 남녀가 서로 얽히고설키면서 좋은 일을 이루어갔다. 이 일 이후에 바로 유방의 뇌리에서 그녀가 다시 사라져갔다. 그러나 뜻밖에도 열 달이 지난 후에 그녀가 남자 아이를 생산했다. 이 아이가 뒷날 제위에 오른 문제(文帝)[5]로 그녀는 황태후가 되었다. 한 번의 우연한 정사(情事)가 결국은 박희를 가장 비천한 궁녀에서 가장 존귀한 황태후로 변화시켰다.

만일 황후비빈이 불행하게도 생산력이 없었다면, 그녀들 전부가 그저 빈방만을 지키며 늙어갈 수밖에 없었는가? 그렇지 않았다. 일부 황후비빈은 모종의 윤리관계를 구실로 이러한 유감스러움을 극복하고 생산력을 가진 여인과 똑같이 만족하며 지냈다. 그녀들은 양자로 아들을 잇는 형식을 취하여 이름만의 모자관계를 형성하였다. 그러나 이러한 일이 보기에는 손바닥을 뒤집는 것처럼 쉬워보이지만 결코 모든 궁중의 여인들이 택할 수 있는 방법은 아니었다. 이러한 방법을 실현하려면 적어도 다섯 가지 조건이 필요하였다. 우선 반드시 남편

5 유항(劉恒, B.C. 203~157). 유방의 네 번째 아들로 혜제(惠帝)의 배다른 동생이다. 마음이 넓고 인자하였으며 정치적으로 안정을 중시하였다. 여(呂)태후가 B.C. 180년에 죽자 태위(太尉) 주발(周勃), 승상(丞相) 진평(陳平) 등 대신들이 여씨 일가를 일망타진하고 유항을 황제로 옹립하였다.

인 군주의 지지와 인정을 얻어야 했다. 양자는 응당 군주의 혈통이어야 했다. 양자를 인정하는 것은 황위계승자의 문제를 해결하기 위한 것이다. 양어머니의 지위가 생모보다 높아야 하며, 생모가 아이에 대한 최고의 소유권을 포기하여야 한다.

동한(東漢) 명제(明帝)[6]는 복파장군 마원(馬援, B.C. 14~49)[7]의 셋째 딸을 취하여 귀인으로 삼았다. 마귀인은 늘 남편을 받들어 잠자리에 들었지만 몇 년이 지나도 몸에 변화가 나타나지 않았다. 어의가 진단을 한 결과, 비로소 그녀가 평생에 황가에 아들을 더해 주기 어렵다는 것을 알게 되었다. 다행스럽게도 명제에게는 이미 자식이 있는데다가 명제가 아주 화통한 사람이어서 그녀에 대한 사랑이 식지 않았을 뿐만 아니라 오히려 가(賈)비(妃)의 아들을 데려다 양자로 키우도록 하면서 살갑게 말하였다. "반드시 아이를 낳아 키워야하는 것이 아니라, 잘 양육한다면 남이 난 아이나 자기가 난 아이나 차이가 없소." 마씨는 남편의 은혜에 감사하며 이 말을 가슴에 단단히 새기었으며, 아이에 대한 관심이 친 엄마와 전혀 다름이 없었다. 아이도 효성이 지극하고 또한 세상일도 잘 이해하였기 때문에 모자 사이가 아주 화목하여, 조금도 가슴에 맺힌 것이 없었다. 마씨의 덕행이 고상하고 깨끗하기 이를 데 없었기에 결국 황후의 봉관(鳳冠)을 쓰게 되었다. 아들

6 유장(劉莊). 재위 57~75년.

7 왕망(王莽)의 부름을 받고 신성대윤(新城大尹)과 한중랑태수(漢中郎太守)가 되었으나, 왕망이 망한 뒤 양주(涼州)로 달아났다. 뒷날 외효(隗囂) 밑에서 벼슬하여 수덕장군(綏德將軍)이 되었으나, 광무제(光武帝)에게 귀순하여 외효를 물리쳤다. 농서태수(隴西太守)를 지냈고 41년 이후에는 복파장군(伏波將軍)에 임명되어 교지(交阯: 북베트남) 지방에서 봉기한 징칙(徵側, 쯩 짝)과 징이(徵貳, 쯩 니) 자매의 반란을 토벌하고, 하노이 부근의 낭박(浪泊)까지 진출하여 그곳을 평정했다. 대장부는 전쟁터에서 죽어 말가죽에 시체가 싸여져 오는 것이 영예라는 마혁과시(馬革裹屍)란 말로 유명하다. 노령에도 불구 전쟁터에 나갔다가 현장에서 병사하였다.

장제(章帝)[8]가 등극한 후에는 그녀에게 황태후의 칭호를 올려 드렸다.

양자를 들이는 기풍은 그 유래가 오래되었으며 줄곧 이어져 내려왔다. 춘추시대 위(衛) 장공(莊公)[9]은 자기가 총애하는 제(齊)부인이 아들이 없자, 다른 부인인 진(陳)녀가 죽은 후 그녀가 낳은 아들을 제부인의 양아들로 삼도록 하고 태자로 책봉하였다. 당 현종(玄宗)의 양비(楊妃: 양귀비가 아닌 다른 양 부인)가 숙종(肅宗)[10]을 낳았을 때, 점쟁이가 그 아이를 직접 키우면 안 된다고 하여 왕 황후에게 양자로 들였다(아마도 점쟁이와 왕황후가 서로 연통하여 그녀가 아이가 없는 염려를 해결하도록 도와 주었을 것이다). 금(金)의 선종(宣宗)[11]의 왕황후는 오랫동안 아이를 낳지 못하자, 자기 언니인 왕숙비(淑妃)가 낳은 애종(哀宗)[12]을 자기의 궁실로 불러들였다.

양자제도에서 가장 혜택을 많이 받는 사람은 결국 양자 자신으로, 그는 방계의 서자 신분에서 중앙의 적장자로 변하여 황위에 오를 권한을 얻었기 때문이다. 적모(嫡母)의 지위를 확고하게 하고 양아들이 뒷날 이를 부인하지 않도록 하기 위해, 일부 통치그룹은 그들의 생모를 처형하는 방법을 채택하여 양아들이 적모와의 관계를 유지할 수밖에 없게 하였다. 여태후는 궁녀의 아들을 장황후에게 주는 동시에 궁녀를 살해하여 입을 막는 조치를 취하였다. 이런 식으로 일을 처리하는 것은 종법제에서 적모의 정통성을 유지하고, 황위 계승자가 생모와 법통에 어긋나는 다른 관계가 발생하는 것을 막으면서, 방계인

8 유달(劉炟). 재위 75~88년.
9 희위양(姬衛楊). 재위 B.C. 758~735년.
10 이형(李亨). 재위 756~762년.
11 안안순(完顔珣). 재위 1213~1223년.
12 완안수서(完顔守緒). 재위 1223~1234년.

서자 세력이 최고 권력을 빼앗는 것을 단절시키려는 목적이 있었다. 요(遼) 왕조의 소누근(蕭耨斤)이 보살가(菩薩哥)를 박해한 사건은 선대 군주의 방어조치가 충분치 못했던 전형적인 사례이다(뒤에 상세히 설명된다). 서출에서 적통으로 된 황위 계승자에 대하여, 통치그룹은 그가 능히 전체 국면을 고려하여 정치원칙으로 모자관계를 확립하고 일반적인 핏줄의 윤리관계에 얽매이지 않기를 희망하였다. 동시에 그는 그의 지위와 권력이 생모로부터가 아니라 적모로부터 왔다는 것과 그가 유일하게 지켜야 하는 정해진 친족질서는 황위 계승자라 불리는 것임을 이해해야 했다.

만일 군주가 생산력이 없거나 아들이 어려서 죽으면 서출을 적자로 전환시키는 양자계승법으로도 황위 계승자의 인선작업을 할 수 없었다. 천하를 다른 가문에게 줄 수 없다는 전제하에 새로운 길을 개척하는 방법은 종실의 자녀로 후사를 잇게 하는 것이었다. 이를 일컬어 사자(嗣子)라고 하였다. 사자가 결정되면 군주는 자신이 가장 총애하는 황후비빈에게 그를 기르도록 하였다. 이로써 그녀가 후계자의 새어머니가 되었으며, 무릎아래가 허전하였던 황후비빈들에겐 무상의 영광이 되었다. 그녀들은 이를 통해 무자식에서 엄연히 자식이 있는 사람으로 바뀌었다.

강산의 반을 잃어버리고 아버지와 형 두 황제가 포로로 잡히는 보기 드문 기막힌 치욕[13]은 반대급부로 조구(趙構)라는 인물을 만들어 냈으며, 다행히도 남방을 보존하면서 황제위에 오르도록 하였다. 그가 바로 송(宋) 고종(高宗)[14]으로 남송 왕조를 세웠다. 그러나 득의만만하

13 아버지 휘종(徽宗) 조길(趙佶, 재위 1100~1125년), 형 흠종(欽宗) 조환(趙桓, 재위 1125~1127년)이 금나라의 포로가 되었으며 북송 왕조가 몰락하였다.

14 재위 1127~1162년.

던 시기에 도리어 그를 비통에 빠뜨리는 사건이 발생하였다. 그의 외아들이 요절한 것이다. 황위계승 문제가 깊은 어둠에 빠지게 되었다. 애통과 한숨으로 한동안을 보낸 후에 그는 현실의 문제를 다시 대면할 수밖에 없었다. 종실(宗室) 중에서 두 명의 아이를 후계자로 선택하기로 결정하였다. 한 명 조백구(趙伯玖)는 오(吳)황후에게 양육을 맡기기로 하였다. 다른 한 명인 조백종(趙伯琮)은 비빈들이 양육하도록 하되 편애한다는 혐의를 피하기 위해 장(張) 첩여(婕妤), 반(潘) 현비(賢妃), 오(吳) 재인(才人) 세 명을 전각 안에서 둘러앉게 하고, 아이의 뜻에 따라 양육할 사람을 정하기로 하였다. 어린 조백종이 전각에 들어온 후에 장 첩여가 그를 향해 손짓을 하자 바로 그녀의 품안으로 달려가 안기면서 어리광을 부렸다. 고종이 화기애애함을 보고 그들이 연분이 있다고 생각하여 당장에서 모친의 명의를 장 첩여에게 주었다. 몇 년 후에 장 첩여가 병으로 인해 죽자 백종은 오황후의 슬하에 안기게 되었다. 이렇게 두 번이나 어머니를 바꾼 아이가 훗날 남송의 두 번째 군주로 그 묘호가 효종(孝宗)[15]이었다. 사자(嗣子)가 황제의 후계자가 된 경우가 북송에서도 한 번 더 있었다. 인종(仁宗)[16]이 아들이 없자 종실의 자녀인 조서(趙曙)[17]를 양자로 받아 궁궐에서 키우면서 조(曹)황후가 돌보도록 하였다.

일부 군주는 생산력이 없어 어려움을 겪었다. 후계자를 세우기 위

15 재위 1162~1189년.

16 조정(趙楨, 1010~1063). 진종(眞宗)의 여섯 번째 아들로 1022년 제위를 이었지만 나이가 어려 장헌태후(章獻太后)가 수렴청정을 했다. 1033년부터 친정(親政)을 시작했다. 재위기간에 서하(西夏)가 강성해져 송나라가 여러 차례 패했으며, 요나라와는 굴욕적인 강화를 맺어 세폐(歲幣)를 늘렸으며, 또 은과 비단, 차를 보내 서하에도 화의를 요청했다. 명신 범중엄(范仲淹)을 참지정사(參知政事)로 기용해 신정(新政)을 실시했지만 오래가지 않았다.

17 영종(英宗). 재위 1063~1067년.

해 심지어는 황후비빈이 다른 사람과 성관계를 갖도록 하여 아들을 얻고자 하였다. 이렇게 하면 염치는 잃을지라도 군주는 명의상 아버지가 되고, 황후비빈은 명분이 정당한 모친이 되었다. 비록 이러한 비밀스러운 일이 새어 나오지 않도록 하기 어렵고, 쉽사리 항간에 소문이 떠돌게 되었지만, 그들 부부는 오히려 각자 얻고자 하는 바를 얻는 것이었다.

유송(劉宋, 420~479년)[18]에 진묘등(陳妙登)이라는 백정의 딸이 있었는데 어려서부터 아주 아름다워 효무제(孝武帝)[19]에 의해 궁궐로 불러들여져 이년 동안 찰떡궁합의 부부생활을 누렸으나 남편에게 박대를 받았다. 로(路)태후[20]가 그녀의 고독하고 가련한 처지를 보고 직접 나서서 당시 아직 친왕(親王)이었던 명제(明帝)[21]에게 시집을 보냈다. 명제가 대권을 잡은 후에 그녀를 가장 총애하는 비빈으로 여겼다. 그러나 명제는 애를 날 수 없는 남자여서 진씨를 외부에 보내 씨를 받아오도록 할 생각을 가지게 되었다. 다른 사람들이 자신을 원서공(元緖公)[22]이라고 비웃을까봐 두려워하면서 이리저리 궁리한 끝에 자기가 보기에 자신의 명성에 영향을 주지 않으면서, 아들을 얻는 두 가지 목적을 모두 달성할 그럴듯한 묘책을 생각해냈다. 그는 먼저 고의로

18 남북조 시대 남송.

19 유준(劉駿). 재위 453~464년.

20 로혜남(路惠男, 412~466). 유송의 문제(文帝) 유애융(劉義隆)의 비빈이며 효무제 유준의 생모이다. 빼어난 미모로 입궁하게 되었으며 유준을 낳은 후에 숙원(淑媛)으로 책봉되었다. 나이가 들면서 총애를 잃게되자 자기 아들의 번국(蕃國)으로 가기를 청하여 그곳에서 지냈다. 유준이 황제가 된 후에 황태후가 되었다.

21 유욱(劉彧). 재위 465~472년.

22 거북이를 일컫는 말. 중국에는 지독한 욕으로 왕빠딴(王八蛋: 애비가 누군지 모르는 놈)이란 것이 있는데 이와 비슷한 뜻이라고 할 수 있다. 아내가 외도를 하는 남편을 원서공(元绪公) 또는 속어로 거북이라고 하였는데, 거북이 머리가 녹색이어서 아내 외도의 추문을 '녹색모자[녹모자(綠帽子)]'라고 하였다.

진씨를 냉담하게 대하였으며, 그런 연후에 그녀를 신하인 이도아(李道兒)에게 선물로 하사하였다. 몇 개월 후에 그는 옛정을 도저히 끊을 수 없다는 구실을 내세워 그녀를 되찾아 왔다. 진묘등은 궁으로 돌아온 지 얼마 되지 않아 아들을 낳았는데, 이 아이를 황태자로 세웠다(즉 후폐제(後廢帝)[23]). 대신들은 명제가 성기능 장애를 가지고 있다는 것과, 진묘등의 해산달 수가 아주 의심스러운 부분이 있음을 일찍이 알고 있었다. 이로 인해 새로 난 아이의 생부가 분명히 이도아이고 명제가 아니라는 여론으로 시끌시끌했다. 명제와 진묘등은 각종의 공격, 풍자, 우스갯소리 그 모두를 전혀 귀담아 듣지 않았으며, 도리에 맞는 일처럼 아주 마음 편하게 부친과 모친의 역할을 하였다. 더욱 웃음을 자아내게 한 일은 폐제가 등극한 후에 이러한 일을 치욕으로 여기지 않고 미복을 하고 외출할 때마다 자신을 이장군으로 부르거나 이통(李統)이라고 불렀다는 것이다. 명제가 후사를 구했던 방식은 진묘등으로 하여금 씨를 받아오도록 하는데 그치지 않았다. 만년에는 동생의 첩 중에서 임신을 하면 전부 궁궐로 불러들였으며 아들을 낳은 첩은 전부 처형하고 아이들을 총애하는 비빈들에게 주어 기르게 하였는데, 이 역시 후계자를 더 확대하려는 방법이었다.

아들이 없으면 모든 것이 헛된 것

중국의 현인들은 종족을 잇고 대를 잇는 것을 윤리학의 가장 높은 위치에 놓았으며, 공개적으로 '불효에는 세 가지가 있는데, 후계자가 없는 것이 가장 큰 불효이다.'라고 선언하였다. 황후비빈이 만일 아

23 유욱(劉昱, 463~477). 유송의 8대 황제. 15세에 창오왕(蒼梧王)으로 폐위되었음.

이를 낳을 수 없다면 또는 여자 아이들만 낳는다면 남편으로부터 원망을 받을 뿐만 아니라 황족들에게도 멸시를 받았다. 왜냐하면 그녀들이 황실의 적통을 단절시킬 뿐만 아니라 황위계승 문제를 아주 번거롭고 골치 아프게 만들기 때문이었다.

슬하에 아들이 있다는 것은 확실히 황후비빈들에게 있어 인생 최대의 희망이었지만, 희망을 현실로 변화시키는 일을 모든 사람이 다 할 수 있었던 것은 아니다. 제일 중요한 이유는 군주와 사랑을 나눌 기회가 대단히 제한적이었기 때문이다. 군주의 정력, 흥미의 한계 때문에 사랑을 고루 나누기 어려웠고 군주가 늘 총애하는 비빈과만 사랑을 나누었기 때문이다. 동한의 양납(梁妠)은 일찍이 이 문제에 대해 전체 국면을 고려하여 남편에게 응당 덕을 베풀어 사랑의 비를 고루 고루 흡족하게 내려줄 것을 권유하였다. 그러나 배우자가 너무 많다 보니 잠자리가 호수 위를 스쳐 지나가듯 사랑의 비를 뿌린다 할지라도 마치 한 잔의 물로 한 수레의 장작에 붙은 불을 끄려는 것 같아서 절대적으로 공급이 부족하였다. 게다가 여자들의 생육기능의 주기성 때문에 수많은 사람들이 사랑을 나누어도 임신을 할 수 없었다. 그 다음으로 그녀들 자체가 '알을 낳지 못하는 닭'이라면 아무리 사랑을 나눌 기회가 많아도 원하는 대로 보상을 받을 수 없었다. 예를 들면, 오왕 부차(夫差)[24]가 총애하였던 서시(西施)는 오나라가 멸망할 때까지 전혀 임신을 한 적이 없었다. 현종이 바다와 같이 깊이 사랑했던 양옥환(楊玉環, 양귀비)도 마외파(馬嵬坡)에서 죽을 때까지 엄마가 되 본 적이 없었다. 남편들 모두 딸, 아들이 주렁주렁하였기 때문에 그녀들과 남편이 밤이 짧다고 여겨질 정도로 사랑과 환락을 나누었지만, 끝끝내 임신을 하지 못하였던 것은 그 원인이 어디에 있었는지 알 수 있

24 재위 B.C. 496~473년.

는 일이었다. 게다가 군주 자신에게 결함이 있을 경우 비빈들이 아무리 많아도, 또한 건강이 아무리 좋아 봤자 다 쓸 데 없는 일이었다. 청(淸) 말 동치제(同治帝), 광서제(光緖帝) 모두 색에 빠져 몸을 망친 것은 아니지만 선천적으로 병을 가지고 있었기 때문에, 그 큰 청의 궁궐 안에서 수십 년간 아이가 태어나는 울음이 들리지 않았다. 동진의 환온(桓溫)이 황위찬탈을 꾀할 때 군주인 해서공(海西公)[25]은 성기능 장애자로 전(田) 미인(美人), 맹(孟) 미인(美人)이 낳은 세 사내아이는 해서공의 동성연애 대상자인 상룡(相龍), 계호(計好), 주령보(朱靈寶)의 씨라고 선포하고, 이를 이유로 군주로서의 덕이 없음을 들어 그를 황궁에서 쫓아냈다. 무능한 군주 앞에서는 황후비빈들의 청춘의 활력과 생기발랄함이 다 헛된 것으로, 그들을 잘 보살펴야 대나무로 만든 그릇으로 물을 길어 올리는 것처럼 쓸 데 없는 일이었다. 그러나 성 관련 의학이 상당히 낙후한 고대에 후계자가 없는 죄는 왕왕 여성들의 탓으로 돌려졌기에 그녀들은 하소연할 데 없는 억울함을 겪을 수밖에 없었다.

적지 않은 객관적인 원인이 있었을지라도 현실 속에서 아들을 얻을 복이 없었다면 그녀들에게는 대부분 처량함과 어찌할 수 없음, 고독과 희망 없는 운명이 있었을 뿐이다. 군주가 어쩌다 정욕을 해소하기 위해 그녀들을 찾는 외에 주변에서 그 누구도 진정으로 그녀들을 필요로 하지 않았다. 만일 그녀들의 불행이 여기에 그친다면 그것도 그만이지만 더욱 슬픈 것은 자기들의 앞날과 미래는 대가를 치러야 한다는 것이다. 바꾸어 말하자면 종법제도의 짙은 그림자 아래서 아들의 보호가 없다면 그녀들의 몸값과 지위는 밑바닥으로 떨어지게 되어 있었다. 이러한 경우 누군가가 그녀들을 가엾게 여겨 도와 주리라고 희망을 품는 것은 나무 위에서 물고기를 구하는 것과 같았다.

25 사마혁(司馬奕). 재위 365~371년.

요(遼)의 성종(聖宗)[26]이 병들어 일어나지 못하자 문무백관들은 후사를 질서정연하게 준비하느라 바빴다. 그러나 병상 앞에서는 어처구니없는 장면이 연출되고 있었다. 궁녀 소누근(蕭耨斤)이 황후 보살가(菩薩哥)를 손가락질 하며 "이 늙은 것이 오늘까지 있단 말이냐!"라고 욕을 해댔다. 말을 끝내자 화가 나서 온 몸을 부들부들 떠는 황후를 강제로 부축하여 방 밖으로 내쫓았다. 궁녀가 황후를 이렇게 무례하게 대한 것은 역사상 드문 일이었다. 그녀들의 기세가 달라진 것은 아들이 있고 없음이 그 근원이었다. 보살가는 일찍이 재능과 외모를 모두 갖추어 황후로 책봉된 여인으로 성종이 지극히 좋아하였다. 그녀의 유일한 마음의 응어리는 아들이 없다는 것이다. 일찍이 두 아들을 낳았었지만 불행하게도 모두 요절하였다. 자식이 없는 결함을 보충하기 위해 궁녀 소누근의 아들을 자신이 직접 안아서 키웠다. 이러한 행동은 아들에 기대어 발전하려고 하던 소누근의 마음을 상하게 하였지만, 그녀는 계략이 있는 여인이어서 자기의 불만을 깊이깊이 마음속에 감추어 두었다. 발톱을 감추고 때를 기다리면서 은밀히 자기 편을 늘려 나갔다. 아이는 황후의 양자가 된 후에 순조롭게 동궁(東宮)으로 들어갔다. 겉으로는 규칙을 잘 따랐던 소누근이 성종의 임종 때까지 참다가 비로소 벼락치듯이 황후에게 반기를 들은 것이었다. 성종이 붕어하고 아들 흥종(興宗)[27]이 등극한 후에 소씨는 황제의 생모 신분으로 스스로 황태후가 되었으며, 심복을 시켜 보살가가 일부 대신들과 반란을 꾀하였다고 무고하였다. 이러한 죄명으로 그녀를 수도에서 쫓아 내었으며, 그 이후 그녀의 생명 또한 빼앗았다. 소씨가 황후를 박해하는 과정 속에서 일찍이 흥종이 그녀에게 "황후는 선제를 사십 년

26 야율융서(耶律隆緖). 재위 982~1031년.
27 야율종진(耶律宗眞). 재위 1031~1055년.

간 모셨습니다. 또한 내게도 나를 키워 준 은혜가 있으며, 이치에 따르면 태후가 되어야 합니다. 이제 그녀의 태후 지위를 빼앗았을 뿐만 아니라 거기에 죄를 더하려 하는 것은 너무 지나친 것이 아닙니까?"라고 권고하였다. 소씨의 답변은 지극히 거리낌이 없었다. "살아 있으면 후환이 될까 두렵소!" 흥종이 다시 "황후는 늙고 자식이 없으니, 살아 있어도 그럴 힘이 없습니다."라고 하였다. 그러나 소씨는 거들떠 보지도 않고, 단호하게 그녀의 계획을 실현하였다.

진정한 생명의 의지처는 남편이 아니며 진정한 정신의 버팀목은 종교가 아니었다. 이 두 가지는 모두 아들의 신분에 걸려 있었다. 황후비빈이 볼 때 어떤 사람도, 어떤 일도 아들을 대신해 거론할 것이 못되었다. 아들은 그녀들의 모든 것이었다. 만일 중년에 아들을 잃으면 더욱이 외아들을 잃는다면 비록 주변이 이전과 다름없이 같을지라도 그녀들 자신이 도저히 회복할 수 없는 정신상태에 빠져 들어가게 된다.

남송의 수도 임안(臨安: 지금의 항주(杭州))의 궁궐에서 반(潘) 현비(賢妃)는 모든 사람이 부러워하는 유복한 사람이었다. 백화가 서로 아름다움을 다투는 미인들 속에서 오직 그녀만이 고종(高宗)[28]에게 담배를 피워 올릴 수 있었으며, 아이가 어리기는 하였지만 일찍이 황태자가 되었다. 이러한 상황으로 보면 그녀는 언젠가 황후의 봉관(鳳冠)을 쓰게 될 것이었다. 그러나 화와 복은 무상한 법, 영리하고 활발한 아이가 돌연히 중병에 걸려 며칠이 되지 않아 부모의 곁을 떠나가 버렸다. 청천벽력 같은 참담한 상황에 직면하여 고종은 정신이 나간 채 황제의 침대에 기대어 앉아 있었으며, 반 현비는 산발이 된 머리로

28 조구(趙構). 재위 1127~1162년.

너무 슬퍼 살 생각이 없는 채, 미친 사람처럼 이미 전혀 숨이 없는 어린 태자를 가슴에 안고 손을 놓으려고 하지 않았다. 중년에 자식을 잃는 것은 본래 인생의 일대 비극이지만 고종 부부에게 이 비극은 더욱 참기 어려운 것이었다. 왜냐하면 요절한 아이가 그들의 독자였으며 고종의 유일한 황위 계승자요, 반 현비의 유일한 희망이었기 때문이다. 이제 그들의 눈에는 인간 천당이라는 명성을 누리는 도시가 죽은 자들의 도시와 같았으며, 아름답기 그지없는 부귀영화가 뜬구름과 같았다. 이러한 일이 있은 후에 반 현비는 완전히 딴 사람이 되어 종일 정신이 몽롱하고 멍청한 상태로 지냈으며 아름답기 그지없던 얼굴이 완전히 초췌해졌다. 몇 년 지나지 않아 그녀도 사랑하는 아들을 쫓아갔다.

아들이 없으면 모든 것이 허사라는 앞날을 생각하면서 수많은 황후비빈들이 모두 몸을 떨었다. 인간의 생존본능으로 그녀들은 각종 방법을 생각하여 현상을 변화시키고자 하였다. 의사를 만나고 약을 구하는 방법이 실패한 후에는 일부는 교묘하게 바꿔치기하여 사람을 속이는 속임수를 연출하였다. 그녀들은 친정에서 구해 온 아이나 다른 궁녀의 아이를 훔쳐 와서 자신이 난 아이나 가까운 비빈이 난 아이로 사칭하여 태자의 지위를 차지하였다. 이렇게 용감하게 위험을 무릅쓰는 방법은 군주를 속인 죄에 해당하며 일단 진상이 드러나면 필연적으로 엄청난 사건을 불러왔다.

금(金) 위소왕(衛紹王)[29]이 황제위에 올랐을 때 본인이 직접 큰 사건을 다루었는데, 사건의 정황이 복잡하고 기이하여 조야가 모두 놀라움을 금치 못하였다. 주범은 장종(章宗)[30]의 원비(元妃) 이사아(李師兒)였

29 완안윤제(完顏允濟). 재위 1208~1213년.

고 종범은 이 원비의 어머니 왕반아(王盼兒)와 환관 이신희(李新喜)였다. 사법적인 조사절차가 끝난 후 위소왕이 조서를 내려 사건의 상황과 처리결과를 대중에게 알리도록 하였다.

원비 이사아는 배은망덕하게도 음모를 꾸며 황제가 후계자가 없는 것을 보고 장종이 임종할 무렵 이신희와 비밀리에 거짓으로 궁녀가 임신하였다고 칭하고 다른 어린아이로 대체하여 동궁에 앉힐 준비를 하였다. 그 전 해에 가승어(賈承御)가 병으로 구토를 할 때 뱃속에 덩어리가 있었는데, 이씨와 그 어미 왕씨 및 이신희가 그녀로 하여금 임신을 하였다고 거짓말을 하도록 하였으며, 출산일을 기다려 이씨 집안에서 아이를 취해 입궁시켜 신생아로 채우려고 했다. 그러나 장종이 임종할 때 아직 출산의 시기에 달하지 못하여 음모가 뜻대로 될 수 없었다. 이제 이씨는 자살하도록 하고 왕반아, 이신희는 각각 극형에 처하며, 가승어는 자결토록 한다.

그러나 이 사건은 억울한 사건일 가능성이 크다. 장종이 죽을 때 자식이 없었기 때문에 작은아버지[31]가 제위를 이어받았다. 그러나 그의 유서에는 '짐의 내자 중 두 사람이 임신을 하고 있다. 만일 그 중 사내아이가 있으면 당연히 황태자로 삼아야 한다. 전부 사내아이이라면 세울 수 있는 자를 선택해서 세우라.'라고 쓰여 있었다. 여기서 임신한 두 내자는 범승어(范承御)와 가승어였다. 위소왕이 즉위한 후에 먼저 어의를 시켜 범승어가 앞서 태기에 손실을 입었으며 몸조리를 통해 현재 맥박이 회복되었지만 태아의 형태가 이미 사라졌다고 선포하게 하였다. 이어서 앞에서 말한 사건을 조작하였다. 이렇게 되어 장종이 유복자에게 품었던 희망은 물거품이 되었으며, 위소왕이 변함없이 천하를 다스리게 되었다. 이사아의 마지막이 그렇게 처참했던

30 완안경(完顔璟). 재위 1189~1208년.

31 장종의 아버지 현종(顯宗) 완안윤공(完顔允恭)과 위소왕 완안윤제(完顔允濟)는 둘 다 세종(世宗) 완안옹(完顔雍, 재위 1161~1189년)의 아들이다.

것은 위소왕이 그녀가 그를 의심하는데 대한 보복이었을 가능성이 있다. 장종이 세상에 있을 때에, 인사하러 왔다 가려는 위소왕을 만류하면서 "숙부께서 주인이 되려하지 않고 급히 가려고 하시는 것입니까?"라고 하였다. 명확하게 황제위를 계승하라는 뜻이었다. 당시 곁에 있던 이사아가 끼어들면서 "이러한 말을 가볍게 하시는 것이 아닙니다."라고 하였다. 아마도 바로 이씨의 이 말이 서로의 악감정을 심었는지도 모른다. 4년 후 선종(宣宗)[32]이 정변을 일으켜 소위왕을 대신하자, 이 사건에 대한 누명을 벗겨주는 판결을 진행하였다. 이유는 장종이 덕이 있으며 총명한 분인데 이러한 사기 사건이 발생할 수 없다는 것이었다. 그러나 당사자가 이미 모두 죽었으며, 그 내부의 사정이 도대체 어떠하였는지를 뒷사람이 모두 다 알 수 없었다.

송(宋) 진종(眞宗)[33] 시에 유(劉)황후는 아이를 낳을 수 없었기 때문에 이(李) 신비(宸妃)의 아들(훗날 인종(仁宗))을 비밀리에 자기 아들로 취하였다. 인종(仁宗)[34]이 등극하자 유씨는 황태후가 되었다. 그러나 양자로 삼은 일은 철저히 지켜져서 그녀가 죽고 나서야 인종이 비로소 자신의 출생 비밀을 알게 되었다. 후대 사람들이 이를 근거로 이야기를 덧붙인 〈리묘환태자(狸猫換太子)〉라는 희극도 있다. 명(明)의 영종(英宗)[35] 역시 똑같은 상황을 맞았다. 그는 원래 궁녀의 아들로 선종(宣宗)[36]의 손(孫) 귀비(貴妃)에 의해 은밀히 그녀의 아들이 되었다.

32 완안순(完顔珣, 1163~1224). 장종의 배다른 형이며 금의 제8대 황제로 11년간 재위하였다. 1213년 권신 호사호(胡沙虎)가 위소왕을 독살하고 완안순을 황제로 옹립하였다. 완안순은 대외적으로 몽고, 서하와 관계를 악화시킨 가운데 남송을 공격하여 3면에 적을 맞는 어리석은 대외정책으로 결국 금이 멸망당하게 하였다.

33 조항(趙恒). 재위 997~1022년.

34 조수익(趙受益). 재위 1022~1063년.

35 주기진(朱祁鎭). 재위 1435~1449년.

만일 앞에서 이야기한 것들을 최고 추악한 연극으로 생각한다면 그렇게 타당한 것이 아니다. 왜냐하면 이러한 일들은 황후비빈 사이의 영화와 치욕과 득실에 불과하였고 군주의 인격은 침해를 하지 않았기 때문이다. 더욱 심한 것은 일부 황후비빈들이 자기의 목적을 달성하려고 노리개용 남자들과 간통하여 씨를 빌려 오는 방법도 아낌없이 사용하였다는 것이다. 이로 인해 군주는 영문도 모른 채 오입질한 여편네의 남편이라는 오명을 뒤집어썼다. 이와 같이 대들보를 훔쳐 기둥을 바꾸는 식으로 황제가문의 혈통을 변경시키는 짓은 한 가문이 천하를 다스리던 고대국가의 풍격에 있어 절대로 용서할 수 없는 악행이었다.

황후비빈 중에서 미인으로 그 명성이 자자하였던 조비연(趙飛燕)은 보통 미인과는 전혀 다른 매력으로 궁궐에 들어간 지 얼마 되지 않아 한(漢) 성제(成帝)[37]가 목숨처럼 아끼는 사람이 되었다. 그런 후에 순풍에 돛을 달 듯 허(許)황후의 자리를 빼앗았다. 흥분된 감정이 약간 가라앉고 나자, 인간세상에서 가장 높은 부귀영화를 누리는 것이 도리어 그녀에게 무시무시한 느낌을 가져다 주었다. 왜냐하면 그녀에게는 아이 소식이 있었던 적이 없었다는 것이다. 그녀는 자신의 운명을 달게 받아들이지 않고 장래의 정치적 안전을 확보하기 위하여 마음을 다해 현실을 바꾸어 보려고 하였다. 이에 따라 다른 사람들이 생각하지 못할 방법을 쓰기로 결심하였는데 위험천만한 일이었다. 일단 그 사실이 드러나면 멸문을 당할 수밖에 없는 방법이었다. 자녀를 많이 생산한 하급관리와 궁궐노비를 전문적으로 물색하여 그들과 비밀리에 성관계를 갖는 것으로 씨를 빌려 오려고 하였다. 성제가 그녀를

36 주첨기(朱瞻基). 재위 1425~1435년.

37 유오(劉驁). 재위 B.C. 33~7년.

죽을지 살지 모를 정도로 좋아한다는 것을 깊이 알고 있었으며, 따라서 그녀의 배가 불러오기만 하면 어리석은 남편이 반드시 태아를 황제의 씨라고 여기리라고 확신하였다. 그러나 사람의 뜻대로 되지 않는 일이 열이면 여덟, 아홉이듯이 그녀의 변칙적인 육체거래가 어떠한 성과도 거두지 못하였으며, 그녀의 배는 여전히 이전과 마찬가지로 평평하였다. 조비연이 대담하게 씨를 빌려 오는 과정에서 그녀와 묵계로 지극히 잘 협력한 파트너는 바로 그녀의 동생인 조합덕(趙合德)이었다. 사기행각을 하면서 그녀는 얌전하고 착한 모습으로 선수를 치는 작업을 하였다. 그녀가 구슬 같은 눈물을 뚝뚝 흘리면서 성제에게 "언니는 성격이 강하여서 다른 사람들에게 아주 쉽게 미움을 삽니다. 만일 무고를 받으면 아마 조씨 가문은 멸문의 화를 면하기 어려울 것입니다."라고 하였다. 이로부터 조비연의 간악한 상황을 고발하는 사람은 누구든지 모두 성제에 의해 무고죄로 처형되었다.

어미는 아들로 인해 귀하게 된다

〈공양전(公羊傳)〉에 '아들은 어미로 인해 귀해지며, 어미는 아들로 인해 귀해진다(子以母貴, 母以子貴).'라는 말이 있는데, 이 말이야말로 황후비빈들과 왕자의 관계를 나타내는 여덟 자 진언이라고 할 수 있다.

눈앞의 이익과 근본적인 이익으로 나누어 보면 황후비빈에게 있어 군주는 전자를, 아들은 후자를 대표한다. 군주는 그녀들에게 높은 사회적 지위를 제공하지만 이러한 지위를 장기간 보전할 수 있을지 여부는 상당 부분 그녀들에게 아들이 있느냐 없느냐에 달려 있었다. 아들은 황후비빈들의 끝없이 누릴 수 있는 재산이었으며, 비교할 데 없는 정치적인 보장이었다. 의외의 상황이 발생하지 않는다면 이에 기대어 평생의 복을 누릴 수 있었다. 후대를 낳아 기르는 것은 본래 동물들의 천성이지만, 황후비빈에게 있어서는 정치적인 충동으로 승화되었다. 그녀들에게 있어서는 그 어떠한 감정도 아들에 대한 감정과 같이 논할 수 없는 것이었다. 기쁨과 슬픔, 환희와 두려움, 희망과 절망. 이러한 양 극단을 오가는 정서는 아들 문제에 있어 가장 남김없이 드러났다. 그녀들은 아들을 그 어떤 것보다도 중요하게 여겼지만, 이러한 고귀한 어머니의 사랑도 오히려 그녀들의 자기애의 가장 핵심적인 부분이라고 할 수 있다. 그녀들이 볼 때 아들은 그녀들을 행복의 피안으로 싣고 갈 수 있는 가장 안전한 자비의 방주였다. 아들은 영원한 희망의 별로, 그녀들의 인생여정 전체를 밝게 비춰줄 수 있었다. 아들을 통해 누리는 가장 큰 것은 황가의 종족으로부터 충분한 인정을 받게 되는 것이었으며, 이를 통해 여성의 숭고한 영예와 인격의 존엄을 얻을 수 있었다. 남편 앞에서는 날로 사라져가는 얼굴의 아름다움으로 인해 버림과 냉대를 받는다 할지라도, 아들에게는 절대로 이런 걱정을 할 필요가 없었다. '개는 집이 가난한 것을 싫어하지 않으며, 아들은 어미가 추한 것을 싫어하지 않는다.'라는 속담처럼 얼굴에 주름이 가득하고 늙어서 동작이 부자연스러운 어느 여인일지라도 아들 눈에는 자상하고 친근한 여인으로 보인다. 어머니의 사랑은 결코 무상의 투자가 아니다. 일정한 시기에 이르면 아들이 효도와 공경함으로 원금과 이자를 갚게 된다. 어미가 아들로 인해 귀해진다는 것은 종법사회에서 황후비빈들에 대한 대우의 후함과 각박함을 결정하게 된다. 왜냐하면 후사를 이을 아들이 있느냐 없느냐가 직접적으로 황가의 사업에 계승자가 있느냐 없느냐에 영향을 주게 되고, 천하강산이 누구에게 속하게 되느냐는 문제가 달려 있기 때문이다. 따라서 황후비빈이 후계자를 낳아 키울 수 있느냐 없느냐는 고도의 정치적인 책임을 이행하느냐의 문제가 된다. 이 책임을 어떻게 수행하느냐에 따라 대체로 그에 상응하는 결과를 얻게 된다.

어미가 아들로 인해 귀해진다는 사회원칙은 내궁에서의 지위와 대응되어 나타난다. 그 지위는 단지 단편적인 의례에 근거를 가지고 있을 뿐, 대부분은 습속으로 내려오는 관례에 따랐다. 의례이든 습속이든 간에 모두 군주의 사업을 연속하도록 공헌한 황후비빈들을 표창하기 위한 것이었다. 그녀들은 군주를 보필하는 무리들 중 소수를 점하고 있었기 때문에 이러한 표창을 할지라도 소위 승려가 많아 밥이 부족한 현상은 일어날 수 없었다. 사료상으로 보면 호칭이 없는 궁녀들 중에서 군주의 아이를 낳은 경우는 극히 적었다. 그러나 비빈들 중 상당수는 본래 궁녀였으며, 아들을 낳은 후에 비빈으로 책봉되었다. 그래서 친왕(親王)의 어미가 비빈이 되는 것은 내궁의 가장 큰 규칙이었다.

황후는 여성에게 있어 가장 존귀한 지위였다. 이 지위에 이르는 길은 두 갈래가 있었다. 하나는 직접 책봉을 받는 것으로 황제의 원래 아내라는 신분에 의거한 것이다. 다른 하나는 간접적으로 책봉을 받는 것으로 아들이 동궁(東宮)에 들어가는 것을 빌어서였다. 후자의 경우가 어미가 아들로 인해 귀하게 되는 가장 전형적인 형태였다. 운명의 신이 궁궐 안의 어느 여인을 보살펴 줄 때 제일 큰 은혜는 그녀의 아들이 먼저 태자가 되는 것 이상이 없었다. 일반 왕자와 달리 태자는 천하의 근본이라는 신분을 갖추고 있었으며, 국가기구는 이러한 정치적인 뜻을 밝히 드러나게 하기 위해, 그의 어미를 내궁에서 가장 높은 지위에 오르게 할 수 있었으며 이로써 서로가 도움이 되도록 하였다.

중국에서 첫 번째로 전권을 휘둘렀던 황태후 여치(呂雉: 한고조 유방의 아내)가 죽은 후에 주발(周勃)[38] 등 한(漢) 황실에 충성했던 일군의 장군과 재상들이 정변을 일으켜 여씨 집단을 완전히 제거하고 유방의 둘째 아들 유항(劉恒)[39]을 맞아들여 황제로 옹립하였다. 유항은 적장자가 아니지만 대통을 이었음에도 불구하고, 그가 적장자 계승을 관철시키려고 했을 때 오히려 복잡한 일이 발생하였다. 그의 본처와 그녀가 낳은 네 아들이 모두 연속으로 병사하였기 때문이다. 적자계보가 완전히 아무도 없게 되자 할 수 없이 차선책을 택하여, 서장자(庶長子)로 태자를 세우게 되었다. 이에 따라 두희(竇姬)의 아들이 선택되었다. 유항은 적자계보를 세우려는 생각으로 두희를 한달음에 황후로 세웠다. 한 소제(昭帝)[40]는 즉위한 후에 장자 유오(劉驁)를 태자로 삼았으며, 그의 생모인 왕(王) 비(妃)를 첩여(婕妤)로 책봉하였다. 첩여는 잠시 동안의 과도기적 명칭으로 삼일 후에 그녀를 위해 황후 책봉의 전례를 거행하였다.

양(梁, 502~587년 남조) 무제(武帝)[41]와 치(郗)황후 사이는 애정이 아주 깊어서 부부간에 서로 깍듯이 존경하였다. 천하 부부들의 표본이 될 만하였다. 그러나 속담에 '부부관계가 너무 좋으면 오래가기 어렵다.'

---

38 출생연도 미상, B.C. 169년 사망. 사수(泗水) 패(沛) 사람. 유방(劉邦)을 좇아 여러 차례 진나라 군대를 격파했다. B.C. 201년 강후(絳侯)에 봉해졌다. 한나라 초기 한신(韓信), 진희(陳豨), 노관(盧綰)의 반란을 진압했다. 강직했으며 인품이 훌륭해 고조(유방)가 큰일을 많이 맡겼다. 혜제(惠帝) 때 태위(太尉)에 임명되었다. 여후(呂后)가 죽은 뒤 진평(陳平)과 함께 여씨들을 주살(誅殺)하고 한나라 왕실을 안정시켰다. 문제(文帝)를 옹립한 뒤 우승상(右丞尙)에 올랐다. 공이 높으면 재앙을 초래한다고 여겨 차츰 정치를 등한히 하다가 병을 핑계로 사직했다. 진평이 죽자 다시 재상이 되었지만 곧 그만 두었다.

39 문제(文帝). 재위 B.C. 180~157년.

40 유불릉(劉弗陵). 재위 B.C. 87~74년.

41 소연(蕭衍). 재위 502~549년.

는 말처럼, 황후가 한 번 중병에 걸리자 그만 이생을 하직하였다. 무제는 비통한 감정을 오래도록 회복하지 못했다. 죽은 자를 기리기 위하여 앞으로 다시는 황후를 세우지 않겠다고 결정하였다. 무제는 세 번이나 동태사(同泰寺)에 몸을 맡겨 불가에 귀의하였다. 그럴 때마다 매번 대신들이 거금을 들여 황제를 속세로 다시 불러내 왔다. 그의 이러한 거동은 후세에 정치적인 거래로 많은 비난을 받았다. 그러나 치황후가 중도에 그를 떠나 죽은 일을 생각해 보면, 심신이 극도로 자극을 받아 속세의 덧없음을 느꼈을 가능성도 있다. 속세의 인연이 끝나지 않아 세 번이나 불가에 들어갔다 세 번 출가하면서 군주 자리와 불문 사이에서 우물쭈물하였다. 장자 소통(蕭統, 즉 〈문선(文選)〉을 편집한 소명태자(昭明太子))이 황태자로 결정된 후에는 그의 생모인 정령광(丁令光)이 본래 이치에 따르면 황후의 자리에 앉을 수 있었지만, 황후를 다시는 세우지 않겠다는 무제의 규정으로 인해 이러지도 저러지도 못하고 있었다. 이에 관련 관서로서는 이러한 곤란함을 벗어나 둘 다를 만족시킬 수 있는 계책을 생각해 내야만 했다. 무제의 뜻을 존중한다는 전제 아래, 정씨를 비빈의 가장 높은 지위인 귀빈에 책봉하고 태자와 동등한 의전을 누리도록 하여, 사실상의 황후가 되게 한다는 것이었다. 그들은 상주문에서 '예법에서는 어미는 아들로 인해 귀하게 된다고 규정하고 있습니다. 태자의 어미로서 당연히 더 존경을 받아야 합니다. … 부인의 도는 독립적일 수 없으며, 만일 위로 남편을 의지할 수 없다면 반드시 아래로 아들에 의지해야 합니다. … 귀빈의 의례에 맞는 대우는 당연히 태자와 같아야 합니다.'라고 아뢰었다. 이 글은 윤리원칙으로부터의 논조를 말하면서 어미가 아들에 기대어 정치적으로 특수한 영예를 누릴 수 있다고 강조하였다. 기술적으로 교묘하게 처리함으로써 최종적으로 무제의 윤허를 받았다.

태자의 어미가 된다는 것은 황후이든 아니든 간에 기껏해야 명예상의 영광일 뿐이었다. 근본적으로 인격의 독립을 이야기하지 못하는 그녀들의 남편에 대한 관계는 시종일관 남에게 얹혀 사는 성질의 것이었다. 그녀들은 미래에 희망을 걸었기 때문에, 태자의 지위가 변함없이 안정적이어야 한다는 것과 본인도 충분히 오래 살아야 한다는 보증이 필요하였다. 그렇지 않다면 한바탕의 꿈에 불과한 것이었다. 그러나 희망이 진정으로 실현되는 날은 필연적으로 불행 중 다행인 상황이 발생하여야 했다. 즉, 남편이 붕어하고 아들이 등극하는 일이었다. 남편의 죽음은 배우자를 잃고 과부로 지내야 하기 때문에 실제로 불행한 일이었다. 그러나 아들이 대통을 잇게 되면 그녀들은 황태후로 존귀하게 되기 때문에 도리어 큰 행운이 되었다. 일개 여인으로 일단 황태후의 자리에 올라가게 되면 아들인 황제와의 관계에 있어 질적인 변화가 일어난다. 그녀가 비록 철저하게 아들에 대한 의존에서 벗어날 수 없을지라도 그녀의 인격은 도리어 충분한 존중을 받게 된다. 이와 같을 뿐만 아니라 그녀는 황제인 아들에 대해 의심할 바 없는 구속력을 가지고 있었다.

어미가 아들로 인해 귀해진다는 의미에서 황태후가 되는 길은 두 가지 길이 있었다. 하나는 자연적으로 황후에서 한 층 더 신분이 올라가는 것이며, 다른 하나는 대폭적인 약진으로 비빈과 궁녀의 단계를 훌쩍 뛰어넘게 되는 것이었다. 전자의 상황은 가장 정상적이었으며 보편적인 것으로 그 사례는 어디서나 볼 수 있었으며, 헤아리기 어려울 정도로 많았다. 예를 들면, 송(宋) 신종(神宗)[42]이 제위에 오르자 바로 어머니 고(高)황후를 황태후로 선포하였다. 강희대제(康熙大帝)[43]

42 조욱(趙頊). 재위 1067~1085년.

는 보좌에 앉자마자 어머니 장(章)황후를 똑같이 안배하였다. 후자의 경우 주인공의 신분이 비교적 낮을 때로, 어떠한 경우에는 한 번에 그 자리에 갈 수가 없어 차근차근 순서를 밟는 방식으로 처리하였다.

동진(東晋) 간문제(簡文帝)[44]는 신하나 백성들이 생각하듯이 그렇게 자기 멋대로 하지 못하고 후계자 문제에 있어 골머리를 썩였다. 장자 사마도생(司馬道生)은 세상을 우습게 알고 제멋대로 하다가 장기간 유폐되어 있었고 그 나머지 네 명의 아들은 잇달아 요절하였다. 그러므로 황태자를 정하는 일이 계속 미해결 상태였다. 더욱 애를 타게 하는 일은 황후와 비빈들이 전혀 임신의 기미가 없었다는 것이다. 병이 급하면 아무 의사라도 데려온다고 간문제는 아주 명성이 자자한 점술가인 호겸(扈謙)을 불러와서 귀갑과 가새풀로 점을 치게 하여 미래를 예측하도록 하였다. 호겸이 "후궁 중 한 여인이 두 아들을 낳을 것이며 그 중 한 아들이 진(晉) 황실을 부흥시킬 것입니다."라고 거침없이 말하였다. 도사 허매(許邁)는 씨를 많이 뿌려야 수확이 많아지는 이치를 따라 황후비빈들과 자주 관계를 가지라고 권하였다. 그러나 몇 년이 지나도 여전히 어떤 기색도 전혀 없었다. 간문제가 관상쟁이로 하여금 모든 비빈들과 시녀들을 살펴보도록 하여 도대체 아들을 낳을 자가 있는지 보라고 하였으나 결과는 놀랍게도 단 한명도 해당되지 않았다. 간문제는 여전히 포기하지 않고 궁녀 전부를 불러내었다. 관상쟁이가 이릉용(李陵容)이라는 옷을 짜는 궁녀를 보자 놀라서 자기도 모르게 외쳤다. "바로 이 사람입니다!" 간문제가 그녀를 보고 또 보았는데 쓴 미소를 금할 수 없었다. 그녀의 출신이 미천한 것은 그렇다고 쳐도 생긴 것이 몸이 너무 길고 피부는 까무잡잡하였다. 아

43 현엽(玄燁). 재위 1661~1722년.
44 사마욱(司馬昱). 재위 371~372년.

름다움이 없는 것은 물론 사실상 추녀였다. 아들을 얻고 싶은 마음이 간절했던 그는 너무 많은 것을 따질 수 없었기에 그녀를 침실로 불러 들였다. 몇 년 후에 호겸의 예언이 적중하여 이릉용은 두 왕자와 한 명의 공주를 낳았다.[45] 효무제(孝武帝)[46]가 즉위한 후에 생모를 바로 황태후로 모시려고 하였지만 그녀의 신분이 너무 낮은 것이 물의를 빚을까 우려하여 생모에게 잠시 몸을 낮추게 하였다. 그녀를 숙비(淑妃)로부터 시작해서 귀인(貴人), 부인(夫人), 황태비(皇太妃)로 한 계단씩 올려 마지막에는 일반 사람들에게 다 그 귀함을 인정받는 시기가 되자 비로소 황태후의 지위를 아주 공손하게 올려드렸다.

어미가 아들로 인해 귀해진다는 것은 더욱 큰 틀에서 보면 명분에 연계된 것이지 더욱 큰 권력과 물질을 누리는 것은 아니다. 바꾸어 말하자면 어미에게 영광과 명예를 주는 것은 사실상 군주 자신의 체면을 세워주는 면이 더 크다. 잠깐 생각해보면 군주의 모친이 만일 명분이 비천한 여인이라면, 그가 어찌 문벌이 높은 신하들이 믿고 복종하며 진심에서 우러나오는 숭배를 하도록 강요할 수 있겠는가? 모친의 몸값을 올리는 것은 바로 군주 자신의 몸값을 올릴 필요에 따른 것이다. 일부 일찍이 어미를 잃은 군주는 모두 죽은 어미를 황태후로 추존하는 것이 가장 큰 일이었다. 그들이 표면적으로는 효도를 다하여 죽은 어머니가 지극한 영예를 누리도록 하면서, 이러한 의식을 통해 군주 자신들이 최대의 수혜자가 되었다.

---

45 작가는 간문제의 재위 시절에 벌어진 일로 이야기하고 있지만 간문제는 371년 11월~ 372년 7월 약 8개월만 황제를 하였고 53세에 죽었기 때문에 위의 고사는 아마도 그가 친왕시절(낭야왕, 회계왕)의 이야기일 것으로 보인다. 그의 아들이 제위에 올랐을 때 11세의 나이였다.

46 사마요(司馬曜). 재위 372~396년.

송(宋) 태종(太宗)[47]의 이(李) 부인(夫人)은 첫째도 딸, 둘째도 딸을 낳았으나 모두 어려서 죽었다. 셋째는 아들이었다. 넷째가 들어섰을 때 남편에게 꿈에 태양이 그녀에게로 가까이 다가와서 치마로 이를 받았는데 온 몸에 빛이 비치는 느낌이어서 깜짝 놀라서 깨었다고 말하였다. 열 달이 차자 귀한 아들을 낳았다(훗날의 진종(眞宗)). 그러나 그녀는 귀한 아들을 낳는 운명은 있었으나, 귀한 아들의 복을 누릴 복은 없었다. 아들이 등극하기 전에 유감스럽게도 세상을 하직하였다. 진종이 즉위한 후에 우선 과도기로 모친을 현비(賢妃)로 책봉한 후에, 예부와 충분한 상의와 준비를 거쳐 융중한 예식을 거행하여 원덕황후(元德皇后)로 추존하였다. 어머니 위패를 원덕황후의 이름으로 태종과 태묘에 합사(合祀)[48]할 때 진종은 말로 비유할 수 없는 만족을 느꼈다.

명(明) 만력제(萬曆帝)[49]는 어느 날 어머니 이태후에게 문안을 갔다가 왕(王)씨 궁녀를 보고는 대단히 마음에 들어 하여 당장에 그녀를 장막으로 데리고 갔다. 일을 치른 후에 그녀가 임신을 하였는데 황제의 일상 언행 기록에 따르면 확실히 만력제의 씨였다. 당시 정식 황후와 비빈들은 아직 자식이 없었다. 그러나 체면 문제로 인해 이렇게 야합해서 임신된 것을 인정하려 하지 않았다. 손자를 안아보고 싶은 마음이 간절했던 이태후가 좋은 말로 그에게 권유하였다. "이제 나도 늙었습니다. 그런데 아직 손주가 없습니다. 만일 사내아이라면 황실과 국가의 큰 복입니다. 그녀의 신분을 너무 지나치게 따지지 마십시오." 체면을 살리기 위해 만력제는 왕씨를 공비(恭妃)에 책봉하였다. 몇 개월 후에 아들(곧 태창제(泰昌帝))을 낳았다. 그는 약관의 나이에 태

47 조광의(趙光義). 재위 976~997년.
48 신주를 사당에 모시는 제사.
49 주익균(朱翊均). 재위 1572~1620년.

자의 지위에 올랐다. 이치를 따지자면 왕 공비는 이러한 일을 통해 영광과 명예를 누릴 수 있었다. 그러나 만력제는 오히려 정(鄭) 귀비(貴妃)만을 사랑하였으며 그녀에 대해서는 아주 냉담하였다. 역시 이 태후가 힘을 써서 비로소 왕 공비는 황귀비(皇貴妃)로 승격되었다. 그러나 황귀비는 이름뿐이었으며 내궁에서는 아무런 지위도 없었고 더욱이 아들조차 얼굴을 보기 어려웠다. 그녀는 우울하게 지내면서 병이 들었고 두 눈이 실명하였다. 임종시에 태창제(泰昌帝)[50]가 그녀에게 이별을 고하려 가보니 궁문이 굳게 닫혀 있어서 열쇠를 찾아와 문을 열고 들어가자, 늙은 엄마가 아들의 옷을 더듬으면서 "아들이 이렇게 컸으니, 죽어도 한이 없습니다."라고 말하곤 두 눈을 감았다. 태창제가 제위를 이은 후에 어머니가 처했던 상황을 생각하자 애통하기 그지없었다. 자기가 효도를 다하지 못한 것을 자책하면서 예부로 하여금 추존하는 문제를 상세히 의논하도록 명령하였다. 그러나 예부가 결론을 내기도 전에 그의 영혼도 이미 어미와 함께 지하로 내려갔다. 그의 아들 천계제(天啓帝)[51]가 대상을 치른 후에 부황의 유언에 따라 할머니를 '효정온의경양정자참천윤성황태후(孝靖溫懿敬讓貞慈參天胤聖皇太后)로 추존하였다.

당(唐) 현종(玄宗)[52]이 양옥환(楊玉環, 양귀비)을 만나기 전에 일찍이 양(楊)씨 성의 비(妃)가 있었는데 그들의 인연은 그가 태자가 되었을 때부터 시작하였다. 당시 현종은 정적에게 둘러싸여 있었는데, 양씨가 임신을 하였을 때 처음에는 흥분하였지만 곧 두려움에 싸였다. 정적들이 그의 자녀를 없애 버리려고 하면 이 무고한 여인에게까지 화가

50 주상락(朱常洛). 재위 1620. 8~1620. 9월.
51 주유교(朱由校). 재위 1620~1627년.
52 이융기(李隆基). 재위 712~756년.

미칠 수 있을지 모른다고 걱정하였기 때문이다. 따라서 아픔을 참고 그녀에게 낙태를 시키라고 명령하였을 뿐만 아니라 본인이 직접 약을 달였다. 그런데 갑자기 일종의 하늘의 계시 같은 것을 느껴 낙태를 중지하기로 결심하였다. 아이는 생각한 대로 달이 차자 온전히 태어났다. 그 아이가 약관이 되기 전에 어머니 양씨가 병들어 죽자 모친의 보호막을 잃어버렸기 때문에 근본적으로 아버지인 황제의 중시를 받지 못하였으며, 몇 번이나 권신들에 의해 거꾸러질 뻔하였다. 안사의 난[安史之亂][53]이 일어난 후에 반란을 제압해야 할 지도자의 필요성 때문에 비로소 요행으로 황제가 되었다(바로 당의 숙종(肅宗)). 태상황으로 물러난 현종은 이전의 일이 부자관계에 영향을 미칠까봐 명령을 내려 양씨를 '원헌태후(元獻太后)'로 추존하였다. 이를 통해 아들의 호감을 얻으려 하였다. 숙종은 어미가 아들로 인해 귀해진 것에 대해 마음에서 우러나오는 기쁨을 느꼈지만, 아버지에 대한 혐오감은 영원히 가슴에 간직하였다.

뿌리가 흔들리면 나무가 움직인다

태자는 '천하의 근본(本)'이라고 불린다. 만일 근본이란 글자를 나무의 뿌리에 비유한다면 그 어머니는 나무 몸통으로 비유할 수 있다. 뿌리가 뽑히면 나무가 쓰러지고, 뿌리가 흔들리면 나무가 움직인다.

하늘 가득 별이 빛나는 밤하늘에 오직 한 개의 밝은 달이 떠있을

[53] 안사의 난은 당 현종 말년에서 대종(代宗) 원년까지, 즉 755년 12월 16일부터 763년 2월 17일까지 안록산(安祿山)과 사사명(史思明)이 일으킨 반란으로 당 왕조가 쇠락의 길로 떨어지는 변곡점이 되었다.

뿐이다. 미녀들이 구름처럼 많은 내궁에는 한 명의 황후만 있을 뿐이다. 어미가 아들로 인해 귀해지는 원칙에 따라 한 여인이 이러한 보좌에 앉은 후에는 다른 사람이 그 자리로 진입하는 것을 배척하게 된다. 그러나 황후의 관을 노리는 사람들은 너무 많았고, 어미가 아들로 인해 귀해진다는 원칙이 어떤 한 여인의 전유물이 아닐 뿐만 아니라, 복잡하게 얽히고설킨 정치적 장래가 더해지면서 황후의 보좌를 차지하려는 쟁탈전은 그 양상이 아주 격렬하였다. 만일 다른 한 여인이 이러한 원칙에 따라 황후의 자리를 대신 차지하게 된다면 원래의 황후는 이로 인해 깊은 나락으로 굴러 떨어지고 만다. 아들의 입장에서 보면 태자 역시 한 명뿐이기 때문에 누군가 그 지위를 차지하면 그 사람의 어미가 황후가 될 가능성이 아주 높았다. 그러나 그가 경쟁에서 패배하여 견줄 자가 없는 지위를 잃어버리면, 그의 모친은 바로 어미가 아들로 인해 귀해진다는 길의 정 반대의 길로 가게 된다. 아들은 어미에게 있어 기둥이자 주춧돌 같아서, 하늘을 향해 똑바로 솟아있으면 어미가 구름 위로 올라가게 되지만, 이 기둥이 수렁에 나뒹굴게 되면 어미도 필연적으로 땅에 떨어진 꽃이 되었다. 어미가 아들에 기대어 귀해진 사례가 많았지만, 이러한 일들의 반대 면을 보면, 어미가 어떻게 아들과 연계되어 불행을 맛보게 되는지도 알 수 있다.

한(漢) 무제(武帝)[54]는 즉위한 지 여러 해가 되도록 아들을 얻지 못하여 마음이 울적하고 기쁘지 않았다. 울적함을 달래려고 누나인 평양공주(平陽公主)[55]의 집을 찾아가곤 하였다. 평양공주는 몇몇 미녀로 하

54 유철(劉徹). 재위 B.C. 141~87년.

55 생졸연대 미상. 한(漢) 경제(景帝)의 장녀로 유철(劉徹)의 큰 누나이다. 개국공신인 조삼(曹參)의 증손인 평양후 조수(曹壽)에게 결혼하였기 때문에 평양공주로

여금 술자리를 벌여 모시도록 하였다. 그러나 무제는 전혀 기쁜 기색이 없었다. 얼마 후 노래를 부르는 여인들이 등장하자 비로소 무제의 얼굴에 기쁜 빛이 나타나기 시작했다. 위자부(衛子夫)라는 여인에게 한눈에 반하였기 때문이다. 중간에 그가 내실에 들어가 옷을 갈아입을 때 위자부가 같이 들어가 모셨는데 당장에 두 사람이 한 바탕 비밀스런 일을 벌였다. 무제가 술자리로 돌아오자 평양공주가 그 상황을 파악하고 위자부를 궁궐로 들여보냈다. 그러나 위자부가 입궁한 후에 평양공주가 생각했던 것처럼 총애를 받지 못하였을 뿐만 아니라 일년 넘게 찬밥신세로 있었다. 아들을 얻고자 하는 마음이 너무 간절했던 무제는 아들이 없어 화가 치밀어 오르자 중용되지 않고 있는 궁인들을 모두 궁 밖으로 내보내려고 준비하였다. 위자부는 궁궐에서 쫓겨나느니 스스로 나가기를 구하는 것이 그나마 체면을 구기지 않는 일이라 생각하여, 눈물 가득한 얼굴로 무제에게 출궁을 요청하였다. 무제가 그녀의 애련함에 마음이 끌려, 출궁을 시키지 않고 반대로 그녀를 자기 가슴에 안아들였으며, 그 자리에서 한 바탕 사랑을 나누었다. 위자부가 생각지도 못하였던 일이었다. 이때부터 드디어 때가 되어 운이 트이기 시작하였다. 임신을 한 것이었다. 연속으로 딸 셋을 낳았으며 또한 아들 유거(劉據)를 낳아 한달음에 황후가 되었다. 칠년 후 유거가 태자가 되었다. 어미가 아들로 인해 귀해진 것인지, 아들이 어미로 인해 귀해진 것인지 구분하기 어려웠지만, 두 사람은 인간세상의 부귀영화의 최정점에 서게 되었다. 그러나 누가 알았으랴? 이것은 그저 운명의 장난에 불과하였던 것이다. 위자부가

불렸다. 조수가 죽은 후에는 여음후(汝陰侯) 하후파(夏候頗)에게 시집갔으며 하후파가 죽은 후에는 대장군 위청(衛青)에게 시집갔다. 죽은 후에는 한 무제의 무덤인 무릉(茂陵) 묘역에 한 무제가 사랑했던 이(李) 부인(夫人), 명장 위청, 곽거병(霍去病), 곽광(霍光), 김일제(金日磾) 등과 함께 배장(陪葬)되었다.

황후의 관을 머리에 썼지만 이미 청춘의 봄날은 지나버려, 근본적으로 젊고 아름다운 비빈들과 미색을 경쟁할 방법이 없었다. 아름다움이 점점 사라지자 무제는 그녀를 전혀 낯선 사람처럼 대하였다. 그녀가 황후로 책봉된 지 38년되던 해에 '무고의 화[巫蠱之禍]'가 발생하였다. 사예교위(司隷校尉) 강충(江充)이 태자 유거가 무당을 통해 황제를 해하려 한다는 모함을 하였는데, 유거가 그 속마음을 나타낼 방법이 없어 어찌할 수 없는 궁지에 몰리자 모후와 함께 병력을 일으켜 강충을 토벌하고 스스로를 구하려고 하였다. 그러나 끝내는 중과부적으로 실패하였다. 유거가 도망가 있는 동안 황제에게 죄를 지은 자로 공표되어 수배대상이 되었다. 위자부는 황후의 인장과 황후임을 표시하는 비단 끈을 빼앗기고 자결하였다. 그 뒤에 유거는 관군에게 발각되어 역시 대들보에 목을 매고 자살하였다. 모자 두 사람이 이로써 정치무대에서 연기처럼 사라졌다. 이 사건은 명백히 억울한 사건임에 틀림이 없었다. 사건의 내용에 너무 많은 수상한 점이 있었으며, 일개 사예교위인 강충이 이렇게 큰 사건을 일으킬 수 있다는 것은 사실상 믿기 어려운 일이다. 그 배경에는 반드시 유거와 그 어미에 대한 무제의 혐오가 있었다. 당초에 유거를 후사로 세울 때에 아들이 하나여서 다른 선택의 여지가 없었다. 후에 자식이 많아지자 무제가 이를 바꾸고자 하는 마음이 드는 것을 피할 수 없었다. 강충이 군주의 뜻에 영합하게 되었고, 이로써 큰 옥사를 일으킬 조건을 갖추게 된 것이었다.

태자와 황후는 겉에서 보면 각자 완전히 서로 다른 직능을 가진 두 명의 정치적인 인물로 보이지만, 오히려 확고한 윤리관계에 의해 아주 긴밀하게 서로 얽힌 일심동체였다. 황후는 도의상 태자에 대하여 다른 사람에게 미룰 수 없는 책임을 가지고 있었다. 그녀들은 태자가 군주의 뜻에 부합되도록 해야만 비로소 안전을 확보할 수 있었다. 태자는 황후의 뿌리로 그들이 무슨 잘못을 저지르든 만일 군주가 용서하지 않는다면 황후 역시 그 책임을 벗어나기 어려웠다. 황후가 세상에 살아 있든 아니면 황천에 가있든 간에, 태자가 이른바 대역죄를 저지르면 그녀들은 반드시 치욕을 당하게 되어 있었다. 가족연좌제가 황실 이외의 사람들에게만 적용된다고 생각하는 것은 잘못이다. 사실은 군주 가정에서도 조금도 에누리 없이 똑같이 집행되었다. 황후와 태자 두 사람의 죄가 하나로 엮이는 것이 전형적인 증거이다.

북위(北魏, 386~556년)에서 죄인 가족으로 내궁에 노예로 입적된 임(林)씨는 용모가 빼어나게 아름다워 효문제(孝文帝)[56]의 사랑을 받게 되었고, 황태자인 원순(元恂)을 낳았으나 출산시의 세균감염으로 죽었다. 원순은 태어나면서 어미를 잃었기 때문에 풍(馮)태후가 직접 길렀으며, 열한 살의 나이에 황태자로 책봉되었고, 죽은 생모는 황후로 추존되었다. 당시 효문제는 선비족 문화가 낙후되어 있어서 한화(漢化) 개혁을 진행하고 있었다. 수도를 대(代: 지금의 산서성 대동(大同))에서 낙양으로 옮기기로 하였다. 원순은 선비족의 옛 풍습을 지키려는 세력의 교육을 받아 한화개혁에 반감을 가지고 있었으며, 게다가 살이 찌고 비대하여 낙양의 더운 여름에 적응하기가 상당히 어려웠다. 이에 따라 그는 비밀리에 군사를 무장시켜 대(代)로 돌아가 그곳에 중앙정부를 세우려 하였으나, 도성을 빠져 나올 때 발각되어 구류를 당하게 되었다. 효문제가 이 소식을 듣자 대로하여 대전에서 반역한 아들에게 직접 매질을 하고 폐출시키도록 하면서 "이 어린 것을 오늘 멸하지 않으면 국가의 큰 화가 될 것이다."라고 말하였다. 원순은 서인(庶人)으로 폐출되었으며 하양(河陽: 지금의 하남성 맹현(孟縣) 남쪽)에 구금되어 거친 옷과 간단한 식사로 추위와 굶주림을 겨우 면하게 하였

56 원굉(元宏). 재위 471~499년.

다. 대신들이 주의를 환기시키자 후환을 두려워한 효문제는 독주를 내려 원순이 자결토록 하였다. 원순의 관이 땅에 묻힌 후에 의례를 담당하는 관서에서 상주문을 올려 임황후도 서인으로 폐해야 한다고 주장하자, 효문제는 더 고려하지 않고 고개를 끄덕였다.

아들은 어미로 인해 귀하게 된다

모자의 상호연계 및 의존관계는 서로를 향해 회귀하는 관계이다. 위로부터 아래로 실현된 것이 '어미는 아들로 인해 귀해지는 것'이라면 아래에서 위로 실현된 것이 '아들은 어미로 인해 귀해지는 것'이다. 후자의 뜻은 어머니의 지위가 아들의 지위를 결정한다는 것이다.

일부다처제의 가족 구조에서 아버지는 모든 자녀의 지배권을 장악하고 있지만, 각 방 여주인의 명분이 그 자녀의 지위에 더욱 중요하게 작용한다. 민간에서는 차별받는 아들을 '첩의 소생'이라고 부르는데, 간단한 말이지만 정실의 자녀와 측실 자녀 간의 아주 큰 차이를 잘 반영하고 있다. 모든 사람이 주목하는 황위 계승자의 문제에 있어서 선택되는 대상의 어미 신분이 선결조건이었다. 왕자가 태자가 되려면 그들의 어미가 먼저 통치그룹의 정밀한 관찰을 받아야 한다. 정상적인 상황에서 이것은 만고불변의 법칙이어서 절대권력을 휘두르는 군주일지라도 적어도 겉으로는 이를 따라야 했다.

종법제도에 따르면 일부다처제의 혼인에 있어 오직 중매인을 통해 정식으로 배우자로 맞아들인 정실이어야 진정한 부인이었다. 그녀의 혈통은 적통이 되며 그녀가 난 아들이 적자가 된다. 아버지의 유산을 이어받는데 있어 적장자가 첫 번째 계승자가 된다. 이러한 사회안정에 유리한 조치를 모든 사람들이 지키도록 하기 위하여, 법률로 이를 정하고 있었다. 〈당율소의(唐律疏議)〉[57]에 다음과 같은 조항이 있다.

'적자를 세우도록 한 것을 위반한 자는 일년 형에 처한다. 정실의 나이가 오십을 넘고 아들이 없는 경우 서자를 장자로 세워야 한다. 장자로 세우지 않는 자는 똑같이 처벌한다.'

이 조항에 대한 주석에서는

적장자를 세우는 것은 근본을 계승하려는 것이다. 정실의 장자를 적장자라고 하는데 이를 (후계자로) 세우지 않는 것을 일컬어 위법이라 하고 일년 형에 처한다. 정실이 쉰 살 이상으로 아들이 없다는 것은 정실이 쉰 살이 넘어서 더 이상 젖이 나오지 않는 까닭에 서자를 적장자로 세우는 것을 허락한다는 것이다. 모든 사람이 장자를 먼저 세워야 하며, 장자를 세우지 않는 자는 역시 일년 형에 처한다. 그래서 똑같이 처벌한다고 한 것이다. 법에 따르면 적장자가 없이 죄를 짓거나 질병이 있으면 적장손(嫡長孫)을 세운다. 적장손이 없는 경우는 그 다음으로 어미가 적장자와 같은 동생(적장자의 친동생)을 세운다. 친동생이 없다면 서자를 세우며, 서자가 없다면 어미가 적손과 같은 동생(적손의 친동생)을 세운다. 친동생이 없으면 서자를 세운다. 증손(曾孫), 현손(玄孫) 이하는 이에 따른다. 후계자가 없는 경우 그 가문이 단절된다.

어머니 입장에서 고려한 계승자 선택순서는 적장자 > 적장손 > 적차남 > 서장자 > 적차손 > 서장손의 순이며 그 이하는 이를 유추하여 시행하였다.

일반 백성의 가문이 이를 따랐으며, 황실도 역시 이를 따랐다. 제일 부인이 되는 황후는 군주의 최고 배우자로 논쟁이 필요 없는 적자

57 당(唐) 고종(高宗) 영희(永徽) 2년(651년)에 장손무기(長孫無忌), 이적(李績) 등이 정관율(貞觀律)을 수정한 법률.

계통의 명분을 갖게 된다. 그녀의 주요한 천직은 황위 계승자를 낳아서 키우는 것이다. 황후의 배에서 나온 장자는 사람들이 선망하는 행운아로, 고심하여 경영할 필요도 없이 법통에 적합한 황제위의 첫 번째 계승자가 된다. 이러한 정치윤리 규정은 황제위의 쟁탈전을 막으려는 데 있었다. 이로써 역대 정통세력의 승인과 보호를 받게 되었고 이천여 년의 유유한 세월 속에서 절대다수의 황위 계승자는 군주의 적장자였다. 예를 들면, 수(隋) 문제(文帝) 독고황후의 장자 양용(楊勇), 당(唐) 고조(高祖) 두(竇)황후의 장자 이건성(李建成)이 바로 대표적이다. 적장자제도는 주(周)에서 처음 만들었는데 문왕(文王)이 정하고 무왕(武王)부터 대대로 전해지기 시작했다. 서주(西周)에서 청(淸)까지 사람의 뜻과 같지 않은 어떤 일이 생기거나, 의외의 사태가 발생하지 않는 한 기본적으로 이 제도를 떠받들었다.

적장자제도라는 배가 역사의 길고 긴 강물을 따라 항해할 때 순풍만을 만난 것은 아니다. 일찍이 무수한 폭풍의 습격을 받아 좌초하거나 항로를 이탈하는 일이 언제나 발생하였다. 특히 여색을 지나치게 추구하는 군주의 경우는 애정의 변동에 따라 왕왕 전통을 무시하고 후계자 선택의 눈길을 총애하는 비빈의 아들에게 주었다. 그러나 정통을 옹호하는 세력이 이를 못본 척할 리 없었다. 꼭 누군가는 위험을 무릅쓰고 나서서 반대하였다. 군주가 자신의 생각을 실행하지 않고 여러 가지를 모색하는 경우라면 민심을 고려하여 자신의 생각을 거두어들일 수도 있었다.

유방(劉邦)[58]이 천하를 얻는 동시에 여태후의 아들 유영(劉盈)[59]을 태자로 세웠다. 그가 척(戚) 부인에게 빠진 후에는 그녀의 아들인 조왕

58 한(漢) 고조(高祖). 재위 B.C. 206~195년.
59 혜제(惠帝). 재위 B.C. 195~188년.

(趙王) 유여의(劉如意)로 유영을 대체하려고 하였다. 척 부인의 교묘한 재촉으로 몇 번이나 조회의 의논사항으로 올리려고 하였지만 매번 공경대부와 대신들의 격렬한 반대에 부닥쳐 생각을 접었다. 유방이 다시 한 번 조정의 여론을 떠 보려고 할 때 태자태부(太子太傅)[60]인 숙손통(叔孫通)[61]이 상황이 긴급함을 보고 대전에 나아가 목숨을 걸고 간언하였다. "옛적에 진(晉) 헌공(獻公)[62]이 여희(驪姬)를 총애하여 태자를 폐하고 해제(奚齊)를 세움으로써 진나라에 수십 년간의 대란이 일어나 세상 사람들의 웃음거리가 되었습니다. 진(秦) 왕조는 일찍이 부소(扶蘇)를 태자로 정하지 않아서, 호해(胡亥)가 사기를 쳐 태자로 세워지면서 진 왕조의 명을 재촉하였습니다. 이 일은 폐하께서 직접 목격하신 일입니다. 지금의 태자는 인자하고 효성스러움을 세상 사람들이 다 아는 바입니다. 여태후와 폐하는 함께 어려움을 이겨내셨는데 어찌 그러한 것들을 잊어버릴 수 있단 말입니까? 폐하께서 적장자를 폐하고 어린 자를 태자로 세우려 하신다면, 원컨대 신을 먼저 죽여 제 피로 땅을 적시옵소서." 유방이 그 말에 일리가 있음을 느끼고 빠져나갈 길을 찾으며 "공은 더 이상 거론하지 마시오. 내가 그저 농담을 한 것이오."라고 하자, 숙손통이 엄숙하게 말하였다. "태자는 천하의 근본입니다. 근본이 흔들리면 천하가 요동치게 됩니다. 어찌 천하를

60 태자의 스승을 맡는 직위로 상(商), 주(周) 시대에 이미 그 관직이 있었다.

61 출생연도 미상. B.C. 194년 사망한 것으로 추정된다. 진(秦)에서 벼슬길에 올라 2대 황제 때에 박사(博士)로 봉해졌다. 진나라 말기 항량(項梁)에게 투항했고, 그가 정도(定陶)에서 패하여 죽자 초회왕(楚懷王)을 따라갔으며 그 후 항우(項羽)를 섬겼었다. 유방(劉邦)이 팽성(彭城)을 공격할 때 한(漢)에 투항했다. 유방이 천하를 통일하였으나 군신 간의 예절이 바로 서지 않았다. 이에 유방이 숙손통을 불러 고례(古禮)를 참조하여 적절한 예법을 만들도록 하였다. 뒤에 태자의 스승(태자태부)이 되었다. 〈사기〉의 저자 사마천(司馬遷)은 그를 한(漢)나라 유학의 태두(儒宗)로 높이 평가했다

62 희궤제(姬詭諸). 재위 B.C. 206~195년.

두고 농담을 하신단 말입니까?" 이에 유방이 마침내 "내가 공의 말을 따르겠소."라고 양보하였다. 여태후의 요청으로 장량(張良)이 계책을 올려 당시 명망이 높았던 은사들인 '상산사호(常山四皓)'[63]가 태자의 편을 들게 하였다. 이렇게 되자 유방은 비로소 태자를 바꾸려던 생각을 완전히 접었다. 대신들의 힘을 통해 한 왕조 개국 초기에 적장자제도를 유지하려는 전쟁이 승리로 막을 내렸다.

정통세력은 정치안정을 위해 적장자제도를 적극적으로 유지하려 하였으며, 군주는 애정의 선호에 따라 변통을 부리려 하였다. 이러한 양자 간의 입장 차이는 필연적으로 모순을 불러일으켜 충돌을 가져왔는데, 결과는 각자 한방씩 주고받는 것이었다. 군주가 전체적인 대세를 고려한다면 정통세력과 타협할 수 있다. 군주가 총애하는 비빈의 미모 공세에서 몸을 빼지 못할 때는 어찌할 수 없이 개인적인 뜻으로 공정한 도리를 가리면서, 일체의 반대의견을 배척하고 자기 고집대로 하였다. 예를 들면, 주(周) 유왕(幽王)[64]이 포사(褒姒)의 아들 백복(伯服)을 세운 일, 진(晉) 헌공(獻公)이 여희(驪姬)의 아들 해제(奚齊)를 세운 일, 조(趙) 주부(主父)[65]가 오와(吳娃)의 아들 조하(趙何)[66]를 세운 일, 제(齊) 영공(靈公)[67]이 융희(戎姬)의 양자 강아(姜牙)를 세운 일은 모두 측실의 아들이 태자가 된 사례이다. 비록 군주가 권력으로 누르면서 성공을 거두었지만 '아들이 어미로 인해 귀해진다'는 원칙을 위반

63 진(秦) 말기 황로(黃老) 사상을 신봉했던 네 명의 박사인 동원공(東園公) 당병(唐秉), 하황공(夏黃公) 최광(崔廣), 기리계(綺里季) 오실(吳實), 록리선생(甪里先生) 주술(周述)로, 그들은 진시황 시절 72명 박사관에 속하였다. 뒷날 상산에 은거하였다.

64 희궁열(姬宮涅). 재위 B.C. 782~771년.

65 무령왕(武靈王) 조옹(趙雍). 재위 B.C. 326~299년.

66 혜문왕(惠文王). 재위 B.C. 299~266년.

67 강환(姜環). 재위 B.C. 582~554년.

하였기 때문에 극도로 뒤틀려 보였을 뿐만 아니라 계산하기 어려운 심각한 결과를 가지고 왔다.

군주가 후계자를 세우는 문제에 있어 강경하게 서자로 적자를 대체하는 것은 번번이 뒷날의 정치적 위기를 묻어 놓는 것이 되었다. 앞에서 이야기한 주, 진, 조, 제의 일들은 모두 국내의 대란을 불러오거나 궁정의 정변을 불러왔다. 백복이 태자로 세워진 후에 폐위가 된 신(申)왕후의 부친 신(申)후(侯)가 증국(繒國), 견융(犬戎)과 연통하여 군사를 일으켜 주의 수도를 공격하여 유왕을 여산 발치에서 죽였고, 포사는 포로로 잡아갔으며. 제후들을 모아 원래 태자였던 희의구(姬宜臼)를 다시 세우고 주왕으로 세웠다(바로 평왕(平王)[68]으로 등극한 후에 낙읍(洛邑)으로 천도하였으며, 이때부터 역사상 동주(東周)로 불린다). 해제는 등극한 후 대신 리극(里克)에게 살해당하였다. 상국(相國) 순식(荀息)이 해제의 동생 도자(悼子)를 세우자 이번에도 리극에게 살해당하였다. 최종적으로 적자인 이오(夷吾)[69]를 맞아들여 군주로 세웠다. 조하가 태자로 세워진 후에 오와가 병들어 죽었다. 조 주부는 옛 태자인 조장(趙章)에 대해 다시 사랑하는 마음이 생겨 그에게 땅을 나누어 주어 왕이 되게 하려고 하였다. 조장은 나라 전체를 원하였기 때문에 병사를 일으켜 조하를 토벌하였지만 결과는 실패로 끝나 아버지와 함께 궁중에서 죽었다. 강아를 태자로 세운 후에 마침 제 영공이 중병에 걸렸다. 대신 최저(崔杼)가 옛 태자인 강광(姜光)[70]을 맞아들여 제의 군주가 되게 하였다. 영공은 변란의 소식을 듣고는 놀람과 한스러움 속에서 죽었다. 강아는 체포되어 처형되었다. 이러한 정치동란의 발동자는 모두 적장자를 핵심으로 하는 정통세력이었다. 그들의 동기가 무

68 재위 B.C. 771~720년.
69 혜공(惠公). 재위 B.C. 651~637년.
70 장공(莊公). 재위 B.C. 554~548년.

엇이든 내건 깃발은 모두 적장자제도의 회복이었다. 칼날이 번득이는 군주 자리의 쟁탈전에 있어 핵심인물이 되는 태자는 단지 무대 위에서의 연기자일 뿐이며, 진정한 정치배경은 도리어 적장자 제도에 의지하는 사람 바로 왕후(황후)였다. 이러한 상황을 보면 적장자 제도의 정치적 옹호자는 '아들은 어미로 인해 귀해진다'는 윤리를 지키려는 수구주의자라고 결론을 지을 수 있을 것이다.

적장자제도에 대한 보충으로 일부 왕조에서는 태손(太孫) 제도를 시행하였다. 제일 먼저는 서한의 선제(宣帝)로부터 시작되는데 그는 특별히 적장손인 유오(劉驁)[71]를 좋아하여 '세적황손(世嫡皇孫)'이라 칭하고, '태손(太孫)'이란 자를 내려주었다. 이것은 아직은 정식의 태손 제도가 아니고 단지 호칭이었을 뿐이다. 진정한 태손제는 황위 계승자를 확정하기 위하여, 적장자가 죽은 후에 적장손을 태손으로 세우는 것으로 정치적인 의미는 태자와 같았다. 북위의 태무제(太武帝)[72]가 장자인 탁발황(拓拔晃)이 요절하자 적장손인 탁발준(拓拔濬)[73]을 '세적황손'으로 세웠다. 그로부터 수세기 후에 명(明) 태조(太祖) 역시 장자인 주표(朱標)가 일찍 죽자 적장손 주윤문(朱允炆)을 태손으로 직접 책봉하였다. 태손제는 적장자제도의 변환된 형식으로 명확하게 황후가 배경임을 보여주고 있다.

세월이 흘러도 쇠락하지 않은 적장자제도는 순서를 가장 우선시하는 혈연요소를 강조하여 적장자가 가업을 잇는 것처럼 황위를 계승토록 하고 황권을 적통의 손에 장악하도록 하여 대를 이어 권력을 분명하게 전달하는 절차를 형성하였다.

71 성제(成帝). 재위 B.C. 33~7년.
72 탁발도(拓拔燾). 재위 423~452년.
73 문성제(文成帝). 재위 452~465년.

외양으로 보면 적장자제도는 완전히 군주체계에서 나온 것으로 보이지만, 그 실질을 살펴보면 오히려 황후라는 요소에 그 바탕을 두고 있다. 이러한 요소는 황후라는 그 명분 자체이지 어떤 특정한 사람을 특별히 지목하는 것은 아니다. 왜냐하면 어떤 여인이 신분상 변화가 발생한 후에는 그녀의 아들의 전도 역시 이에 따라 변할 수 있기 때문이다. 원래 서자계열에 속하는 황자(왕자)는 본래 동궁이 되는 것을 바라볼 수 없었다. 생모가 어떤 연분으로 인해 정궁(正宮)으로 승격되면 그들 역시 은혜를 입어 태자로 올라가게 된다. 앞에서 말한 바 있는 서한의 위자부와 동한의 곽성통(郭聖通)은 본래 보통의 궁녀와 비빈이었는데 황제에 의해 황후로 뽑혔으며, 그녀들의 아들 유거(劉據)와 유강(劉强)이 태자로 선포되었다. 무측천은 신비(宸妃)에서 황후로 올라선 후에 그녀의 아들들이 앞서거니 뒤서거니 하면서 황후 계승자의 자격을 획득하였다. 적장자는 황제권력의 가장자리에 발을 걸치고 있는데, 그들이 의지하는 것은 서로 얽혀 있는 정치제도와 종법관계였다. 이 모든 관계에는 황후에 대한 사람들의 인정과 숭배가 연결되어 있다.

황자가 일단 태자로 책봉된 후에는 더욱 험악한 정치적 환경에 처하게 되는데, 드러나거나 드러나지 않은 각종의 적대적 요소들과 직면해야 했다. 이로 인해 그와 내궁의 관계는 약해질 수 없었을 뿐만 아니라, 더욱 강화되어야 했다. 항상 모후와 그 정치세력의 보호가 있어야만 비로소 정치적 격랑에 대처할 대항능력을 증가시킬 수 있었기 때문이다. 태자들은 희로애락이 무상한 군주 앞에서 자신들은 극히 연약하고 무력한 존재라는 것을 아주 명확히 알고 있었으며, 게다가 부자지간 교류의 장애가 더해질 경우 조금만 조심하지 않으면 바로 액운을 만날 수 있다는 것도 알고 있었다. 그 어미만이 자발적으로 그들을 위해 어려움을 없애 줄 수 있었다. 황후와 태자는 입술과 이빨처럼 서로 의존하는 관계로 한 쪽의 손해는 모두 다른 한 쪽에 영향을 줄 수 있기 때문에 매우 자연스러운 정치적인 동맹이 이루어지게 된다. 황후는 국모의 지위와 그녀와 남편의 특수한 관계라는 양호한 조건을 가지고 있어서 부자지간의 완충세력 역할을 할 수 있었다. 이를 통해 태자에 대한 보호막을 형성하여, 그가 당한 흉한 일을 길한 일로 바꾸고, 처한 어려움을 상서로운 일로 변화시켰다.

삼국시대를 천하통일한 진(晉) 무제(武帝)[74]는 적장자제도에 따라 사마충(司馬衷)[75]을 태자로 세웠다. 그러나 그를 태자로 세운 후에 깊은 유감을 느꼈는데, 태자 사마충이 약간 백치여서 장래에 천하의 대임을 담당하지 못할까봐 두려웠기 때문이다. 그가 자신의 심사를 사마충의 생모인 양염(楊艶) 황후에게 전부 털어 놓았을 때 그녀는 아주 단호하게 반대하면서 "적장자는 장자냐 아니냐를 보는 것이지, 현명하냐 아니냐를 보는 것이 아닙니다. 태자는 절대로 쉽게 바꿀 수 없습니다." 모후의 도움으로 사마충은 폐위의 위기를 넘겼다. 양염이 병이 깊어 죽게 되었을 무렵 남편과 호(胡) 부인(夫人)이 찰떡처럼 붙어 지내는 것을 알고는 자기가 죽은 후 호씨가 황후가 되면 태자에게 불리할까 봐 염려하였다. 무제가 병문안을 왔을 때 여인 특유의 애교를 부려 남편의 무릎 위에 자신의 머리를 누이면서 애절하게 말하였다. "신첩은 이제 얼마 되지 않아 세상을 떠날 것입니다. 신첩의 숙부인 양준(楊駿)의 딸 양남윤(楊南胤)은 재색을 겸비한 자이오니 궁중으로 불러들일 수 있습니다." 무제가 황후로 책봉해야 한다는 뜻이었다. 무제는 죽음을 앞에 둔 사랑하는 아내 앞에서 차마 그 뜻을 물리

74 사마염(司馬炎). 재위 265~290년.
75 혜제(惠帝). 재위 290~301, 301~306년.

치지 못하고 한 입에 응낙하였다. 양염은 임종 전에 교묘한 묘책으로, 사촌 여동생이 그녀의 황후 지위를 대신하도록 하였으며, 이를 통해 간접적으로 태자를 보호하는 목적을 달성하였다.

달빛이 흐려지자 별빛도 어두워지고

아들이 어미로 귀해지는 경우가 있다면, 아들이 어미로 인해 비천해지는 경우도 반드시 있기 마련이다. 사실 이러한 경우들은 한 가지 문제의 양면으로, 같은 가치관 속의 다른 흐름일 뿐이다. 아들이 어미로 인해 비천해진다는 것이 전형적인 논법이 된 적은 없지만, 오히려 현실 생활 속에서는 대단히 많았다, 만일 어미를 달로 비유한다면 아들은 별로 비유할 수 있는데, 이러한 현상은 달빛이 흐려지면 별빛도 어두워지는 천문경관을 연상케 한다.

사람과 사람 사이에 이루어지는 이러한 정확한 이치가 내궁에서 실현될 때, 미녀들 사이의 등급 차이는 그 이치가 효험이 있음을 보여 주었다. 서로 다른 명분(지위)은 여인들 간에 현격한 차이를 만들어, 그녀들 자신이 받는 대우에 있어서 구별이 있는 것은 물론, 그녀들의 아들들 역시 아주 차이가 큰 운명을 받아들여야만 했다. 그 근원을 살펴보면 사실은 아들이 어미로 인해 귀해진다는 윤리관이 주도적인 작용을 하고 있다. 어미의 지위가 낮고 약하면 아들의 지위에 직접적으로 영향을 주게 되는데, 황위계승 문제에 있어서 가장 뚜렷하게 반영되었다.

춘추시대 제(齊) 소공(昭公)[76]이 인간세상을 하직한 후에 그의 아들

강사(姜舍)[77]가 군주가 되었다. 그러나 그가 비록 권력을 손에 넣었지만, 정치적으로는 심각한 선천적 부족함이 있었고 후천적으로는 신료들과 배합이 잘 맞지 않았다. 그의 어미는 소공에게 냉대를 받던 여인이었다. 바로 이 점으로 인해 조야의 신료들이 그를 경시하게 됨으로써, 흩어버리기 어려운 어두운 안개가 그를 감싸게 되었다. 만일 단지 이러한 문제뿐이었다면 그것은 잘 처리될 수도 있는 것이었다. 그가 정치적인 업적을 올림으로써 신하와 백성들의 편견을 바로잡을 수 있는 문제였다. 그러나 비 새는 집에 밤마다 끊임없이 비가 내리는 상황처럼, 그의 숙부인 강상인(姜商人)[78]이 이러한 기회를 이용해 우물에 빠진 사람에게 돌을 던지듯이 그를 공격하였다. 강상인은 원래 소공과 군주 자리를 다투었었는데 동생이 형을 넘어서기 어려워 뜻을 이룰 수 없었다. 이제 조카의 출신이 좋지 않은 점을 들어 전면적인 공세를 취하였으며, 현명한 자들을 널리 구하고 민심을 거두어 들이려 노력하였다. 강사(姜舍)가 부친의 장례식을 치를 때 모살을 하는 방식으로 정변을 일으켜 군주 자리를 대신 차지하였다.

지위가 낮은 여인들의 아들이 왕위 계승자가 되면 피할 길 없는 윤리 관념의 구속을 받게 된다. 비록 그들이 강제적인 요인에 의해 제위에 오르게 되더라도 거대한 정치적인 도전이 있게 되고 배가 뒤집히는 일을 맞게 될 가능성이 있었다. 그 중에서 제일 심각한 교훈은 어미의 비천함이 아들의 비천함으로 전화되어, 그가 정치적인 위신을 세울 때 큰 어려움을 가져오고, 군주로서 필요한 정치적인 기초를 형성할 수 없게 된다는 것이다.

---

76 강번(姜潘). 재위 B.C. 633~613년.

77 제(齊) 후폐공(後廢公). 재위 B.C. 613년 5~7월.

78 의공(懿公). 재위 B.C. 613~609년.

제나라 정치의 수레바퀴가 돌고 돌아 경공(景公)[79]의 시대가 되었을 때 이와 비슷한 사건들이 발생했다. 경공이 환갑이 넘은 나이에 정실인 연희(燕姬)가 낳은 적장자가 병들어 죽었다. 의외였던 것은 경공이 노년에 후계자를 잃은 것에 대해 아주 크게 상심하지 않았다는 것이다. 원래 그의 감정은 애첩인 예희(芮姬)에게 일찌감치 쏠려 있었다. 대신들은 덕행이 부족하고 남자를 호리는 데는 아주 뛰어난 예희에 대해 상당한 반감을 가지고 있었기 때문에 경공이 감정적으로 일을 처리하여 그녀의 아들 강도(姜荼)[80]를 태자로 세워 적장자제도를 깨뜨릴까봐 근심하였다. 대신들은 현명한 연장자의 아들을 계승자로 택하도록 계속해서 요청하였다. 그러나 대신들의 근심거리가 바로 경공의 내심이었다. 사태가 경색되는 것을 피하기 위하여 경공은 시선을 돌리는 방식으로 대신들에게 "그대들은 향락을 마음껏 즐길 수 있는데, 어찌 국가에 군주가 없다고 근심하는가?"라고 하였다. 그는 이러한 방법으로 문제를 부연설명하면서 지나쳐 갔고, 임종 무렵 돌연히 강도를 태자로 선포하고 안전을 위해 다른 아들들을 수도 밖으로 이전시켰다. 강도가 즉위(안유자(晏孺子))하자 그의 배다른 형제들이 해를 입을지도 모른다고 두려워하여 모두 다른 나라로 도망갔다. 대신 전걸(田乞)이 무력을 써서 법통을 회복하여 경공의 잘못된 방법을 바로잡기로 결심하였다. 그가 강도의 반대파들을 연합하여 군사를 일으켜 안유자의 세력을 격퇴하였다. 공자 양생(姜陽生)을 맞아들여 군주가 되게 하였다(즉 도공(悼公)).[81] 도공이 조정에 나서서 가장 먼저 안유자를 처형하고 예희를 내어쫓는 두 가지 일을 처리하였다. 이렇게 하여

79 강저구(姜杵臼). 재위 B.C. 548~490년.
80 유공(孺公). 재위 B.C. 490~489년.
81 재위 B.C. 489~485년.

철저하게 정권을 안정시켰다. 사마천은 안유자의 실패 원인에 대해 '예자(예희)가 비천하고 유자는 어렸음으로 권력이 없었고, 백성들이 (그들을) 경시하였다.'라고 결론을 내렸다.

태자는 황후라는 영원히 지속되는 정치적인 탯줄로 연결되는 것이 필요하였다. 만일 어미가 세상을 떠나거나 군주의 총애를 잃게 되면 태자는 언제라도 필요한 정치적인 영양분을 잃게 되고, 극히 외롭고 약한 세력이 되어 풍파를 막기 어렵게 된다. 어미의 보호가 결핍되면 그는 기댈 정치적 보호막이 없어져 그대로 세상에 노출되게 되고, 정적들이 공격할 때는 마주칠 손바닥이 없어져 대단히 피동적인 지경에 빠지게 된다. 게다가 아버지인 황제의 그에 대한 감정이 변하거나, 황제가 그를 의심하기 시작하면, 왕왕 정치적인 모함과 해를 당하게 되고 심지어는 목숨을 잃게 되는 재난에 빠지게 된다.

한(漢) 선제(宣帝)[82]의 첫 번째 황후 허(許)씨[83]는 본래 궁형(宮刑)[84]을 받은 범죄자의 딸이었다. 그녀는 선제가 민간에서 어려움을 겪을 때 그와 부부가 되었으며, 아들 유석(劉奭)[85]을 낳았다. 남편이 운명에 의해 제위에 오르게 된 후에 그녀는 아주 당연하게 정궁(正宮)이 되었다. 그러나 허씨의 운이 때를 만나 트인 것은 정말 너무도 짧은 기간이었다. 마치 우담바라 꽃이 3천년에 한 번 피었다 진다는 이야기같이 너무도 짧았다. 황후가 된지 3년이 되지 못해 복이 화로 변하였

82 유순(劉詢), 즉 유병이(劉病已). 재위 B.C. 74~49년.

83 허평군(許平君). 재위 B.C. 88~71년.

84 사형에 버금가는 극형이었다. 사형(死刑)·궁형(宮刑)·월형(刖刑: 발뒤꿈치를 자르는 형벌)·의형(劓刑: 코를 베는 형벌)·경형(黥刑: 얼굴·팔뚝 등에 형벌을 새겨 넣는 것)을 5형이라 하는데, 이 중에서 남녀의 생식기에 가하는 형벌로서, 남자는 생식기를 거세하고 여자는 질을 폐쇄하여 자손의 생산을 전연 불가능하게 하였다.

85 원제(元帝). 재위 B.C. 49~33년.

다. 조정을 장악하고 있던 대장군 곽광(霍光)[86]과 그의 아내는 확실하게 선제를 제어하기 위하여 딸 곽씨[87]로 허씨를 대신하도록 결심하였다. 곽광의 아내가 계획을 세워 추진함으로써 허황후가 독을 마시고 갑작스레 죽게 되었다. 이후 곽광의 딸이 황후가 되었고 선제의 총애를 한 몸에 받았다. 그러나 곽씨 가문이 불만을 갖게 된 일은 선제가 유석(劉奭)을 태자로 책봉하였다는 것이다. 이렇게 되면 곽씨의 앞길에 어두운 그림자가 덮이기 때문이었다. 곽광의 아내는 화가 치밀어 식욕을 잃고 병이 들어 피를 토하면서도 "유석은 황제가 민간에 계실 때 낳은 아들로 어찌 태자로 세울 수 있다는 말인가? 만일 훗날 황후가 아들을 낳으면 반대로 그저 친왕밖에 되지 않겠는가?"라고 하였다. 그녀는 딸에게 허황후에게 썼던 방법으로 태자를 제거하라고 비밀리에 교사하였다. 곽황후가 계획대로 행동하여 몇 차례나 태자를 불러서 술을 들게 하였으며, 기회를 틈타 손을 쓰려고 하였으나, 태자의 보모가 먼저 술과 음식을 맛봄으로써 목적을 달성할 수 없었다. 그런지 일년 후에 곽광이 병들어 죽고 나자 허황후를 독살시킨 일이 고발로 드러나면서 곽광의 아내는 주살되었고, 곽황후는 폐위되었다. 비로소 태자가 위기에서 벗어나 안전하게 되었다.

86 곽광(霍光). 출생연도 미상, B.C. 68년 사망. 대사마(大司馬) 곽거병(霍去病)의 배다른 동생이며, 한 소제(昭帝)의 황후인 상관(上官)씨의 외조부이자 한 선제의 황후인 곽성군(霍成君)의 아버지이다. 한 무제가 임종 시에 자기 아들(劉弗陵, 즉 소제)을 맡긴 고명대신이다. 소제(昭帝)가 죽자 황태후의 조칙을 받들어 무제(武帝)의 손자 창읍왕(昌邑王) 유하(劉賀)를 황제로 옹립하였으나, 유하가 황음무도하자 곽광은 여러 신하들과 상의하고 태후에게 주청하여 태묘(太廟)에 고하고 유하를 폐위하고 새로운 황제를 옹립하는 등 막강한 권한을 행사하였다. 170cm 정도의 키로 하얀 피부와 아름다운 수염을 가진 미남자였으며 항상 은(殷)의 명재상이었던 이윤(伊尹)과 병칭될 정도로 명망이 높았다.

87 곽성군(霍成君). 출생연도 미상, B.C. 54년 사망.

당(唐) 현종(玄宗)이 후사를 세울 때 왕 황후가 아들이 없었기 때문에 부득이 서자로 이를 대신할 수밖에 없었다. 또한 장자인 이종(李琮)은 뛰어난 구석이 전혀 없는 자여서 두 번째인 이영(李瑛)을 동궁(東宮)에 들게 하였다. 이영을 선택한 이유는 본인이 본래 갖춘 조건 외에도 그의 어미인 조(趙) 여비(麗妃)가 부친의 총애를 받았다는 것 역시 중요한 원인 중 하나였다. 당시 당 현종이 총애하였던 비빈은 조 여비와 다섯 째 아들 이요(李瑤)의 어미 황보(皇甫) 덕의(德義)와 여덟째 아들 이거(李琚)의 어미인 유(劉) 재인(才人) 세 사람이었다. 그러나 무(武) 혜비(惠妃)가 입궁한 후에는 현종이 옛사람을 싫어하고 새로운 사람을 좋아하면서 애정을 전부 그녀에게 쏟았으며, 원래의 애첩이었던 세 사람은 찬밥 신세가 되었다. 이뿐만 아니라 아내가 사랑스러우면 처갓집 말뚝에다 절을 한다는 식으로 현종은 무 혜비의 아들인 이모(李瑁)를 애지중지하였다. 이영, 이요, 이거는 어미의 지위가 날로 내려가고 있음을 보고 마음속으로 불만을 느끼게 되었고, 그러한 원망을 겉으로 드러내지 않기가 어려웠다. 무 혜비는 본래 태자의 지위를 엿보고 있었기 때문에 이러한 소문을 듣자, 그 소문들이 자기 마음에 꼭 맞는 것임을 알았다. 사위인 양회(楊洄)를 시켜 관련된 자료를 수집하도록 하였다. 관련된 자료를 손에 넣자 무 혜비는 이를 더욱 부풀려서 현종 앞에서 온갖 가련한 모습을 꾸며 울면서 호소하였다. 태자가 사당을 결성하여 그녀와 아들을 해하려 하고 있으며, 그 언사가 불손하고 아버지인 황제를 훼손하고 있다는 내용이었다. 현종은 진상을 알지 못하고 사실을 자세히 살피지도 않은 채, 그녀의 말을 사실로 믿고 태자와 두 왕에게 대로하여 그들을 폐출시키려고 하였다. 재상인 장구령(張九齡, 673(678)~740)[88]이 소문을 듣고 직접 간언

88 재상 장열(張說)의 추천을 받아 중서사인(中書舍人)을 거쳐 현종(玄宗) 개원(開元)

을 하였다. 경전과 옛 사례를 들어 태자는 국가의 근본과 관련되어 있어 함부로 흔들 수 없으며 두 왕 역시 현명하며 덕스럽다고 극력 변호하였다. 현종은 간언이 도리에 맞음을 알고 폐출명령을 내리려던 것을 거두어 들였다. 그러나 무 혜비는 여기서 그만두지 않았다. 대신 이임보(李林甫, 683~753)[89]를 불러 이임보가 장구령 대신 재상의 자리에 앉는 것을 그녀가 도와주는 대신 이임보는 그녀를 도와 태자를 폐출하도록 하는 정치적인 거래를 하였다. 이임보가 재상이 된 후에 환관을 매수하여 이모(李瑁)의 뛰어난 점을 널리 알리도록 하였다. 양회가 다시 한 번 나서서 태자와 두 왕이 모반의 뜻을 가지고 있다고 말하였다. 현종이 이임보를 불러 상의를 하면서 그의 견해를 구하였다. 계략에 능한 이임보는 군주의 뜻을 알아차리고 "이는 폐하의 가정사로 신이 간여할 수 없습니다."라고 말하였다. 현종은 이로 인해 결심을 굳히고, 세 명의 아들을 서인으로 폐하고 사사(賜死)하였다. 이영 등이 죽은 후에 이모가 아직 태자의 지위를 얻지 못하였을 때, 무 혜비가 태자와 두 왕을 해친 것으로 인하여 마음에 귀신이 들었다. 여러 차례 억울한 혼귀들의 무서운 짓을 보고 놀라 마음의 병을 얻었으며, 오래지 않아 그녀도 황천길로 갔다.

비 적장자로 제위 계승자[사자(嗣子)]가 되는 것은 더욱 어려운 일이었다. 그들의 생모가 보통의 신하 백성이면 어미와 아들 간의 거리는 하늘과 땅과 같이 멀어서 근본적으로 서로 서로 잡아주고 도와줄 수

21년(733년) 중서시랑(中書侍郞)을 거쳐 동중서문하평장사(同中書門下平章事)에 이르렀다. 현상(賢相)이라는 평을 들었으나, 736년 이임보(李林甫)의 모함을 받아 재상직에서 물러나고, 외직으로 나가 형주장사(荊州長史)가 되었다. 안록산(安祿山)이 위험한 인물임으로 멀리 해야 한다고 현종에게 여러 차례 간하였다.

89 19년간 재상을 지냈으나 표리부동하고 간사한 인물로 유명하여 입으론 번지르르하게 말하면서 등에 칼을 꽂는(구밀복검(口蜜腹劍)) 자로 전해지고 있다. 당나라가 쇠망의 길로 들어서는데 주요한 역할을 하였다.

없었다. 만일 적모인 황후가 마음이 넓고 인자하면 그들에 대해 항상 비바람을 막아줄 수 있지만, 황후가 자기 나름대로의 생각을 가지고 있다면, 그들의 주위는 아주 쉽게 위험한 것들로 둘러싸이게 된다.

송(宋) 영종(寧宗)[90]이 아들을 얻을 희망이 사라진 후에 황위계승의 법통이 연속으로 이루어지도록 하기 위하여 종실의 자녀인 조귀화(趙貴和)를 황자로 삼았다. 그에게 조굉(趙竑)이란 이름을 하사하고, 그를 가르치고 훈련시키면서 태자 후보자가 되도록 하였다. 그러나 조굉은 사람들이 하라는 대로 하는 아이가 아니었다. 좋아하는 것과 싫어하는 것이 분명하였으며 멀리 내다보는 식견을 가지고 있었다. 얼마 지나지 않아 양황후에 기대어 일가를 이루게 된 재상 사미원(史弥遠, 1164~1233)[91]에 대해 반감을 가지게 되었다. 사미원은 조정에서 권신인 한탁주(韓侂冑)를 주살한 공을 자랑하였으며, 상당히 오만하고 불손하여 제멋대로 굴어서 조정이 엉망진창이 되게 하였다. 조굉은 반감을 가슴에 깊이 묻어두고 뒷날 뜻을 얻게 되면 이를 문제시할 준비를 하였다. 그러나 그는 결국은 어린 아이여서 그의 얼굴 표정에서 그러한 단서를 노출시키지 않기가 어려웠다. 사미원은 조굉이 장래에 자신에게 귀찮은 존재가 될 수 있다는 것을 은근히 눈치챘다. 그의 생각을 철저히 파악하기 위하여 거짓으로 그를 받들어 그에게 칠현금을 아주 잘 뜯는 미인을 바치고는 그녀로 하여금 은밀히 그를 감시하도록 하였다. 조굉은 그것이 계책인지도 모르고 얼마 지나지 않아

90 조확(趙擴). 재위 1197~1224년.

91 한탁주가 북벌에 실패한 후에 금(金)나라가 주전파의 머리를 요구하자 사미원이 양황후 등과 밀모를 꾸며 한탁주를 살해하여 그의 머리를 금에 보내 강화를 하였다. 그 일로 우승상(右丞相) 겸 추밀사(樞密使)가 되어 17년 동안 영종의 재상이 되었다. 1225년 조굉을 옹립하려던 사건을 처리하면서 조굉을 자살토록 하였다. 이종((理宗) 시대에도 9년간 재상직을 지내며 전권을 휘둘렀다. 금에 대해 유화책을 쓴 반면 국내적으로는 탄압적인 정책을 썼으며, 1233년 병사하였다.

미인의 치마폭에 싸였으며, 그녀를 자기의 마음을 알아주는 사람으로 생각하여 하지 않는 말이 없었다. 어느 날은 지도를 가리키며 "여기는 경애주(瓊崖州: 지금의 해남성)인데, 훗날 사미원을 이곳에 안치할 것이다."라고 말하였다. 또 어느 날은 책상 위에 글을 써서 "사미원을 마땅히 팔천리 밖으로 유배시킬 것이다."라고 하였다. 미녀는 전혀 표정의 변화 없이 지내면서, 은밀히 하나하나를 전부 사미원에게 보고하였다. 사미원이 실체를 알게 되자 다른 종실의 자녀인 조전(趙昀)[92]으로 조굉을 대체하여 뒷날의 근심거리를 해결하려고 계획을 세웠다. 영종이 임종을 맞게 되었을 때, 사미원은 양황후의 조카인 양곡(楊谷), 양석(楊石)을 시켜 내궁에 들어가 그들의 고모인 양황후에게 황제의 후사가 될 인물을 바꾸도록 요구하였으나, 일곱 차례나 거절당하였다. 마지막으로 양곡 등이 눈물을 흘리면서 "군대와 백성의 마음이 조전에 이미 쏠려 있습니다. 만일 그를 책봉하지 않는다면 화가 반드시 미칠 것이며, 양씨 가문은 멸문을 당하게 될 것입니다."라고 간곡히 아뢰었다. 양황후는 오랫동안 침묵하고 있다가 비로소 고개를 끄덕여 허락하였다. 이에 조서를 거짓으로 꾸며 조굉을 폐출하고 조전을 불러 아들로 삼고 황자로 세웠다. 이 투쟁은 어미의 보호가 없는 조굉의 실패로 일단락되었다.

92 이종(理宗). 재위 1224~1264년.

4

형형색색의 노리개용 남자

신기한 연애 / 부부 같은 정부 / 여전히 아름다운 중년부인 /
남편을 넘어서는 의지처 / 가짜 환관 진짜 애인 /
절 밖 속세의 인연 / 공학감(控鶴監)

남자노리개. 이 명사를 이야기할 때면 사람들은 언제나 경멸하는 얼굴빛이 된다. 인간의 욕망이 넘쳐흐르는 형형색색의 성관계에 있어서 남자노리개는 가장 비천하고 더러운 것으로 여겨졌다. 이러한 관념은 전통적인 성(性)학설에서 기인하고 있다. 즉, 남녀 성관계에 있어 응당 남성이 주역이지 여자가 아니라는 것이다. 그러나 남자노리개는 도리어 조역의 역할로 나타난다. 그들과 성 파트너의 관계는 남자들의 첩이나 정부(情婦)와 유사하여 인격적으로 심각한 치욕적인 색채를 띠었다. 남자노리개는 보통의 의미에 있어 정부(情夫)가 아니고, 단지 황후비빈 및 귀부인의 혼외연애 대상에 불과했다. 민간 여자의 정부는 일반적으로 평부(姘夫)라고 불렸다. 남자노리개가 궁궐을 드나들면서 황후비빈이 즐거이 받아주는 대상이 될 수 있었던 것은 그들이 두 가지 역할, 즉 정부(情夫)와 정치적 동맹자의 역할을 맡을 수 있었기 때문이다. 전자는 풍류가 있고 호방하며, 체격이 우람하고 정력이 왕성하면서도 부드럽고 살가우며, 사람의 뜻을 잘 헤아려야 했으며, 후자는 정치적인 머리, 권력욕, 투쟁기교, 조직능력 및 집단의식이 있어야 했다. 남자노리개는 정욕과 정치의 혼합물로 그들과 황후비빈의 정치적 합의는 수많은 반감을 불러일으키는, 그럼에도 불구하고 또한 상당히 실제적인 행위를 연출하였다. 이로 인해 궁중에서는 늘 부정한 남녀의 소문이나 정치적 추문이 흘러나왔다.

신기한 연애

웅장하고 화려한 전각, 가득한 아름다운 보석, 눈부시고 화려한 비단치마, 산해진미의 요리. 인간세상의 천당 모습을 이루면서 봉래산의 선경(仙境)에 사는 선녀들처럼 황후비빈들이 무리지어 생활하도록 하였다. 그러나 이러한 선경 속에서 도리어 그녀들이 공허하기 이를 데 없는 정신적 고통을 겪으리라고 누가 알 수 있겠는가? 백 사람, 천 사람, 심지어 만 사람이 한 명의 남편을 같이 모시니 찻잔의 물로 마차 가득한 나무를 적시는 느낌이었다. 군주의 정력은 한계가 있기 때문에 그녀들에게 고루고루 은혜를 내려 사랑의 비를 내려 주기가 어려웠다. 이에 따라 그녀들 대다수는 오랜 기간 독수공방할 수밖에 없었으며 어쩌다 몇 차례 같이 즐거움을 나누었을지라도 일생에 걸친 정욕을 만족시킬 방법이 없었다. 군주가 일단 세상을 뜨면 그녀들은 철저하게 남녀가 즐기는 생활과 단절될 수밖에 없었다. 심리와 생리요구에 있어 일반사람과 전혀 다름이 없는 황후비빈들은 이 모든 것들로 인해 큰 고통을 느낄 수밖에 없었다. 이러한 현상을 변화시키려고 일부 정욕이 특별히 왕성하고 담이 큰 여인은 정욕을 분출할 길을 별도로 찾아 나섰으며, 계속해서 각종 방법을 통해 남자노리개의 가슴에 안겼다.

서진(西晉) 중기의 어느 날 수도 낙양(洛陽)의 사법기관이 아주 특수한 한 사건을 심리하였다. 피고는 낙양 남쪽 한 현(縣)의 도위부(盜尉部)의 하급관리로, 죄명은 법을 고의로 어긴 죄로 명문귀족의 옷을 훔쳤다는 것이다. 그는 집안이 미천하고 직위가 아주 낮았지만 표준적인 미남자였다. 평상시에 사람됨이 규율을 잘 지키며, 무슨 여색을 밝힌다든가 여인을 농락한다든가 하는 소문도 없었고, 다른 단정치 못한 일도 없었다. 그런데 조사를 받게 될 무렵에 그가 늘 화려하고 아주 비싼 옷을 입고 다니는 것을 사람들이 발견하였던 것이다. 그의 소득수준으로 그런 옷을 입는다는 것은 아주 의심스러운 일이었다. 이러한 일은 사법관서의 관심을 끌었고, 그를 불러서 심문을 하게 되었다. 공교롭게도 당시 가남풍(賈南風) 황후의 먼 친척이 도둑을 맞았는데, 이로 인해 그 친척도 불려 와서 심문을 방청하게 되었다. 법관이 엄격하게 하급관리에게 질문을 해대었지만, 그는 조금도 긴장하지 않고 아주 흥미진진하게 일단의 기이한 만남을 풀어 놓았다. "어느 날 일이 있어 외출을 하였는데 길에서 한 노부인을 만났습니다. 그녀가 말하길 집에 병자가 있는데 성 남쪽의 젊은이와 서로 얼굴을 맞이하여야 비로소 병을 제거할 수 있다고 하면서 여러 차례 간절히 도와줄 것을 요청하였습니다(당시의 무당의 처방 중 하나). 게다가 사례를 아주 많이 해주겠다고 하여 응낙을 하고 노부인이 불러 온 마차에 올라 분부대로 큰 대나무 상자에 들어가 앉았습니다. 대강 십여리 길을 갔으며, 여섯 일곱 차례 문턱을 넘어가고 나서 상자에서 나와 마차에서 내렸습니다. 사면이 전부 높다란 회랑과 으리으리한 집이었습니다. 내가 여기가 어디냐고 묻자 노부인이 천상의 신선이 노니는 곳이라고 답하였습니다. 그녀가 저를 한 방으로 데리고 가 향기로운 물로 목욕을 하게 하고, 그 옆에 화려한 옷과 맛있는 음식을 준비하였습니다. 내가 다 먹고 옷을 차려 입자 나를 다시 내실로 인도하였습니다. 그 안에는 한 부인이 앉아 있었는데 대략 삼십오, 육세의 나이였으며 몸체는 왜소하고 피부는 파란 빛이 도는 검은색이었으며, 눈썹 주변에 흠집이 있었습니다. 그렇게 나는 몇 날 저녁을 그곳에서 지내면서 그녀와 같은 침대에 같이 잤습니다. 노비들이 끊임없이 바꾸어주는 풍성한 음식을 먹었습니다. 헤어질 때가 되자 그녀가 저에 대해 애절함을 떨치지 못하여서 차마 헤어지지 못할 정도였습니다. 또한 이 옷을 주어 기념으로 삼았습니다." 사람들이 이 말을 듣자마자 즉시 그 이야기 속의 여주인이 바로 세상을 덮을 정도로 위세가 등등한 가(賈) 황후였음을 깨달았다. 법관은 감히 더 이상 추궁하지 못하였고 가황후의 친척도 계면쩍은 미소를 띠면서 가버렸다. 사건은 그렇게 흐지부지 종결되었다. 이러한 간통사건은 결코 가남풍이 우연히 저지르는 황당한 일이 아니었다. 비밀리에 민간의 미남자를 불러들여 친근한 환락을 즐겼던 일은 그녀에게 있어서는 일상적인 일이었다. 일반적으로 남자가 그녀와 정사를 나눈 후에는 대부분 그를 살해하여 입을 막았다. 하급관리가 호랑이의 입을 다행스럽게 벗어날 수 있었던 것은 그가 흉악잔인하기로 명성이 높은 황후의 진정한 감정을 불러일으켰기 때문일 것이다. 민간에서 정부를 물색하는 외에 그녀는 궁궐 안에서도 누구나 다 아는 애인들을 가지고 있었다. 그 중에 태의(太醫) 영정거(令程據)가 그녀가 제일 심취하였던 사람이다. 백치남편 진(晉) 혜제(惠帝)는 그녀로 하여금 부부간의 따뜻한 정을 누리게 할 수 없었기에, 그녀의 음란방자함을 그대로 놔둘 수밖에 없었다.

부부 같은 정부

일반 사람의 생각에는 황후비빈들은 무시무시한 군주의 곁에 있었기 때문에 그녀들이 노리개용 남자를 거느리는 것은 반드시 아주 은밀하고 흔적도 없어야 하는 것이었다. 맞는 이야기다. 대부분의 사례들은 확실히 그러했다. 그러나 일부 황후비빈들은 금기를 깨고 원래 개인의 은밀한 일을 당당하게 행하면서 노리개용 남자가 마치 연인처럼 공개적으로 그녀들의 처소를 드나들게 하였다. 그녀들은 이것을 부끄러움으로 여기지 않았을 뿐만 아니라, 오히려 이를 통해 규칙을 철석같이 잘 지키거나 좀도둑처럼 몰래 행하는 여인들보다 생활을 더 즐길 자격과 권리가 있음을 표시하였다. 여성의 혼외연애를 속칭

'서방질 한다.'고 하는데 이들 황후비빈들은 이 말에서 '…질 한다'는 말을 뺀 '서방'만을 생각하여, 노리개용 남자를 갖는 것을 남편을 갖는 것과 마찬가지로 당연한 것으로 여겼다. 그러나 이 모든 것은 특수한 조건이 갖추어져야 가능한 것으로 결코 그녀들의 취향만으로는 할 수 없는 일이었다. 적어도 두 가지 조건을 갖추어야 했다. 첫째는 무능하고 연약하며 변태적인 남편이 못본 척하거나, 인정해 주거나, 심지어는 지지해 주어야 했다. 다른 하나는 남편이 장기간 원정을 가 있거나 죽은 경우이다.

남북조 시대 남조에 속한 제(齊)[1]의 울림왕(鬱林王) 소소업(蕭昭業)[2]은 반짝했다 사라진 군주로 그의 황후는 어릴 적 이름이 아노(阿奴)였던 하정영(何婧英)이었다. 그녀는 동성애자인 남자를 좋아했던 것으로 유명한데 일찍이 왕비였을 때 남편과 사귀고 있던 무뢰배 청년 중 얼굴이 예쁜 자들과 성관계를 즐겼다. 그 중에서 그녀가 가장 마음을 쏟았던 젊고 아름다웠던 자는 시서인(侍書人) 마징(馬澄)으로 두 사람은 힘겨루기 놀이를 구실로 항상 시시덕거렸다. 소소업은 이러한 일을 마음에 거슬려 하지 않았을 뿐만 아니라 오히려 옆에서 지켜 보면서 즐거워하였다. 황후로 책봉되기 전날 밤에 아노는 여자 무당의 아들인 양민지(楊民之)를 알게 되었는데, 이자는 마징보다 몇 십 배는 뛰어난 풍류를 갖춘 미남자였다. 또한 방중술에도 뛰어났다. 그들은 한눈에 서로 반하였으며 이때부터 종일 아교로 붙인 듯이 서로 붙어 있었다. 또한 조금도 다른 사람들의 이상히 여기는 눈빛을 개의치 않았다. 사람들이 '같이 침소에 드니 부부 같다.'라고 풍자할 정도였다. 그들의 관계는 아노(阿奴)가 황후의 관을 쓴 후에도 상당 기간 여전히

1 남제(南齊, 479~502년).
2 재위 493. 7~494. 7월.

그러하였다. 하정영이 볼 때 소소업과 그녀는 이름만 부부였고, 양민지와 그녀가 쌍쌍이 날아다니고 같이 둥지에 들어가는 같은 숲의 새였다. 사람들은 하정영이 이와 같이 노리개용 남자와 서로 잘 지내고 있는데, 소소업이 이에 대해 전혀 반감을 보이지 않는 것을 보고 불가사의함을 느꼈을 수도 있다. 그러나 소소업을 한번 자세히 살펴본 후에는 곧 그 원인이 있음을 알 수 있었다. 그와 양민지는 동성연애를 하였으며, 아노와는 비정상적인 성(性)유희를 하는 것을 좋아하였으며, 이에 더하여 남녀가 서로 성관계를 갖는 모습을 지켜보기 좋아하는 심각한 성변태자였다. 소소업은 군주와 황후, 신하 삼자 간의 복잡하고 비열한 성관계를 아주 즐겨하였을 뿐만 아니라 아내에게 불만의 감정을 나태내기는커녕 오히려 그녀를 더 이상 얻기 어려운 짝으로 여겼다. 이런 일들이 시끌벅적해지면서 더 이상 체통을 지키기 어렵게 되자 몇몇 원로 중신들 역시 더 이상 침묵할 수 없었다. 그들은 혼용한 군주에게 압력을 가하여 양민지를 참수토록 하였다. 이렇게 해서야 비로소 조정과 민간의 여론을 점차 가라앉힐 수 있었다.

선비족(鮮卑族)이 주체인 북위(北魏, 386~556년)에서 명성이 높았던 효문제(孝文帝)[3]는 개혁을 통해 선비족의 한족화(漢族化)를 추진하였던 군주로 국가대사에서는 성공적인 업적을 이루었지만 혼인에 있어서는 그리 만족스럽지 못하였다. 그는 몇 명의 황후를 세웠었는데, 그 중 두 명은 태사(太師) 풍희(馮熙)의 금지옥엽으로 큰딸은 내궁의 사건으로 인해 폐출되었으며 역사적으로 폐위된 황후 풍씨라 불리었다. 둘째는 만년에 냉궁(冷宮)에 유폐되어 있었기 때문에 역사적으로 유폐된 황후 풍씨라고 불렸다. 여기서 이야기할 사람은 둘째이다. 당시 중국이 남북으로 분열되어 있었는데 양측은 전쟁이 빈번하였다. 효문

3 원굉(元宏). 재위 471~499년.

제는 늘 군대를 이끌고 출정하였기 때문에 풍씨는 궁궐에 홀로 남아 늘 그림자를 벗으로 삼아야만 했다. 풍씨는 적막을 두려워하는 여인으로 일찍이 고향으로 돌아가 병을 치료할 때에 법도에 어긋난 행동을 한다는 소문이 돌았었다. 남편이 멀리 원정을 나가자 애정을 나누고자 하는 마음이 짙어졌다. 관리인 고보살(高菩薩)이 체격이 우람한 것을 보고, 즉시 남녀의 정을 나누기 시작하였다. 처음에는 몰래몰래 두 사람이 일을 벌였으며, 감히 제멋대로 하지 않았다. 전방 군영에서 효문제가 병으로 쓰러졌다는 소식이 전해진 후에 그들은 군주가 다시는 일어나지 못하리라 생각하고는 대역무도한 금기라는 생각을 버리고 사람들의 이목을 개의치 않은 채 공공연히 연인들처럼 같이 드나들었다. 그들의 심복인 중상시(中常侍) 쌍몽(雙蒙)이 온갖 방법을 다 생각하여 그들이 남녀의 일을 잘 하도록 조건을 만들어 주었다. 다른 충직한 중상시 극붕(劇鵬)은 좋은 뜻에서 풍씨에게 황가의 체면을 살피라고 권고하곤 하였지만, 여러 번 거절을 당한 후에는 분노와 두려움으로 인해 죽었다. 뜨내기부부의 예상을 뒤엎고 효문제가 갑자기 옥체가 좋아졌다.

혼사로 인해 풍씨와 갈등이 생겼던 팽성공주(彭城公主)가 어려움을 무릅쓰고 군영으로 달려가 내궁에서 벌어진 추행을 고발하였다. 효문제는 진상을 명확히 조사하기 위하여 일부러 빨리 수도로 돌아갔다. 풍씨는 일이 발각될 것을 두려워하여 엄청난 돈으로 환관을 매수하여 그들의 입을 막으려고 하였다. 소황문(小黃門) 소흥수(蘇興壽)가 이에 휩쓸리지 않고 비밀리에 군주에게 그가 이해하고 있는 정황을 보고하였다. 효문제가 자세한 내막을 파악한 후에 한꺼번에 고보살, 쌍몽 등 여섯 명을 체포하고 그들이 서로 고발을 하여 죄상을 불도록 하였다. 죄상의 증거가 확실해지자 그는 밤을 새워가며 풍씨를 심문하였고 고보살 등이 그 자리에서 증거를 대도록 하였다. 풍씨는 상황이 급박함을 보고 주변을 물려줄 것을 요청하고 그녀와 고보살이 간통한 경과를 고했다. 그녀의 언니가 이미 폐출된 까닭으로 효문제는 자기가 연속으로 황후를 폐출하였다는 오명을 피하기 위하여 그녀를 냉궁에 가두기로 결정하였다. 풍씨는 끝까지 복종하려 하지 않았다. 효문제는 풍씨의 어미를 책망하고 입궁토록하여 딸에게 회초리를 100여대 치도록 하여 그녀의 콧대를 꺾었다. 냉궁에 갇힌 풍씨는 최후에는 여전히 천수를 누리지 못하였다. 효문제가 임종 전에 조서를 내리면서 "풍씨는 부덕을 해친지 오래되어 스스로 하늘과 단절되었다. 만일 빨리 (그녀를) 해결하지 못한다면 서한 말기의 황후비빈들이 전권을 휘두른 화를 불러올까 두렵다. 내가 죽은 후에 그녀가 자살하도록 하라. 황후의 예로 안장하여 풍씨의 큰 잘못을 덮도록 하라."고 지시하였다. 효문제가 죽은 후에 조서가 집행되었는데 풍씨는 이것은 왕들이 자신을 모해하려는 구실이라고 책망하며 자살하려 하지 않았으나, 결국은 강제로 독약을 마시게 되어 급사하였다.

여전히 아름다운 중년부인

여자가 서른 살이 넘어가면 왕왕 강렬한 성욕구가 있다. 구중궁궐 깊은 곳에 있는 황후비빈들이 이 나이에 이르러 군왕의 적당한 애무를 받을 수 있다면 위안을 얻을 수 있다고 할 수 있지만, 만일 총애를 잃어 독수공방하게 되어 잠시의 따사로움도 보증할 수 없다면, 그 아픈 감정은 말로 표현하기 어려웠다. 이러한 상황에서 대다수의 사람들은 제한된 조건 때문에 적막감을 참아내지만, 일부 욕구를 억제할 방법이 없는 이들은 규율을 어기고 혼외연애도 마다치 않고 그녀들의 성적인 손실을 메꾸었는데, 풍속을 해치는 죄를 저지른 것이 되었다.

'중년이 된 서부인, 우아함이 여전하네.'는 널리 회자되는 옛 말이다.[4] 이 말의 원문은 '서부인이 비록 늙었지만 여전히 다정다감하여라(徐娘雖老猶尙多情).'로 남조의 양(梁, 502~587년) 원제(元帝)[5]의 비빈인 서소패(徐昭佩)를 가리키는 말이었다. 서(徐)비(妃)는 절세가인이 아니라 평범한 용모를 가지고 있었으며, 기질 역시 좋지 않았고 교양이 극히 부족하였다. 원제는 그녀에 대해 흥취를 느끼지 못하고 따분해 하였다. 부부라는 명분 때문에 어쩌다 한번 그녀와 잠자리를 같이 하는 것이 대우해 주는 것이라고 할 수 있었다. 그러나 원제 역시 미남자가 아니었으며 애꾸눈이었다. 남편의 소홀함에 대한 보복으로 서비는 그가 자기에게 올 때마다 얼굴 반쪽만 화장을 하고 그를 맞아들였다. 결과는 이러한 무언의 악독한 풍자에 대로하여 그가 가버리는 것이었다. 어쩌다 원제가 다소 마음이 평안할 때는 그녀가 완전히 취하여서 먹은 것을 전부 그의 몸에다 토하곤 하였다.

서소패는 남편 곁에서 애정을 얻지 못하자, 방향을 바꾸어 노리개용 남자를 찾아 즐거움을 구하기 시작하였다. 그녀는 원제의 시종관인 기계강(暨季江)을 마음에 들어 하였다. 용모가 뛰어난 시종관은 자주 던져지는 추파를 통해 그녀의 의도를 알아차렸지만 처음에는 감히 일을 만들어 군주를 원서공(元緖公)[6]으로 만들었다는 죄명을 쓰지

4 우아한 아름다운 중년부인을 일컫기도 하지만, 조롱의 뜻도 담고 있다.
5 소역(蕭繹, 508~555). 스스로를 금루자(金樓子)라고 하였으며, 552~554년간 재위. 무제(武帝) 소연(蕭衍)의 일곱 째 아들이며 간문제(簡文帝) 소강(蕭綱)의 동생.
6 거북이를 일컫는 말. 중국에는 지독한 욕으로 왕빠딴(王八蛋: 애비가 누군지 모

않으려고 하였다. 그러나 서소패의 끈질긴 유혹으로 감정을 스스로 억제치 못하고 정욕의 그물에 걸려들었다. 여러 번 그녀와 은밀히 만난 후에 그가 해학적이면서도 아주 밀접하게 다가오는 말로 절친한 친구에게 "백직의 개는 늙어도 여전히 사냥을 할 수 있으며, 율양의 말은 늙었어도 여전히 힘세며, 서부인은 늙어도 여전히 다정다감하네."[7]라고 읊조렸다. 서(徐)비(妃)는 기계강에게 줄곧 깊은 정을 가진 것은 아니었고, 단지 그를 가져다 빈자리를 메우는 것이어서, 얼마 지나지 않자 싫증을 느꼈다.

시간을 보내기 위해 그녀는 향불이 왕성하게 타오르고 있는 보현니사(普賢尼寺)로 바람을 쐬러 갔다. 향불을 지피는 사람 중에서 공교롭게도 유명한 미남자인 하휘(賀徽)를 보게 된 그녀는 마음이 들뜨는 것을 느꼈다. 그 자리에서 그에게 속마음을 털어놓지 못하는 것이 한스러웠다. 사람들이 많고 보는 눈이 많아 이를 피하는 기발한 생각을 하였다. 자신의 향기가 배어 있는 백각(白角)[8] 베개에 사랑의 은유시를 적어 다른 사람을 통해 하휘에게 선물을 보내, 자기의 마음을 밝혔다. 서소패의 결말은 하정영에 못 미쳤다. 그녀의 도리를 벗어난 행위로 원제가 수치와 분노를 느끼게 되어 참을 수 없게 되자, 끝내는 내궁의 투쟁을 빌미로 그녀에게 자살을 명하였다. 서소패는 자기가 한 행위들로 남편이 이를 갈며 증오하는 것을 알고 있었기 때문에 아무런 요구도 하지 않은 채 어화원의 우물에 몸을 던져 생명을 끊었다. 그녀의 시체를 건진 후에 아내를 내보내는 풍속에 따라 친정집으

르는 놈)이란 것이 있는데 이와 비슷한 뜻이라고 할 수 있다. 아내가 외도를 하는 남편을 원서공(元绪公) 또는 속어로 거북이라고 하였는데, 거북이 머리가 녹색이어서 아내 외도의 추문을 '녹색모자[녹모자(綠帽子)]'라고 하였다.

7 栢直狗雖老猶能獵 / 蕭溧馬雖老猶駿 / 徐娘雖老猶尙多情.

8 백색의 소뿔.

로 돌려 보냈다. 원제는 여전히 증오를 삭이지 못하고, 직접 한편의 〈금루자부(金樓子賦)〉를 지어 죽은 처의 여러 가지 음행을 책망하였다.

일찍이 춘추시대에 제나라에서도 중년의 태후가 간통을 한 사건이 발생하였었으나, 종말은 서소패와 완전히 달랐다. 간통을 한 사람이 대권을 쥐고 있었기 때문에 법 밖에서 놀았을 뿐만 아니라, 반대로 그것을 엿보아 고발한 자가 엄격한 제재를 받았다.

제(齊) 영공(靈公)[9]의 모친인 성맹자(聲孟子)는 과부가 된 후에 너무나 무료하여 심적으로 의지할 데를 찾아 고독한 생활을 바꾸려고 내궁 세력에 빌붙으려고 하는 대신, 경극(慶克)에게 추파를 던져 이름은 없으나 실질적인 부부가 되고자 하였다. 경극은 이러한 연분을 대단히 중시하였지만 다른 사람들이 이를 알게 되면 자신의 명성이 손상을 입고 법망에도 걸리게 될까봐 두려워하였다. 이리저리 생각한 끝에 사람들의 눈을 가리는 방법을 생각해 냈다. 매번 입궁할 때마다 당시 부인들이 외출할 때에 의복으로 얼굴을 가리는 풍속을 이용하여, 경극이 여장을 한 후에 다른 부인을 불러 함께 마차를 타고 들어가 귀부인이 입궁하여 태후를 알현하는 것처럼 꾸몄다. 처음 몇 번은 모두 속임수가 통하였지만, 뒤에 한 번은 포숙아(鮑叔牙, B.C. 723~644)[10]의 증손자인 대신 포견(鮑牽)에게 들키게 되었다. 포견은 이 일을 집정대신인 국무자(國武子)에게 보고하였고, 경극이 질문을 받게 되었다. 경

9 강환(姜環). 재위 B.C. 582~554년.

10 춘추시대 제(齊)나라 대부로 일찍이 강소백(姜小白, 훗날 제 환공)을 모셨으며 친구인 관중(管仲)을 재상으로 천거하여 환공이 천하를 제패하도록 하였다. 제 환공 41년에 재상이 된 후에 얼마 되지 않아 병사하였다. 그의 친구와의 우정을 나타내는 사자성어 '관포지교(管鮑之交)'의 주인공 중 한 사람이다. 관중이 더 유명한 정치가이기는 하지만 사실상 제 환공이 나라를 발전시키고 춘추시대 패자(霸者)가 된 것은 포숙아의 공이 훨씬 컸다고 할 수도 있다.

극은 너무 두려워하여 문을 걸어 닫고 외출하지 않았다. 적당한 기회를 찾아 간통한 일이 새어 나갔다는 소식을 성맹자에게 알렸다. 성맹자는 일을 있는 그대로 논하면서 이를 덮으려하지 않고 영공에게 포견과 그의 무리인 고무구(高無咎)가 군주를 바꾸려는 정변을 준비하고 있다고 날조하여 말하였다. 영공은 어머니 말을 조금도 의심하지 않고 명령을 내려 포견은 발꿈치를 잘라내는 형벌인 월형(刖刑)에 처하고 고무구는 즉시 제나라를 떠나도록 하였다.

황족 가운데 노리개용 남자를 아무런 거리낌 없이 데리고 놀았던 사람은 유송(劉宋, 420~479년)의 산양공주(山陽公主) 유초옥(劉楚玉)이라고 할 수 있다. 그녀와 전폐제(前廢帝) 유자업(劉子業)[11]은 같은 엄마에게서 태어난 형제자매였다. 오빠는 흉악하고 패역하며 폭력적인 것으로 유명하였고, 여동생은 음란하여 색을 지나치게 밝힌 것으로 유명하였다. 산양공주는 수많은 정부(情夫)들과 놀아나면서도 이에 만족하지 못하고, 마침내 기상천외하게도 황제 오빠에게 들어본 적이 없는 요구를 하였다. 군주가 비빈들을 거느리는 것처럼 그녀에게도 공개적으로 노리개용 남자를 달라고 청하였다. 그녀가 유자업에게 "신첩과 폐하는 비록 남녀의 구별이 있지만 다 같이 선황제의 소생입니다. 그러나 폐하는 수많은 미녀를 거느리고 있으나, 저는 부마 한 명 뿐입니다. 정말 불공평하기 그지없는 일입니다."라고 말하였다. 폐제는 그녀의 고집을 꺾지 못하고 결국 그 요구를 들어 주기로 답하였다. 삼십 명의 노리개용 남자를 선발해서 그녀가 당당하게 좌우에 거느리도록 하였다. 유초옥은 여전히 만족하지 못하고 이부랑(吏部郎) 저연(褚淵)이 미남인 것을 보고 황제 오빠에게 그를 자기의 시종으로 달라고 하였다. 저연이 십여 일 시종을 들고 있는데 그녀는 매일매일

11 재위 464~465년.

그에게 노리개용 남자 역할을 요구하였다. 그러나 저연은 올곧은 사람이어서 이러한 비천한 일을 원하지 않았으며, 화를 내며 바로 공주의 저택을 떠나 죽어도 돌아가지 않겠다고 서언 하였다.

남편을 넘어서는 의지처

황후비빈들과 노리개용 남자가 즐거움을 나눌 때 사람들은 대부분 그녀들이 풍기를 문란하게 한다고 비난을 하지만, 오히려 그 행위 속에 내재된 정치적인 의미를 놓치는 경우가 많았다.

황후비빈들은 일반 여성이 아니다. 그녀들의 지위는 그녀들로 하여금 뚜렷한 정치적 속성을 갖게 한다. 그녀들이 규칙에 따라서 행동하는 것은 남편에게 기댈 수 있다는 전제가 깔려 있으며, 국가와 궁정에서 규정한 주어진 일을 수행하게 된다. 만일 권력욕이 넘쳐 본분을 넘어 일을 벌이게 되면 필연적으로 남편의 반감을 불러일으키고 제어를 당하게 된다. 단지 그녀들 혼자서 남편과 힘겨루기를 한다면 그 힘이 상당히 약하기 때문에 궁궐 외부세력을 찾게 되지만, 외척을 제외하면 진정으로 속마음을 털어놓고 진심으로 협력할 세력을 찾는 것은 지극히 어려웠다. 정치무대에 나서지 않으면 안 되는 황후비빈들은 이러한 상황들을 고려하여 성(性)을 정치에 집어넣어 여성 본래의 성적 특징을 빌어 남편 외에 남자를 찾아 자기의 의지처로 삼곤 하였다. 남자를 물색하고 선택할 때, 그녀들은 늘 지위, 몸값, 능력, 권세를 가진 대신들에게 눈독을 들였으며 교묘한 유인을 통해 그들을 자기의 남자노리개로 만들었으며, 이를 통해 확고한 정치적 연맹을 결성하였다. 군주와의 합법적인 부부관계에 있어서는 그녀들이 종속되는 처지에 있었지만, 남자노리개와의 비정상적인 관계에 있어서는 주도적인 위치로 올라가서 지배권을 쥐었다. 남자노리개가 일단 황후비빈들과 얽혀들게 되면 그들은 이러한 기회를 잡아 정치적인 이익을 도모하였으며, 있는 힘을 다해 그들의 재능과 능력을 바쳤다. 비도덕적 애정의 결합이 만들어 내는 비정상적 정치관계는 남녀 쌍방의 인격의 뒤틀림으로 인해 왕왕 변태적이며 가공할 정치적인 풍경을 만들어 낼 수 있었다. 이러한 상황이 사회 전체의 혼란을 불러온 적은 없었을 지라도, 적어도 정권 내부에 심각한 위기를 깔아 놓았었다.

측천무후가 정권을 다시 이(李) 황실(皇室)에 돌려주기 전에 이(李) 황실이 무(武)씨 집단과 정치연합을 하여야 한다는 조건을 제시한 바 있었다. 당(唐) 중종(中宗)[12]이 복위한 후에 이러한 조건은 그의 정부에서 명확하게 집행되어, 무씨 집단의 우두머리인 무삼사(武三思)[13]가 재상으로 임명되었다. 그러나 그 이후 정통세력인 중종이 굴욕을 겪는 세월이 계속되었다. 정치연합은 그에게 어떠한 편리도 가져오지 못하였을 뿐만 아니라 반대로 엄청난 치욕을 겪게 하였다. 중종의 황후 위(韋)씨와 비빈인 상관완아(上官婉兒, 664~710)[14]가 정치적인 야심에서 무삼사와 마음과 뜻을 다하여 연합하여 집정했을 뿐만 아니라 심지

12 이현(李顯). 당 고종과 측천무후의 셋째 아들로 683~684년, 705~710년간 두 차례 재위하였다.

13 출생연도 미상, 707년 사망. 측천무후의 조카.

14 여류 시인이며 상관의(上官儀)의 손녀로, 상관의가 죽임을 당한 뒤 어머니 정(鄭)씨를 따라 궁정에 들어갔다. 14살 때 측천무후의 부름을 받아 조서(詔書)와 명(命)을 짓는 일을 담당하게 되었다. 중종이 즉위한 후 신임을 얻어 소용(昭容)에 책봉되었다. 무삼사(武三思)와 어울려 조정의 권력을 장악했다. 임치왕(臨緇王) 이융기(李隆基)가 반정을 하였을 때 위(韋)황후와 함께 죽임을 당했다. 〈전당시(全唐詩)〉에 그녀의 시 30여 편이 수록되어 있다.

어 한 침대에서 같이 뒹구는 수작도 부렸다. 무삼사는 평범하기 짝이 없는 군주를 근본적으로 개의치 않았다. 내궁을 자기의 거처로 여겼으며, 출입에 있어 방약무인으로 기세등등하였다. 무삼사는 어느 때는 발길 가는 대로 내궁에 들어가 아주 자연스럽게 위황후와 황제의 침대에 앉아 쌍육(雙陸)[15]이란 게임을 하였는데, 중종은 조금도 원망하는 기색 없이 환한 얼굴로 곁에서 그들을 위해 산가지를 세면서 누가 이기고 졌는지를 계산해 주었다. 처음에 무삼사와 사통한 사람은 상관완아였다. 시문으로 온 세상에 명성이 높았던 재능이 뛰어난 그녀는 궁궐 밖에 호화로운 별장을 가지고 있었는데, 거기에서 무삼사를 만났으며 서로 너무 늦게 만난 것을 한탄할 정도였다. 충분히 사랑의 재미를 맛본 후에 그녀는 애인을 두둑한 선물로 삼아 위황후에게 헌납하였다. 무삼사는 확실히 수완이 비범해서, 두 여인과 육체적 관계는 물론 정치에 있어서도 상당히 잘 어울려서 말하지 않아도 서로 짝짝 잘 맞았다. 그는 조정에서는 적극적으로 '이성(二聖)'의 논법을 고취하여 위황후가 중종과 함께 일어나고 함께 앉는 위치가 되도록 하였다. 이에 보답하기 위하여 조서 작성의 대권을 장악하고 있던 상관완아는 매 조서마다 무씨들을 올려주고 이씨들은 깎아내리는 단어들을 사용하였다. 무삼사는 장기간 무씨 집단의 이익을 유지하기 위하여, 두 여인은 군주권을 장악하기 위하여, 여기에 더하여 자나깨나 황태녀(皇太女)가 되고 싶은 안락공주(安樂公主)가 가세하여 여성이 주요 구성원이 되는 기괴한 정치연합을 형성하였다. 이들이 태자 이중준(李重俊)을 폐출시켜 정치적 장애물을 제거하려고 함에 따라 쌍방간에 잔혹한 정치투쟁의 막을 열었다.

15 주사위 두 개를 던져 나온 수에 따라 말을 움직여 하는 놀이다. 직사각형 판에 숫자에 따라 말을 움직였는데, 백색과 홍색의 띠를 두른 말이 각각 14개씩 있고, 2개의 주사위가 있다.

쌍방이 궁중내분으로 싸우는 동안 태자는 세력이 약하고 혼자여서 점차 열세에 처하게 되었다. 아버지인 중종이 상대편 무리들에게 둘러싸여 있어 이미 부자 간에 대화를 할 방법이 없었다. 사면초가에 빠지게 되자, 태자는 위험을 무릅쓰고 일어설 수밖에 없었으며, 군주 곁의 소인배들을 깨끗이 정리해야 한다는 명목으로 스스로를 구하러 나설 수밖에 없었다. 그는 군대를 이끌고 가서 무삼사와 그 무리들을 처형하였으며, 궁궐에 들어가 아버지에게 위황후와 상관완아의 죄를 묻도록 요구하였다. 중종은 엄한 말로 이를 거절했을 뿐만 아니라, 자신의 정치적인 호소력을 발휘해 정변에 참여한 군대를 와해시켰다. 이중준은 거사가 실패하여 죽임을 당하였고, 그의 머리는 잘려져서 무삼사의 영전에 바쳐졌다.

후당(後唐, 923~936년) 장종(莊宗)[16]의 유(劉)황후는 인색한 것이 버릇이 되어 재물과 보화를 거두어들이는데 국가의 안위는 안중에도 없었다. 명종(明宗)[17]이 군대를 일으켜 장종에게 반기를 들었을 때에, 그녀가 숨겨둔 귀한 보물들을 꺼내어 장종에게 충성하는 병사들에게 급여로 내주기를 거절하면서 사태가 어그러지고 만회할 수 없게 되었다. 장종이 죽은 후에 그녀는 장종의 네 번째 동생인 대장군 이존악(李存渥)과 겨우 백여 기의 기병과 함께 태원으로 도망갔다. 도망가는 도중에 이존악의 보호를 받기 위하여 얼굴도 두껍게 그와 임시부부가 되었다.

남존여비의 전통문화 속에서 훈육을 받기 때문에 여성은 어려서부터 무의식 중에 감화되어 강렬한 의존 심리를 갖게 된다. 그 지위가 얼마나 높든, 권력이 얼마나 크든, 또한 얼마나 많이 독립적인 성격

16 이존욱(李存勗). 재위 923~926년.

17 이사원(李嗣源). 재위 926~933년.

을 갖든 잠재의식적으로 남성의 울타리를 벗어나기 어려웠다. 게다가 객관적으로 보면 당시의 사회는 남자 중심의 세계였기 때문에 남성의 도움과 밀어줌이 없다면 그녀들의 지위는 마치 모래 위에 지은 집과 같아서 근본적으로 그들의 생존에 필요한 기초를 세울 수 없었다. 존귀함이 넘쳐나는 태후일지라도 섭정의 단계에 있을 때 과부라는 이유로 인해 감정과 정치에 있어 이중의 상실감을 느낄 수 있었으며, 내심으로는 죽은 남편을 대신하여 짝으로 삼을 남자가 필요하였다. 도덕으로 자기를 잘 다스리는 태후는 감정의 갈등에 빠져들어 가는 것을 힘을 다하여 피하면서 정치상의 몇몇 파트너만을 구하였다. 그러나 애정을 중시하는 태후는 아주 쉽게 정치 파트너를 남자노리개로 변하게 하거나 또는 남자노리개를 정치적 파트너로 변하게 하였다.

북위(北魏, 386~556년) 시대에 전형적인 대장부가 있었다. 당당한 용모, 시원시원한 성격, 민첩하고 총명한 자질, 강직하고 결단력 있는 성격, 정무처리에 능숙함을 갖추었으며, 게다가 출신도 황족으로 조정에서 군계일학 같은 존재였다. 사람들이 그를 늘 뛰어난 존재로 여겨 숙연하게 경의를 표하였다. 이와 같은 인물이라면 당연히 일세의 명신으로 그 향기가 백대에 미쳐야 당연할 것이다. 그러나 실제는 너무도 유감스럽게 당연히 얻어야 할 역사적 지위를 얻지 못했을 뿐만 아니라, 도리어 한 번의 실수로 천추의 한을 남겼으며 치욕의 기둥에 못박히고 말았다. 일세를 떠들썩하게 하였던 청하왕(清河王) 원역(元懌, 487~520)[18]이 바로 그 주인공이었다. 한편의 시대적 비극이며

18 선비족(鮮卑族) 탁발부(拓跋部) 출신. 어렸을 때부터 영민했으며 외모가 뛰어나 효문제의 총애를 받았다. 497년 청하왕(清河王)으로 봉해졌으며, 499년 효문제가 죽고 이복형인 선무제(宣武帝) 원각(元恪)이 즉위한 뒤에 시중(侍中)과 상서복야(尙書僕射)를 지냈다. 515년 선무제가 죽고 효명제(孝明帝)가 즉위한 뒤에 보정대신(輔政大臣)이 되었다. 당시 호태후의 매부인 원차(元乂)가 태후의 신임을

한 인재가 인간의 욕망에 의해 무너지게 되었던 비극이다. 이 비극의 감독이자 여주인공은 황태후 호(胡)씨이다. 남편인 선무제(宣武帝)[19]가 세상을 떠나고 아들 효명제(孝明帝)[20]가 어린 나이에 즉위하자 그녀가 수렴청정할 자격을 얻었으며 왕조의 실질적인 주재자가 되었다. 여인 혼자 한 국가를 다스리려고 보니 전부가 남성인 관리들을 대면할 수 밖에 없었는데, 여러 가지 불편함과 정치관계의 장애로 인해 재능이 탁월하며 덕망이 있는 대신의 힘을 빌어서 조정하고 소통하는 채널을 구축해야 했다. 호태후가 조정 전체를 살펴 본 후에 최후로 종실의 구성원인 원역을 선택하여 황제를 보필하는 대신의 중임을 맡겼다. 원역은 호태후의 시동생으로 선대 황제 시절 일인지하 만인지상의 재상이었다. 특별한 정치적 조건과 가까운 혈연관계로 인해 호태후는 그가 반드시 힘을 보태주는 팔다리가 되리라고 생각하였다. 원역은 중임을 맡은 후에 황실에 대한 책임감과 태후의 신임에 보답한다는 생각에서 혼신의 힘을 다해 정부를 상당히 뛰어나게 잘 관리하였다. 그는 주공(周公), 곽광(霍光)을 본받아 천하의 일을 자기의 책임으로 삼았으며, 조정과 재야에서 명성과 영예를 얻었다. 이러한 상태를 계속해서 유지하였더라면 호태후와 원역은 극히 아름다운 정치적 파트너가 될 수 있었다. 그러나 좋은 일은 오래 못 간다고 호씨가 궤도를 이탈하여 시동생과의 정치관계에 성애(性愛) 관계를 빚어 넣기 시작하였다. 호씨는 과부인데다가 40세 전후의 나이[21]여서 타오르는

배경으로 교만하게 행동했는데, 원역은 원차의 전횡을 가로막아 그의 원한을 샀다. 520년 원차는 환관 유등(劉騰)과 함께 효명제를 사주하여 태후를 유폐시키고 원역을 모반의 혐의로 죽였다. 525년 원차가 모반 혐의로 사사된 뒤에 복권되어 태위공(太尉公)의 직위가 추증되었으며, 문헌(文獻)이라는 시호를 받았다.

19 원각(元恪). 재위 499~515년.

20 원우(元詡). 재위 515~528년.

21 호랑지년(虎狼之年)이라고 한다. 여성의 나이 30세를 랑(狼), 40세를 호(虎)라고

정욕으로 적막한 독신생활을 견디기 어려웠다. 원역의 당당한 용모와 남자다움, 매력으로 인해 그녀는 금단의 과실을 따먹고자 하는 유혹을 물리칠 수 없었다. 이 외에도 정치적인 고려로 호씨는 원역이 그들 힘없는 모자를 배반할까봐 두려워했다. 그래서 애정의 끈으로 그의 손발을 묶으려 하였다. 이러한 두 가지 이유로 두 사람이 만나는 기회를 이용하여 호씨가 대담하게 애정 공세에 나섰다. 처음에 원역은 난륜의 일을 감행하려 하지 않았으나, 호씨의 위세와 부드러운 정을 막아내지 못하고 끝내 무너지고 말았다. 태후는 서방질하는 목적을 달성하였고 명신은 남자노리개로 변하였다. 원역의 정적인 금군(禁軍) 대장 원차(元乂)가 이러한 추문을 이용하여 정변을 일으켰다. 효명제가 친정을 하도록 하고 죄명을 엮어서 원역을 비밀리에 처형하였고, 호태후는 냉궁에 유폐시켰다. 원역이 죽을 때 겨우 34세였다. 사람들은 그가 영명한 재능을 가지고 있었지만 실족하여 말도 되지 않는 죄명으로 죽은 것에 대해 안타까움과 억울함을 느꼈다.

가짜 환관 진짜 애인

환관은 생식기능을 상실한 중성인이란 특성을 갖고 있어서 내궁에 배치되어 군주와 후궁, 비빈, 궁녀들의 시중을 들도록 하였으며, 이를 통해 군주 독점의 성(性) 넝쿨을 침해하지 못하도록 하였다. 그러나 환관의 원래 몸이 결국은 남자의 몸이기 때문에 그들과 여성 사이에 서로 다른 성의 비교를 가지고 오게 하였다. 이로 인해 그들이 황후비빈들의 사생활을 뒷바라지할 때에 그녀들로 하여금 일종의 이성

하며 성적으로 왕성한 연령대이다.

과 만나는 것과 비슷한 위안을 느끼도록 하였다. 더욱 심한 것은 정상적인 성생활을 즐길 방법이 없는 태후들은 여인의 권리를 다시 찾아오는 동시에 도덕에 대한 여론의 공격을 피하기 위하여 가짜 환관을 만들었다. 그들로 하여금 사람의 이목을 속이는 가짜 거세수술을 받도록 하여 아주 당당하게 내궁에 들어와 아침 저녁으로 반려가 되는 남자 역할을 하도록 하였다.

관현악이 울려 퍼지고 즐거운 음악, 아름다운 맛, 유혹하는 향기가 가득했다. 진(秦) 상국(相國) 여불위(呂不韋, B.C. 292~235)[22]는 큰 잔치를 열어 손님들을 맞아들였다. 술이 거나해졌을 때 주인의 지시 아래 역사상 유례가 없었던 모습이 연출되었다. 시정잡배인 노애(嫪毐)가 성기를 축으로 삼아 오동나무 바퀴 가운데 넣고 바퀴를 돌리면서 잔치자리를 세 번이나 돌도록 하였다. 이 일은 발 없는 말 천리를 간다고 더욱 더 무성한 소문과 함께 홀로 지내고 있던 진시황의 모친의 귀에 들어갔으며, 노애는 남자의 성능력을 대표하는 신기한 인물로 변하였다. 이것은 여불위가 정성을 다해 꾸며낸 연극이었다. 그와 태후는 여러 해 동안 간통을 하는 관계였기 때문에 일이 새어나가 자기 지위와 생명에 위험이 닥칠지 모른다고 우려하여 온갖 방법을 다 동원하여 자신을 대신할 적합한 인물을 찾아내어 태후와의 관계에서 벗어나려고 하였던 것이다. 이번에 여불위의 수법은 비범하였다고 할 수 있는데 대담하고도 기이한 연출을 통해 태후가 노애에게 아주 질

22 위(衛) 복양(濮陽) 사람. 조나라에 볼모로 와 있던 진(秦)의 왕손 자초(子楚)를 도와 군주(장양왕(莊襄王), 재위 B.C. 249~247년)가 되도록 도와 주었다. 장양왕 시대 승상(丞相)이 되었으며 문신후(文信侯)로 책봉되어 식읍(食邑) 10만 호를 하사받았다. 진시황이 진왕이 되자 장양왕에게 헌납해 왕후로 삼게 했던 조희(진시황의 어머니)와 사통을 하는 관계가 되었다. 진시황이 장성한 후에는 실권을 잃었으며, 노애(嫪毐)의 변란에 연루되어 쫓겨 다닌 끝에 자결하였다.

은 흥미를 느끼게 하였다. 노애가 태후와 완전히 엮이도록 하기 위하여 여불위는 형벌을 집행하는 자를 매수하여 가짜로 노애를 궁형에 처하게 하고 환관을 사칭하여 궁궐에 섞여들어 가도록 하였다. 몇 번의 성관계 후에 태후는 이 새로 온 환관을 절대로 손에서 놓지 않을 정도로 사랑하게 되었으며, 자연스럽게 여불위와 관계가 점차 담담해졌다. 이때 이후로 고귀한 태후와 비천한 가짜 환관이 진시황과 많은 사람들을 속이면서 부부가 되었다. 봄에 꽃이 피면 가을에 열매가 맺어지듯이 여자가 임신을 하게 되었다. 그들은 그런 소문이 새어 나갈까봐 옹현(雍縣: 지금의 산서성 봉상현(鳳翔縣) 남부지역)[23]의 비교적 외지고 한적한 궁궐로 가서 둥지를 틀었다. 몇 년이 흐르면서 그들은 두 명의 아들을 낳았다. 이 시기의 노애는 이미 예전의 그가 아니었다. 신분이 아주 낮은 채 총애만을 받는 자가 아니라, 태후의 은총과 발탁에 기대어 장신후(長信侯)의 작위를 받았으며 내궁의 일을 결정하는 대권을 장악하였다. 몸값이 엄청나게 오르면서 그는 내궁에 웅크리고 살기를 원치 않았으며, 궁궐 밖에 화려하고 으리으리한 저택을 짓고, 그 안에서 기세가 등등한 주인 역할을 하였다. 대량으로 막료와 식객들을 끌어 모았는데 그 무리가 수천 명에 달하였다. 태후는 노애에게 정치적인 영향력을 확대하여 세력을 키우도록 부추겼는데, 그녀 자신도 생각이 있었기 때문이다. 즉, 옛 애인이었던 여불위와 보좌에 앉아 있는 자신의 아들을 정치적으로 견제하려고 하였던 것이다. 그녀는 현실 속에서 누리고 있는 것과 직감을 통해 권력의 오묘한 점을 잘 이해하게 되었으나, 자신이 직접 머리를 내밀고 권력을 장악할 방법이 없었다. 한편으론 역사적으로 태후가 전권을 휘두른 사례가 없

23 함양(咸陽)으로 수도를 옮기기 전 진나라의 수도였으며, 제2의 수도였다고 할 수 있다.

었고 다른 한편으론 여불위와 진시황이 이미 권력의 최고봉에 서 있었기 때문이다. 그녀가 노애를 키워준 것은 최고 권력의 일부를 나누어 가져 자신의 지위를 유지하려고 하였던 것이다. 노애는 본래 교양이 없는 자로 높은 지위를 얻게 되자 자신의 본분을 잊어버리기 시작하였다. 한번은 연회 중에 술에 취해 그와 태후 사이의 관계를 제멋대로 지껄여댔으며, 아무런 거리낌도 없이 자기가 지금의 진왕(秦王)의 양아버지라고 떠벌렸다. 진시황이 이를 알게 되고 대로하여, 그를 잡아다 죄를 물으려고 하였다. 노애는 상황이 심상치 않음을 보고 먼저 손을 썼다. 옥새와 태후의 인장을 훔쳐서 병사들을 동원하여 진시황이 거주하는 기년궁(蘄年宮)을 공격하였다. 진시황은 군대를 동원하여 장수들이 인솔케 하고 큼직한 상(賞)을 걸고 반격을 가하였다. 두 군대가 혈전을 벌인 결과 노애가 잡혔으며 나머지 무리들은 속속 투항하였다. 치욕을 씻기 위해 진시황은 자기 어미와 사통한 가짜 환관을 거열형(車裂刑)에 처하고 삼족을 멸하였다. 그런 후에 화가 머리끝까지 난 그는 태후궁으로 가서 직접 어미가 낳은 두 아들을 죽였으며, 동시에 불안해 어찌할 줄 모르는 어미에게 엄격하기 짝이 없는 조서를 내려 즉시 옹현의 함양궁으로 옮겨 가라고 하였다. 다시는 어미와 보지 않겠다는 명확한 표시였다.

진시황은 다시는 어느 누구도 모자관계를 회복해야 한다고 말하지 말도록 명령을 내리면서, 만일 이를 어기면 죽이겠노라고 하였다. 27명이 이러한 금령을 어기고 앞서거니 뒤서거니 입궁하여 상소를 올려 자신들의 의견을 말하였으나 하나하나 죽임을 당하였다. 재야의 선비인 모초(茅焦)가 27구의 시체를 무시하고 펄펄 끓는 기름가마 곁에 서서 죽음을 무릅쓰고 간하였다. 끝내는 진시황이 마음을 돌리게 되었고 어미를 다시 맞아들였다.

민간의 전설에서는 자희태후(慈禧太后, 서태후)가 내시 이연영(李蓮英)과 모종의 애매모호한 관계였다고 한다. 그러나 역사서에는 단 한글자도 그런 이야기가 없으며, 이러한 말들은 대부분 이연영이 자희를 아주 작은 부분까지 세밀하게 시중들었고, 이로 인해 두 사람이 몸체와 그림자처럼 서로 붙어 지냈기 때문에 만들어진 것이다. 게다가 자희의 정치적 명성이 좋지 않았기 때문에 사람들이 이러한 것을 빌미로 그녀에 대해 정치적인 공세를 펴면서 마음속의 불만을 분출시킨 것일 것이다. 환관은 생리적으로 보면 이미 남자가 되는 자격을 상실하였지만 심리적으로는 여전히 남자의 욕망을 가지고 있었다. 비록 정상적인 남자처럼 강렬하지는 않았을 지라도 필경은 일부 그러한 욕망이 남아 있어 여인들에 대해 흥미를 느낄 수 있었다. 일부 권력 있던 내시는 남자의 권리를 확보하여 형식상 결혼하여 가정을 이루었다. 중국 역사상 이러한 기풍을 열었던 사람은 당 현종 때의 환관이었던 고력사(高力士)였으며, 처첩을 가장 많이 들였던 사람은 명나라의 환관 위충현(魏忠賢)이었다.

황후비빈들의 변태적인 성관계는 환관과의 관계를 제외하고도 형제자매 간에 간통을 하는 경우도 있었다. 춘추시대 위(衛) 영공(靈公)이 가장 총애하였던 부인인 남자(南子)[24]는 어려서 아직 출가하기 전에 일찍이 친형제인 송조(宋朝)와 난륜을 벌인 적이 있었고, 그 추문이

24 출생연도 미상, B.C. 481년 사망. 송(宋)나라 공주로 위 영공의 부인이 되었다. 친오빠인 송나라의 공자(公子) 조(朝)와 사통(私通)했다. 태자 괴외(蒯聵)가 이를 부끄럽게 여겨 살해하려다가 실패하고 송나라로 달아났다. 영공 42년 영공이 죽자 남자가 괴외의 아들 첩(輒)을 즉위시켰는데, 이가 바로 출공(出公)이다. 공자(孔子)가 천하를 유력(遊歷)하다가 위나라에 갔을 때 그녀가 침실로 끌어들여 유혹했었던 이야기는 유명하다. 괴외가 B.C. 481년 위나라 군주위를 빼앗았으며 남자(南子)를 살해하였다.

알려지게 되었다. 위 영공은 지나간 일을 따지지 않았을 뿐만 아니라 남자(南子)의 환심을 얻기 위하여 특별히 송조를 불러서 그들 오누이가 옛정을 다시 나누도록 하였다. 이 일이 민간에 알려진 후에 곧 민요가 생겨났고 이 일을 조롱하였다.[25]

절 밖 속세의 인연

사람들이 향연이 가물거리는 절 안에서 불상을 향해 예를 다해 절을 할 때 그곳은 성스럽고 깨끗한 땅이라고 할 수 있다. 선남선녀에게는 뜻밖의 일이겠지만, 절 안에 거주하면서 그 명예를 파괴하는 못된 자들의 소문은 늘 있었다. 승려들의 간통 대상은 대부분 민간의 여인들이었으며 때로는 명문가의 규수도 있었다. 불교가 특별히 성행하던 시대에는 뜻밖에도 그들 중 일부는 황후비빈들의 장막 안을 파고들어갔다. 승려가 가사를 벗어 던지고 황후비빈들의 남자 첩이 되는 것은 먼저 당연히 쌍방의 애정이 통하고 의기가 투합하였기 때문이지만, 그 배후에는 도리어 정치적 고려가 더욱 깊숙이 자리 잡고 있었다. 여자측은 남자측이 종교적인 여론을 조성하여 그녀들을 위해 천명(天命)으로 권력을 장악하게 되었다는 신화를 만들어 낼 것을 요구하였으며, 남자측은 그들이 종교계의 우두머리 지위를 획득하고 속세의 높은 관직과 두툼한 봉록을 받을 수 있도록 여자측이 도와주는

25 괴외가 우지(盂地)를 제나라에 돌려주고 돌아오는 길에 송(宋)을 거쳐 돌아왔는데 이때 이런 노래가 들려왔다. "이미 너희의 암퇘지를 만족시켰는데, 어찌 우리의 아름다운 수퇘지를 돌려보내지 않는가?(已經滿足你們的母猪 / 何不歸還我們那漂亮的公猪)". 암퇘지는 남자를 수퇘지는 송조를 가리키는 말로, 이미 남자를 만족시켰는데 왜 아직 송조를 송나라로 돌려보내지 않느냐라는 뜻이었다.

것을 필요로 하였다. 서로 간에 주고받고 하면서 주인과 종 쌍방은 관능의 만족을 누렸을 뿐만 아니라 정치적인 바람을 실현하였다. 이처럼 미묘한 협력을 통해 그들은 모두 자신의 신분에 따른 금기사항을 잊어버렸으며, 여론의 비난도 다시는 고려하지 않게 되었다.

북과 종소리가 같이 울려 퍼지면서 북제(北齊, 550~577년)의 수도 업(鄴: 지금의 하북성 임장(臨漳) 서남지역)에 위치한 거대한 사찰에서는 성대한 법회가 열리고 있었다. 이를 주재하는 사람은 이 사찰의 주지인 담헌(曇獻)이었다. 대웅전 안에 화려한 의상을 입은 기풍이 온화한 중년부인이 앉아 있었고 그 뒤에는 고관과 귀인들이 그녀를 모시고 서 있었다. 산문 곁에는 화려한 황후의 연(輦)이 서 있었다. 사찰문 밖에는 사람들이 북적였는데 앞을 다투어 보려는 수많은 백성들로 시끌시끌하였다. 호(胡)태후가 이 유명한 사찰에 온 것은 처음이 아니었다. 그녀는 최근에 늘 이곳으로 달려왔는데, 이로 인해 백성들은 그녀가 불가의 사업을 열심히 도와준다는 인상을 받았다. 사실 그녀는 석가모니를 참배하려고 온 것이 아니라, 이러한 방식을 통해 애인인 담헌과의 은밀한 만남을 숨기려고 하였던 것이다. 그녀가 처음 이 사찰에 갔을 때는 어떤 궤도에 벗어난 일을 하려는 생각은 전혀 없었고, 완전히 황실과 불문(佛門) 사이의 소통임무를 띠고 왔던 것이었다. 담헌도 처음에는 귀하고 높은 태후가 여복(女福)을 누리게 하리라고는 전혀 생각한 적이 없었다. 두 사람이 만난 후, 불교의 철리(哲理)가 가득 찬 담헌의 변론은 그녀의 마음을 사로잡았다. 그녀는 이러한 사람이 그녀에게 와서 인간세상의 번뇌를 벗어나게 하고 생활의 적막함을 벗어나게 해 주기를 바랐다. 민감하기 그지없는 사람인 담헌은 태후의 눈에 떠오르는 연정의 물결을 알아차리고는 지극히 적절하게 맞추어 나갔다. 얼마 지나지 않아 두 사람은 옷을 벗어버리는 단계까지 갔다. 호(胡)태후의 혼외 연애는 그녀가 황후가 되었을 때까지 거슬러 올라갈 수 있다. 그녀의 남편인 무성제(武成帝)[26]에게는 화토개(和土開)라는 총신이 있었는데, 그녀의 호위대장으로 파견되었다. 두 사람은 서로 볼을 쓰다듬어 줄 정도로 다정하게 지내면서 무성제를 속이고 그렇고 그런 사이가 되었다. 더욱 황당한 일은 그녀는 내시들과도 대담하게 외설스러운 짓거리를 하면서 변태적인 성(性)욕구를 만족시켰다.

이제 담헌을 만나자 태후는 그 애정에 힘을 기울여, 매번 밀실에서 관계를 나눈 후에는 반드시 대량의 금전을 그의 침대 밑에 '보시'하였다. 한 번은 영감이 떠오르자 뜻밖에도 무성제가 평생 사용하였던 의복과 침상을 그에게 증정하여, 공개적으로 방장실(方丈室) 안에 놓도록 하였다. 그들의 관계가 더욱 깊어짐에 따라 태후는 사찰에 가는 것이 불편하게 여겨지자 불경강론을 듣는다는 명목으로 담헌이 백 명 가까운 승려를 데리고 와 내궁에 불당을 짓도록 하고 이곳에서 정부(情夫)와 밤낮으로 서로 만났다. 담헌에게 보답하기 위하여 태후는 그가 불교의 우두머리가 되도록 도와주었다. 담헌과 가까운 승려들은 그를 태후와의 관계를 빗대어 태상황(太上皇)이라고 칭하였다. 종이로는 불을 감쌀 수 없다는 속담처럼 호(胡)태후와 담헌의 뜨거운 관계는 오랫동안 비밀로 지켜질 수 없었다. 그녀의 아들 후주(後主)[27]는 늘 모친에 관한 소문과 말들을 들었는데 처음에는 절대로 믿지 못하였다. 그러나 어느 날 어머니 주변에 두 명의 아주 아름다운 젊은 비구니가 있어, 그들을 불러 자기 시중을 들도록 하였는데 여장을 한 소년들임을 알게 되었다. 후주는 넝쿨을 더듬어 참외를 따는 식으로 마침내

26 고담(高湛). 재위 561~565년.

27 고위(高緯). 재위 565~577년.

모친과 큰스님의 더러운 행위를 완전히 알게 되었고, 화가 머리끝까지 나서 담헌을 비롯한 노리개용 남자들을 모두 참수하였으며 태후는 냉궁에 가두었다.

태후와 화상이 간통한 행위와 유사한 경우는 당(唐) 왕조의 측천무후가 있다. 그러나 두 사람 사이에 약간의 차이가 있는 것은 전자는 큰스님이 대상이었고 주로 원앙이 되고 싶은 꿈을 이루는 것이었지만, 후자는 오히려 속인에게 가사를 입힌 경우로 정치적인 의도가 더욱 농후하였다.

측천무후가 수렴청정을 하던 시기에 낙양에 한 낯선 장사꾼이 나타났는데, 성이 풍(馮) 이름이 소보(小寶)라는 자였다. 그는 체격이 우람하고 힘이 엄청 센 데다 다른 사람들과 잘 사귀는 재주가 있었다. 얼마 지나지 않아 그는 뜻밖에도 고종(高宗)[28]의 고모인 천금공주(千金公主)의 몸종을 손에 넣게 되었다. 천금공주가 이 사실을 알게 된 후에 몸종을 꾸짖은 것이 아니라 반대로 하늘이 준 좋은 기회라고 생각하여 입궁하여 조카며느리인 측천무후에게 "소보는 특수한 능력이 있으니 가까이서 모시도록 할 수 있습니다."라고 고하자, 무측천은 말 속에 담긴 뜻을 즉시 알아차렸다. 무릎을 치면서 이러한 기이한 물건이 있다면 당장 데려오라고 하였다. 풍소보는 천금공주가 추천한 뜻을 저버리지 않고 무측천을 마음이 흡족하도록 잘 모심으로써, 날이 갈수록 극진한 대우를 받았다. 사람들의 이목을 피하고 풍소보가 내궁에 드나들기 편리하게 무측천은 그가 머리를 깎고 승려가 되도록 하였으며 이름도 설회의(薛懷義)[29]로 고쳤다. 머리에 수계를 받을

28 이치(李治). 재위 649~683년.

29 출생연도 미상, 695년 사망. 당나라 때의 승려. 원래 잡기단(雜技團)의 대력사(大力士)였다. 측천무후의 사위 설소(薛紹)의 적(籍)에 입적시켰다. 688년 측천무후

때 불로 지진 흔적을 만듦으로써 사람들의 입을 막는 호신부를 갖게 되었으며, 일군의 유명한 승려들을 모아서 내궁에 오랜 시간 끊임없이 지속되는 법회를 열게 하면서, 은근히 불가의 인연을 애정의 인연으로 바꾸어 나갔다. 이러한 인연을 빌미로 그의 지위가 수직 상승하였으며, 어용마를 타고 출입하였고, 뒤에는 환관들이 호위를 하였다. 공경대부와 조정의 고관들도 그를 만나면 엎드려 절을 하는 예를 올렸으며, 세상에서는 그를 '설사(薛師)'라고 높여 불렀다. 색에 홀린 무측천은 설회의의 지나친 행동에 대해 전혀 개의치 않았고, 오히려 국공(國公)[30]의 위치로 그를 떠받들었다. 여러 번 돌궐족이 변경을 침입하자 그녀는 군사적 소질이 전혀 없는 애인을 대장군으로 임명하여 중무장 병력을 이끌고 전선에 나아가 적을 막도록 하였다. 측천무후의 은혜로운 보살핌에 대해 자기 역량을 최대한으로 발휘하여 보답을 하였다. 그녀가 당(唐) 왕조를 무너뜨리고 주(周)나라를 세우려던 시기에 그는 일군의 승려들과 〈대운경(大雲經)〉을 지어서 온갖 방법을 다하여 천명설(天命說)을 끌어다 붙였다. 그는 이 책에서 측천무후가 환생한 미륵불로 수억의 중생을 다스리려고 왔으며, 당 황실은 이미 그 기운이 끝나서 다시 존재하기 어렵다고 하였다. 측천무후가 제위에 오르도록 북치고 장구치며 길을 열어 준 〈대운경〉을 조정에서 천하에 반포하였으며 모든 사찰에 한 권씩 반드시 보관하도록 하고 불경에 더하여 강론하도록 규정하였다. 설회의는 본인이 이미 속세를 떠나 불문에 들어갔지만 명분도 부당하고 조리도 없는 사찰 밖의 일개 승려가 되려 하지 않았다. 낙양의 백마사를 수리하도록 명령을 내리도록 요청하여 본인이 직접 총감독을 맡았으며, 공사가 다 끝나자

반대파를 제압한 공으로 권세가 더욱 커졌으며, 〈대운경(大雲經)〉을 써서 측천무후가 재래불(再來佛)로 천하에 군림했다고 말했다.

30 공작의 지위.

그 김에 중국의 첫째가는 사찰의 방장이 되었다. 이를 통해 실질적으로 전국 불교의 우두머리 자리로 올라갔다. 그러나 이 큰스님은 자비를 전혀 마음에 품지 않았으며, 수하에 천여 명에 이르는 악한 승려들을 기르면서 가는 곳마다 나쁜 짓을 하여 백성들의 원망이 도처에서 끓어올랐다. 어사대가 그를 소환하여 심문하자 측천무후는 그를 온 힘을 다해 보호하고 나섰을 뿐만 아니라 탄핵안을 올렸던 어사를 오히려 가두었다.

모든 노리개용 남자들은 황후비빈들의 잠시잠깐의 오락대용품인 것과 같이 설회의와 여황제의 관계 역시 영원할 수가 없었다. 측천무후가 새로운 남자노리개인 어의 심남구(沈南璆)를 얻은 후에는 티날 정도로 냉담하게 대했다. 설회의는 원망과 부끄러움을 느끼게 되었고, 부끄럽고 분한 나머지 화가 나서 번제를 지내는 건축물을 불살라 버렸을 뿐만 아니라, 불손하기 짝이 없는 말을 내뱉으며 오만방자함을 드러내었다. 측천무후는 만일을 대비하여 수십 명의 강하고 튼튼한 여인들을 뽑아 신변호위를 맡도록 하였다. 설회의에게 철저히 염증을 느낀 후에 그가 모반의 혐의가 있다는 고발을 접수한 것을 이유로 딸인 태평공주가 수십 명의 장사들을 데리고 가서 거칠고 말 잘 듣지 않으며 위아래를 잘 모르는 정부(情夫)를 목매달아 죽였다.

공학감(控鶴監)

측천무후 만년의 애정행각은 중년 못지않았으며, 남자노리개를 잠시라도 멀리하려 하지 않았다. 그 중에서 가장 그녀를 만족시켜준 사람들은 장역지(張易之), 장창종(張昌宗) 형제였다. 형은 피부가 하얗고 맑았으며, 용모가 뛰어났고 음률과 노래에 정통하였다. 동생은 격조가 있으면서도 시원스러웠으며, 용모 역시 당당하였고 다른 사람의 뜻을 잘 헤아렸다. 두 사람 모두 방중술의 고수였다. 측천무후와 먼저 마음을 터놓고 내통이 된 사람은 장창종으로 여황제의 딸인 태평공주의 추천으로 입궁하였다. 여황제의 호감을 얻은 후에는 혼자서 여복을 누리지 않고, 형의 능력이 자신보다 훨씬 뛰어나다고 장역지를 소개하여 불러들였다. 그 두 형제는 무측천을 침실에서 모시는 것에 대해 조금도 부끄러움을 느끼지 않았으며, 오히려 이를 무상의 영광으로 여겼다. 그들은 얼굴에 분을 바르고 치장을 하였으며, 비단옷을 입고 의기양양하게 내궁 안을 다녔다. 몇 십 일이 지나지 않아 두 사람은 둘 다 높은 벼슬과 풍성한 봉록을 얻었으며, 화려한 집, 좋은 논밭, 아름다운 하녀, 준마, 진귀한 보석들은 하사하는 방식으로 끊임없이 이들에게 선물로 주어졌다. 그들이 특수한 신분을 가지고 있었기 때문에 아첨하는 많은 고관대작들이 속속 그들의 문하로 들어왔으며, 서로 뒤질세라 앞다투어 그들을 위해 말을 끌고 고삐를 잡았다. 장역지를 높여서 오랑(五郞)이라 부르고 장창종은 육랑(六郞)이라고 칭하였다. 측천무후는 그녀의 음탕한 생활을 만족시키기 위하여 특별히 그녀의 사생활을 전문적으로 관리하는 기구인 공학감(控鶴監)을 설치하고 장역지를 책임자로 삼았다. 매번 내궁의 연회를 개최할 때는 모두 장씨 형제 두 사람이 곁에 있었으며 우스갯소리와 오락을 진행하였다. 일부 아첨을 하는 무리들은 장창종에게 잘 보이기 위하여 그가 신선 왕자진(王子晉)이 환생한 것이라고 하였다. 측천무후는 그에게 깃털 옷을 입고 피리를 불면서 나무로 만든 학에 올라타 왕자진이 바람을 타고 가는 모습을 연출하도록 하였다. 두 형제를 비교해 보면 장창종이 더욱 여황제의 환심을 샀으며, 같이 자는 기회도 역시 많았다. 시인 양렴부(楊廉夫, 1296~1370)[31]가 이를 풍자하여 한 수 읊었다.

거울 속 청춘, 비밀스런 연극 넘쳐나네.
옥같이 흰 피부, 서로를 비추는 듯 서로서로 비벼댄다.
육랑의 격렬한 전투에 밝은 달이 미소 지으니
원앙이 쌍쌍이 푸른 물결을 일으키네.[32]

이 시에서 '명공(明空)'은 측천무후를 가리킨다. 그녀가 직접 자기 이름자로 만든 '조(曌)'를 두 글자로 파자한 것이다. 측천무후는 두 명의 풍류고수를 정부로 두었지만 오히려 부족하다고 여겨 더욱 광범위하게 미소년들을 골라 입궁시켰다. 수많은 수치를 모르는 자들이 잇달아 부름에 응하여 찾아왔다. 후상(侯祥)이라는 자가 스스로 자기 물건이 웅장하여 설회의보다 훨씬 뛰어나다고 하였다. 이 외에도 가족을 가리지 않고 추천하는 자도 나타났다. 내궁의 관원인 유모(柳模)는 자기의 아들인 유양빈(柳良賓)이 피부가 하얗고 잘 생겨서 적합한 인물이라고 하였다. 간관(諫官)인 주경칙(朱敬則)이 그 난장판을 더 이상 그냥 지나칠 수 없어서 앞에 나서서 강력하게 간언함으로써 여황제가 비로소 약간 수그러들었다. 장창종의 추악함에 대한 소문이 널리 퍼지게 되자 측천무후는 그의 명예 회복을 돕기 위해 그에게 일군의 학자, 문인들을 모아 전집류인 〈삼교주영(三教珠英)[33]〉을 편찬하도록 하였다. 이런 일을 통해 그가 단지 침대에서 애정에만 빠져 있는 풍류객이 아니라 상당히 학식이 있는 재능인이라는 것을 증명하고자 하였다. 여황제에게 성(性) 서비스를 하면서, 장씨 형제들이 얻게 된

31 원(元) 말 명(明) 초의 유명한 시인.

32 鏡殿青春祕戲多, 玉肌相照影相摩. / 六郎酣戰明空笑, 隊隊鴛鴦漾綠波.

33 대형의 시가선집. 699년 측천무후가 학사 47명으로 집필하도록 하였는데 장열(張說), 유지기(劉知幾) 등이 포함되었다.

것은 그들이 원래 생각했던 것을 훌쩍 뛰어넘는 것이었다. 그들이 여황제의 마음에 드는 사람이 되었을 뿐만 아니라 그녀의 정치적인 팔다리가 되어 둘 다 공작[國公]으로 봉해졌다. 나이가 이미 많았기 때문에 측천무후는 힘든 정무를 점점 더 감당하기 어려웠다. 이에 따라 정사를 결정하는 대권을 이 두 명의 남자노리개에게 넘겨 주었다. 두 장씨가 조정을 틀어쥔 뒤에는 자기와 의견이 다른 자들을 적극 제거하였으며, 죄명을 제멋대로 씌워 여러 차례 대규모 옥사를 일으키고 그들을 반대하는 친왕, 공주 및 대신들을 죽음으로 내몰았다. 어사가 장창종이 뇌물을 받은 죄가 있다고 탄핵하자, 조금도 부끄러워하지 않고 오히려 자신이 국가에 공적이 있다고 큰소리 치면서 죄를 논할 수 없다고 나섰다. 측천무후의 비호로 그들은 수많은 난관을 벗어났으며 법 밖에서 유유자적하였다. 측천무후가 중한 병에 걸렸을 때 조정신료들은 그녀를 만나기가 아주 어려웠으며, 유일하게 연락자 역할을 한 장창종만이 자유롭게 침궁을 드나들면서 성지(聖旨)를 전달할 수 있었다. 뒷날을 고려하여 두 장씨는 여러 무리들과 긴밀하게 결탁하면서 기회를 잡아 조정을 뒤엎으려고 준비하고 있었다. 당 황실에 충성스러웠던 조정신료 장간지(張柬之) 등 정치세력이 먼저 손을 썼다. 우림군(羽林軍)을 동원하여 황태자를 즉위시키고 두 장씨를 내궁의 영선원(迎仙院)에서 주살하고 그들의 머리를 잘라 저자거리에서 백성들이 보도록 하였다.

5

화근[禍水]과 패방(牌坊)

깊은 사랑, 더 깊은 애절함 / 물은 불을 멸망시킨다는 논법 /
애정의 우물에 빠져버린 천하 / 거룩하고 깨끗한 이미지 /
베개 밑 충언(忠言) / 모의천하(母儀天下)의 책임

고대에는 여자에 대한 칭찬이나 욕의 출발점은 모두 남성에게 이익이 되느냐 여부에 달려 있었다. 그 준칙은 여인이 반드시 남성에게 공헌을 해야 하며, 남성을 위해 일해야 하며, 남성이 정한 규칙을 준수해야 한다는 것이다. 모계사회에서 부계사회로 전환된 이후에 여자의 지위는 점점 더 내려가서 주인공에서 부속물로, 주인에서 사람이 아닌 것으로 변화되었다. 공자는 여자와 소인배를 같이 보아서 "여자와 소인배는 돌보기 어렵다."고 말하였다. 심지어 옛적에는 '찹쌀은 쌀이 아니며, 여인은 사람이 아니다.'라는 말도 있었다. 일부 사람들의 눈에는 여인은 단지 물건으로 일종의 사람구조를 가진 살아 있는 물건이었다. 아주 높은 가치를 지닌 물건으로 쓸모가 많은 물건이었다. 하층의 부녀들도 그러했고 사대부 가문의 부녀들도 그러했고 황후비빈들도 그러하였다.

황후와 비빈들은 군주의 곁에 있었기 때문에 더욱 눈이 부시고, 이목을 끌었기 때문에 물건의 의미가 더욱 집중적이며 전형적인 의미를 가졌다. 그녀들은 군주의 필요, 전통의 필요, 정치의 필요에 따라 그 운명이 빚어졌으며, 성공한 자로 빚어진 자는 '선(善)'하다고 칭찬을 받았지만, 실패자로 빚어진 자는 '악(惡)'하다고 배척되었다. 악한 자는 화근[禍水]으로 비유되었고, 선한 자는 그녀를 위해 패방(牌坊)이 세워졌다.

깊은 사랑, 더 깊은 애절함

황후비빈의 부속성은 정치적 종속관계에서뿐만 아니라, 생활상의 피동적 위치에서도 나타났다. '암탉은 아침에 울지 않는다. 암탉이 아침에 울면 집이 망할 것이다.'[1]라는 말은 황후비빈들이 국정을 주재할 수 없으며, 이를 어기면 장차 정치가 혼란해지고 국가가 망하리라는 말이었다. 실제로 황후비빈들에 대한 인신 제한은 이것을 훨씬 넘어섰다. 정치적으로 자신의 위치를 넘어설 수 없을 뿐만 아니라, 부부의 애정에 있어서도 지나치게 주동적이어서는 안 되었다. 만일 그녀들이 매력을 발산하여 군주가 애정에 미혹되어 그녀들의 석류꽃 치마에 싸여 지내면서 정사를 태만히 하거나, 정사를 방치해 두거나, 정사를 아예 처리하지 않거나, 정사를 극도로 혼란스럽게 하는 등의 현상이 발생하면, 그녀들은 엄청난 도덕적 책임을 져야했다. 가벼운 경우 부녀의 도리를 위배하는 것이지만 심한 경우는 국가의 운명을 망친 화근의 우두머리가 되었다.

전통적 관념은 군주와 황후비빈들 사이의 애정이 담백하면 할수록 더욱 좋다는 것이었다. 담백한 애정은 남녀 간의 애정이 넘쳐 영웅의 기개가 사그라지는 것을 피할 수 있게 해주며, 군주가 온 힘을 다해 국정에 매달리도록 할 수 있어 도리에 맞는 음양의 질서를 세울 수 있다는 것이었다. 군주는 응당 담담하여야 하며, 황후비빈은 더 담담하여야 한다. 정상적인 부부관계를 유지하는 외에 절대로 정치에 영향을 줄 수 있는 풍류를 즐기면 안 된다. 그렇지 않으면 군주는 치욕스러운 이름을 얻게 되고 황후비빈들은 더욱 더 큰 치욕스러운 이름을 받게 된다.

중국 역사상 사대 미녀의 하나인 양귀비는 이러한 이치를 깨닫지 못하고, 아니 깨달았지만 지키려고 하지 않았을 수 있다. 풍류남아

1 〈상서(尙書)〉의 목서(牧誓) 편에 '빈계사신, 유가지색(牝鷄司晨 惟家之索)'이라는 말이 있다. 암탉이 새벽에 울면 이 집은 곧 망한다는 뜻으로, 여성이 권력을 장악하면 음양이 바뀌어 집안이 쓰러지고 국가가 망하게 된다는 것을 비유하고 있다.

이융기(당 현종)와 깊은 사랑과 더 깊은 애절함을 품은, 너무도 마음이 짠한, 너무도 진솔한, 만고에 전해져 내려오는 그런 애정극을 연출하였다. 그러나 이 연극이 끝나자 아내는 생명을 잃었고 남편은 황제위를 잃어 버렸다.

원래 시아버지와 며느리 사이인 이 부부의 찰떡궁합 관계는 일반적인 부부들을 훨씬 뛰어 넘었다. 두 사람은 서로 너무 늦게 만난 것을 한탄하였다. 단지 세력과 이익을 생각한 것이 아니라 두 사람은 확실히 사랑과 정이 있어, 상대방이 자기가 좋아할 가치가 충분하다고 여겼다. 양옥환(양귀비)은 얼굴이 아름다울 뿐만 아니라 기품도 있었고, 예술적 재능도 뛰어났으며, 매력과 수단을 갖춘 데다 다른 사람의 뜻을 잘 헤아렸다. 또한 분위기를 잘 파악하였으며, 기분을 잘 헤아렸기 때문에 어떻게 해야 남자가 좋아하는 지를 깊이 깨우치고 있었다. 그녀의 일거수일투족, 미소와 찡그림, 이 모든 것이 이융기의 혼을 빼놓았다. 이로 인해 그녀의 지위가 수직 상승하였으며, 각종 예의와 대우에 있어 황후급의 대우를 받았다.

양옥환이 군주의 은총을 입자 온 가문이 빛나게 되었다. 천보 4년(745년), 그녀가 귀비로 책봉된 후에 개나 소나 할 것 없이 가족 모두가 권세를 얻었다. 아비는 태위(太尉), 제국공(齊國公)으로 추증되었고, 어미는 양국부인(凉國夫人)으로, 세 명의 언니는 각각 한국(韓國)부인, 괵국(虢國)부인, 진국(秦國)부인으로 책봉되었다. 숙부인 양현규(楊玄珪)는 광록경(光祿卿)으로, 사촌오빠인 양섬(楊銛), 양기(楊錡)는 각각 홍려경(鴻臚卿), 시어사(侍御史)를 제수받았다. 한, 괵, 진, 섬, 기 다섯 집안은 양옥환이란 큰 나무에 기대어 극도로 부귀영화를 누렸다. 정치적으로 조야의 권력이 그들에게 쏠렸으며, 아랫사람들에게 일을 요청할 때마다 지방관들은 모두 황제의 명령처럼 여기면서, 제대로 뜻을 받들지 못할까봐 두려워하였다. 그들의 문전은 성시를 이루었으며 조정신료들과 부호들의 선물이 끊이지 않았다. 세 부인은 마음 내키는 대로 궁궐을 드나들었으며 현종 앞에서도 못하는 말이 없고 하고 싶은 말은 다하였다. 양씨 가문이 일약 천하에 제일가는 큰 가문이 되었다.

양씨의 다섯 집안이 비록 으리으리하였으나 정치적인 국면에는 영향을 미치지 못하였다. 양씨 가문을 최고봉에 오르도록 하였으며 또한 양씨 가문을 영원히 회복되지 못할 지경에 빠뜨린 사람은 현종 후기에 정치무대의 중심을 차지하였던 양국충(楊國忠)이었다. 그는 양귀비의 먼 친척 형제로 가문에서 따돌림을 받던 무뢰배였다. 그는 한때 매우 궁핍하고 가난하였지만 양귀비와 인척관계여서 촉(蜀)의 중관(中官)이었던 호인(豪引)이 그를 이용가치가 높은 자로 여겨 자금을 대어 수도에 가도록 하였고, 그들을 위하여 정치적으로 기댈 곳을 찾도록 하였다. 이때부터 운이 트이기 시작한 양국충은 양씨 다섯 집안에 부탁을 하여 양귀비와 동족의 계보를 통해 연결되었다. 이때부터 상황이 날로 좋아져서 마침내 조정을 다스리는 재상의 지위까지 올라갔다.

양옥환은 내궁에서, 양국충은 조정에서 양씨 다섯 집안은 그 중간에서 활동하면서 당 조정은 거의 양씨의 천하가 되었다. 현존하는 역사서의 기록으로 보면 양옥환은 시종일관 정치에 관여한 적이 없으며, 인사관리에 있어서 단 한마디도 거든 적이 없었다. 국가의 정무에 대해 자기 견해를 보인 적도 없고, 내궁에 편안히 거하면서 내궁에서 낙을 찾았으며, 온몸과 마음을 이융기와의 사랑에 쏟아 부었다. 후세 사람들이 그녀가 국가를 혼란에 빠뜨렸다고 비난하는 것은 사실상 공평치 못한 것이다. 후세 사람들이 그녀를 무고한 희생품으로 말하는 것 역시 편파적인 것이다. 그녀 자신은 확실히 사회에 해를 끼치는 일을 한 적은 없지만, 그녀와의 연분으로 인해 무뢰배인 양국충을 정치중심에 진입시키고, 정치적 모순과 사회적 모순을 불러일으킨 점에서 그녀도 당연히 일정한 책임을 져야 한다.

'뒤돌아보며 미소를 짓자 온갖 아름다움이 피어나 / 궁궐의 모든 미인들 낯빛을 잃는구나(回眸一笑百媚生 / 六宮粉黛無顏色).'[2] 양옥환의 보기 드문 미혹의 기교로 현종은 넋을 잃고 갈팡질팡할 정도였다. 미에 홀려 '군주가 조회에 나서지 않게(從此君王不早朝)' 되었고, 미에 홀려 현종은 정무를 내려놓고 권력을 재상에게 위임하였다. 양귀비가 현종을 미혹하여 정사를 전혀 돌보지 못하게 하였기 때문에, 일부 역사가들은 그녀를 화근 같은 인물이라고 비난하였다. 그러나 그들이 특히 몰랐던 것은 현종이 마음에 쏙 드는 이 여인에게 홀딱 빠진 것은, 조정대사를 내려놓고 싶어하던 그의 잠재의식적 필요가 양귀비를 만나자 폭발하여 현실이 되었다는 사실이다. '색이 사람을 미혹시키는 것이 아니라, 사람이 스스로 미혹되는 것이다(色不迷人人自迷).'라는 말처럼, 양귀비가 현종을 미혹하려는 마음이 있었을지라도, 현종이 스스로 미혹될 수 있어야 비로소 가능한 것이었다. 따라서 양귀비에게 쏟아진 일체의 '죄와 책임'의 제일 중요한 책임은 현종이 져야 마땅하다.

'궁궐에는 미인들 가득한데, 모든 총애를 혼자서 받네(後宮佳麗三千人 / 三千寵愛在一身).' 각양각색의 꽃들이자 비단처럼 아름다운 비빈 중에서 오직 양귀비만이 구하면 얻었고 원하면 마음대로 이루었다. 내궁에는 그녀를 위해 전문적으로 시중을 드는 기구가 세워졌다. 비단

2 백낙천(白樂天, 白居易)의 〈장한가(長恨歌)〉 구절을 작가가 계속 인용하고 있다.

직물을 짜고 그녀의 옷을 만드는 인원만 칠백여 명, 예술품을 조각하고 녹여 만드는 사람만 수백여 명이 있었다. 그녀는 어려서부터 리쯔(여지(荔枝))를 즐겨 먹었는데, 리쯔는 맛이 아주 달콤하였지만 너무 부드러워 보관하기가 극히 어려웠다. 리쯔를 따고 나서 며칠만 지나면 변질이 되었기 때문이다. 생산지의 관리들은 신선함과 품질을 보존하기 위하여 각 지역의 역참을 연결하여 리쯔를 장안으로 보냈다. 산지에서 수 천리 떨어져 있었을지라도 양귀비는 매일매일 보기에 좋고 향과 맛을 모두 갖춘 리쯔를 먹을 수 있었다. 내외 관원들이 마음을 다하여 그녀가 좋아하는 것을 탐문하고, 온갖 머리를 다 짜내어 그녀의 비위를 맞추었다. 영남(嶺南: 지금의 광동성 광주) 절도사 장구장(張九章), 광릉(廣陵: 지금의 강소성 양주) 장사(長史) 왕익(王翼)은 현지에서 생산되는 아주 아름다운 물건들을 찾아 모아서 그녀에게 바쳤다. 장구장은 관직품계가 백은도장과 푸른 인끈[은인청수(銀印靑綬)][3]이 있는 고관으로 승진하였으며, 왕익은 호부시랑(戶部侍郞)으로 영전하였다. 이러한 사례로 관리들이 이러한 일들에 다투어 달려들었다. 서로 경쟁하듯이 진기한 물건들을 올려 보내 양귀비의 마음을 사서 고위관직과 풍성한 봉록을 얻고자 하였다.

양귀비가 받은 특별한 대우로 인해 사회에서는 남존여비의 관념에 반대되는 풍조가 일었다. 백성들 사이에 '여아를 낳았다고 슬퍼하지 말라! 남아를 낳았다고 기뻐하지 말라!', '남자는 작위를 못 받지만, 여자는 비빈이 된다. 그대는 여자를 오히려 문틀 위 가로로 대는 나무(문미(門楣))[4]로 보아야 한다.' 같은 속담이 유행하기 시작하였다.

---

3 진한(秦漢) 시대에 이천 석 이상의 봉록을 받는 관원은 백은도장과 푸른 인끈을 갖고 있었다. 이후로 백은도장과 푸른 인끈은 고위관원을 가리키는 말이 되었다.

4 가문, 문벌을 세운다는 뜻이 있다.

양귀비가 총애를 독차지하게 되자, 총애를 믿고 현종을 함부로 대하기 시작하였다. 처음에는 현종이 이를 따지지 않고 그녀에 대해 자애롭고 은근한 정감을 나타내며, 아주 세세한 것까지 돌보아 주면서 적당한 선에서 그칠 것을 바랐다. 그러나 양귀비는 조금도 움츠려들지 않고 더욱 더 오만하고 거칠게 남편에게 대들었다. 하루는 현종이 참으려 해도 도저히 참을 수 없는 상황이 되어 끝내 화가 폭발하였다. 현종은 고력사(高力士)에게 일반 마차로 그녀를 양섬(楊銛)의 집으로 보내라고 명령하였다. 이 일은 본래 현종이 화가 치밀어 충동적으로 한 일이어서, 그녀가 가버린 후에 그리워하는 정서가 시간이 지날수록 더욱 짙어졌다. 체면 때문에 입을 열어 그녀를 불러오라고 할 수 없었다. 그는 고독했으며, 울적하였다. 조급해졌고 식사나 차도 즐기지 않았다. 툭하면 주변의 시종들을 매질하였다. 고력사가 현종의 심사를 알아채고는 즉각 양귀비를 궁중으로 데리고 들어왔다. 양귀비는 땅에 엎드려 죄를 청하며 제멋대로 군 것을 용서해 달라고 하였다. 군주의 노여움은 이미 사라진지 오래라 부랴부랴 좋은 말로 그녀를 위로하였다. 한바탕 휩쓸고 지나간 풍파가 반대로 현종의 그녀에 대한 감정을 더욱 촉발하였으며, 양귀비는 더욱 더 총애를 받게 되었다.

이융기, 양옥환 두 사람의 사랑은 깊고 깊었으며, 정감은 변함이 없었다. 여러 해를 부부로 맺어졌지만 마치 밀월처럼 정이 깊어 잠시라도 헤어지기를 싫어하였다. 그들이 낮잠을 잘 때 궁녀들이 밖의 난간에 기대어서서 원앙을 닮은 물새 암수가 푸른 물에서 노는 것을 지켜보았다. 그들의 웃음과 희롱 소리가 생초 휘장 안으로 들려오자 현종은 양귀비를 가슴에 안고는 말하였다. "너희들은 물에서 노는 물새

들을 사랑하지만, 어찌 내 이불 속의 원앙과 비길 수 있겠느냐?"

현종은 양귀비에게 빠져서 아무런 이유도 없이 늘 조회에 나가지 않았다. 그의 색욕이 지나쳐서 전혀 절제가 되지 않았고, 점차 정신이 고르지 않음을 느끼게 되었다. 하북(河北)의 수석군정장관이자 친신인 안록산(安祿山)이 그런 증상을 본 후에, 적시에 정욕을 도와주는 꽃향기 나는 일백 알의 최상의 정력제를 보내왔다. 이 약은 쌀 알갱이만 했는데 붉은색으로 매 알갱이가 향기를 내며 정욕이 일어나게 하고 왕성한 정신을 유지하도록 도와 주었다. 현종은 아주 기뻐하면서 이것들을 진귀한 보물로 여겼다.

실내가 따분하고 답답하면 두 사람은 황제의 정원에서 놀거나, 별궁으로 행차하거나 연못을 감상하고 산의 경치를 즐겼다. 봄, 여름, 가을, 겨울 시절에 맞추어 노는 방법이 다 있었다. 봄볕이 아름답게 비치면 두 사람은 측근들을 데리고 복숭아나무 숲에서 잔치를 하며 즐겼다. 누군가 의초(萱草)[5]를 망우초(忘憂草: 근심을 잊게 하는 풀)라고 하자, 현종이 복숭아꽃 한 가지를 꺾어 사랑하는 양귀비의 보석화관에 꽂으면서 "의초만 근심을 잊게 하는 것이 아니라, 이 꽃도 능히 원한을 없애고, 귀비의 아름다움을 더 할 수 있느니라."라고 하였다. 높은 하늘 상쾌한 공기의 가을이 되면 태액지(太液池) 연못에서는 백

련이 활짝 피어났다. 두 사람은 정자에서 연회를 베풀어 귀족과 친척들을 불러 같이 백련을 감상하였다. 자리에 앉은 사람들이 앞다투어 연꽃의 아름다움을 칭찬하자 현종은 여러 사람의 뜻에 반대하면서 양귀비를 손으로 가리켰

5 학명 Hemerocallis fulva, 다년생 뿌리식물로 Tiger Lily라고도 불린다.

다. “연꽃이 비록 아름답기는 하지만 어찌 나의 말을 알아듣는 꽃[해어화(解語花)]에 비기겠느냐?”

아기자기, 알콩달콩 서로 서로 좋아하는 분위기 속에 몇 년이 흘러가자 양귀비는 다시 한 번 자신의 근본을 잊고 현종에게 제멋대로 성깔을 부렸다. 그러나 그녀는 목적을 달성하지 못하였다. 현종이 이전 일을 그대로 모방하여 다시 한 번 그녀를 궁궐 밖으로 내쫓았다. 새로운 귀족인 길온(吉溫: 유명한 잔혹한 관리)이 군주의 애증이 교차하는 심리를 파악하고는 ‘잘못된 것을 바로잡으려다 너무 지나치게 되었다’고 아뢰었다. “부인은 지식이 천박하여 성상의 뜻을 거역하였습니다. 그러나 귀비가 오랜 기간 성상의 은혜와 보살핌을 받았으므로 응당 궁중에서 벌을 받아야지 궁궐 밖에서 치욕을 당하게 해서는 안 됩니다.” 말인즉슨 모두 착착 맞아들었기 때문에 현종의 감정을 다시 한 번 불러일으켰다. 그는 이왕의 은혜와 애정을 생각하여 중사(中使)인 장도광(張韜光)에게 황제의 음식을 하사하도록 명하였다. 양귀비는 중사 앞에서 흐느끼면서 말하였다. “첩이 성상의 용안을 어지럽히는 죄를 지었으니, 그 죄 만 번을 죽어도 마땅합니다. 나의 모든 것은 성상께서 내려주신 것이지만 몸과 머리카락은 부모께서 주신 것입니다.” 한편으로는 말을 하면서 한편으로는 머리카락 한 움큼을 가위로 잘라 중사가 가지고 돌아가도록 청하였다. 현종이 그 머리카락을 보자 마치 사람을 보는 듯하였다. 그러자 바로 고력사에게 귀비를 빨리 데려오라고 명하였다. 부부가 잠깐 헤어졌다 다시 만나자 헤어질 때의 원망과 다시 만날 때의 기쁨이 교차하였다. 다시 만난 후의 기쁨이 헤어지기 전에 있던 원망을 씻어 내렸으며, 그리워하는 마음의 고통을 서로가 서로에게 쏟아 놓았다.

천보 14년(755년) 6월 1일. 현종은 일찍이 양귀비와 칠석맹세를 하였던 장생전(長生殿)에서 양귀비를 위해 생일상을 차렸으며, 악대가 최신 창작곡을 연주하였다. 마침 남해의 리쯔가 운송되어 왔다. 현종은 입에서 나오는 대로 창작곡명을 〈여지향(荔枝香: 리쯔 향기)〉으로 명명하였다. 누구도 미리 알 수 없었지만 이것이 양귀비의 마지막 생일이었다.

양국충과 안록산 사이의 갈등은 이때 이미 백열화되어 있었다. 양국충은 안록산이 모반할 이리의 야심을 가지고 있다고 계속해서 지적하였으며, 안록산은 양국충이 가장 큰 간신이라고 반격하였다. 두 사람이 말한 것은 모두가 사실이었다. 사실과 사실이 대립하면서 사실의 실체가 더욱 뚜렷해졌다. 안록산은 모반의 진도를 더욱 빨리하여 자신을 보호하려 하였고, 양국충이 증거를 들어 더욱 격렬하게 고발함으로써 선견지명이 있음을 보여 주었으나, 현종은 가부간에 말을 하지 않고 사태가 되어가는 대로 놔두었다. 사태가 정점에 달하자 어양(漁陽)[6]에서 전쟁의 북소리가 울려 퍼졌다. 안록산이 군사를 일으켜 북으로부터 남쪽을 향해 진격하였으며, 북방의 수많은 도성들을 무너뜨리고 낙양을 손에 넣으면서 장안(長安)을 압박하였다.

동쪽의 수도 낙양이 함락되자 서쪽의 수도 장안이 위급해졌다. 현종은 주요한 가솔들과 시종들 및 일부 조정관료들을 데리고 육군(六軍)[7]의 호위 아래 서쪽을 향하여 도망치기 시작하였다. 마외역(馬嵬驛: 지금의 섬서성 흥평현(興平縣) 서쪽)까지 갔을 때 일이 발생하였다. 육군의 군사들이 변란을 일으켜 양국충이 국란을 일으킨 화근의 우두머리라고 지칭하고 그를 죽여 사지를 토막 내었으며, 양씨 일가를 전부

6 북경시 밀운(密雲)현 서남지역.

7 천자가 직접 통솔하던 군대인 금군(禁軍)을 말한다.

주살하였다. 또한 병사들은 양귀비가 화근이라고 말하면서 제거하지 않으면 뒷날 화가 끊임없이 일어난다고 하면서 아끼고 사랑하는 것을 버리라고, 즉 그녀를 법대로 처리하라고 현종을 압박하였다. 호랑이가 평지에 있는 꼴인 현종은 자신을 보호하기 위하여 눈물을 머금고 아픔을 참으면서 그들의 요구대로 행하였다. 불당 앞의 배나무 아래에서 하얀 명주가 펄럭이자 아름다운 여인의 혼이 떠나갔다.

반역에 대항하는 움직임을 이끌기 위하여 태자인 이형(李亨)이 군인과 백성들의 옹위 속에 영무(靈武: 지금의 영하(寧夏) 영무 서남)에서 황제로 즉위(숙종(肅宗))하였다. 위신과 명망을 잃어버린 현종은 물러나 태상황이 되었으며 만년의 모습은 처량하기 그지없었다. 거의 사람들에게 잊혀진 채 생을 마감하였다.

누군가는 양귀비가 화근으로 그녀가 남편의 황제위를 잃어버리게 하였다고 말한다. 누군가는 이 일과 양귀비는 관계가 없으며 현종이 자기 스스로 황제위를 잃어버린 것이라고 말한다. 중간을 취하는 자는 두 사람의 책임이 3 : 7, 4 : 6 정도가 마땅하다고 말한다.

물이 불을 멸망시킨다는 논법

여인이 화근[禍水]이라는 논법이 중국에 전해져 온 지도 이천여 년이 된다. 이 논법의 배경에는 남성은 본래 적극적으로 위쪽을 향해 나아가 나라를 세우고 다스리며, 집안을 잘 다스리고 자신의 수양을 쌓으려는 건강한 역량을 가지고 있는데, 여인의 성(性)이 여기에 개입됨으로 인해 도덕질서를 유지하는 사회주체의 역량이 엉망이 된다는 것이다. 즉 여성의 성이 개입되면서 이에 따라오는 여인의 요사한 미모, 제멋대로 구는 것, 사치, 방종, 소란이 남성을 비뚤어진 길로 끌고 들어가 음란, 탐욕, 미혹에 빠지게 하여 올바른 일에 힘을 쏟지 못하도록 하기 때문이라는 것이다.

여자가 화근이라는 말에는 넓은 뜻과 좁은 뜻의 구분이 있다. 넓은 뜻은 사회 전반을 포함하며, 좁은 뜻은 궁정만을 가리킨다. 역사적인 각도에서 보면 여자가 화근이란 말은 일반적으로 좁은 뜻으로 사용되었다.

여자가 화근이라고 주장하는 사람들은 일단 화근기질을 가진 여자가 궁정에 들어간 후에는 그 해악이 군주를 통해 국가와 조정과 정권에 미친다고 생각한다. 하(夏), 상(商), 주(周) 3대가 여인의 손에 망하였으며, 서한(西漢)과 동한(東漢)에서는 여러 차례 그 해악을 겪었고, 서진(西晉)에서는 팔왕의 난이 일어났으며, 당(唐)에서는 환관의 화, 번진(藩鎭)의 화와 함께 3대 화가 되었으며, 청(淸)에서는 사십여 년의 흑암을 겪게 되었다. 이러한 것들은 대재앙, 참화, 큰 재난이라고 할 수 있으며, 다른 작은 재앙들은 열거되지 않은 것이다.

여자가 화근, 즉 여자로 인한 재앙이 객관적으로 존재한다는 것은 의심할 여지가 없다. 여권주의자나 일부 남성들이 어떻게든 없애 버리려 할지라도 역사상 이렇게 많았던 사실들을 모두 부인할 방법은 없다. 그러나 반드시 지적하고 넘어가야 할 것은 부계사회로 접어든 이후에 남성은 줄곧 사회의 주체여서, 일체를 남성의 뜻에 따라 진행하였고, 여성은 시종일관 한편에 놓여진 존재였기에 그녀들의 모든 의도는 모두 남성을 통해야만 비로소 실현할 수 있었다는 것이다. 이러한 이유로 여자로 인한 재앙은 일부 남성들의 욕구에서 기인하였으며, 적어도 그들의 용인이 있어야 했다. 그러므로 여자로 인한 재앙에 대해 남자들은 원망의 말을 할 필요가 없다.

화근, 여자가 화근이란 논법은 누구나 다 아는 널리 퍼져 있는 이야기인데, 전혀 뜻밖에도 남자의 입에서 나온 말이 아니고 세상의 풍상을 다 겪은 늙은 여자의 입에서 나온 것이다. 이 늙은 여자는 늙은 궁녀로 서한 성제(成帝)[8] 때 피향박사(披香博士)[9]를 지낸 적이 있는 뇨방성(淖方成)으로 궁중에서 궁녀들을 가르쳤기 때문에 사람들은 뇨(淖)부인이라고 불렀다. 그녀는 한 마디 말로 사람들을 놀라게 하거나 정확한 예언을 하였으며, 후세 사람들에게 생동감 있는 논법을 제공하였다.

뇨 부인이 가리킨 대상은 조비연(趙飛燕)의 여동생인 조합덕(趙合德)이었다. 손바닥 위에서 춤을 추었다는 전설로 유명한 조비연이 날씬한 몸매, 다양한 자태와 미모로 성제에 의해 궁중에 들어가게 된 후에는, 처녀 시절 이웃 남자와 사통한 일이 발각될까봐 성제가 그녀를 안아 침실에 들어가자 눈을 감고 눈물을 흘리면서 감히 성제를 맞아들이려고 하지 않았다. 전설에 따르면 성제는 이 새로운 여인에 마음이 쏠려 그녀와 삼일 밤을 연속해서 지냈지만, 마음이 있음에도 불구하고 힘이 모자라 성관계를 가질 수 없었다고 한다. 비록 이러한 일이 있었을지라도 성제는 여전히 그녀에게 미혹되었고, 사랑에 빠져 그녀에게서 헤어 나오지 못하였고, 줄곧 아주 깊이 사랑하였다. 일찍이 총애를 받았었지만 찬밥 신세에 있던 비빈들은 이를 이해할 수 없었으며, 질투 속에서 그녀들의 남편이 왜 그런지 알아보았다. 답변이 뜻밖이었지만 또한 도리에 맞아서 그녀들은 부끄러움으로 얼굴이 붉

8 유오(劉驁). 재위 B.C. 33~7년.
9 피향(披香)은 한(漢)나라의 궁전 중 한 곳의 이름이다.

어졌으며 남보다 못한 자신을 한탄하게 하였다.

"(그녀는) 풍만함이 남아도는 듯하고, 너무 부드러워 뼈가 없는 듯도 하며, 행동거지가 겸손하고 조신하고, 멀리 있는 듯도 하고 가까이 있는 듯도 하며, 진정으로 (남녀 사이의) 예의를 아는 사람인데 너희들이 어찌 그녀와 어깨를 겨루겠느냐?"

조비연은 일부러 남자와 거리를 두는 아름다움으로 성제를 손에 넣어 기쁨이 있었지만, 그러한 가운데도 우려를 금할 수 없었다. 음양의 교합이 적은 관계는 결코 오래 될 수 없다는 생각이 들자, 자신보다 남녀의 관계를 잘 아는 여동생을 입궁시켜 서로가 서로를 도와주는 것을 생각해 냈다. 성제는 그러한 제안을 듣자, 사랑하는 비빈이 도량이 넓고 관대하며 자신을 위해서 그 일을 한다고 생각하니 자연히 마음에 기쁨이 가득하였으며, 그녀의 '명령'대로 빠르게 일을 진행시켰다.

내관들이 백옥구슬 화려한 깃털로 장식된 가마를 조씨 집으로 보내 융중하게 궁으로 데려가려고 하는데 조합덕은 꿈쩍도 하지 않고 대담하게도 황제의 조서를 거절하였다. "만일 내 언니의 이에 상응한 명령이 없다면 나는 가지 않겠다. 내 목이 잘린다면 목을 궁중에 보내어 보답하겠다." 내시가 되돌아가 황제에게 고한 후에, 황후의 궁궐 출입패를 가지고 오자 그때서야 조합덕이 몸을 일으켰다.

확실히 얻기 위해 일부러 놓아주는 식의 조합덕의 수법은 비범한 것으로, 황후인 언니의 체면을 크게 높여 주었을 뿐만 아니라 자신의 몸값도 올리는 것이었다. 뛰어난 솜씨였다. 입궁 때의 이미지는 더욱 비범하였다. 그녀는 침수향(沉水香)을 아홉 번이나 사용하여 곱슬머리로 만드는 새로운 방식의 머리타래를 하였으며, 눈썹을 얇게 만들어 먼 산을 바라보는 듯한 느낌을 주었으며,[10] 흰 분을 옅게 바르고 머리를 빗어 올렸으며, 작은 소매옷과 짧은 비단치마를 입고 성제를 알현하였는데, 그녀가 꾀꼬리같이 목을 펴는 그 모습이 참신하면서도 완곡하고 함축적이었다. 성제는 그 모습을 보자 넋을 잃고 멍해졌으며, 좌우에 모시고 있던 사람들도 모두 칭찬을 아끼지 않았다.

성제 뒤편에 서있던 뇨 부인은 그렇게 생각하지 않았다. 코웃음을 치고 침을 튀기면서 "이 여자는 화근이다. 반드시 불[火]을 멸망시킬 것이다."라고 하였다. 전국시대에 '오행(五行)'이 유행하였다. 나무[木], 불[火], 물[水], 쇠[金], 흙[土] 다섯 가지 물질을 세계의 본질로 보았으며, 모든 만물과 일들의 살고 죽음이 오행이 운행한 결과라고 여겼다. 오행은 서로가 서로를 살리기도 이기기도 하였다. 서로가 서로를 살리는 것, 즉 상생(相生)은 나무는 불을 낳고, 불은 흙을 낳고, 흙은 쇠를 낳고, 쇠는 물을 낳고, 물은 나무를 낳는 것이었다. 서로가 서로를 이기는 것, 즉 상승(相勝)은 물이 불을 이기고, 불이 쇠를 이기고, 쇠가 나무를 이기고, 나무는 흙을 이기며, 흙은 물을 이긴다. 오행을 또한 오덕(五德)이라 불렀는데 매 왕조마다 모두 하나의 덕(德)을 중심으로 삼았다. 한나라를 개국한 군주인 유방은 자신이 적제(赤帝)[11]의 아들이라고 자처하고, 불을 주요한 덕으로 삼았다. 뇨방성은 화근(禍水)이 불을 멸한다는 말로 조합덕을 비유하고, 한 황실이 그녀의 손에서 절단나게 되리라고 하였다. 성제가 죽은 후 십여 년 왕망(王莽)이

10 원산대(遠山黛)라고 한다. 아름다운 눈썹을 지칭하는 말. 고대 여인들은 대부분 대색(黛色: 산이나 수목(樹木) 따위의 검푸르게 보이는 색)으로 눈썹을 그리는 것을 좋아하였다. 마치 멀리 떨어진 산의 색깔 같다고 해서 원산대라고 하였다. 서한의 미녀 중 하나인 탁문군(卓文君)의 눈썹도 먼 산을 바라보는 듯한 느낌을 주었다는 기록이 있다.

11 오행설(五行說)에서 여름을 맡는다는 남쪽의 신(神)을 말한다.

서한을 찬탈하는 사건이 발생하였다.

전설에 따르면 색에 탐닉하였던 성제는 호색할 능력이 부족하였으나, 조합덕을 얻은 후에야 비로소 남자가 되는 즐거움을 진정으로 맛볼 수 있었기에, 이를 해학적으로 온유향(溫柔鄕: 따뜻하고 부드러운 고향)이라고 불렀다. 그는 그녀와의 관계에 아주 만족하여 다른 사람들에게 이야기하였다. “나는 이 고향에서 늙어 죽을 것이야. 무제(武帝)가 백운향(白雲鄕: 천제가 사는 곳)을 추구했던 것을 본받을 수는 없네.”

조비연, 조합덕은 황제를 모심에 있어 능수능란하여 모두 첩여(婕妤)로 책봉되었으며, 황제의 총애를 한몸에 받았다. 자매 서로 간에 감정이 잘 통하였으며, 암묵적인 파트너로 서로 협력하여 서로를 더욱 돋보이게 하였다. 그녀들은 당시의 지위에 만족하지 못하여 서로가 온갖 방법을 다 짜내어 더욱 크게 되고자 하였다.

첫 번째 창끝은 허(許)황후를 향하였다. 허황후는 아들, 딸 하나씩을 낳았으나 모두 요절한 후에는 오랫동안 아이를 낳지 못했으며, 황제의 총애가 날로 줄어들었다. 또한 권력을 잡고 있던 대장군 왕봉(王鳳)과 관계가 좋지 않았기 때문에 앞날을 생각할 때마다 두려움이 교차하였다. 그녀의 언니인 허알(許謁)이 가족과 여동생, 자신을 위하여 엄금하고 있는 무술(巫術)을 통해 임신 중인 왕 미인과 왕봉이 비명에 죽도록 저주하였다. 이를 통해 성제의 마음을 자신에게로 돌리려 하였던 것이다. 그 사정을 조비연이 알게 되자 황급히 성제에게 고하였고, 큰 파란이 일어나면서 허알 등 관련자는 모두 처형되었고, 허황후는 폐출되어 냉궁에 감금되었다. 이 사건으로 조비연에게 황후의 보좌로 가는 대문이 활짝 열려졌으며, 한바탕 운동을 통해 그녀는 순조롭게 황후의 봉황관을 손에 넣었다. 조합덕도 소의(昭儀)로 격상되었다.

두 번째 창끝은 아이를 낳을 수 있는 모든 궁정의 여성에게로 향하였다. 조비연은 비록 천하의 어미가 되는 존귀함을 얻었지만, 유감스러운 것은 폐출이 된 허황후와 마찬가지로 줄곧 아이가 들어서지 않았다. 언니가 이러하자 동생도 똑같이 봄의 화사함은 있었지만 가을의 결실은 맺지 못하였다. 이 점에 있어서 그녀들의 머리 역시 대단히 명확하였다. 아들이 없는 여인의 마지막이 결코 사람이 다르다고 다를 수 없다는 것을, 또한 현재는 자신들이 다른 미녀들을 압도하고 있지만 그렇다고 해서 남편이 다시 한 번 '옛것을 싫어하고 새로운 것을 좋아하지' 말란 법이 없음을 알고 있었다. 다른 여성이 자신들을 대신하게 되지 말란 법이 없음을, 자신들이 허황후와 같은 종말을 맞지 말란 법이 없음을 알고 있었다. 그 무엇보다도 아들이 없다는 것은 다른 것을 말할 필요가 없다는 뜻이며, 미래를 보장하지 못한다는 것이다. 이러한 까닭에 이미 앞에서 말했던 씨를 빌려오는 추태를 보였던 것이다. 어찌된 일인지 그녀들의 배는 그녀들의 체면을 세워주지 않았다. 씨앗을 빌리려고 여러 차례 시도하였지만 전혀 아무런 수확도 없었다. 그러자 그녀들은 아예 끝장을 보려고 하였다. 차라리 모든 황제의 씨를 없애 버려 모두가 아들이 없는 상태에서 자기들이 이미 얻은 지위를 확보하려고 하였다. 그녀들은 성제와 관계를 가지는 여인들을 면밀히 살펴서 무릇 임신한 여인들은 강제로 낙태를 시켰으며, 아들을 낳은 자는 아예 죽였다. 그녀들에게 완전히 빠져 자신을 주체하지 못하는 성제는 보아도 못본 척, 들어도 못들은 척하였다. 심지어 그녀들과 약속하기를 그의 아들은 반드시 그녀들에게서 낳겠다고까지 하였다. 궁녀인 조위능(曹偉能)이 다행히 황제의 혈통을 얻게 되었다. 만삭이 되자 그녀는 몰래 궁궐 밖으로 나가 출산을 하였다. 조합덕이 이 소식을 들은 후에 사람을 시켜 옥새가 찍힌 문서를 가지고 가서 어미와 아들을 옥에 가두도록 하였다. 그런 후에 약을 보내 조위능은 자결토록 하였고, 아이는 빼앗아 갔으나 그 아이는 어찌 되었는지 아무도 알지 못하였다. 이어서 허(許) 미인이 또 아들을 낳았다. 성제가 아주 흥분하여서 조합덕에게 이를 말하자, 그녀는 성제가 약속을 지키지 않는다고 땅바닥에 뒹굴며 울고불고 난리를 쳤다. 성제는 그 소란에 어찌할 방법이 없자 그녀와 아이를 모두 죽여 일을 마무리 하였다. *성제는 조합덕을 얻고, 자신의 아들을 내버렸던 것이다.*

이 군왕은 조비연 자매를 얻기 전과 그 후가 완전히 다른 사람이었다. 〈한서(漢書)〉를 쓴 반고(班固)에 따르면 이른 시기의 성제의 모습은 단아하고 엄숙하였다. 그 용모가 단정하였고, 행동거지가 절도가 있었으며, 군주로서 신성한 존엄성을 가지고 있었다. 두루두루 많은 책을 읽었으며, 직언을 잘 받아들였었다. 그러나 두 미인이 입궁한 후에는 조정대사를 점차 모후의 가문인 왕씨 일가에게 맡겼으며(훗날 서한을 찬탈하는 왕망도 그 중의 한 사람이다), 자신은 완전히 주색잡기에 빠져서, 몇몇 친신과 극에 달한 호화롭고 사치스런 생활을 즐기면서 품격도, 예의도, 여론도 전혀 개의치 않고 욕망을 전부 쏟아냈다. 그가 궁정에서 연회를 즐기는 곳에는, 주왕(紂王)이 술 취하여 미녀 달기를 껴안고 긴긴밤을 지새우는 즐거움을 그린 병풍을 사면에 세우게 하고는 춘정을 불태웠으며 음란함을 즐겼다. *성제는 조합덕을 얻고 정치를 내버렸던 것이다.*

조비연 자매는 처음에는 서로 우열을 나눌 수 없이 모두 성제의 총애를 받았다. 그러나 시간이 오래되면서 점점 우열이 구분되기 시작하였다. 성제는 처음에는 정감을 필요로 하였으나 점점 더 육적 욕망을 더 좋아하였다. 조비연이 비록 가까이 하기 어려운 아름다움을 뽐냈지만 사람의 넋이 나가게 하지는 못하는 반면, 조합덕은 오히려 성적 매력으로 사람의 혼을 쏙 빼놓았다. 두 사람을 비교해 보면 조합덕이 더욱 사람을 끄는 매력이 있었다. 성제에게 있어서도 소의(昭儀)의 일거수 일투족이 모두 그에게 최고의 즐거움을 주었다. 그는 늘 그녀가 목욕하는 것을 훔쳐보았으며, 그녀가 목욕탕 안에 앉아 있는 모습을 '삼 척 깊이의 차가운 샘물에 잠긴 밝은 구슬'과 같다고 하였다. 그는 정신이 아득해지고 멍청해져서 떠다니는 듯하였다. 옆에서 모시고 있는 사람들에게 "예로부터 군주는 황후가 두 명인 경우가 없었다. 만일 있었다면 내가 당장 소의를 황후로 세웠을 것이다."라고도 하였다.

성제가 조합덕 곁에 같이 머무는 시간이 많아지면서, 조비연과는 냉담한 관계가 되어 겨우 그녀의 생일이 되어서야 그녀 처소로 가서 생일을 차려주는 상황이 되었다. 조비연은 부군이 동생에게는 잘 대해 주면서 자기에게는 박정한 것을 보고 부군이 애정을 다른 사람에게 쏟는 것을 원망하고, 동생이 총애를 빼앗아갔다고 원망하면서, 그 자리에서 우울한 모습으로 술을 엄청 마셔대면서 눈물을 뚝뚝 흘렸다. 성제가 이상하게 여겨 물어보았다. "일반 사람들은 술을 마시면 즐거워하는데 그대는 어찌 홀로 슬퍼하는가? 뭐 부족한 것이 있는가?" 조비연은 가슴속에 가득한 원망의 말을 내뱉었다. "이전에 신첩이 궁 밖에 있을 때 폐하를 뵈오면, 신첩을 오랫동안 바라보며 시선을 거두지 않으셨었습니다. 신첩이 폐하를 모신 후에 하체를 더럽혀도 씻기를 원치 않으시면서 기억하기 위하여 남겨 두겠다고 하셨었습니다. 폐하께서 장난으로 저의 목덜미를 깨물은 이 자국이 지금까지 남아 있습니다. 신첩이 이러한 정경들을 생각하니 눈물을 흘리지 않을 수가 없습니다." 이러한 지경까지 말이 나오니 모두가 할 말을 잃어버렸다. 소의가 그 뜻을 알아차리고 먼저 자리를 떴으며, 성제도 그 뜻을 알고 그 자리에 남았다. 성제는 본부인과 익숙하지만 또한 생소한 하룻밤을 보냈다. *성제가 조합덕을 얻고 조비연을 멀리하였던 것이다.*

마음에 두 사랑이 없다고, 성제는 이후에도 여전히 소의의 처소를 맴돌았으며, 지나치게 맴돌아 체력이 바닥이 나서 정력이 고르지 못하였다. 비록 그러하다 할지라도 그는 여전히 끊임없이 맴돌았으며, 마침내 그 끝자락에 이르게 되었다. 평소에 성제가 조합덕과 관계를 가질 때 정력제를 한 알씩 먹어야 했다. 어느 날 밤 성제가 침대 휘장 안으로 들어간 후에 조합덕이 대량의 술을 마셔서 취기가 몽롱한 가운데 그에게 연속해서 정력제를 일곱 알이나 먹도록 하였다. 두 사람이 술 취한 중에서, 끓는 욕정 속에서 무슨 문제가 발생할지를 전혀 느끼지 못하였다. 그 다음 날 아침 성제가 일어나 옷을 갈아 입는데 갑자기 정액이 끊임없이 흘러 나왔으며, 순식간에 정신이 혼미해졌다. 반나절이 되지 못해 기가 다하여 죽었다. *성제는 조합덕을 얻었으나 목숨을 잃었다.*

군주가 양기가 과용되어 죽게 되자, 조합덕은 그 죄책을 벗어나기 어렵게 되었다. 황태후는 대사마 왕망(王莽) 및 승상 등에게 상황을 추적 조사하도록 명령하였다. 조합덕은 이미 살 길이 없음을 보고 자살함으로써 남편의 뒤를 따라갔다. 조비연은 그 뒤로 6년을 더 살았는데 그녀는 새로운 군주인 애제(哀帝)[12]가 등극한 후에 황태후가 되었다. 왕망이 정권을 장악한 후에 태황태후의 지지 아래 조씨 자매가

12 유흔(劉欣). 재위 B.C. 7~1년.

내궁에서 저지른 일련의 불법적인 일들을 조사하고 조비연을 서인으로 폐출한다고 선포하였다. 조비연은 세상 사람을 대할 면모가 없으며, 미래를 기대할 희망이 없음을 보고 스스로 자기의 생을 마감하였다. 왕망이 조씨 자매를 조사한 것은 겉으로는 한 황실의 부끄러움을 처리하여 바른 기풍을 세우고 부녀자의 덕을 세우려는 것이었지만, 사실은 조씨 세력을 제거하고 자신이 철저히 조정을 통제하는 길을 전면적으로 깔아 놓은 것이다. 뇨방성(淖方成)의 예언이 점차 사실이 되어갔다.

애정의 우물에 빠져버린 천하

군주에게 중대한 영향을 미친 황후비빈은 역사상 일반적인 인물로 평가되는 경우는 드물었다. 현명한 부인으로 명예를 얻거나 아니면 화근으로 비난을 받았다.

사람들이 여자가 화근이라고 이야기할 때 그녀들이 사회에 미치는 해로운 역할에만 주의를 기울였다. 마치 〈봉신방(封神榜)〉[13] 속에서 상(商)의 주왕(紂王)이 여와(女媧)[14] 신상을 가지고 장난을 친 것에 대해, 여와가 백여우를 보내 소달기(蘇妲己)를 대신하도록 하여 나라를 훼파시킨 것과 마찬가지로, 그녀들은 하늘에서 인간세상으로 내려 보낸

13 〈봉신연의(封神演義)〉. 은(殷)에서 주(周)로 바뀌는 왕조 교체기를 다루고 있으며, 이전부터 내려오던 무왕의 주왕을 토벌하는 이야기[武王伐紂平話]가 그 원전이다.

14 여와(女媧)는 전설상의 황제인 복희(伏羲), 신농(神農)과 함께 삼황 중 하나로 알려져 있으며, 복희의 아내였다고 한다. 신화에서 복희와 여와는 남매 사이였지만 대홍수 후 둘만 살아남아서 부부의 연을 맺고 인류의 시조가 되었다는 것이다. 여와는 상반신이 우아한 미녀이지만, 하반신은 뱀으로 되어 있다. 복희도 같은 모습이어서 둘은 서로의 하반신을 휘감고 있는 모습으로 그려지는 경우가 많다.

요괴로, 하늘이 무도하고 혼용한 군주들을 징벌하기 위해 내려 보낸 여자로 여겨졌다. '여화(女禍)'를 그리 개의치 않는 사람들은 그 자신이 비극이 된다. 욕망을 멋대로 발산시키게 되기 때문에 뭇 사람에게 욕을 먹게 되며, 자기의 개성을 맘껏 펼쳐 보이지만 세상에선 받아들여지지 않기에 비극이 되고 만다.

더욱이 사람들은 여화가 전제왕조의 군주들이 만들어 낸 것이란 것을 생각하지 않는다. 모든 사람이 우러러보는 군주는 저 높은 곳에 앉아 있지만, 사실상 높은 곳은 추위를 이길 수 없고 애정 문제에 있어서도 가련하기 짝이 없었다. 비록 엄청난 숫자의 성적(性的) 상대를 가지고 있었을지라도, 군주들의 찬란한 권위 때문에 그녀들은 아주 공손하게 행운이 오기만 기다릴 뿐, 감히 자신의 본성을 드러내 진정한 감정을 토로하지 못했다. 군주와 그녀들 사이에 무슨 감정의 교류가 있다고 말하기 어려웠고 계약상의 부부관계에 불과하였다. 그런 까닭에 풍류와 재기, 예술적 기예가 있으면서 감히 울기도 하고 웃기도 하고 자기를 표현해 내는 여인이 눈에 들어왔을 때 군주는 마치 가뭄 끝에 단비를 만난 것처럼 정을 쏟으면서 그 통쾌함을 다 빨아들였다. 군주들은 그런 여인들을 총애하였다. 그녀들이 제멋대로 굴어도 놔두면서, 그녀들의 모든 요구를 되도록 만족시켜 주었다. 이를 통해 그녀들이 뭇 여인들과 더욱 더 다른 도드라진 모습을 갖도록 하면서 달콤하고 재미있는 애정을 누렸다. 만일 이러한 애정이 군주의 국가통치를 방해하고 나아가 국가의 재난, 조정의 혼란, 군주의 어려움을 불러오면서 백성들이 재앙을 겪게 한다면, 그 여주인공은 '여화(女禍)', 즉 '여자가 화근'이라는 죄명에서 벗어나기 어렵게 된다.

어리석은 군주가 '여화'를 만들어 내지만, 반대로 '여화'가 어리석은 군주보다 그 죄업이 더욱 중하게 된다.

남경(南京) 계명산(鷄鳴山) 위에 서서 동쪽으로 자금산(紫金山)을 바라보면 물결은 넘실거리고, 산은 자욱한 안개에 희뿌옇게 보인다. 옛 산, 옛 절, 옛 풍경, 옛 성이 여행객에게 옛 일을 생각하게 하는 그윽한 정감을 불러일으킨다. 옛 길을 따라 꾸불꾸불 걸어 내려가다 보면 옛 우물이 하나 나타난다. 이 우물의 옛 이름은 연지정(臙脂井: 연지우물)인데, 이 곳에는 오래된 굴욕의 역사가 가라앉아 있다. 그래서 사람들은 그 우물을 '욕정(辱井: 치욕의 우물)'이라 부른다.

우물 자체가 치욕이 될 리가 없다. 사람으로 또는 상황으로 인해 우물이 치욕의 장소가 된 것이다. 치욕을 겪게 되었던 사람은 진(南陳, 557~589년)의 마지막 황제 진후주(陳後主)[15]와 그가 깊이 사랑했던 장(張) 귀비와 공(孔) 귀빈 두 사람이었다. 수(隋) 문제(文帝)가 통일대업을 이룰 때 북쪽의 대군이 양자강 물을 말에게 먹이면서 천험의 요새를 넘어 남쪽 반쪽 강산의 수도인 건업(建鄴: 지금의 남경)을 맹렬히 공격하였다. 진 군대는 계속해서 패퇴하였으며 건업이 함락되었다. 미인과 가무, 친신과 아름다운 글귀에 깊이 빠져있던 진(陳) 후주는 독안에 갇힌 쥐 꼴로 퇴로가 없었다. 다급한 김에 두 비빈을 데리고 연지우물로 들어가 몸을 숨겼다. 수나라 군대가 계명산으로 들어가 우물 속에 있던 사람들을 끄집어 냈다. 후주는 장안(長安)으로 압송되었고 장(張) 귀비는 청계중교(靑溪中橋)에서 참수되었다.[16]

---

15 진숙보(陳叔寶). 재위 582~589년.

16 진왕(晉王) 양광(楊廣, 수 양제)이 사신을 보내 장 귀비를 살려 두도록 명령하였지만 좌복사(左僕射) 고경(高熲)이 이를 허락하지 않고 목을 베어버렸다. 양광이 안색이 변하여 말하기를 "내 반드시 고경에게 (이 일을) 갚아 줄 것이다."라고 하였다.

나누어짐이 오래되면 반드시 합해진다는 말처럼 시대의 흐름에 맞는 통일대업의 형세는 막을 수가 없었다. 한 쪽 구석에서 편안함을 추구하던 진(陳) 왕조는 더 이상 생존할 조건을 갖추지 못하였다. 진 왕조가 반드시 망할 것이란 것은 의심의 여지가 없었지만, 망해도 너무 빨리 망했으며 아쉬움을 남기며 망하였다. 만일 후주가 미인보다 강산을 중시하여 국가정무에 힘을 쏟아 군대를 조련하고 군마를 키우고, 장강의 방어선을 구축하였더라면 적어도 상당한 시간은 버틸 수 있었을 것이다. 사람들은 후주가 미색을 탐하여 나라를 망쳤다고 비난하지만 더욱더 많은 사람들은 장귀비가 군주를 미혹케 하여 나라를 망쳤다고 비난하였다.

장 귀비의 이름은 장려화(張麗華)로 황후비빈의 역사 속에서도 명성이 자자했던 인물이었다고 할 수 있다. 4대 미인의 반열에는 들지 못하였지만, 조비연과 조금도 손색없이 어깨를 견줄 수 있는 인물이었다.

장려화의 출신은 보잘 것이 없었다. 아버지는 방석을 만들어 파는 것을 업으로 하였다. 어린 나이에 뽑혀 궁궐에 들어가 동궁에서 시녀가 되었다. 당시 후주는 아직 태자였는데 남녀의 일을 잘 모르던 어린 시녀에게서 즐거움을 느끼면서 한바탕 정사를 나누었다. 이 일은 본래 후주가 즉흥적으로 치른 일인데, 결과는 어린 시녀가 임신을 하게 되었다. 열 달이 지나 아이를 낳게 되었는데 후주의 첫 번째 아들이었다.

이렇게 되자 어린 시녀의 운명이 근본적으로 바뀌었다. 아들로 인해 어미가 귀해진다고 후주가 즉위한 후에 그녀는 귀비로 책봉되었다. 장 귀비가 후주의 환심을 크게 사면서 원래 총애를 받지 못하던 심

(沈)황후는 더욱 냉대를 받게 되었다. 후주가 진숙릉(陳叔陵, 553~582)[17]의 반란으로 부상을 입고 승향전(承香殿)에 누워 치료를 받고 있을 때 황후와 비빈들은 전각 안으로 들이지 못하도록 하고 오직 그녀만 곁에서 시중을 들도록 하였다.

후주가 장려화를 지극히 총애하긴 하였지만 그녀만을 좋아했던 것은 아니다. 장 귀비를 총애하는 동시에 수많은 다른 여인들도 좋아하였다. 장려화에 대한 총애의 정도를 일등급이라고 한다면, 이등급은 공(龔) 귀빈(貴嬪), 공(孔) 귀빈 두 사람이었고, 삼등급은 왕(王) 미인(美人), 이(李) 미인, 장(張) 숙원, 설(薛) 숙원, 원(袁) 소의(昭儀), 하(何) 첩여(婕妤), 강(江) 수용(修容) 등 일곱 사람이었다. 풍류를 즐기던 후주는 이에 부족하다고 하여 많은 건축물들을 지어 풍류를 더 하려고 하였다. 수십 장(丈) 높이의 임춘각(臨春閣), 결기각(結綺閣), 망선각(望仙閣) 세 누각을 연결하여 지었다. 창문, 난간 등은 모두 심향목(沉香木)을 사용하였으며, 누각 위에는 금, 옥, 비취로 장식하고 바깥쪽은 진주로 된 발을 내렸다. 누각 안에는 화려한 보좌와 침실, 진기한 옛 기물들을 설치하였다. 사람들이 그 비길 데 없는 아름다움이 옛날이나 근래에도 전혀 없던 것이라 할 정도였다. 미풍이 불어 올 때마다 그 향기가 몇 리 밖까지 퍼져 나갔다. 태양이 동쪽에서 떠올라 빛을 비추면 빛살이 후원을 비추었다. 후원에는 돌을 쌓아 산을 만들고 물을 끌어들여 연못을 만들었으며, 이름 있는 나무들과 기화요초를 잔뜩 심었다. 후주 본인은 임춘각에 거주하고 장(張) 귀비는 결기각에, 공(龔) 귀빈, 공(孔) 귀빈(貴嬪) 두 사람은 망선각에 거주하였고, 세 누각은 복도가 있어 서로 연결되었다. 전체적인 모습은 신선이 사는 곳

17 선제(宣帝)의 둘째 아들. 진 후주가 그의 형이다. 582년 반란을 일으켰으나 실패하여 살해당했다.

같은 별천지, 무릉도원이었다.

가장 총애를 받던 장 귀비는 아주 총명하고, 특별한 기품과 단아한 아름다움이란 일급의 자산을 지니고 있었다. 머리카락이 칠 척이나 되면서 아주 까맣고 사람이 비칠 정도로 윤기가 흘렀다. 눈길을 주면 그 반짝거림이 넘쳐나 주변을 다 덮을 정도였다. 그녀는 늘 누각 안에서 화장을 하였는데, 난간에 기대어 선 모습을 궁궐에서 먼발치로 바라보면 하늘거리는 모습이 마치 선녀 같았다. 그녀는 재기가 넘쳐서 말을 잘 하였으며 기억력이 강했고, 남편의 심사를 잘 파악하였다. 사람들과의 연분도 좋아서 매번 궁녀를 추천할 때마다 후궁들이 좋은 사람을 추천했다고 칭찬을 아끼지 않았다. 그녀는 무속신앙이 있어서 궁중에 사당을 설치하고 귀신에게 제사를 지내고, 많은 무당들을 불러 의식을 거행하였을 뿐만 아니라 후주도 그 길로 끌어들였다.

후주는 정치를 할 재목이 아닐 뿐만 아니라 정치를 할 마음도 없었다. 미인들이 곁에 있게 되자 정치를 아이들 놀이로 여겼다. 문무백관이 의안을 상주하면 심복환관인 채탈아(蔡脫兒), 이선도(李善度)가 이것을 후주에게 전해 주면 그는 장 귀비를 무릎에 앉힌 채 같이 문서를 결재하였다. 오랜 기간 결재를 같이하면서 장려화는 요령을 터득하였다. 채탈아와 이선도가 아뢰는 말이 뚜렷하지 않을 때는 놀랍게도 하나하나를 분석하여 명확하게 아뢰었다. 그녀가 정치를 간섭하게 되면서 궁궐 내부부터 외부까지 그녀 자신의 정치적 채널을 굳히게 되었다. 사회에서 일어나는 어떤 일이나 말이든 그녀는 모두 적시에 이를 알게 되었고, 후주에게 이를 아뢰었다. 후주는 이런 일이 잘못되었다고 느끼기는커녕 오히려 사랑하는 비빈이 이렇게 정치를 잘 아는 것을 보고는 아주 기뻐하였다. 그녀를 가장 높은 정치적 파트너로 여기게 되었다. 이로 인해 장려화는 궁궐 내에서는 후궁들을 압도하였으며, 밖으로는 일약 문무백관들 위에 올라서게 되었다.

장려화가 정치를 이해하기는 했지만 그저 표면적으로만 이해한 가짜였다. 근본적으로 정치의 본질을 이해하지 못하고 한쪽으로 치우쳐 마음 내키는 대로 일을 처리하였다. 자신과 가깝고 먼 것으로 선악의 기준을 삼았다. 거기에 더하여 그녀 나름대로 권모술수가 있었다. 그녀가 실력을 발휘하면 할수록 조정은 혼란에 빠졌다. 외척이 잘못을 저질렀을 때 그녀의 연줄을 찾기만 하면 틀림없이 무사하였다. 대신들이 비위에 거슬리면 온갖 방법을 다해 헐뜯고 망가뜨리려 했는데 아무도 이를 피하지 못하였다. 후주는 그녀가 말하는 대로 따랐기 때문에 그녀의 뜻이 곧 황제의 명령이 되었다. 그녀는 공(孔) 귀빈과 연합하였는데, 공 귀빈이 그녀의 조수가 되었다. 두 사람의 권세가 두드러지면서 국가 전체에 영향을 주었다. 그녀들의 가문과 친척들이 잇달아 높고 빛나는 지위를 차지하였다. 재상과 대신들이 녹봉과 자리를 보전하려고 그녀에게 빌붙지 않는 자가 없었다. 환관과 품성이 좋지 않은 자들도 경쟁적으로 결탁하고, 서로서로 이끌어 주면서 뇌물을 받고 공적인 일을 처리하였으며, 상벌도 제멋대로 주었다. 사회 온 구석에 악취가 가득하게 되면서, 북쪽에 있던 양견(楊堅)[18]에게 틈탈 기회를 주게 되었다.

적국에 틈탈 기회를 주었는데도 후주는 여전히 이를 깨닫지 못하였다. 미인들과 함께 좋은 날씨 아름다운 경치를 같이 즐기는 외에 여학사, 친신, 문사, 아주 친한 손님들과 부(賦)와 시를 짓고 서로 주고받으면서, 구절이 특별히 아름다운 것들을 골라 곡조를 붙이고 새

18 수(隋) 문제(文帝, 541~604)). 581년 수나라를 건국하였으며, 대운하 공사를 시작하였다.

로운 소리로 작곡을 하여 천여 명의 자태가 뛰어난 궁녀들을 뽑아 합창하도록 하였다. 이로 인해 궁정이 시인들의 문학단체로, 악단으로 변하였다. 끝없이 새로운 시를 짓고 노래를 부르게 되면서 〈임춘락(臨春樂)〉이 유명해졌으며, 〈옥수후정화(玉手後庭花)〉는 누구나 다 아는 곡이 되었다. 그 중에서 후주가 가장 좋아했던 구절은 장 귀비와 공 귀빈의 아름다움을 찬미한 '푸른 옥빛 달이 온 밤을 가득 채우고(璧月夜夜滿), 옥(玉) 같은 나무는 아침마다 새로워라(瓊樹朝朝新)'였다. 그는 아마 달빛 가득한 밤이 결국은 떠오르는 태양에 쫓겨나고, 아름다운 꽃은 오래가지 못한다는 것을 생각하지 못했던 것 같다. 그는 황제위를 노래로 잃어버렸고, 조상이 전해 준 강산을 노래로 망쳤으며, 사랑하는 비빈의 생명을 청계중교(青溪中橋)에서 노래로 잃었다.

남쪽에는 장려화가 있었다면 북쪽에는 풍소련(馮小憐)이 있었다. 그녀의 남편 역시 후주(後主)로 북제(北齊, 550~577년)의 후주(後主)[19]였다. 장려화와 풍소련 두 사람은 똑같은 것이 너무 많았다. 똑같이 절세의 미녀였으며, 출신이 비천하였고, 시녀로서 황제의 은총을 입었으며, 나라가 망하는 운명을 맞았으며, 똑같이 화근의 괴수로 비난을 받았다. 다른 점은 장려화는 칼을 맞아 죽었고, 풍소련은 망국의 노비가 되었다는 것이다.

풍소련은 처음에는 목(穆)황후[20]의 신변에서 시중을 들던 시녀였으며, 시녀로 지내는 동안 줄곧 후주의 주목을 받지 못하였다. 그녀의 운명이 바뀐 것은 목황후의 운명이 순탄치 못한데 따른 것이었다. 황후가 처음에는 후주의 환심을 얻었었으나 세월이 지나면서 얼굴에 주름이 새겨지자, 미색이 쇠하면 사랑이 식는다는 옛말 그대로 그녀

19 고위(高緯). 재위 565~577년.

20 목황화(穆黃花).

에 대한 황제의 사랑이 식었다. 그녀는 잃어버린 사랑을 되찾아 오려고 했지만 지나간 것을 다시 찾기 어려웠고 찾을 수도 없었다. 할 수 없이 자신을 대신할 사람을 찾아 이후에 의지가 되고자 하였다. 단오날에 비파를 잘 타며, 노래와 춤이 뛰어난 시녀 풍소련을 남편에게 추천하여 주면서 '명을 잇는다'는 뜻으로 그녀를 속명(續命)이라고 불렀다. 그러나 잇기는 이었지만 이어진 것은 풍소련의 운명이지 목황후 자신의 운명은 아니었다.

풍소련과 후주는 연분이 있었다. 한번 서로를 쳐다보자 마치 아주 오래 전에 만났던 사람 같았고, 좀 더 일찍 만나지 못한 것을 한탄할 정도였다. 두 사람의 사랑은 급물살을 탔으며, 그것도 아주 깊이 그리고 오래도록 이어졌다. 같은 자리에 앉고, 같이 말을 탔으며 한날 한시에 죽을 것을 맹세할 정도였다. 주인을 모시는 수단이 뛰어나면서 시녀는 숙비(淑妃)로 승격되었다. 그러나 풍(馮) 숙비는 정숙하지 않았다. 그녀는 정치가 무엇인지 전혀 몰랐으며, 또한 이해하려고 하지도 않았다. 정치를 하려는 생각도 정치에 머리를 쓸 생각도 없었다. 그녀는 스스로 자기는 복(福)을 타고난 운명이라고 여겼으며, 이제 군주와 같이 지내게 되었는데 제때에 즐겨야지 그렇지 아니하면 타고난 복을 차버리는 것이라고 생각했다. 단지 숙비의 지위였기 때문에 국가대사를 돌 볼 수는 없었지만, 국가의 중대사를 맡고 있는 후주도 국가대사를 돌보지 않고 그녀와 같이 뒹굴며 그녀를 즐겁게 해주었다. 남편이 노래를 부르면 아내가 따라 부른다는 속말이 있는데, 사랑의 강물에 빠진 사람에게는 반대로 아내가 노래를 부르면 남편이 따라 부르는 일이 벌어지며, 이로 인해 일을 그르치고 망치게 된다.

북주(北周, 557~581년)의 군대가 평양(平陽: 지금의 산서성 임분(臨汾) 서남 지역)을 공격하자 수비군이 긴급상황을 알려 왔다. 마침 수렵 중이던 후주는 조정으로 되돌아가려고 준비를 하였으나, 같이 따라왔던 풍소련이 한 번 더 사냥을 하고 가자고 조르자, 후주는 군말 없이 이를 허락하였다. 수렵이 끝난 후에 두 사람이 부대를 이끌고 구원하러 갔을 때는 이미 성(城)이 함락된 뒤였다. 북제의 군대가 반격에 나서 지하갱도를 파고 성벽 밑까지 파고 들어가자 성벽이 무너지면서 열 걸음은 충분히 되는 틈이 생겼다. 병사들이 그 틈을 타서 성으로 공격해 들어가려 하였지만 후주가 이를 가로막았다. 숙비와 이 기묘한 광경을 같이 보고 싶다는 이유였다. 군대 막사 안에 있던 숙비는 전령이 부르러 오자 전혀 서두르지 않고 화장합을 꺼내어 침착하게 화장을 시작하였다. 마치 성대한 연회에 참석하러 가는 사람 같았다. 그녀가 매혹적인 자태로 성 앞에 왔을 때는 북주의 군대가 이미 충분한 시간을 갖고 허물어진 곳을 막아버린 뒤였다. 성이 탈환되지 않자 후주 역시 공격을 지속할 마음이 없었다. 숙비가 성 서쪽의 옛 유적지로 유람을 가자고 건의하자 후주는 병사들에게 대량의 공성용 나무를 뽑아내서 건너가야 할 하천에 다리를 만들라고 명령하였다. 공사가 더디게 진행되자 공사를 책임진 자가 중벌을 받았다. 이렇게 강산유람을 하듯이 군무를 처리하면서도 후주는 도리어 숙비가 큰 공적을 세웠다고 말하고는 그녀를 좌황후(左皇后)로 세우겠다고 하였다. 진양(晉陽: 지금의 산서성 태원(太原) 남쪽 지역)에 사람을 보내 황후의 복장을 가져오도록 지시하고 전선의 진지에서 특별한 책봉의식을 거행하려고 준비하였다.

이러는 사이에 후주와 풍 숙비는 같이 말을 몰고 전쟁을 관전하였다. 피가 튀고 살이 찢겨나가는 전쟁터를 달빛 아래 꽃밭에서 연애하는 곳으로 여겼다. 어느 날 동쪽 전선의 북제군이 약간 밀리자 풍소련은 공포를 느껴 "졌다! 우리가 졌다!"고 큰 소리로 외쳤다. 이 외침으로 전체 전선의 군심이 동요되었으며 형세가 급전직하하였다. 후주는 숙비를 데리고 쉴새없이 다른 지역으로 달아났다. 조그만 지방으로 달아나 잠시 쉬는 동안 풍소련은 또 화장거울을 꺼내 반복해서 얼굴을 비추어 보면서 노닥거렸다. 추격하는 병졸들의 쫓아오는 소리가 가까이 다가오자 거울을 챙기고는 다시 도망을 쳤다. 도망가는 도중에 황후의 복장을 가지고 돌아오는 전령을 만나게 되자 후주가 직접 그녀를 위해 말고삐를 잡고는 황후의 옷으로 갈아입도록 하였다. 추격하는 군사가 바짝 다가오자 이 두 연인은 각자 나누어 달아났다. 후주가 먼저 수도인 업(鄴: 지금의 하북성 임장(臨漳) 서남지역)에 도착하였다. 태후의 마차가 뒤쫓아 와 같이 합류하였으나, 그는 나가서 영접하지 않았다. 그러나 수색조가 풍소련이 도착할 것이라고 보고하자 북쪽 성벽을 뚫으라고 명령하고 이를 통해 직접 십리나 나가서 그녀를 영접하였다. 나라가 나라꼴이 되지 않을 시기에 후주와 풍소련은 신하들과 백성들이 보는 앞에서 불이 타오르는 듯한 애정극을 연출하고 있었다. 그는 애정은 얻었지만 나라는 보전하지 못하게 되었다. 북주 군대가 거침없이 쳐들어오면서, 썩은 나뭇가지를 꺾듯이 북제의 국경을 유린하였다.

강산이 이 지경이 되자 후주는 이미 대중을 설복시킬 위엄도 없었고 나라를 다스릴 마음도 없었다. 황제위를 장자인 고항(高恒)[21]에게 물려주고 자신은 태상황이 되었다. 적군인 북주의 무제(武帝)[22]는 이런 수작을 무시하고 군대를 몰아 업(鄴)성을 직접 공략하였다. 후주는 성을 버리고 도망쳤다. 이리저리 도망을 다녔으나 결국은 여전히 망국

21 유주(幼主). 577년에 8세로 등극 후 25일 후 피살됨.
22 우문옹(宇文邕). 재위 560~578년.

의 노예가 되는 운명을 벗어나지 못하였다. 그가 장안으로 압송된 후에 무제는 북제 사람들의 마음을 수습하려고 그를 온국공(溫國公)으로 봉하였다. 그는 머리를 땅에 조아리며 풍소련을 돌려 달라고 하였다. 무제는 큰 소리로 웃으며 "짐은 천하도 신발을 벗는 것처럼 여기거늘, 그깟 늙은 여자를 네게 주는 것을 아쉬워하겠느냐?"고 하였다. 북주의 무제가 은혜를 베풀어주자 그들은 연금 상태에서도 마냥 다정하게 사랑을 다시 나누기 시작하였다.

망한 나라의 부부의 생명은 다른 사람이 선사한 것이며, 애정 역시 다른 사람이 베풀어 준 것이다. 베풀어 주는 것에 기대는 것은 비굴한 일이며, 아침 일을 저녁에 장담할 수 없는 것이었다. 그들은 인격을 잃고 생명을 보전한 것이며, 염치 불구하고 애정을 유지한 것이었기에, 마지막에는 아무것도 보전할 수 없게 되었다. 후주는 모반죄로 처형되었고, 풍소련은 다른 사람에게 보내졌으며 역시 좋은 끝을 맺지 못하였다. 처음에는 무제가 친왕인 우문달(宇文達)에게 그녀를 보냈는데, 여전히 지극한 총애를 받았다. 그러나 마음속으로는 줄곧 죽은 남편만을 생각하였다. 한번은 비파를 타는데 선이 끊어지자 시를 짓기를

비록 오늘 총애를 받고 있지만, 옛적을 생각하니 신세 더욱 가련하구나. 마음이 끊어지는 것을 알려는가? 줄을 다시 이어 붙여야 하리라.[23]

수 문제가 전국을 통일 한 후에 그녀를 귀족 친척인 이순(李詢)에게 두 번째로 하사하였다. 그녀는 무명치마를 입고 쌀을 찧도록 명령을 받았으며, 오래지 않아 핍박을 받고 자살하였다.

궁정의 화근에 대한 전설과 기록은 왕조 역사만큼이나 이른 시기

23 雖蒙今日寵, 猶憶昔時憐. 欲知心斷絶, 應看膠上弦.

에도 이었다. 하(夏), 상(商), 주(周) 세 왕조에는 세 명의 화근인 말희(妺喜), 달기(妲己), 포사(褒姒)가 있었다. 그녀들은 겉모습은 달랐지만 똑같이 세 왕조를 망하게 하였다. 전통적으로 역사가들이 그녀들에게 뒤집어 씌운 죄목은 군주를 환락의 길로 잘못 이끌어 들여, 국가를 아이들 놀이터처럼 여기게 하였고, 궁궐을 더러움이 가득 찬 음란의 장소로 변하게 하였다는 것이다. 나아가 군주가 어리석음과 미혹에 빠져 충신을 멀리하고 간신배를 가까이 하도록 하였고, 기강이 무너지고, 백성이 반란을 일으키고 가까운 자들이 떠나가면서 나라를 기울어지게 하였다는 것이다. 하(夏) 걸왕(桀王)은 말희가 비단 찢는 소리를 좋아하는 것을 보자 매일 대량의 고급 비단들을 찢게 하여 즐거움을 돋우게 하였다. 상(商) 주왕(紂王)은 다른 사람의 말은 듣지 않고 달기의 말만 들었으며, 술로 연못을 만들고 고기를 나무에 걸어 숲을 이루게 하고 남녀가 나체로 그 사이로 서로를 쫓아다니도록 하면서 밤새워 술을 마셔댔다. 주(周) 유왕(幽王)은 포사가 웃는 모습을 보려고 여러 차례 위급을 알리는 봉화를 올려 제후들을 불러 모으는 연극을 하였다. 세 왕이 세 미녀에게 미혹되어 조금도 그 곁을 떠나지 못하였으며, 사리를 분별치 못하고 신하와 백성을 하찮은 초목으로 여겼다. 결국은 강산을 다른 사람에게 가져다 바쳤으며, 자신들의 생명도 다른 사람에게 바쳤다.

거룩하고 깨끗한 이미지

수천 년 이래 황후와 비빈, 궁녀들은 이루 헤아릴 수 없을 정도로 많았다. 대다수는 그 이름이 전혀 알려지지 않은 채 역사 속으로 사라졌으며, 극소수의 사람들만이 역사책에 기록되어 전해진다. 기록된 극소수 사람들의 대부분도 옳고 그름을 지적할 만한 일도 없이 제왕의 기록 뒤에 이름이 열거되어 있을 뿐이다. 오직 극소수만이 그 사적이 남아 있어 공적과 과실, 좋고 나쁨을 구분할 수 있으며, 비로소 후세 사람들이 그녀들에 대해 칭송과 폄훼를 할 수 있게 되었다.

역사적 인물들은 아름다운 이름을 후세에 남기든, 추악함을 만대에 남기든 본인이 일체의 조건을 갖추는 것 외에 기회를 얻어야 했다. 황후와 비빈, 궁녀들 역시 미모, 기예, 매력을 갖추는 것은 물론 군주 및 통치계층의 인정을 받는 것이 반드시 필요하였으며, 그렇지 않으면 모든 것이 헛된 일이었다. 그들의 인정이 있어야만 그녀들은 비로소 다른 사람의 이목을 끌 수 있었으며, 영향을 줄 수 있었고 또한 역사책에 정중하게 기록될 수 있었다.

남성이 주도적인 역량을 가졌던 중국 사회에서 군주의 역사적 공과를 따질 때 변태적인 현상이 있었다. 바로 군주 신변의 여성들에게 군주의 공과를 떠넘겨, 그녀들에게 상당한 역사적 책임을 지도록 하는 것이었다. 이러한 변태적 현상을 살피다 보면 군주가 황후와 비빈을 이끌었던 것이 아니라 정반대로 황후와 비빈이 군주를 이끌었던 것이 아닌가 하는 의구심이 들게 된다.

황후와 비빈의 역사적 공과를 평가할 때 비록 수많은 말들이 있고 각도가 다를지라도 오직 하나의 분수령만이 있다. 즉 그녀들이 자신의 욕망을 분출시키면서 군주를 그리로 끌어들여 함께 향락을 즐기거나, 아니면 전통도덕에 따라 군주가 국가를 다스리고 백성을 평안케 하는 것을 옆에서 힘껏 도와주는 것이었다. 전자는 화근이 되었으며, 후자는 현숙한 부인이라고 일컬을 수 있었다.

현숙한 부인은 나라와 백성 그리고 군주에게 이익이 되었다. 그 공적을 더욱 빛나게 하려고 줄지어 패방(牌坊)을 세웠으며, 뒷사람들은 그것을 본받으면서 그녀들을 추모하였다.

그녀들이 현숙하냐 아니냐는 덕성[德], 언사[言], 용모[容], 공적[功]의 정도에 따라 나누어지는데 중점은 도덕적 소양과 언행으로 귀결되었다. 이 책과 이 장의 앞 부분에서 말했던 덕성은 황후와 비빈, 궁녀들이 궁궐에 들어가기 전에 자신의 집에서 드러냈던 덕스러운 품행이었고, 여기서 이야기하는 것은 그녀들이 궁궐에 들어간 후에 드러낸 표현을 말한다.

덕스러운 품행은 다방면의 원인, 즉 종교, 환경, 본성, 신앙, 제약, 심지어 권모술수로부터 나오는 것이었다. 어떠한 원인에서 나왔던지간에 품행을 갖추기만 한다면 사람들에게 침착하고 중후하며, 질박하면서 규범에 맞으며, 신분에 따르는 격에 어울리며, 존경할 만하다는 인상을 줄 수 있다. 다른 사람에게 주는 외적인 인상은 그와 같지만, 본인 자신에 대해 말하자면 자기절제와 인내, 욕망의 억제가 필요하였으며, 그녀들의 모든 일의 출발점은 사회를 규제하던 전통 관념에서 비롯되어야 했다.

현숙한 부인은 성결하다는 이미지를 갖추고 있었다.

인간사회에서 사람과 사람은 서로 다르며, 자연세계에서 남자와 여자는 서로 다르다. 이러한 다름은 사람이 제멋대로 정하는 것이 아니라 정신, 물질, 생리조건에 따라 결정되는 것이다. 이러한 조건들을 완전히 무시하는 사람일지라도, 이러한 조건들이 에누리 없이 그 개인의 사회적 지위와 역할을 구성하게 된다. 사회구성원 각자가 이러한 점을 확실히 인식하도록 하기 위하여, 사회의식 속에 점차 예

(禮)가 빚어지게 되고, 이러한 예(禮)에 의해 지위, 연령, 항렬, 성별이 각 사람의 언행과 권리, 의무를 결정하게 된다. 예(禮)를 도덕의 기준으로 삼는 국가의 제도 안에 예가 각 개인의 수양, 품격, 본질을 헤아리는 표준이 되었다. 여성은 엄격히 예를 준수하도록 요구받았는데 특별히 여성을 위해 만들어진 부녀의 예를 지키도록 요구되었다. 황후비빈이 된다는 것은 예를 잘 알아 그녀가 부녀자의 본성과 직무, 도리를 잘 지킨다는 것을 반영하였다. 그녀가 이러한 것들을 잘 그리고 굳게 지키면서 통치집단의 권한을 침해하거나, 정치에 간여하거나, 자기의 욕망을 제멋대로 쫓거나, 통치집단에 손해를 주거나 하지 않는다면, 당연히 각 부문에서 그녀를 환영하였을 뿐만 아니라 심지어 여성의 대표인 태후의 애호도 받게 된다.

당(唐) 덕종(德宗)[24]의 위(韋) 현비(賢妃)는 총명하고 기민하였다. 그러나 그녀는 이러한 선천적 자본에 기대어 권모술수를 부리지 않았으며, 얌전하고 착하여 고요함을 유지하였다. 한 마디 한 동작이 모두 규범적이어서 덕종의 존중을 받았으며, 내궁의 모든 일을 그녀의 의견에 따라 처리하였다. 비록 그녀가 극도의 총애를 받았을지라도 득의만만하여 자신의 본분을 잊어버리지 않았으며, 오히려 덕성 함양에 더욱 힘을 쏟았다. 덕으로 사람들을 감화시키면서 내궁의 사표가 되었으며, 보편적인 존경을 받았다. 덕종이 죽은 후에는 표를 올려 능묘를 지키고자 하였다.

송(宋) 철종(哲宗)[25]의 맹(孟)황후는 어렸을 때 명문세족의 딸로 간택에 의해 입궁하였는데, 용모와 행동거지가 단정하여, 영종(英宗)[26]의

24 이괄(李适, 742~805). 재위 779~805년.
25 조후(趙煦, 1077~1100). 재위 1085~1100년.
26 조서(趙曙, 1032~1067). 재위 1063~1067년.

부인 고(高)태후, 신종(神宗)[27]의 부인 향(向)태후가 특별히 눈에 들어 하여 여인의 예의를 그녀에게 직접 가르쳤다. 이러한 예의교육의 영향으로 그녀는 온화하고 기품이 있었으며, 기상이 남달랐다. 조정에서 철종의 황후를 선택하는 의논을 할 때 두 태후가 모두 그녀를 추천하였다. 맹씨는 부녀의 예를 능히 지킬 수 있으므로 마땅히 중궁(中宮)의 중심이 되어야 한다는 이유였다. 고태후가 황후의 책봉대례가 끝난 후에 정중하면서도 간절하게 철종에게 당부하였다. "현명한 여인의 내조를 얻는 것은 결코 작은 일이 아닙니다." 그러나 맹씨는 현숙하여 내조를 잘하는 재능은 있었지만, 내조를 잘하는 운명은 얻지 못하였다. 그녀가 덕스럽기는 하였지만 근본적으로 수많은 여인들이 둘러싸고 있는 철종의 환심을 얻지 못하였고, 한바탕의 정치풍랑 중에 폐출되었다.

정강(靖康)의 난[28] 이후에 고종(高宗)[29]이 남송을 세웠을 때 그녀는 비로소 태후의 칭호를 얻게 되었다. 고종은 강남 한 구석에 있으면서도 여러 차례 국가적 치욕을 맞으면서 위신을 잃어버리게 되자 태자에게 선위할 수밖에 없게 되었다. 대신들이 맹태후에게 수렴청정을 하도록 요청하였으나 그녀는 거절하였다. "지금 강적이 밖에 있는데 부녀자의 몸으로 세 살짜리 어린 아이를 안고 내가 어찌 천하를 다스릴 수 있겠습니까?" 이 한마디가 사람들의 마음을 움직였다. 훗날 고종이 직접 나서서 간절히 요청하자 비로소 이에 동의하여 조정에 나섰다. 그녀는 검소하며 절약하는 성격이어서 매달 자신이 받는 비용은 천민(千緡)에 불과하였다. 전쟁이 빈번해지고 군비가 필요해지자 그녀

27 조욱(趙頊, 1048~1085). 재위 1067~1085년.
28 1126~1127년 금나라 군대에 의해 북송이 멸망한 난.
29 조구(趙構, 1107~1187). 재위 1127~1162년.

가 가지고 있던 비단 삼천 필을 군자금으로 출연하였다. 그녀는 59세에 병으로 세상을 떠났다. 당초 고태후가 맹씨를 황후로 책봉하는 대례식에서 감탄하여 말하기를 "이 여인은 참으로 현숙하지만 아쉽게도 박복하겠구나. 언젠가 국가에 변란이 있을 때 그녀가 반드시 이를 막아낼 것이다."라고 하였다. 참으로 앞을 내다본 말이 아니라 할 수 없었다.

공자가 말씀하시길 '예가 아니면 보지 말며, 예가 아니면 듣지 말며, 예가 아니면 말하지 말며, 예가 아니면 행하지 말라.'고 하였다. 이러한 요구는 대단히 높은 수준을 요구하는 것으로 참으로 이루기 어려운 것이다. 사람의 욕망과 이성이 충돌할 때, 반드시 욕망을 버리고 이성을 쫓아야 하는데 바로 이것이 어려운 것이다. 이러한 요구를 남자도, 여자도 지키기 어려운데 특수한 신분의 여인인 황후비빈들은 더욱 어려운 일이었다. 그녀들의 입장에서 보면 그 어려움은 자신에게뿐만 아니라 군주의 태도 여하에 달려 있었기 때문이다. 만일 군주가 제멋대로 행동하며, 도덕규범을 어기기를 좋아하는 경우, 그녀들이 이러한 도덕적 요구를 지키려 한다면 군주의 심기를 건드리게 되는 위험에 직면하게 된다. 어려운 일, 지키기 어려운 것을 감연히 하려고 하는 사람은 정말 귀하기 그지없는 사람이라고 할 수 있다.

한(漢) 성제(成帝)의 반(班) 첩여(婕妤)는 학식, 견식, 자태를 갖춘 여인으로 궁궐에 들어간 이후 오래지 않아 군주의 지극한 사랑을 얻게 되어 지위가 직상승하였다. 일반적으로 말하자면 총애를 얻는 여인의 그 다음 조치는 온갖 방법을 다해 총애를 확고하게 하는 것이지만, 유가문화의 영향을 깊이 받은 반 첩여는 그렇게 하지 않았다. 매번 전통도덕으로 부부관계를 다루었다. 한 번은 성제가 후궁들을 둘러보면서 반 첩여에게 같이 마차를 타고 가기를 청하였으나 그녀는 거절하였다. 조리가 정연하면서 날카롭고 엄숙한 어조로 "옛 그림을 보면 현명한 성군은 모두 명신들을 곁에 두고 있지만 하나라, 은나라, 주나라 삼대 말기의 군주들은 총애하는 여인과 같이 하였습니다. 오늘날 만일 첩이 폐하와 같이 마차를 탄다면 그들과 비슷하게 되지 않을까 우려됩니다." 당시 어느 정도 명철함이 남아 있었던 성제는 머리를 끄덕였다. 왕태후[30]가 이 이야기를 들은 후에 흐뭇해 하며 "예전에 번희(樊姬)가 있었다면, 지금은 반 첩여가 있도다." 번희는 현명한 여인으로 초왕(楚王)의 비빈이었다. 초왕이 수렵을 즐기자 번희가 짐승의 고기 먹기를 거절하면서 간언하였었다는 고사[31]가 있다. 성제는

30 왕정군(王政君, B.C. 70~13).

31 초(楚)나라 장왕(莊王, 출생연도 미상, B.C. 591년 사망 추정)이 패업(霸業)을 이루기 전에 사냥을 대단히 좋아하였다. 번희(樊姬)가 이를 보면서 마음이 조급해짐을 느꼈다. 왜냐하면 일국의 군주가 사냥을 좋아하면 세상의 놀이에 빠져들어 큰 뜻을 잃게 되고 나라의 일을 망치게 된다는 것을 잘 알고 있었기 때문이다. 번희가 여러 차례 간하였으나 그녀의 말을 듣지 않고 여전히 사냥을 즐겼다. 이에 번희가 동물이나 조류의 고기를 먹지 않았다. 이러한 그녀의 의지와 행동이 결국 초 장왕에게 감동을 주어 자신을 새롭게 돌아보는 계기를 만들었을 뿐만 아니라, 사냥이 가고 싶을 때마다 그녀의 말과 행동을 생각하여 국가의 정사에 힘을 쏟았으며, 마침내 춘추시대 제후들을 제압하는 패업을 이루었다.

전해지는 이야기에 따르면 초 장왕이 여러 비빈 중에서 정비(正妃)를 선택하려고 삼일의 기간을 주고 예물을 바치라고 하였다. 마음에 쏙 드는 예물을 바친 사람을 정비(정궁)로 삼는다는 것이었다. 수많은 비빈들이 모두 예물을 마련하느라 바쁜데 번희 혼자 아무런 준비도 하지 않았다. 삼일이 지나자 비빈들이 앞다투어 진귀한 예물들을 왕에게 드렸으나 번희 혼자 빈손으로 나아왔다. 장왕이 그녀에게 묻기를 "빈은 내게 줄 예물을 준비하지 않았는가?" 번희가 답하기를 "대왕! 사실대로 말씀드리자면 폐하께 예물을 준비하는 일을 생각해 본 적도 없습니다." 장왕이 이상히 여겨 다시 물어 보았다. "설마 그대는 나의 정궁이 되고 싶지 않은 것이요?" 번희가 고개를 흔들며 말하였다. "대왕께서는 첩의 말을 들어주셨으면 합니다. 대왕께서 예물을 드리되 대왕이 현재 가장 필요로 하는 것을 드리라고 하셨습니다. 현재 제일 필요한 것이 무엇이겠습니까? 정궁을 세우는 것, 이것보다 더 중요한 것이 있겠습니까? 그래서 저는 빈손으로 나왔습니다

(내가 바로 당신이 찾는 그 예물입니다.라는 뜻이다).” 장왕은 그녀의 이야기가 너무나 일리가 있다고 생각하여 그녀를 정궁으로 삼았다.

번희가 정비가 되고 나서 세월이 흐른 어느 날, 장왕이 우구자(虞邱子)라는 대신을 총애하여 밥먹는 것도 잊을 정도로 늘상 그의 말만을 듣는다는 것을 알고는 기쁨과 근심이 교차하였다. 어느 날 조정일을 처리하고 장왕이 침소로 돌아오자 특별히 정중하게 장왕을 맞아들이면서 말했다. “요즘 무슨 중요한 일이 있습니까? 대왕께서 늘 식사조차 잊으시게 하는 일이 도대체 무엇인지요?” 장왕이 기쁜 낯빛으로 말했다. “현명하고 능력 있는 충신과 이야기를 하다 보니 정말로 배고픔과 피로함도 모르겠습니다.” 번희가 다시 물었다. “대왕께서 말씀하시는 그 신하가 누구신지요?” 장왕은 깊이 생각하지 않고 바로 대답하였다. “당연히 우구자이지요.” 이에 번희는 마음속으로 깜짝 놀랐으나 곧 냉정을 찾았을 뿐만 아니라, 도리어 손으로 입을 가리지 못할 정도로 크게 웃었다. 장왕이 의아스러운 표정으로 물어보았다. “부인은 왜 이처럼 크게 웃는 것이오?” 번희가 매우 진지하게 대답하였다. “만일 우구자가 총명한 사람이라면, 억지로 그렇다고 할 수도 있겠지만 그는 결코 충신이라고 할 수는 없습니다.” 장왕이 이 말을 듣자 더욱 의아스러운 표정으로 물었다. “부인! 어째서 그렇게 말하십니까?” 번희는 얼굴 가득 의혹스러운 표정을 짓는 장왕에게 천천히 이야기하기 시작하였다. “신첩이 따져보니 대왕을 모신지 십일 년이나 되었습니다. 제가 일찍이 정(鄭)나라와 위(衛)나라에 사람을 보내 현숙한 여인을 구하여 왕에게 바치고자 하였습니다. 현재 저보다 현숙한 여인이 두 사람이 있으며, 저와 비슷한 여인도 일곱 명이 있습니다. 신첩이 어째서 온갖 방법을 다 생각하여 그녀들을 배제하고 혼자서 대왕의 총애를 독점하려 하지 않았을까요? 제가 그렇게 한 것은 내궁에 여인들이 많아야 그녀들의 재능을 두루 살필 수 있다고 들었기 때문입니다. 그래야 제가 독단적으로 국가대사를 숨기는 일을 할 수 없게 되기 때문입니다. 나아가 대왕이 더욱 많은 여인들을 살피시다보면 다른 사람들의 재능들을 더욱 잘 이해할 수 있게 되기 때문입니다. 제가 듣기론 우구자가 초나라의 승상을 십여 년이나 맡았는데 그동안 그가 추천한 사람들은 자기의 자제나 동족의 형제들뿐이었습니다. 저는 그가 현명한 자를 천거하고 현명치 못한 자를 쳐냈다는 말을 들어본 적이 없습니다. 그런 식으로 일을 처리하는 것은 군주의 눈을 가리고 현명한 자들의 등용의 길을 막는 것입니다. 현명한 자를 알면서도 추천하지 않는 것은 충성스럽지 못한 것이며, 어느 사람이 현명한 사람인지 아닌지를 모른다면 이것은 지혜롭지 못한 것입니다. 제가 이런 까닭으로 그가 충신이란 말을 듣고 웃은 것인데 이것이 적합하지 않은 일인지요?” 번희의 말을 듣고 나자 장왕은 정말 도리에 맞는 말이라고 여겼고, 깊이 생각해보니 사실이 그러하였음을 알 수 있었다. 그 다음 날 조회에 나가 장왕은 번희가 한 말을 우구자에게 전해주었다. 우구자가 그 말을 듣고 놀라서 자리에서 일어나 고개를 깊이 숙였으며, 무슨 말

본래 풍류를 즐겼는데 즉위 초에는 그래도 제멋대로 하지 않으려 하여 어느 정도 이룬 업적이 있었지만 시간이 지나면서 본성이 점차 드러나기 시작하였다. 말과 행동이 반드시 규범에 맞아야 하는 반 첩여를 귀찮게 여기면서 점차 그녀를 냉담하게 대하였고, 조비연(趙飛燕) 자매에 푹 빠지게 되었다. 반 첩여는 재난을 피하기 위하여 왕태후를 모시겠다고 청하였다. 이때부터 군주와 비록 가까운 거리에 있었지만 서로 얼굴을 보기 어려웠다.

유송(劉宋, 420~479년) 명제(明帝)[32]의 황후 왕정풍(王貞風, 436~479)은 연약하고 부드러우며 성격이 온순하고, 다른 사람과 좀처럼 우열을 다투지 않았다. 마치 황후가 아닌 일반 여인 같았으며, 다른 사람들의 주목을 절대로 받을 수 없을 것 같았다. 그러나 다루기 쉬울 것으로 보이는 이 여인은 자신만의 굳건한 처세원칙을 가지고 있었다. 즉, 미풍양속을 해치는 일은 절대로 하지도, 보지도, 듣지도 않겠다는 것이었다. 그러나 명제는 그런 사람이 아니었다. 그는 아무 때나 제멋대로 행동하였다. 도덕규범은 아예 무시하고, 황당한 행동을 하면서 군주로서의 품격에는 전혀 신경 쓰지 않는 사람이었다. 어느 날 무료하기 짝이 없자 자매들을 궁중으로 불러들인 후에 궁녀들에게 나체로 노래와 춤을 추게 하면서 희희낙락하였다. 그런 모습에 왕정풍은 부채로 얼굴을 가리고 외면하였다. 황후가 외면하는 것을 보자

을 아뢰어야 할지 알지 못하였다. 이에 우구자가 조정에서 퇴청한 후에 한동안 집안에 틀어박혀 감히 다시 조회에 나올 생각을 하지 못하였다. 우구자가 사람을 물색하여 현명하고 능력 있는 충신 손숙오(孫叔敖)를 초빙할 수 있게 된 후에야 비로소 본인이 직접 장왕에게 그를 추천하였다. 장왕이 여러 가지 일을 통해 손숙오를 살펴 본 후에 그를 중용하여 영윤(令尹)에 임명하여 초나라 통치를 돕도록 하였다. 삼년의 세월이 흐른 후 과연 손숙오는 그 현명함과 능력으로 장왕이 제후국들 중에서 으뜸이 되도록 도왔으며 패업을 이루도록 하였다.

32 유욱(劉彧, 439~472), 재위 465~472년.

좌중에 있던 사람들 역시 즐거워 할 수 없게 되었다. 아내가 흥을 깨는 것을 보자 명제가 화가 나서 힐문하였다. "오늘 모든 사람이 즐거워하는데, 어째서 당신 혼자서 이 장면을 보려 하지 않는 거요?" 왕정풍이 지그시 입술을 깨물며 받아쳤다. "즐거움을 위한 일은 얼마든지 있는데 어찌해서 자매들을 불러 모아 여자들의 나체를 보는 것을 즐거움으로 삼으십니까? 정말 같이 있지 못하겠나이다." 명제가 대로하여 그녀보고 일어나 나가라고 소리쳤다. 그녀가 뭇 사람 앞에서 체면을 세워주지 않은 데 대한 징벌이었다. 왕황후의 오빠인 왕경문(王景文)이 이 이야기를 전해들은 후에 감탄하여 말했다. "황후가 집에 있을 때는 아주 연약하고 얌전한 여자였는데, 그녀가 이 정도로 강직할 줄은 몰랐다!"

중국의 옛 사람들은 검소하고 질박한 것을 주요한 덕목의 하나로 열거하였다. 검소질박의 반대가 사치로, 검소질박을 제창하는 것은 절대로 인색함에서 나온 것이 아니라 기본적으로 다음과 같은 원인에서 나온 것이다. 첫째는 절약의 원칙 때문이다. 유한한 물질(아무리 많은 물질일지라도 결국은 한계가 있다)을 잘 안배하면 가는 물이 길게 흐르듯이 생활상 장기적인 결핍을 면할 수 있다. 두 번째는 안빈(安貧) 사상 때문이다. 이 사상의 핵심은 사람들이 물질적인 향락을 추구하는 것을 억제하고 정신생활을 중시하도록 하는 것이었다. 생산력이 비교적 낮은 고대의 국가상황에서 검소질박은 상당부분 실질적인 의의를 가지고 있었다. 황후비빈들에 대해서 말하자면 검소질박은 더욱더 작은 일이 아니었다. 적어도 국가자산의 합리적인 사용, 최고 통치계층의 국가경제와 국민생활에 대한 관심, 순박하고 돈후한 민간정서를 이끌어 내는데 간접적으로 관계가 있었다. 이러한 검소질박을 널리 추진하면 사회의 건강, 국가의 안정에 유리하게 된다. 특히 황후비빈은 인간세상의 천당에서 살기 때문에 검소질박한 생활을 달갑게 여기기가 쉽지 않았기 때문에, 그녀들의 검소질박은 정말 얻기 어려운 미덕이 되었다.

동한 명제(明帝)[33]의 마(馬)황후[34]는 효성스럽고 순종적이며, 차분하면서 유순하고 예의가 발라 13세에 태자궁으로 간택되었다. 명제가 즉위한 후에 귀인(貴人)으로 책봉되었다. 귀인이 되었지만 오만하지 않았고, 윗사람에게는 공경하는 태도를 가졌으며, 아랫사람과는 화목하였다. 덕과 예의를 가졌으며 절제하는 성품이어서 두루두루 환영을 받았다. 명제가 황후로 누구를 세울까 고민할 때 생모인 음(陰)태후[35]가 권위 있게 결론을 내렸다. "마(馬) 귀인의 덕성이 후궁 중에서 으뜸이니 바로 그녀를 황후로 세워야 한다." 귀인에서 황후로 승격되면서 지위에 현격한 변화가 있었으나, 덕행은 옛날과 다름이 없었다. 한가할 때는 손에서 책을 놓지 않았다. 〈주역(周易)〉을 외우고 〈춘추(春秋)〉, 〈초사(楚辭)〉를 읽었으며, 〈주관(周官)〉과 동중서(董仲舒)의 글에 심취하였다. 사람들이 가장 칭찬하였던 점은 그녀가 검소하고 질박하다는 것이었다. 검소하고 질박하여 황후 같지 않았다. 옷소매는 거친 천으로 대었고, 치마에는 화려한 꽃무늬를 수놓지 않았다. 귀부인들이 황후에게 절을 올릴 때 멀리서 보니 황후의 옷이 아주 세밀하게 짠 비단천인 줄 알았는데 가까이서 보니 거친 천의 옷임을 알고나자 그만 웃음을 짓고 말았다. 그녀가 이런 모습들을 보자 변명조로 이야기하였다. "이런 종류의 비단천은 특별히 염색하기 알맞은 것이어서, 이것으로 옷을 해입은 것입니다." 귀부인들은 이 말에 감탄을 금치

33 유장(劉莊, 28~75), 재위 57~75년.

34 명덕황후(明德皇后, 39~79). 본명은 마실재(馬失載)이며 복파장군(伏波將軍) 마원(馬援)의 딸.

35 음려화(陰麗華, 5~64).

못하였고, 그녀를 존경하는 마음이 자연히 생겨났다. 그녀는 놀이를 좋아하지 않았으며, 음악도 즐겨하지 않았다. 명제가 비빈들을 불러 놀이를 하며 잔치를 베풀 때 여러 사람들이 황후도 같이 참가토록 하셔야 한다고 청하자 명제가 웃으면서 말하였다. "그녀의 뜻은 이러한 데 있지 않소. 비록 그녀가 온다 할지라도 이렇게 노는 것을 기뻐하지 않을 것이오." 마씨가 향락을 탐하지 않고, 지위를 누리려 하지 않았던 것은 그녀가 향락을 결코 몰랐기 때문이 아니다. 이와 같이 자기를 억제한 것은 큰 목적이 있었기 때문이다. 그녀가 일찍이 친정 사람들에게 "내가 국모가 되어 거친 옷을 입고, 맛있는 것을 탐하지 않으며, 좌우의 시녀들 역시 소박한 옷을 입고 향기 나는 아름다운 장식을 하지 않는 것은 내가 스스로 모범을 보여 천하 사람들을 위한 모범이 되고자 하기 때문이다."라고 말했다.

진(陳) 후주(後主)[36]의 황후 심무화(沈婺華)는 효도로 명성을 얻어 태자비로 간택되었으며, 남편이 용포를 걸치게 되자 황후의 옷을 입게 되었다. 그녀의 성격은 단아정숙하고, 총명하였으며 민첩하고 기억력이 좋았다. 경전과 역사를 섭렵하였으며 서예에도 뛰어났다. 범사에 강하게 다투지 않았으며, 그 처지와 형편에 따라 편안히 거하였다. 당시 장려화(張麗華)가 총애를 얻어 권력이 후궁으로 쏠렸을 때도 질투도 원한도 없었으며, 태연자약하게 지냈다. 그녀는 담백하고 욕심이 적었다. 거처하는 곳을 화려하게 장식하지 않았으며, 비단의복이나 보석으로 꾸미지 않았다. 좌우에 그녀를 모시는 사람들 역시 그녀와 같이 역사를 익히고, 불경을 읽고 외었다. 심씨의 인자함과 후덕함은 결코 진 후주에게 영향을 미치지 못하였으며, 자기 몸만 지킬 수 있었다. 가문이 망하고 나라가 멸망한 후에 그녀의 덕스러움으로

36 진숙보(陳叔寶, 553~604), 재위 582~589년.

인해 수(隋) 왕조의 후대를 받았으며, 남편이 죽은 후에는 고향으로 돌아가 평민이 되어 살았다.

베개 밑 충언(忠言)

'아내가 현명하면 남편이 황당한 화(禍)를 당하지 않는다.'란 옛 속담이 있다. 자세히 생각해 보면 이 말은 민간에만 적용되는 것이 아니라 군주 부부에게도 똑같이 적용된다. 가장 높은 자리에 있는 부부에게 있어서 현명한 아내의 가장 중요한 면은 말[言]이었다. 항상 군주에 대해 충언, 직언, 진정한 말, 선한 말을 할 수 있는 면이다. 대신들, 곁에 모시고 있는 사람들이 진언하기 어려운 말들을 황후나 비빈들은 할 수 있는 유리한 면이 있었다. 특히, 총애를 받는 황후나 사랑을 받는 비빈은 더욱 유리한 조건을 가지고 있었다. 베개를 같이 베는 부부로서의 친밀감을 빌려 공식적인 정치의 장에서는 받아들일 수 없는 말을 군주로 하여금 받아들이도록 하였다. 그러나 황후나 비빈이 남편에게 진언을 하는 것 역시 쉽지 않았다. 우선은 용기가 필요하였으며, 두 번째는 신분에 걸맞는 표현방식이 필요하였고, 세 번째는 정치에 간여하지 않는다는 법도를 넘어서지 않아야 했다. 베갯머리 송사를 사람들은 늘 폄하하지만 국가와 백성에게 유리한 베갯머리 송사는 대신들의 상주문이나 재상의 건의보다 더 유효할 수 있으며, 군주의 성격을 개선하고 그의 행위를 고치는 데 있어 결코 낮추어 볼 수 없는 힘을 준다는 것을 전혀 모르고 하는 소리이다. 법치가 아닌 인치가 중요한 사회에서 애첩의 한 마디 말이 그 어떠한 법조문보다도 더 군주를 속박할 수 있었다.

남편에게 유익한 말을 했던 모범은 당연히 당 태종의 장손(長孫)황후(601~636)[37]라고 할 수 있다. 그녀는 신분이 지극히 높은 가문 출신의 여자로 예법을 중시하였다. 그녀는 도책(圖冊: 예법 도감)과 전기(傳記) 읽기를 즐겨하였으며, 고대의 선악 사례를 자신의 거울로 삼았다. 그녀가 예법을 중시하였지만 지나치게 소심하고 일을 무서워하였던 것은 아니다. 그녀는 뛰어난 담력과 적절한 방식으로 당시 진왕(秦王)이었던 남편 이세민(李世民)을 도왔다. 집안 내부적으로는 당(唐) 고조(高祖)[38]의 여러 비빈들과 관계를 잘 유지하였고, 시아버지의 남편에 대한 시기심과 의심이 사라지게 하였다. 대외적으로는 군사들을 격려하여 남편 이세민을 긴밀히 따르도록 하였다. 이세민이 현무문(玄武門) 정변[39]에서 승리를 거둔 데는 그녀의 이러한 공로도 일정 부분 있었다.

비록 이러한 공로가 크기는 하였지만 그녀의 최대 공로는 황후가 된 후에도 시종일관 검소하였고, 열심히 독서를 하였으며, 덕을 쌓았을 뿐만 아니라 국가의 이익, 조정의 득실, 전통적인 질서을 고려하여 남편에게 솔직하고 공의에 따라 충고를 하였다는 것이다. 큰오빠 장손무기(長孫無忌, 594~659)[40]는 당 태종 이세민과 민간 시절부터 친

37 8세에 부모를 잃었으며 고모부인 고사렴(高士廉)에 의해 양육되었으며 13세에 이세민과 결혼하였다. 현무문의 정변 시에 그녀는 직접 군사들을 독려하였다.

38 이연(李淵, 566~635). 이세민의 아버지.

39 당 고조 이연의 후계자를 두고 장남 이건성(李建成)과 차남 이세민의 다툼을 끝낸 정변으로 626년 7월 2일에 발생하였다. 이세민이 미리 군사를 현무문에 매복하고 있다가 형인 이건성을 활로 쏴 죽이고, 도망치던 동생 이원길은 그의 부하인 울지경덕이 화살로 죽임으로써 막을 내렸으며, 이세민이 두 달 후 선위를 받아 당 왕조의 제2대 황제로 즉위하였다.

40 수(隋) 왕조 우효위(右驍衛) 장군 장손성(長孫晟)의 아들이며, 장손황후(문덕황후)의 친오빠이다. 현무문 정변의 거사계획에 가담하였다. 뒷날 고종(高宗)이 측천무후를 황후로 세우려는 것을 반대하였으며, 659년 허경종(許敬宗)의 모함을 받아 삭탈관직을 당하고 검주(黔州)로 유배되었고 끝내는 목을 매고 자살하였다.

구 사이로 당나라 건국과 그의 등극에 큰 공을 세웠다. 태종이 그를 재상으로 앉히려 하자 그녀는 한나라 때 여(呂)태후 일가와 곽광(霍光)의 사례를 들어 재상 임명을 재고하도록 청하였다. 태종이 뜻을 굽히지 않자 비밀리에 오빠에게 사람을 보내 황제에게 다른 직무로 바꾸어 달라고 청하도록 하였다. 그 후 그녀가 원하는 대로 되자 진정으로 기뻐하며 안심하였다.

장손황후가 가장 이름을 날리게 되었던 일은 태종과 위징(魏徵, 580~643)[41]의 관계를 아름답게 조절하였던 일이다. 태종은 뛰어난 임금이었으며 위징은 간언을 잘 하는 충신이었다. 일대 명군이 충신을 만나자 조정에 맑고 밝은 기운이 가득하였다. 하지만 명군도 사람이며, 사람인 이상 때때로 어리석음을 면할 수 없었다. 위징의 간언이 많아졌을 뿐만 아니라 태종의 체면을 봐주지 않는 간언이 있게 되자 태종도 화가 치밀었다. 내궁으로 돌아온 후에 "내 이 시골 늙은이를 죽여 버리겠다."고 말하였다. 이 말에 장손황후는 정장을 차려입고 절을 하면서, 위징이 사직을 지키는 정직한 신하이며 이러한 간언을 잘 하는 신하가 있다는 것 자체가 천하의 복이라고 말하였다. 또한 태종에게 말하기를 "첩이 듣건대 임금이 명군이면 신하가 정직하다고 합니다. 위징이 정직한 것은 폐하가 명군인 까닭입니다. 첩이 어찌 경하를 드리지 않을 수 있겠습니까?" 그 이후 그녀는 환관의 손에 풍성한 선물을 들려 위징의 집으로 보내며 이를 칭송하였다.

태자인 이승건(李承乾, 619~645)이 동궁의 기물이 너무 적다고 생각

뒷날 사후에 복권되었다.

41 원래 태자 이건성의 모사였으나 이세민에게 쓰임을 받았다. 직언과 충언으로 유명한 명재상으로 태종시대의 태평성대인 '정관의 치세[貞觀之治]'의 주역 중 한 사람이다.

하여 상주문을 올려 기물을 증가시키려 하였다. 그녀는 "태자가 되어서 덕(德)을 이루지 못하고 아름다운 이름을 널리 퍼지게 하지 못함을 근심해야지, 어찌 동궁에 기물이 적음을 근심하느냐?"라고 훈계하였다. 그녀가 불행하게도 중병이 들자 태자가 전국적인 대사면령을 내려 복을 빌어야 한다고 건의하였다. 이를 반대하여 말하기를 "살고 죽는 것은 천명으로 사람의 힘이 미치지 못하는 것이다. 복을 빌면 생명을 연장할 수 있다 하지만 나는 종래 악한 짓을 한 적이 없었다. 선한 일을 하였는데도 효력이 없다면 무슨 복을 구할 것이 있겠느냐? 대사면은 국가의 대사인데 어찌 나 같은 일개 아녀자로 인해 천하의 법을 어지럽힐 수 있겠느냐?"라고 하였다. 죽음이 임박하자 유언으로 남편에게 세 가지를 들어 달라고 요청하였다. 첫째는 재능과 덕을 겸비한 원로공신인 방현령(房玄齡, 579~648)[42]을 중용할 것, 둘째는 외척을 제한할 것, 셋째는 장례를 간단하게 치루어 달라는 것이었다. 장손황후는 너무도 총총 망망 세상을 하직하였는데 그때 그녀의 나이는 겨우 36세였다. 그녀가 원고를 남긴 〈여칙(女則)〉은 그 내용이 옛 부인들의 선행에 대한 것이었다. 태종은 아내를 잃고 상심하였으며, 그 책을 보자 더욱 상심하여 눈물을 뚝뚝 흘리면서 신하들에게 말하였다. "황후의 이 책은 후세에 전할 만하다. 그녀가 매번 간언을 하여 짐의 부족함을 채워줄 수 있었는데 이제 다시는 그 선한 말을 들을 수 없게 되었구나. 집안에서의 좋은 보필을 잃어버렸으니 정말 상심이 되는구나."

태종은 일대의 명군으로 현명한 황후를 얻었던 데다 현명한 비빈도 얻었었다. 현명한 비빈은 서혜(徐惠, 627~650)로 박학다식하였으며

42 이세민의 주요한 모사로서 현무문 정변의 주역의 하나로 두여회(杜如晦), 장손무기, 위지경덕(尉遲敬德), 후군집(侯君集) 등과 함께 일등공신이 되었다.

문장이 뛰어나 그 어조가 화려하면서도 완곡하고 함축적이었다. 태종이 끊임없이 정벌에 나서고, 궁궐을 지으면서 백성들이 노역으로 어려움을 겪게 되자, 그녀는 상소문을 올려 전쟁을 줄이고, 궁궐 짓는 일을 멈추며, 화려함을 버리고 무위(無爲)를 정책의 근본으로 삼으라고 간언하였다. 그녀가 죽은 후에 현비(賢妃)로 추증되었다.

5대10국[43] 후한(後漢, 947~951년) 고조(高祖)[44]의 이(李)황후가 남편과 맺어진 데는 기이한 인연이 있었는데 전설의 색채가 짙다. 유지원(후한 고조)이 젊었을 때는 일개 군졸에 불과하였다. 난세에 군졸은 강도와 별 차이가 없었다. 그가 명령에 따라 말을 보살필 때 하루는 밤중에 이씨 집을 침입하여 딸을 빼앗아 와서는 강제로 혼인을 하였다. 이 당시 민가의 여자는 지푸라기 같은 하잘 것 없는 존재여서 좋든 싫든 남자를 쫓아 평생을 살아야 했다. 유지원의 운수가 때가 되어 트이면서 전쟁터에서 득의하고 벼슬길에서도 득의하면서 북평왕(北平王)이 되었고, 이씨는 위국부인(魏國夫人)으로 책봉되었다. 후진(後晉, 936~947년)이 쇠퇴한 후에 유지원은 병력을 이끌고 후한을 세우고, 이씨를 황후로 책봉하였다. 군심을 얻기 위하여 삼군에 상을 내리려고 준비하였으나, 창고에 물품이 부족하여 어려움을 겪게 되자 민간에서 재물을 거두어들이려고 하였다. 이에 황후가 반대하였다. 그녀

43 중국 역사상 대분열의 시대. 5대(907~960년)와 10국(891~979년)을 지칭하는 시대구분 용어이다. 5대는 907년 당 왕조가 멸망한 후에 순서대로 일어났던 중원지역의 5개 왕조인 후량(後粱), 후당(後唐), 후진(後晉), 후한(後漢), 후주(後周)를 말한다. 10국은 당나라 말기와 5대, 그리고 송나라 초기에 중원 이외에 할거했던 전촉(前蜀), 후촉(後蜀), 오(吳), 남당(南唐), 오월(吳越), 민(閩), 초(楚), 남한(南漢), 남평(南平: 형남(荊南)이라고도함), 북한(北漢) 등 10여 국가를 말한다. 북송이 건국된 후에 여전히 존재하였던 형남, 무평(武平), 후촉, 남한, 남당, 오월, 북한 등의 정권을 무너뜨리고 통일을 하였다.

44 유지원(劉知遠, 895~948). 사타족(沙陀族).

는 군심보다 민심이 더욱 중요하다고 여겼다. "오늘날 거병을 하여, 의로운 군대라고 칭하였지만, 아직 백성들은 은혜를 받지도 못하였는데 반대로 그 재물을 빼앗기게 되면, 새로운 황제가 백성을 구하려는 뜻을 실현하기 어렵게 됩니다. 첩이 후궁의 재물들을 있는 대로 다 가지고 나오겠습니다. 비록 부족하기는 하지만 병사들이 결코 원망하지 않을 것입니다." 고조는 그 말이 합리적이라고 여겨 그대로 행하였다. 고조가 죽은 후에 이씨의 아들 은제(隱帝)[45]가 즉위하자 태후가 되었다. 은제는 혼용한 군주로 소인배들에게 둘러싸였다. 몇몇 원로 중신들을 주살하려고 뜻을 정한 후에 모친에게 이를 알렸다. 이씨는 완곡하게 반대하였다. "이는 큰일입니다. 응당 재상과 상의를 하셔야 합니다." 소인배들은 "선황제께서 늘 말씀하시길 조정의 대사는 서생들에게 물어보면 안 된다고 하였습니다."라고 하였다. 이씨는 그와 같이 하는 것은 타당하지 않다고 권하였으나, 은제는 분개하여 소매를 뿌리치고 나가면서 "어찌 규방에서 대사를 모의하리요."라고 하였다. 은제가 규방의 충언을 듣지 아니하고 조정 안의 신하들 모두를 위험에 처하게 하면서 결국 곽위(郭威)[46]의 병란을 초래하였고, 후한이 후주(後周, 951~960년)로 바뀌게 되었다.

원(元) 세조(世祖)[47]의 황후는 성은 홍길자(弘吉剌) 이름이 찰필(察必)이었는데, 원대한 전략과 뛰어난 재능을 지닌 남편에 뒤지지 않는 뛰어난 여자였다. 그녀는 검소하고 절약하는 삶을 주창하여 자신이 직접 궁인들을 이끌고 베를 짜고 옷을 만들었다. 바닥깔개로 쓰는 양가죽을 이용하여 직접 양탄자를 만들었으며, 모든 기물은 재사용하고 함

45 유승우(劉承祐, 930~951). 재위 948~950년.
46 후주(後周) 태조(太祖, 904~954). 재위 951~954년.
47 홀필열(忽必烈, 1215~1294).

부로 버리지 않았다. 그녀는 안정을 중시하였다. 대신들이 수도 근교에 이미 병사들과 백성들에게 분배한 토지들을 목초지로 삼으려는 것을 보고 원 세조에게 간언하였다. 원 세조가 그 일을 진행하려고 준비하자 군대의 불만과 백성들의 원망을 불러일으킬까 두려워하며 군주의 면전에서 태보(太保)인 유병충(劉秉忠)을 책망하였다. "너는 한족의 총명한 자로서 말씀을 올리면 황제께서 가납하시는데 어찌하여 간언을 드리지 않느냐? 처음에 수도에 왔을 때 목초지로 할 것 같았으면 당시에 그렇게 할 수 있었을 텐데, 오늘날 이미 군대와 백성에게 분배한 것을 다시 빼앗아 분배할 수 있단 말이냐?" 겉으로는 한족 관리를 꾸짖는 것이지만 사실은 남편에게 간언을 한 이 말은 그 즉시로 효과를 보았다. 그녀는 국가흥망의 길을 이해하고 있었다. 남송을 멸망시킨 후에 망국의 어린 군주를 상도(上都: 지금의 내몽고 정람기(正藍旗) 동쪽 지역)로 압송하였고, 원나라 조정에서는 대규모 연회를 베풀어 축하연을 베풀었다. 모든 사람들이 기쁨에 들떠 마음껏 술을 마셔댔지만 그녀만은 아무 말도 없이 앉아 있었으며, 조금도 즐거운 표정이 없었다. 세조가 이상하게 여겨 왜 그러냐고 묻자 그녀는 사람을 놀라게 하는 말을 내뱉었다. "첩이 듣기로는 천년을 가는 나라는 없다고 합니다. 우리 자손들이 이러한 일을 당하지 않는다면 다행이라고 하겠지요." 세조가 송나라 창고에 있던 물건들을 대전에 진열케 하고는 사랑하는 부인에게 마음껏 고르라고 하자 그녀는 간단히 둘러보고는 그냥 처소로 돌아갔다. 세조가 이상하게 여겨 환관을 보내 그 연유를 물어 보라고 하자 돌아온 대답은 "송나라 사람이 자기 후손에게 주려고 저장하였지만, 자손들이 이를 지킬 수 없어 내게로 돌아왔는데 내가 어찌 한 가지인들 가질 수 있겠는가?" 〈원사(元史)〉 후비전(后妃傳)에서도 홍길자찰필을 상당히 높게 평가하고 있다. '성격이 밝고 민첩하며, 일의 요체를 잘 알며, 국가 초기 정치에 있어 그른 일을 바로잡는데 영향을 미쳤으며, 당시 영향력을 가지고 있었다.'[48]

모의천하(母儀天下)의 책임

황후나 황태후는 천하 만민의 어머니로서 형식상으로는 남편, 아들과 해와 달이 서로 비추어 주는 모습을 형성하였지만, 실질적으로는 정치적 보조자의 역할을 하였다. 이러한 정치적 보조는 구체적으로 정치에 참여하는 것을 요구하는 것이 아니라, 현명한 내조나 현명한 어머니의 각도에서 국가정치에 대해 분수를 넘지 않게 보좌하는 것을 말한다.

앞에서 이야기했던 도덕적 소양과 관련해서 여기서 강조할 가치가 있는 것은, 도덕적 소양이 황후와 비빈의 이미지에만 관계되는 것이 아니라, 그녀들의 책임 중 하나라는 점이다. 도덕적 소양은 전체 아녀자들의 정신 면모를 이끌어가는 외에 궁정을 거룩하고 깨끗하게 보이게 함으로써 신하들과 일반 백성들의 군주체계에 대한 구심력을 강화할 수 있었던 것이다.

도덕적 소양이 황후가 솔선수범해야 하는 책임이라면 관계의 조절은 그녀들의 지위에 따른 책임이라고 할 수 있다. 군주는 만민의 우두머리여서 모든 관계가 그 한 사람에게 집중되었다. 군주들이 정사를 처리하는 태도 및 방식이 사회 전체적인 관계와 조화를 이루느냐 여부에 그녀들이 영향을 주었다. 더 나아가서는 국가의 정치적 생활

48 性明敏, 達於事機, 國家初政, 左右匡正, 當時與有力焉.

이 정상이냐 아니냐에 영향을 주었다. 황후와 태후가 한쪽에서 자발적인 감독 역할을 하면서 특수한 간언을 드리는 관료 역할로, 군주에게 간언을 하여 득과 실을 따져 군주와 정치, 군주와 신하, 군주와 백성 관계를 조절하였다.

승려에서 홍무제(洪武帝)가 된 주원장(朱元璋, 1328~1398)[49]은 신하들과 이야기를 나눌 때 기회만 있으면 마지막에는 마(馬)황후(1332~1382)[50]를 현명하다고 하면서 당나라의 장손황후와 비견할 수 있다고 칭찬하였다. 마황후는 확실히 남편의 칭찬을 들을 만하였다. 생사를 보장할 수 없고 길흉화복이 순간 순간 변하는 창업의 과정 속에서 그녀는 조금도 뜻을 잃지 않고 남편과 같이 하면서, 여인이 할 수 있는 것은 전부 다 하였다. 그녀는 사리에 밝고 견식이 있으며, 겸손하기 그지없었고, 천하를 얻는 것보다 다스리는 것이 더욱 어렵다는 것을 깊이 이해하고 있었다. 남편이 칭찬하는 말을 들었지만 그녀는 기뻐하는 기색이 없이 남편에게 말했다. "첩이 듣기에 부부는 서로서로 보호하는 것은 쉽지만, 군주와 신하는 서로가 서로를 보호하는 것이 어렵다고 합니다. 폐하께서 첩이 폐하와 같이 가난함을 겪은 것을 잊지 않고 계시지만, 바라건대 뭇 신하들이 폐하와 같이 어려움을 견딘 것을 잊지 마옵소서. 첩이 어찌 감히 장손황후와 비기겠나이까?"

주원장은 성격이 잔인하고 급하며 시기심과 의심이 심하였다. 나

49 25세(1352년 경)에 곽자흥이 이끄는 홍건군(紅巾軍)에 참가하여 원나라에 반기를 들었다. 1367년 중원 북벌에 나서 원을 멸망시키고 400년이나 잃어버렸던 북경 일대 연운(燕雲) 16개 주를 회복하였다. 1368년 남경(응천부)에서 황제가 되었고 국호를 대명(大明)이라고 하였다.

50 저양왕(滁陽王) 곽자흥(郭子興)의 양녀로 명 태조 주원장의 본처. 1368년 주원장이 명을 건국한 후 황후로 책봉되었으며, 1382년 51세로 세상을 떠났다. 명 효릉(孝陵)에 안장되었다.

라를 얻는 일이 쉽지 않았기 때문에 그는 대신들이 일으킬지 모르는 만일의 사태에 대비하였다. 그들이 조금이라도 규정을 어기면 자세히 상황을 살피지도 않고 늘 심한 형벌을 가하여 죽였다. 마황후는 군주와 신하의 관계가 지나치게 긴장되면 안 된다고 생각하였다. 만일 지나치게 긴장관계가 되면 정권 유지에 불리하게 된다고 여겨서 힘을 다해 이를 조정하려고 하였다. 공신인 이문충(李文忠)이 변방을 지키고 있는데 어떤 사람이 그가 불법을 저질렀다고 탄핵하자, 주원장이 그를 불러들이려고 하였다. 마황후는 이를 그르다고 여겼다. "변경에서는 가볍게 장수를 바꿀 수 없습니다. 또한 문충은 현명하기로 칭송이 자자한 사람인데 다른 사람의 말을 가볍게 믿을 수 없습니다." 이문충은 계속해서 변경을 지키게 되었고 여러 차례 공을 세웠다. 학사 송렴(宋濂)이 손자 송신(宋慎)의 죄에 연루되어 극형을 받게 되었다. 마황후는 그가 틀림없이 손자의 일을 모를 것이니 응당 연좌에서 풀어주어야 한다고 하였다. 주원장이 자기의 의견을 고집하자 마황후가 술과 고기 먹기를 거절하면서 "송 선생을 위해 복을 비는 것이다."라고 하였다. 그때서야 주원장이 측은한 마음이 일어 송렴을 죽을 죄에서 벗어나게 하였다.

마황후는 군신의 관계를 조절하였을 뿐만 아니라 남편이 중한 형벌로 나라를 세우는 정책이 무고한 사람들에게 재앙이 되는 것을 막고, 부드럽고 여유 있는 분위기를 만들려고 노력하였다. 오흥(吳興: 절강성 오흥)의 부호인 심수(沈秀: 민간에 전해져 내려오는 심만삼(沈萬三))[51]가

51 전설에 따르면 1296년 또는 1328년 또는 1330년에 태어났으며 1376년 죽었다. 원나라 말기 명나라 초엽 상인으로 거부였다. 무역을 통해 거부가 되었으며 "자금이 수억이며 가산이 온 천하에 널려 있다."는 말을 들었던 강남지방 제일의 부자였다. 오늘날에도 강소 남부, 절강 북부, 안휘 일대에는 심만삼의 재물 획득, 호사스러움, 많은 가산, 상업을 운영한 방법, 가정생활 등에 대한 수많은 이

가산을 털어 수도 성곽건축 경비 3분의 1을 충당하였으며, 주동적으로 군사들을 대접하였다. 이렇게 재물을 써서 자신에게 닥쳐올지도 모르는 재난을 없애려던 방법은 예상하였던 결과를 얻지 못하였을 뿐만 아니라 반대로 군주의 진노를 불러왔다. 주원장은 "필부가 황제의 군대를 위로하다니 실제론 난(亂)을 일으키는 자로다. 마땅히 죽여야 한다."고 하였다. 마황후가 이에 반대하여 "첩이 듣기로는 법은 불법을 저지른 자를 처형하고, 상서롭지 못한 자는 처형하지 않는다고 합니다. 상서롭지 못한 자는 하늘이 재난을 내린다고 하는데 어찌 폐하께서 처형하실 필요가 있겠습니까?" 하였다. 다행히 마황후의 간언을 받아들이게 되어 심수는 생명을 보전하고 처형대신 운남(雲南)으로 귀양을 갔다.

마황후가 보기에 백성들의 생활이 어떠한가는 천하의 아버지인 군주의 일일 뿐만 아니라 천하의 어머니가 되는 그녀 역시 책임을 미룰 수 없었다. 하루는 그녀가 남편에게 "요즘 백성들의 생활이 평안한가요?"라고 물어 보았다. 주원장은 아내가 천하의 일에 간섭하려 한다고 생각하여 당장에 안색이 변하면서 말했다. "이러한 일은 당신이 물어볼 일이 아니요." 그러자 바로 마황후가 반박하였다. "폐하는 천하 만민의 어버이시고 첩은 천하 만민의 어미인데 자녀인 백성이 평안한지 아니한지를 어찌 물어볼 수 없단 말입니까?" 그 한 마디에 주원장은 벙어리가 되었다. 그녀가 백성에게 관심을 쏟은 것은 그저 입바른 소리가 아니었고 실제로 백성과 함께 달고 쓴 것을 같이 하였다. 큰 가뭄이 들면 궁인들과 함께 간단한 식사를 하면서 하늘이 은혜를 베풀어 주실 것을 기도하였다. 재해가 심할 때는 보리밥과 야채국을 먹으면서 백성들의 어려움을 같이 맛보았다.

야기가 회자되고 있다. 〈명사(明史)〉 마황후 전기에 본문의 내용이 실려 있다.

백성의 생활에 관심을 쏟는 외에 국가의 정책에도 관심을 가졌다. 그녀는 한 국가를 다스리는데 있어 대량의 지식이 있는 현명한 인재가 필요하다고 여겼다. 그녀는 남편이 간소하게 식사하는 것을 보자 일깨우듯이 말했다. "백성의 주군은 스스로를 박대하되, 현명한 인물들을 키우는 데는 후대하여야 합니다." 태학생(太學生)들이 집안일 걱정 없이 전심으로 뜻을 세워 공부하도록 하기 위해 그녀의 건의로 정부에서 홍판창(紅板倉)을 설립하여 전문적으로 태학생들의 가족에게 양식을 공급하였다. 그녀는 금과 옥을 경시하였으며, 제왕은 현명한 인재를 보물로 여겨야 한다고 하였다. 원나라를 멸망시킨 후에 얻은 산같이 쌓인 진귀한 보석들을 마주하고는 경계로 삼기를 바라며 남편에게 말했다. "교만함은 사치에서 비롯되며, 위기와 멸망은 작은 것에서 시작되는 법이니 바라건대 현인을 얻어 천하를 같이 다스리소서." 그녀는 법률에 대해서도 상당한 견식이 있어 법률은 일정한 안정성을 유지해야 한다고 주장하였다. "법이 자주 바뀌면 반드시 폐단이 생겨나고, 법의 폐단이 생기면 간악함이 생겨나게 됩니다. 백성이 늘 생업에 지장을 받으면 곤핍하게 되며, 백성이 곤핍하게 되면 변란이 일어나게 됩니다." 주원장이 이 말을 듣고는 탄복하여 지극히 합당한 명언이라고 칭찬하였다.

그녀는 예와 덕으로 사람을 대하였다. 임종을 맞아서도 어의(御醫)들의 활로를 남겨 주었다. 현명한 황후가 병이 깊어지자 중신들이 잇달아 장수를 기원하는 제사를 드리고 뛰어난 의사를 구하도록 주청하였으나 그녀는 한 마디로 거절하였다. "죽고 사는 것은 다 천명입니다. 장수를 비는 제사가 무슨 도움이 되겠습니까? 다시 말하건대 의사 역시 사람을 반드시 살릴 수는 있는 것이 아닙니다. 약을 먹고 효과가 없을지라도 많은 어의들에게 죄를 물어서는 아니 됩니다." 병상 곁을 지키던 주원장이 그녀에게 유언이 있느냐고 묻자 그녀는 힘들게 한마디 한마디 이야기하였다. "폐하, 바라옵건대 현명한 인재들을 구하여 그들의 간언을 받아들이고, 마무리를 시작과 같이 신중히 하시옵소서. 자손이 모두 현명하면 신하와 백성들이 그 현명함을 얻게 될 것입니다." 마황후가 숨을 거두자 주원장은 눈물범벅이 되었다. 그 이후에 다시는 황후를 세우지 않았다.

마황후가 명나라 첫 번째의 현명한 황후였다면 두 번째는 성조(成祖)[52]의 서(徐)황후[53]였다. 그녀는 일등공신인 서달(徐達)의 장녀로 남편이 연왕(燕王)에서 황제가 되기로 결정한 정난의 정변[靖難之役][54] 시기에 북평(北平, 북경)의 본거지를 지키는 데 큰 공을 세웠다. 그녀의 사람 됨됨이와 처세, 습관과 선호하는 것이 극히 마황후와 비슷하였기 때문에 시어머니인 마황후의 총애를 받았다. 왕비에서 황후가 된 후에는 적극적으로 국모로서 책임을 다하려 했으며, 나라를 다스리는 문제에 있어 여러 차례 남편에게 그녀의 관점을 피력하였다. 내전으로 인한 재난에 대하여 사회를 안정시키고 경제를 발전시킬 것을 주장하여 "남북이 매년 전쟁을 치러 병사들과 백성들이 피폐해졌으니 마땅히 휴식을 취해야 합니다."라고 하였다. 옛 조정과 새 조정의 인재등용의 모순에 대해서는 그 둘을 구분치 말고 동등하게 대해 줄 것을 청하였다. "지금의 현명한 인재들은 모두 태조(太祖)의 신하들이었

52 주체(朱棣, 영락제(永樂帝), 1360~1424). 재위 1402~1424년.

53 서의화(徐儀華, 1362~1407). 1402년 황후로 책봉되었고 1407년 46세의 나이로 세상을 등졌다. 장릉(長陵)에 안장되었다.

54 태자 주표(朱標)가 일찍 죽어서 황태손(皇太孫)인 주윤문(朱允炆, 건문제(建文帝))이 1399년 명 태조 주원장의 제위를 이어받았다. 북경에 있던 주체(朱棣)가 거병하여 남경으로 쳐내려왔다. 4년을 끈 내전은 1402년 주체가 남경을 함락시키면서 막을 내렸고, 건문제는 전란 중 행방불명이 되었다. 1421년 북경으로 수도를 옮겼다.

으니, 폐하께서 옛 사람과 새 사람으로 구분하는 것이 마땅하지 않습니다." 덕정(德政)에 대해서는 군주가 몸소 솔선수범해야 한다고 제안하였다. "요임금은 어진 정치를 함에 있어 자신부터 직접 실행하였습니다."

그녀는 자기가 노력하며 현명하게 내조를 하였을 뿐만 아니라, 대신들의 부인들이 남편들과 협력하여 국사에 충성을 다 하도록 그녀들을 교육하는 데도 힘을 쏟았다. 어느 날 그녀가 남편에게 물어 보았다. "폐하는 누구와 함께 천하를 다스리십니까?" 얻은 답은 "육경(六卿)이 정무를 관리하고, 한림(翰林)이 정책과 견해를 내놓지요." 그녀는 즉시 이들 관원들의 아내들을 소집하여, 관복과 지폐를 하사하면서 훈계하였다. "아내가 남편을 섬기는 것이 어찌 음식과 의복에만 그치겠습니까? 그들의 사업을 도와 주어야 합니다. 그들이 친구의 말은 따르기도 하고 어기기도 하지만 부부 사이의 말은 쉽게 받아들입니다. 내가 아침 저녁으로 폐하를 모실 때 백성을 보살피는 것만을 생각하는데 여러분들도 이러한 것을 중하게 여겨야 할 것입니다." 그녀는 이를 널리 추진하기 위하여 직접 고대의 부녀자들에 대한 교과서에서 아름다운 말과 행동들을 채록한 〈권선서(勸善書)〉를 저술하여 천하의 부녀들을 교육하였다. 46세에 중병이 들어 그녀의 목숨이 경각에 달렸다. 눈을 감기 전에 남편에게 남긴 말은 백성을 아끼고 보살피며, 널리 현명한 인재를 구하며, 은혜로 황가의 인친척(종실)을 대하며 외척이 교만방종해지지 않도록 하라는 것이었다.

황후와 황태후는 국가가 태평한 시기에는 남편이나 아들에게 의지하였지만, 비상시국에 군주가 무능하거나 힘이 미치지 못하는 경우 국가와 조정을 위해 위기를 해소하고 어려움을 풀어가는 책임을 졌다. 이러한 시기에 그녀들은 독립적이었다. 그래서 반드시 독립적으로 문제를 해결해야 했다. 문제를 해결하는 데 있어 자신의 능력으로 위험을 해소하거나, 자신의 신분에 밀려 앞에 나서서 사실을 인정해야만 했다.

북송(北宋) 경력(慶曆) 8년(1048년) 윤정월의 한 달 밝은 밤, 인종(仁宗)[55]의 침소 밖에서 함성이 끊이지 않으면서 궁궐은 일대 혼란에 휩싸였다. 금위군의 몇몇 관병이 변란을 일으킨 것이었다. 목표는 군주였다. 인종이 무슨 일이 벌어졌는지 모르자 옷을 걸쳐 입고 밖으로 나가 살펴보려고 하였다. 같이 침소에 들었던 조(曹)황후가 남편을 가로막고 대문을 걸어 닫고는 사람을 시켜 부대를 모아 와서 어가를 호위하라고 명령하였다. 변란을 일으킨 병사들이 점점 가까이 다가옴에 따라 궁녀와 비빈들이 맞아서 머리가 터지고 피를 흘리면서 비명을 질러댔다. 그 소리가 침전 안으로 까지 들려왔다. 내시들은 황제를 놀라게 할까봐 유모가 어린 궁녀를 때리고 있는 것이라고 아뢰었다. 조황후가 꾸짖으며 말했다. "도적들이 이미 가까이 와서 사람을 죽이고 있는데 어찌 감히 망언을 하고 있느냐?" 그녀는 변란을 일으킨 자들이 불을 놓을 것이라고 추측하여 시중드는 사람을 몰래 보내 물통을 들고 병사들 뒤를 쫓도록 하였다. 병사들이 불을 지르는 곳마다 물통으로 불을 껐다. 조황후는 구원군이 단시간 내에 올 수 없음을 보고 환관과 시중드는 자들을 불러 직접 자신이 그들의 머리를 한 움큼씩 자르고는 말했다. "내일 상을 내릴 때 이 머리다발을 증거로 할 것이다." 상(賞)을 많이 주면 반드시 용사가 나타난다고 환관과 시종들이 몸을 아끼지 않고 병사들과 육박전을 펼쳤다. 얼마 지나지 않아 잡을 놈은 잡히고 죽일 놈은 죽이고 하면서 변란을 일으킨 병사들이

55 조수익(趙受益). 재위 1022~1063년.

모두 소멸되었다.

사람들은 마지막 황제 부의(溥儀), 마지막 황후 완용(婉容)[56]에 대해 관심이 높지만 마지막 황태후 융유(隆裕, 1868~1913)[57]는 오히려 소홀히 다루고 있다. 사실은 그녀 역시 말할 만한 이야기가 있으며, 이 이야기는 대청왕조의 멸망, 중국 봉건사회의 종결과 관계된다. 무창(武昌) 봉기의 총성이 한번 울림에 따라 신해혁명이 산을 무너뜨리고 바다를 뒤엎는 듯한 기세로 만주족 대청왕조에 타격을 주고 있었다. 그러나 대병력을 장악하고 있던 원세개(袁世凱, 1859~1916)[58]가 공격, 수비, 전쟁, 평화, 협상, 공격 수단을 번갈아 사용하는 상황에서 남북의 정부는 대치국면을 형성하였고 쌍방이 교착국면에 빠졌다. 교착국면은 원세개가 고의로 만들어 낸 것으로 그의 입장에서 보면 교착국면은 오히려 자신에게는 활성화국면으로 다시 만나기 어려운 큰 기회였다. 그는 남방의 혁명정부를 이용하여 청나라 정부를 압박하여 만주족의 중국에 대한 통치를 종결시키고 그가 정부를 조직할 계획이었다. 조건은 자금성에 청의 작은 정부를 유지토록 하면서 특별한 우대를 할 것이라는 것이었다. 귀족들은 원세개가 자신들을 깔보고 있으며, 특히 과부와 고아를 능멸하고 있다고 욕하였다. 당시 부의는 젖 냄새가 가시지 않은 솜털이 송송한 아이였으며, 황태후 융유는 주견이 없는 여인이었지만 삶과 죽음의 갈림길에 직면하자 주견이 없어도 주견을 가져야만 했다. 청 황실이 멸망하도록 놔두든지 원세개의 조건을 받아들이든지였다. 수많은 밥맛이 없는 날들과 잠을 이루

56 곽포라완용(郭布羅婉容, 1906~1946). 부의의 아내.

57 광서제의 부인. 중화민국 정부가 국상으로 상을 치러 주었으며 광서제의 숭릉(崇陵)에 합장하였다.

58 북양군벌(北洋軍閥)의 지도자. 중화민국 총통을 지냈으며 1915년 황제위에 올랐었으나 거센 반발로 83일간 황제를 하고는 이를 취소하였다.

지 못하는 밤을 보내고 나서 그녀는 눈물이 가득한 얼굴로 후자를 선택하였다. 청나라 정부가 정권을 포기하는 형식은 선통제(宣統帝)가 퇴위를 선포하는 것이었다. 그러나 어린아이가 가문을 대표하여 말한다면 인정을 받기 어려웠기 때문에 마지막에는 융유가 나서서 선통제가 태후의 명령으로 양위하도록 하였다. 그러나 사실은 당시 청(淸) 조정에는 양위조서를 내릴 수 있는 자격이 있는 사람이 한 사람 더 있었다. 그 사람은 바로 광서제(光緒帝)의 생부이자 감국섭정왕 재풍(載灃)[59]이었다. 그러나 그는 첫째로 정부 내 인물을 기용할 행정권한에 있어 융유와 서로 모순이 있었고, 둘째는 공화제를 찬성하지 않았으며, 셋째는 욕을 먹으려고 하지 않았기 때문에 조서 내리길 거절하였다. 종실(宗室)인 재윤(載潤)의 〈융유와 재풍의 모순(隆裕與載灃之矛盾)〉이란 글에 다음과 같이 쓰여 있다.

> *재풍은 공화제에 대해 원래 뚜렷한 견해가 없었다. 그러나 내부에서는 융유가 이를 찬성하고 있었고, 바깥에서는 혁광(奕劻),[60] 나동(那桐)의 견제를 받고 있었고, 본인 역시 그 국면에 대응하기 좋은 계책이 없었으나, 오직 자신이 이러한 조서를 내리는 것만을 강력히 반대하였다. 그래서 감국섭정왕의 직위에서 물러났기 때문에, 융유가 나서서 양위조서를 내릴 수밖에 없었던 것은 부득이한 일이었다.*

5대10국 시절 후한(後漢)과 후주(後周)가 교체되는 시기에 이와 유사하게 황태후가 국가를 넘겨주는 일이 발생했었다. 다만 표현 형식이 달랐을 뿐이다. 후한의 은제(隱帝)는 무도하였고 원로대신들을 박해하였다. 이로써 강병과 유능한 장수들을 거느리고 있던 곽위(郭威)

59 애신각라재풍(愛新覺羅載灃, 1883~1951). 1909~1912년간 섭정왕으로 실질적인 통치자였다.

60 애신각라혁광(愛新覺羅奕劻, 1838~1917). 청나라 최초 내각총리대신.

가 반란을 일으키게 되었다. 은제의 어머니인 이태후가 아들을 타일렀다. "곽위는 본래 우리 사람이 아니냐? 만일 자신의 몸을 보호할 수 있다면, 결코 이러한 행동을 할 수 없다. 지금 병력을 동원하지 말고 조서를 내려 분명히 뜻을 밝히면, 그는 반드시 자신의 속마음을 드러낼 것이다. 이렇게 해야 비로소 군신관계를 유지할 수 있다." 은제는 이 말을 듣지 않고 곽위에게 싸움을 걸어 결국 살해되었다. 곽위가 병력을 이끌고 도성으로 들어갔으나, 이태후와는 별다른 일 없이 잘 지냈으며 중요한 명령은 모두 이태후의 조서로 발표되었다. 이태후가 만년을 보전하기 위하여 조서를 써서 곽위가 황제에 즉위하도록 청하였다. 그가 후주를 건국한 후에 첫 번째 한 일은 이태후가 자신의 어머니와 같다고 한 것이었다. 이를 통해 그가 용포를 입은 것은 제위를 찬탈한 것이 아니라는 것을 보여 주었다.

6

미녀들의 같은 슬픔

높은 자리일수록 더 심한 추위 /
한 꽃이 피어나니 모든 꽃이 빛을 잃는구나 / 망국의 한 /
절망적 반항 / 인간 세상에 뿌려진 것은 모두 다 원한

〈홍루몽(紅樓夢)〉에 '천홍일굴(千紅一窟)', '만염동배(萬艷同杯)'라는 두 글귀가 있다. 굴(窟)은 곡(哭)과 음이 같고,[1] 배(杯)는 비(悲)와 음이 같다.[2] 따라서 위의 두 글귀는 수많은 미녀들이 같이 울며, 헤아릴 수 없이 많은 미녀들이 같이 슬퍼한다(千紅一哭, 萬艷同悲)는 뜻이 된다. 조설근(曹雪芹)은 문장 속에 우화적인 뜻을 담아 전통사회 여성들의 피할 수 없는 비극이란 영원한 주제를 심오하게 다루었다.

수천 년의 역사 속에 수많은 빼어난 여인들이 다른 사람들의 노리개로 전락하였거나, 향기가 다하고 백옥 같은 몸이 손상을 입으면서 그 끝을 좋게 맺지 못하였다. 이러한 내장이 끊어지는 듯한 애달픈 이야기는 이 사회에 보편적으로 존재할 뿐만 아니라 황궁의 내원에서 끝없이 발생하였다.

남자 한 명만이 지배적 지위에 있는 국가에서, 남자 한 명만의 의지를 끝까지 관철시켜야 하는 세계에서 후궁과 비빈궁녀들은 군주들의 정욕을 쏟아내는 도구가 되거나, 그들을 위해 혈통을 잇는 기능 외에 다른 방면은 모두 이렇다 할 것이 거의 없었으며, 기껏해야 구색을 맞추는 역할이었다. 군주는 자기의 필요와 체면을 위해 그녀들을 깊은 심연에서 구름 위로 끌어올릴 수 있었으며, 반대로 그녀들을 천당에서 지옥으로 끌어내릴 수 있었다. 황후와 비빈, 궁녀들의 운명은 군주로 대표되는 남성들의 손에 확고하게 잡혀 있었으며, 그녀들의 자색이 아무리 아름답고, 천부적 자질이 아무리 뛰어나더라도 이에 관계없이 군주 및 전체 남성들의 이익과 배치된다면 반드시 공격을 받게 되고, 내버려져서 다시는 회복하지 못하게 되는 결말에서 벗어날 수 없었다. 자연계에서 꽃들이 비바람과 눈서리를 맞으며 심하

1 중국어로 모두 'ku' 발음.
2 중국어로 모두 'bei' 발음.

게 상하게 되듯이 황후와 비빈궁녀들도 야박한 세태의 괴롭힘을 피해갈 수 없었다. 머리를 높이 쳐들고 만개하면서 아름다움과 요염함을 다툰 지 얼마 되지 않아 시들고 말라 비틀어지는 일이 꼬리에 꼬리를 물고 일어나게 된다.

높은 자리일수록 더 심한 추위

지위가 높으면 높을수록, 위험이 크면 클수록 더 심한 추위를 탄다는 원리는 제왕과 고위층 신하들에게만 적용되는 것이 아니라 황후와 비빈들에게도 해당되는 이야기이다. 지위가 두드러진 황후와 비빈들은 자신들의 주변에 전혀 측량할 수 없는 적대적인 요소를 안고 있었으며, 공공연한 또는 숨겨진 공격을 받았다. 그러나 놀라운 일은 그녀들의 최대 위험이 다른 사람으로부터 오는 것이 아니라 오히려 가장 친밀한 남편, 즉 군주로부터 온다는 것이다. 가장 친한 친구가 얼굴을 돌린 후에는 늘 최대의 원수가 되듯이, 사랑이 넘치는 부부가 싸움을 하고 나서 관계가 딱딱해지면 항상 냉혹한 원수가 되듯이, 황후와 비빈이 남편의 환심을 잃어버린 후에는 엄청난 재난을 겪게 된다. 황후와 비빈은 본래 군주와 군주의 체면, 정욕, 즐거움을 위해 만들어진 자리이다. 만일 그녀들이 군주의 이러한 요구를 만족시킨다면 내궁에 들어가 주인 역할을 하거나 은총을 다 받으면서 인간세상의 부귀영화를 다 누릴 수 있었다. 그러나 얼굴이 늙어가고 매력이 쇠퇴하면서 행동거지가 군주의 마음에 맞지 않게 되면, 지위가 천길 나락으로 떨어지고 비극적인 운명의 변화가 발생하면서 냉대를 받고 폐출되고 자살을 강요당하는 일은 흔히 있었던 일이었다. 남편에게 버림을 받은 후에도 여생을 제대로 지킬 수 있기를 바라는 것은 이미 황후비빈들이 바랄 수 없는 사치스러운 소망이었다.

높은 곳에 있을수록 추위를 이기지 못한다고 높은 지위에 있는 황후와 비빈들이 추워서 온몸을 덜덜 떨었다.

황혼이 찾아오지만 희망이 없네.
빈 방에서 슬픔 가득 홀로이 지낼 뿐.
하늘에 걸린 달 밝게 빛나지만,
신방에는 고요함만 흐르는 밤이구나.[3]

이 구절은 사마상여(司馬相如, B.C. 179~117)[4]가 많은 돈을 받고 냉궁에 갇힌 한(漢) 무제의 진(陳)황후[5]를 위해 쓴 〈장문부(長門賦)〉의 일부로, 아름다우면서 담백한 구절을 통해 슬프고 구성지며, 고독하고 낙망한 분위기를 드러내면서 동정과 연민을 느끼게 하였다. 사마상여는 문단의 고수답게 진황후의 정회를 절절하게 써내려갔다. 그녀가 원했던 것은 바로 이러한 동정과 연민으로, 그녀는 문장을 통하여 남편의 애정을 만회해 보려고 하였다. 그러나 무제는 본체만체, 거들떠보지도 않았다. 조금도 동정과 연민의 마음을 품지 않았으니, 이전의 황후와 다시 옛정을 살린다는 것은 말이 되지 않았다. 사마상여는 온

3 日黃昏而絶望兮 / 悵獨托於空堂 / 懸明月而自照兮 / 徂淸夜於洞房.

4 사천성 청두(成都)에서 출생하였다. 처음에는 시종관으로 경제(景帝)를 섬기고 무기상시(武騎常侍)가 되었다. 그러나 자신의 포부를 펼칠 수 없자 관직을 버리고 문인을 알아주던 양(梁) 효왕(孝王)을 섬겼다. 효왕이 죽자 낙향하였으며 〈자허부(子虛賦)〉를 지었는데, 이 작품이 무제(武帝)의 칭찬을 받게 되면서 중앙 관직에 다시 등용되었다. 동방삭(東方朔) 등과 함께 그 문학적 재질로 무제의 사랑을 받았다.

5 생졸연대 미상. 당읍이후(堂邑夷侯) 진오(陳午)와 관도대장공주 유표의 딸로 한 무제와 고종사촌 간이었다. B.C. 141년 무제가 즉위한 후에 황후로 세워졌으며, B.C. 130년 무술(巫術)에 빠졌다는 죄명으로 폐출되어 장문궁(長門宮)으로 물러나 살았으며, 14년 후인 B.C. 116년 관도대장공주가 죽은 뒤 몇 년 후에 죽었다.

힘을 다하였으나 대세를 뒤집을 수 없었다. 마음을 다하였지만 군주의 마음을 움직이기 어려웠다. 진황후의 마지막 노력은 실패로 돌아갔다. 싫든 좋든 생과부로 지낼 수밖에 없었다.

무제 유철(劉徹)은 어린 시절 정말로 진(陳)씨를 좋아했었다. 그가 아직 털이 보송보송한 어린 아이였을 때 늘 고모인 관도대장공주(館陶大長公主) 유표(劉嫖)의 집에 가서 놀곤 하였다. 고종사촌 여동생인 진아교(陳阿嬌)를 알게 되었고, 그 두 어린아이는 천진난만하고 아주 활기차게 놀았다. 아이들은 별 생각이 없었지만 어른들은 생각이 많았다. 권력을 열심히 좇았던 유표는 유철의 신변에 힘을 쏟기 시작하였다. 그의 어머니 왕(王) 부인이 황후가 되도록 도운 후에, 어미로 인해 아들이 귀하게 되는 관례를 따라 유철이 태자가 되도록 하였다. 이러한 일이 성공한 후에 유표는 결혼시킬 마음을 먹고 유철을 무릎에 안은 채로 물어 보았다. "애야! 너 부인을 갖고 싶으냐?" 천진무구한 어린아이는 그러고 싶다고 대답하였다. 그녀는 백여 명의 시녀 중에서 아내를 고르도록 하였으나, 조카가 모두 싫다고 하자, 마지막으로 딸을 가리키며 다시 물어보았다. "아교는 어때?" 유철은 함박웃음을 지으면서 말하였다. "좋아요! 만일 아교가 내 아내가 되면, 황금으로 집을 지어 그 곳에 살게 할 거예요."

아름다운 집을 지어 미인을 살게 하다라는 말 '금옥장교(金屋藏嬌)'는 본래 어린 아이의 지나가는 말이었는데 유표의 수완으로 농담이 진담이 되어, 아교는 고종사촌 오빠와 신방을 꾸미게 되었다. 무제가 등극한 후에 진아교는 황후가 되었다. 황후가 된 아교는 여전히 어린아이 같은 기질을 버리지 못하고 웃고 싶을 때 제멋대로 웃고, 울고 싶을 때 제멋대로 울면서 마음 내키는 대로 하였다. 고종사촌 오빠가 이미 군주가 되었다는 것을 조금도 개의치 않고, 여전히 그를 오빠로 여겼다. 게다가 오빠를 등극시킨 공이 컸던 어머니를 배경삼아 더욱 더 오만하고 두려워하는 것이 없었다. 무제는 그녀를 사랑했고 총애하였으며, 장모의 은혜를 보답하기 위하여 그녀에게 끌려갔다. 이렇게 십여 년간 부부는 큰 일 없이 지냈다. 진아교는 남편의 사랑에 만족하였으나, 유감스러운 일은 그녀의 배가 제 구실을 하지 못하였다. 줄곧 아들을 낳지 못하였다. 위자부(衛子夫)[6]가 무제의 생활에 뛰어든 후에는 상황이 변하였다. 위자부는 젊고 아름다웠으며 온순하여 진아교와 선명하게 대비되었다. 둘을 비교하게 되면서 무제는 그녀를 특별히 사랑하게 되어 종일 위자부가 있는 곳으로 가게 되었고 진아교를 멀리하게 되었다. 이러한 때 유달리 진아교에게는 운명의 장난인지 위자부가 임신을 하여 아들을 낳게 되었다. 진아교로서는 이러한 상황은 설상가상이었다.

그러나 그녀는 자기의 운명을 인정하지 않고 국모의 지위를 지키면서, 남편의 마음을 다시 빼앗아 오기로 하였다. 적합한 방법을 찾지 못하자 짜증을 부리기 시작했다. 아무데서나 체면 불구하고 짜증을 부리면서 거듭거듭 스스로 목숨을 끊겠다고 위협하였다. 무제는 그녀의 짜증부리기에 반감을 느끼기 시작하였다. 짜증을 부리면 부릴

6 출생연도 미상, B.C. 91년 사망. 하동(河東) 평양(平陽: 지금의 산서성 임분(臨汾)) 사람으로 한 무제의 누나인 평양공주의 가기였다가 무제의 눈에 들면서 두 번째 황후가 되었다. 38년간 황후의 자리에 있었으나 B.C. 91년 강충(江充)이 일으킨 무고(巫蠱)의 사건으로 친아들인 황태자 유거(劉据)가 위기에 빠지자 위(衛)황후가 아들을 도와 병력을 일으켜 강충을 죽였으나, 무제가 이를 반란으로 오해하여 황후의 도장을 거두어들이려고 하자 위자부는 치욕을 받지 않으려 자살하였다. 태자 역시 자살하였다. 그녀는 내궁을 잘 다스리고 남편을 잘 도왔던 현명한 황후로 기록되고 있다. 그의 동생 위청(衛青)과 외조카 곽거병(霍去病)은 흉노와의 전쟁에서 명성을 날린 명장들이다.

수록 사정은 더욱 악화되어 갔는데 진아교는 포기하지 않고 무당 초복(楚服)에게 이끌리어 궁정에서 금기로 여기는 주술로 남편과 위자부를 저주하였다. 새어 나가지 않는 비밀은 없다고, 이를 알게 된 무제는 이참에 그녀를 내칠 꼬투리를 잡았으며, 확실한 구실을 얻게 되었다. 이미 머리끝까지 싫증이 난 아내가 심보가 글러먹었으며 대역무도하다고 꾸짖으면서 그녀를 폐출시킨다고 조서를 내렸다. '황후가 무당의 주술에 미혹되어 천명을 이어받을 수 없으니, 황후의 인을 반납하고 장문궁(長門宮)으로 물러가 살도록 하라.' 초복은 참수하여 저자거리에 머리를 내걸었으며, 삼백여 명이 연루되어 처형되었다.

무제의 손에 또 다른 여인이 다른 방식으로 비극을 연출하였다. 이 여인은 다소 이름이 알려졌던 구익(鉤弋) 부인으로 소제(昭帝)[7]의 생모였다. 진아교가 남편의 감정 문제로 버려진 것이라면, 구익 부인은 남편의 정치적 희생양이었다.

구익 부인은 조(趙)씨 성으로 하간(河間: 지금의 하북성 헌현(獻縣) 지역)에서 살았다. 무제가 수렵을 나갔을 때 그 지역에 기녀(奇女)가 살고 있다는 말을 들었다. 그는 호기심이 발동하여 그녀를 불러와 그 기기묘묘함이 어떠한지 보려고 하였다. 그 여인의 기묘함은 그녀가 두 손을 주먹처럼 꽉 말아 쥐고 있었는데 한 번도 편 적이 없었다는 데 있었다. 무제가 이를 기이하게 여겨 그 기이한 손을 문질러 보았다. 놀랍게도 이 한 번의 문지름으로 기적이 나타나 그녀의 두 손이 다 펴졌다. 무제는 이것은 하늘의 뜻으로, 하늘이 이 여인을 자기에게 준

7 유불릉(劉弗陵, B.C. 94~74). 서한 제8대 황제. 8세에 제위에 올랐으며 곽광(霍光), 김일제(金日磾), 상홍양(桑弘羊) 등이 보좌하였다. B.C. 80년 모반죄로 상홍양, 상관걸(上官桀) 등을 죽이고 곽광에게 전권을 맡겨 무제 시대 제도를 더 개혁하였다. 소제 시대에 국가의 전매제도에 대한 찬반토론을 하였던 염철회의(鹽鐵會議)가 유명하다.

것이라고 여겼다. 그녀를 궁궐로 불러들였으며, 주먹[拳]부인이라 부르며 첩여(倢伃)로 책봉하였으며, 성문 밖의 독립거처인 구익궁(鉤弋宮)에 기거하도록 하였다. 이에 따라 사람들은 그녀를 구익 부인이라고 불렀다. 새것을 좋아하고 오래된 것을 싫어하는 무제가 새로이 좋아하는 사람을 얻자 크게 은총을 베풀었다. 구익 부인은 남편의 은총을 저버리지 않고 아들 유불릉을 낳아 주었다. 사람들은 그를 구익자라고 불렀다. 어미가 기이한 것처럼 자식도 기이하였다. 임신한지 14개월이 되어서야 태어났기 때문이다. 무제가 기쁜 낯빛을 띠면서 말했다. "짐이 듣건대 요임금이 14개월만에 태어났다고 하는데 지금 구익이 이와 같구나." 그는 구익 부인이 출산한 집의 대문을 '요모문(堯母門: 요임금 어머니의 문)'이라고 이름 지었다. 구익자(유불릉)는 건강하게 태어나 5, 6세에 이미 상당히 성숙하였으며 총명하고 사리를 잘 분별하여 사람들의 환심을 샀다. 무제는 늘 "나를 닮았다."고 하였다. 그는 건강하게 태어난 것만이 아니라 태어난 때도 아주 적절한 시기에 태어났다. 태어날 당시에 배다른 형제들은 잘못을 저질렀거나 요절하였으며, 태자였던 유거(劉據, B.C. 128~91)[8]는 '무고(巫蠱)의 변'으로 이미 죽은 상황이었다. 이로 인해 무제는 그를 손안의 보배로 여겼으며, 태자로 세울 결심을 하였다.

아들이 태자가 되는 일은 이치상 구익 부인에게 있어 얻으려 해도 얻기 어려운 좋은 일로 그녀가 아들로 인해 어미가 귀해진다는 규칙에 따르면 황후의 관을 쓸 수 있었다. 그러나 이러한 조상들이 전해준 규칙은 그녀에겐 아무 소용이 없었다. 정치의식이 강했던 무제는 그 규칙을 바꾸기로 결심하였다. 그는 구익 부인이 아직 젊기 때문에 자기가 죽고 나면 그녀가 전권을 쥐고 국가를 혼란에 빠뜨릴 가능성

8 한 무제의 적장자로 위황후의 아들.

을 배제하기 어렵다고 생각하였다. 그녀를 사랑하였지만 사직의 장기적인 안녕을 위해서 그녀를 반드시 제거하여야 했다. 죄를 씌우려면 무슨 구실이든 만들어 낼 수 있다. 한 번은 순행을 나가는 도중에 무제는 한 가지 일을 구실로 삼아 그녀가 빠져나갈 여지가 없게 그녀를 꾸짖었다. 그녀는 화통하지 못한 여인이어서 무제가 자살을 명하기도 전에 우울함으로 인해 죽었다. 무제는 그녀가 서천으로 간 것을 보고 구익자를 황태자로 세웠다. 소제(구익자, 유불릉)가 즉위하자 죽은 엄마를 추념하여 황태후 존호를 바쳤다. 그러나 이것은 소제가 자기 자신을 위안하려는 행동이었을 뿐 이미 차가운 뼈만 남은 구익 부인에게는 조금도 실제적인 의미가 없었다.

한(漢) 무제가 황위 계승자의 모친을 제거한 수법을 북위(北魏) 황실에서 마음에 들어 하여 이를 제도로 정하여 명확하게 규정하였다. '후궁이 난 아들이 태자가 되면(북위에서는 적자든 서자든 관계없이 나이 많은 자를 황태자로 세웠음) 그 어미는 모두 죽여야 한다.' 도무제(道武帝)[9]의 유(劉) 부인은 명원제(明元帝)[10]를 낳았기 때문에 첫 희생자가 되었다. 문성제(文成帝)[11]의 이(李) 귀인은 헌문제(獻文帝)[12]를 낳았는데, 태후가 규정에 따라 자살하라고 명하였다. 자결을 하려고 할 때 그녀는 형제자매를 생각하며 가슴을 치며 통곡하였는데 그 모습을 차마 눈뜨고 볼 수 없었다. 황실의 이러한 제도에 놀란 황후나 비빈, 궁녀들은 왕자, 공주만 낳기를 원하였으며, 태자를 낳지 않도록 하늘에 기도하였다. 이러한 잔혹한 제도 아래서 후궁의 여성들은 운명을 하늘에 맡길 수밖에 없었다. 오직 선무제(宣武帝)[13]가 승화세부(承華世婦)로

9 탁발규(拓跋珪, 371~409).
10 탁발사(拓跋嗣, 392~423).
11 탁발준(拓跋濬, 440~465).
12 탁발홍(拓跋弘, 454~476).

책봉한 호(胡)씨만이 대담한 도박을 하였으며 다행히도 승리하였다. 그녀는 늘 황실에 충성을 다 한다는 모습으로 비빈들에게 말했다. "천자가 어찌 아들이 없을 수 있단 말인가? 어찌 죽음을 두려워하여 황실이 계승자를 얻지 못하게 한단 말인가?" 그녀가 임신을 하게 된 후에 어떤 사람이 황실의 제도로 그녀를 겁주면서 낙태를 하여 몸을 보전하라고 권하였다. 그녀는 한 밤중에 혼자서 맹세하기를(실제로는 고의로 다른 사람이 그 광경을 보게 하였을 것이다. 그렇지 않다면 역사가가 어떻게 알겠는가?) "만일 임신한 것이 남자아이라면 순서 상 당연히 장자가 될 터인데, 아들을 능히 낳을 수 있다면 죽음도 사양치 않으리라." 그녀의 고차원적 수법이 통하여 아들을 낳은 후에도 놀랍게도 재난을 피할 수 있었다. 아들 효명제(孝明帝)[14]가 등극한 후에 그녀는 살아서 황태후의 자리에 올랐다.

미인박명! 이 말은 삼국시대 유명한 미녀인 견(甄)씨에 적용하면 가장 잘 맞는 말이다. 그녀는 꽃과 같이 아름다웠으나 운명은 종이처럼 박하였다. 그녀는 세도가의 집안에 태어나 당시 영웅호걸 중 첫째로 손꼽히던 원소 가문의 며느리가 되었다. 남편 원희(袁熙)는 다른 성에 나가서 지키고 있었고 그녀는 기주(冀州: 지금의 하북성 백향(柏鄉) 북쪽)의 본진에 머무르며, 시어머니인 유(劉) 부인을 모셨다. 조조가 기주를 공격하여 성을 장악한 후에 조비(曹丕)가 원소의 거처로 들어가자 유 부인은 스스로 두 손을 묶고 있었고 견씨는 시어머니 무릎에 머리를 묻고 있었다. 조비가 "유 부인! 어찌 이렇게 하실 필요가 있습니까? 신부보고 머리를 들라고 하십시오." 견씨가 머리 드는 것을 보자 조비의 마음이 어지러워지며 출렁거렸다. 정말 그 자태와 모습이 절

13 원각(元恪, 483~515).
14 원후(元詡, 510~528).

륜할 뿐만 아니라 너무도 아름다운 얼굴이었다. 그는 만날 수는 있으나 얻을 수 없는 미인을 만나 기뻤지만, 당장에 그녀를 가슴에 안을 수 없는 것을 한탄하였다. 조조가 큰아들이 그토록 견씨를 좋아한다는 말을 듣고 길일을 택해 그들을 부부로 맺어 주었다. 삼국시대에는 정절을 강조하지 않았기 때문에 견씨는 몸값을 잃지 않고 두 번째 신부가 될 수 있었다. 결혼 후 몇 년 동안은 재능 있는 남편과 아름다운 아내가 서로 사랑하며 지냈으며, 견씨는 뒷날의 위명제(魏明帝)[15]와 동향(同鄕) 공주를 낳았다. 이 기간은 그들 부부에게 있어 지극히 진귀한 기간이었다. 생활도 만족스럽고 사업 역시 성공적이었다. 그러나 조비가 왕위를 계승하고 제위에 올랐을 때 견씨는 이미 나이가 들고 미색이 기울었다. 남편의 마음이 그녀에게서 떠나 곽(郭) 귀빈, 이(李) 귀인, 음(陰) 귀인 등 여인들에게로 돌아섰다. 견씨는 낙담하였다. 낙담한 사람은 원망스러운 말을 내뱉기 마련이다. 이러한 말이 문제(文帝, 조비)의 귀에 들어갔고, 죄목이 되었다. 그녀는 자결하도록 명령을 받았다. 그녀가 죽은 후에 위 문제의 양심이 살아나면서 그녀에게 황후의 도장을 추증하였다.

견씨의 아름다움과 덕성은 온 세상에 널리 알려져 있었지만 비명에 죽는 것으로 끝났다. 서위(西魏, 535~557년)[16] 문제(文帝)[17]의 정불(正弗)황후는 미모는 견씨에 미치지 못하였지만 덕성에 있어서는 전혀 뒤지지 않았다. 늘 오래된 옷을 입었으며, 간소한 식사를 했고 보석

---

15 조예(曹叡, 204~239). 조위(曹魏)의 제2대 황제. 조비의 장자로 226~239년간 재위.

16 남북조 시대에 북위로부터 갈라져 나온 정권으로 우문태(宇文泰)는 북위 효문제(孝文帝)의 손자 원보거(元寶炬)를 황제로 세우고, 고환(高歡)이 장악한 동위(東魏)와 대립하였고 장안을 수도로 삼았다.

17 원보거(元寶炬, 507~551). 선비족.

과 비단이 황후 거처에 들어오는 것을 거절하였다. 정말 근검절약하였다. 생활이 화려하지 않았을 뿐만 아니라 사람됨 역시 대단히 관용적이며 거의 질투심도 없었다. 이렇게 순박하고 선량하였기에 다른 사람은 물론 남편이 저절로 존중할 수밖에 없었다. 그러나 결말은 역시 좋지 않아 견씨와 똑같았다. 남편이 모두 위(魏) 문제(文帝)라 불리는 견씨와 정불은 극히 공교롭게도 똑같은 종말을 맞았지만 속 내용은 대단히 달랐다.

북위(北魏)가 분열되어 동위(東魏)와 서위(西魏)로 쪼개졌다. 서위는 동위와의 분쟁에 있어 이미 힘이 미치지 못하였을 뿐만 아니라, 서쪽의 연연(蠕蠕)[18]의 위협을 받고 있어 이러지도 저러지도 못하는 상황이었다. 문제(文帝)는 동쪽과 서쪽에서 동시에 싸우기가 어렵게 되자, 정치적 결혼을 택하여 연연(蠕蠕)의 장녀인 욱구여(郁久閭)씨를 취하여 창칼의 국면을 옥과 비단이 되게 하였다. 그러나 하늘에 달이 두개일 수 없듯이 나라에 황후가 두 사람일 수는 없었다. 이렇게 되자 정불(正弗)씨는 설자리를 잃게 되어, 먼저 별궁으로 옮겨졌고 뒤에는 출가해서 승려가 되었다. 그러나 이것은 부부간의 사랑이 없어져서 일어난 일이 아니었고, 국가의 상황에 따른 어쩔 수 없는 변통이었기에 문제의 마음은 여전히 전(前) 부인에게 묶여 있었다. 더욱이 그들에게는 애정의 결정체인 태자가 있었다. 그는 고통스럽게 기다렸다. 시기가 되면 원 부인을 원래 자리로 회복시키려고 기다렸다. 비밀리에 정불씨가 머리를 기르도록 하여 준비를 하였다. 문제는 비밀에 비밀을 더하였다고 스스로 생각하고 있었으나 어떻게 된 일인지 비밀이 새어 나갔다. 연연은 전 국력을 기울여 병력을 동원하여 군사행동으로

18 4~6세기 중엽의 몽고 초원에 흉노, 선비 등의 뒤를 이어 굴기한 부락제 한(汗)국.

욱구여(郁久閭)씨의 황후 지위를 확고하게 하려고 하였다. 전쟁으로 이 문제를 해결하고 싶었으나 서위는 근본적으로 이러한 실력이 없었다. 문제는 어쩔 수 없이 정불씨를 완전히 희생시켜 양보를 하기로 하였다. 마음에는 없었지만 "어찌 일개 여자 때문에 백만대군을 동원하겠느냐? 짐이 무슨 낯으로 장수들을 보겠느냐?" 하였다. 그는 아픔을 참고 명령을 내려 환관 조총(曹寵)을 보내 정불씨가 자결하도록 하였다. 정불씨가 조서를 받자 눈물을 뿌리며 말했다. "폐하께서 만세를 누리시고, 천하가 평안하기를 바랍니다. 저는 죽어도 한이 없습니다." 그녀는 아들을 불러 이별을 하면서 말 마디마다 눈물을 쏟았다. 옆에서 모시고 섰던 사람들이 간장이 끊어질 듯한 그 모습을 보고 통곡을 하면서 더 이상 그 장면을 보지 못하였다. 그런 후에 승려를 불러 재회(齋會)를 설치하고 자신을 따르는 수십 명의 시비들이 비구니가 되도록 하면서 그녀가 직접 삭발을 해주었다. 일을 전부 다 처리한 후에 내실에 들어가 스스로 이불을 뒤집어쓰고 질식사하였다. 정불씨가 죽자 문제의 마음 또한 그녀와 함께 죽었다. 그는 그가 죽은 후에 정불씨를 자기와 같이 배향하라는 유언을 자손들에게 남겼다.

송(宋) 인종(仁宗)[19]이 황후를 책봉하려고 준비할 때 마음속에 담고 있던 여인은 아끼던 장(張) 미인(美人)이었다. 그러나 적자 계통으로 어머니인 유(劉)태후가 동의하지 않았다. 그녀는 중매인의 입장에서 또한 국모를 찾는다는 각도에서 황후는 야하지 않고 순박해야 하며, 요염하거나 성적 능력이 넘치는 여인은 안 된다고 요구하였다. 이러한 범주에서 그녀는 곽(郭)씨를 황후감으로 선택하였다. 자녀의 결혼이 부모의 뜻에 따라 이루어지던 시대라, 인종도 비록 군주의 몸이었

19 조정(趙禎, 1010~1063). 처음 이름은 조수익(趙受益)이었음. 송나라 제4대 황제로 1022~1063년간 재위.

지만 이러한 풍속을 쫓지 않을 수 없었다. 정말 원하지 않았지만 곽씨를 황후로 책봉하는 대례를 치를 수밖에 없었다. 부부가 결합하는데 원래 아무런 사랑의 기초가 없었기에, 결혼 후에도 무슨 사랑의 감정 같은 것이 자라나지 않았다. 두 사람은 한 잠자리에서 서로 다른 생각을 하였으며, 나아가 잠자리를 같이하는 기회도 거의 없었다. 사랑의 기초가 없는 결혼은 일종의 고통이었기 때문에 인종은 이를 벗어나기 위하여 상(尙) 미인, 양(楊) 미인을 찾아 즐거움을 구하였다. 곽 황후는 남편이 다른 여인을 총애하는 것을 보면서 더욱 아픔을 느꼈으며 온종일 우울해 했다. 상, 양 두 비빈은 군주와 황후 사이의 모순을 조정하기는커녕 반대로 군주의 총애를 등에 업고 항상 헛소문과 냉담한 말로 곽황후를 업신여겼다. 곽황후가 한 번은 정말 참으려야 참을 수 없어서 충동적으로 상(尙) 미인의 빰을 후려쳤다. 이를 본 인종이 급히 몸을 일으켜 막아서는 바람에, 곽황후가 인종의 목덜미를 잘못 내리치게 되었고, 그만 손톱에 긁혀 핏자국이 생겼다. 인종은 화를 억누를 길이 없었다. 일찌감치 곽황후를 폐하려고 생각하고 있었는데 기회를 찾지 못하고 있었기에, 재상인 여이간(呂夷簡)과 의논한 후에 조서를 내려 곽황후를 정비(淨妃)로 강등하는 동시에 도교로 출가시켜 여관이 되도록 하였다. 그녀의 도교의 호를 옥경중묘선사(玉京冲妙仙師)로 하고 청오(淸悟)란 법명을 내리고 장락궁(長樂宮)에 옮겨 살도록 하였다. 곽씨가 폐해지던 시기 앞뒤로 조정에 엄청난 파도가 일어났었다.

당초에 인종은 조신들이 유(劉)태후와 밀접히 지내는 것을 못마땅하게 여겼다. 그래서 하나씩 하나씩 관직에서 내쳤지만 재상 여이간은 자신의 심복으로 여겼다. 곽씨는 여이간이 기회를 틈타 사리사욕을 취하는 자임을 잘 알고 있었기에 인종에게 간언하였다. “여이간이 어찌 태후에 붙어있지 않겠습니까? 그는 틈을 엿보는 자로 임기응변에 능한 자입니다." 이로 인해 여이간도 같이 파직되었다. 얼마 지나지 않아 그가 다시 복직되었다. 인종이 곽황후에게 목덜미를 잘못 맞은 후에, 환관 염문응(閻文應)이 황제에게 목에 난 자국을 재상에게 보여 주도록 하였다. 여이간은 이전의 원한을 갚기 위해 전례를 인용하여 군주가 황후를 폐하는 이유를 찾도록 하였다. "한(漢) 광무제(光武帝)[20]는 일대의 명군주였지만, 곽황후가 원망하는 말을 내뱉었다가 폐해졌습니다. 하물며 폐하께서는 목에 상처를 입으시지 않았습니까?" 정도를 걷는 것으로 유명하였던 어사중승(御史中丞) 공도보(孔道輔), 우사간(右司諫) 범중엄(范仲淹)이 간관(諫官)과 어사(御史) 열 명을 이끌고 연합으로 상주하였다. "황후는 천하의 어머니로 가볍게 폐할 수 없습니다." 인종은 간언을 거부하고 전각문을 걸어 잠갔다. 공도보는 문고리를 붙들고 크게 소리쳤다. "황후를 폐하는 일인데, 어찌하여 어사대 신하들의 간언을 듣지 아니하십니까?" 그들은 방향을 바꾸어 중서성(中書省)으로 달려가 여이간을 꾸짖었다. "대신이 황제와 황후를 받드는 것은 자식이 부모를 받드는 것과 같지 않은가? 부모가 불화하면 이를 간하여 화목하도록 권하여야 하는데, 어떻게 아버지만 따르고 어머니를 내친단 말인가?" 여이간이 답변하였다. "황후를 폐한 일은 한(漢)과 당(唐)에도 선례가 있소." 공도보가 이를 받아들이지 않고 반박하였다. "신하된 자는 응당 군주가 요임금, 순임금을 본받도록 하여야 하는데, 어찌 한, 당의 덕망을 잃어버린 일을 본보기로 삼을 수 있단 말인가!" 여이간은 할 말을 잃어버렸다. 여이간은 궁으로 들어가 인종과 비밀리에 협의를 하였다. 협의 결과 공도보, 범중엄은 외직으로 좌천되었고, 다른 여덟 명은 벌금을 내게 했으며 모든

20 유수(劉秀, B.C. 5~A.D. 57). 동한의 초대 황제.

어사, 간관은 다시는 이 문제로 조정에서 간언을 하지 못하도록 하였다. 곽씨가 장락궁으로 유폐된 후에 상, 양 두 미인 역시 유폐되었다. 그녀들의 한바탕 내분이 끝나고 나자, 마지막에 자리를 차지한 여인은 오히려 다른 여인으로, 개국공신 조빈(曹彬)의 손녀가 황후가 되었다. 곽황후가 모든 의욕을 상실했을 때 인종이 인편에 소식을 보내왔다. 그녀와 옛정을 다시 살렸으면 한다는 내용이었다. 그녀는 사람을 시켜 인종에게 "만일 다시 만나려면, 문무백관 면전에서 새로이 황후로 책봉해야 한다."라고 전하였다. 이것은 할 수 없는 일이었다. 얼마 지나지 않아 그녀가 감기를 앓게 되었는데 인종이 염문응에게 어의를 데리고 가서 진료와 치료를 하도록 하였다. 며칠 후에 염문응이 곽씨가 갑작스레 죽었다고 보고하였다. 신하들은 염문응이 기회를 타서 독을 먹였다고 의심하였지만 조사 결과 증거가 없었다. 인종은 여론을 가라앉히기 위해 범중엄의 탄핵문을 구실로 염문응을 영남 지방으로 유배를 보냈다. 그는 유배지에 도착하기 전에 죽었다.

한 꽃이 피어나니 모든 꽃이 빛을 잃는구나

남성들만이 늑대와 호랑이처럼 생명을 걸고 싸운다고 생각하지 말라. 여인들의 싸움 역시 조금도 뒤지지 않는다. 단지 사회적 한계로 인해 대부분의 싸움이 가정이나 궁궐 안에서 이루어지는 것으로, 음지에서 대단한 장면이나 엄청난 기세도 없이 진행되기 때문에 사회를 크게 들썩이게 하는 효과가 없을 뿐이었다. 여인들 사이의 싸움은 주로 가정에서의 지위, 남편의 마음을 얻으려는 것이었기에, 일부다처제 가정이 왕왕 여인들의 전쟁터가 되었다. 이 외에도 시어머니와 며느리 사이의 싸움도 있는데, 시어머니는 권위를 지키려 싸우고 며느리는 상대적인 자주권을 얻으려고 싸운다.

처첩이 많은 집안은 가정 안 싸움이 눈코 뜰 사이가 없었다. 삼궁(三宮) 육원(六院) 칠십이(七十二) 비빈이 있는 내궁의 싸움은 더욱더 천지를 명확히 구분할 수 없을 정도로 치열하였다. 그녀들은 명예와 지위, 군주의 마음을 얻기 위해 싸웠으며, 자신들의 아들을 위해, 권세를 위해 싸웠다. 너는 죽고 나는 살겠다고 도저히 눈뜨고 볼 수 없을 정도로 참혹하게 싸웠으며, 그 수법 역시 교묘하고 수단도 악랄하였다.

여인들은 꽃으로 비유되는데 일부 여인들은 "한 꽃이 피어나면 다른 꽃이 모두 사라져야 한다."고 생각했다.

명성이 자자한 서한(西漢)의 여치(呂雉, B.C. 241~180)[21]는 척(戚) 부인에 대해 뼛속 깊은 원한을 가지고 있었다. 이러한 원한은 아들 때문에 생겨났으며, 남편인 유방(劉邦, B.C. 256~195)[22]의 불공정함 때문에 생겨났다. 여치는 본처로 남편과 함께 남북을 오가며 전쟁을 하면서 온갖 고생을 다하였다. 한나라가 건립된 후에 그녀는 당연히 황후가 되었으며 아들 유영(劉盈)은 태자로 책봉되었다. 지위가 확정되고 일도 다 끝났으므로 본래는 다른 변화가 다시는 발생할 이유가 없었다. 그러나 여태후가 유감스럽게 느낀 것은 남편이 꽃같이 아름다운 척(戚) 부인에게 빠졌다는 것이다. 이 자체는 별일이 아니었지만 어떤

21 탕군(碭郡) 단부현(單父縣: 지금의 산동성 하택(河澤)) 사람으로 유방이 제위에 오르자 황후(B.C. 202~195년간)가 되었고, 그가 죽은 후 황태후(B.C. 195~180년간)가 되었다. 중국 역사상 공식적으로 황후이자 황태후로 기록된 최초의 여인이자 외척시대를 연 최초의 여성이다.

22 서한 초대 황제. 서초패왕 항우(項羽)를 물리치고 천하를 차지하였다.

사람을 좋아하면 그의 집 지붕에 앉은 까마귀까지도 관심을 갖는다고 남편이 척 부인의 아들인 조왕(趙王) 유여의(劉如意)를 유영(劉盈)대신 태자로 삼으려는 생각을 가졌다는 것이 문제였다. 태자를 바꾸려는 이유는 유영은 너무 어질고 약하지만 유여의는 자신과 성격이 같다는 것이었다. 상황이 이리저리 변화하면서 시끌벅적대자 속이 다 타들어가던 여태후는 어찌해야 좋을지 몰랐다. 다행히도 유학자 숙손통(叔孫通)이 죽음을 무릅쓰고 간언을 하고 공신인 장량(張良)이 계책을 올리고 나서야 유영의 태자 지위가 비로소 위험한 고비를 넘어 확고하게 되었다. 여태후는 한숨을 돌리게 되었지만 분노를 삭일 수 없었다. 그녀는 분노를 억누르고 훗날을 기약하였다. 유방이 죽고 나서 제위를 물려받은 혜제(惠帝, B.C. 211~188)[23]는 비록 덕은 있었지만 그 덕을 전혀 쓸 데가 없었다. 모든 권력이 여태후의 손아귀에 있었기 때문이다. 기회가 오자 여태후가 분노를 내뿜기 시작하였다. 먼저 척(戚) 부인을 감금한 후에 그녀의 머리를 빡빡 깎고 적갈색 죄수복을 입혀 매일 쌀을 빻으면서 절구질을 하도록 하였다. 천당에서 지옥으로 떨어진 척 부인은 그 고통을 말로 표현할 수 없었다. 살아가는 것도 고통이고 아들을 생각하는 것도 고통스러워 절구질을 하면서 자신도 모르게 노래를 읊조렸다. “아들이 왕이건만, 어미는 포로 신세일세. 하루 종일 해질 때까지 절구질을 하며, 늘 죽음과 같이하네! 서로 삼천리나 떨어져 있으니 누가 가서 네게 알려 주겠느냐?” 그녀의 아들을 그리워하는 말이 아들을 생각하는 고통을 풀어주지 못했을 뿐만 아니라 도리어 아들을 해치게 되리라고 전혀 생각지 못하였다. 여태후가 이러한 노래 가사를 보고받은 후에 유여의를 제거하지 않으면 장래 후환이 될 것이라고 생각하였다. 이에 따라 그를 수도로

23 유방의 둘째 아들로 7년간 재위하였고 24세에 세상을 떠났다.

불러들여 그의 음식에 독을 넣어 죽였다.[24] 유여의가 죽은 후에도 여태후는 여전히 맺힌 한을 풀지 못해, 참혹하기 그지없게 척 부인을 '사람돼지'로 만들었다. 그녀의 손발을 자른 후에 눈알을 후벼 파내고, 귀를 그을려 귀머거리가 되게 하고 성대를 잘라 벙어리가 되게 한 후에 축축하고 더러운 암실에 집어 던져 넣고 매일 강제로 음식을 먹였다. 그녀는 정말 참혹무도하게 시련을 받다 죽었다.

황후가 비빈들에게 보복한 사례는 동한(東漢)에서도 있었지만 성공하지 못하였다. 화제(和帝)[25]의 음(陰)황후는 본래 총애를 받고 있었지

24 여태후가 조왕(趙王) 유여의를 제거하려고 장안으로 오라고 세 번이나 사신을 보냈으나 조(趙)나라 승상인 건평후(建平侯) 주창(周昌)이 가로막고 나서며 사신에게 말하였다. "선제께서 살아 생전에 조왕을 내게 부탁하셨는데, 조왕은 아직 나이가 어립니다. 또한 태후께서 척 부인에 대한 원한이 깊어 조왕을 불러들여 같이 죽이려고 하신다니, 조왕을 보내드릴 수 없습니다. 게다가 조왕 또한 병이 들어 명을 받아 장안에 갈 수가 없습니다." 여태후가 그 보고를 듣고 크게 화가 나서 먼저 주창을 장안으로 불러들인 후에 다시 사람을 보내 유여의를 입궁토록 하였다. 유여의가 이미 길을 떠나 장안 도성을 향하자, 여태후가 유여의를 해칠까봐 두려워하던 혜제가 본인이 직접 패강(霸江)까지 그를 영접하러 나갔다. 인자한 혜제는 유여의와 같이 궁궐에 들어갔을 뿐만 아니라 태후가 그를 죽일까 염려하여 자신이 직접 유여의를 침궁에서 데리고 가서 같이 먹고 자고 하였다. 여태후는 유여의를 죽이려고 기회를 보고 있었다. B.C. 194년 12월 어느 날 혜제가 새벽에 수렵을 나가게 되었는데, 아직 나이가 어린(8세 정도) 유여의가 일찍 일어나지 못하자 절대로 다른 사람이 주는 것을 먹지 말라고 신신당부하고 그를 침궁에 홀로 남겨둔 채 사냥을 나갔다. 여태후가 유여의가 혼자 침궁에 있다는 보고를 받자마자 즉시 사람을 시켜 독이 든 술을 가지고 가 유여의에게 먹이도록 하였고, 그는 그만 그 자리에서 죽고 말았다. 혜제가 사냥에서 돌아와 보니 유여의는 이미 싸늘한 시체가 되어 있었다.

25 유조(劉肇, 79~105). 동한 제4대 황제이며 장제(章帝) 유달(劉炟)의 넷째 아들로, 생모는 양(梁) 귀인이지만 두(竇)황후의 양자가 되었다. 82년 장제가 태자 유경(劉慶)을 폐하고 유조를 황태자로 책봉하였다. 88년 장제가 죽고 유조가 즉위하였으며 두태후가 섭정을 하였다. 13세 때 환관들과 연합하여 외척인 두씨 일족을 제거하고 친정에 나섰으며, 재위기간 중 '영원의 융성[永元之隆]'이란 국력의 확대기를 가져왔으나 27세에 병사하였다.

만, 등수(鄧綏)가 궁궐에 들어 온 이후에는 남편 앞에서 그녀의 지위가 땅바닥에 떨어졌다. 이렇게 되자 그녀는 등수를 뼈에 사무치도록 원망하였다. 화제가 병이 위중하여졌을 때 그녀는 이를 뿌드득 갈면서 말했다. “만일 뜻을 펴게 된다면 등씨를 남겨두지 않겠다.” 등수가 그 말을 듣자 억울해 하며 눈물이 가득한 얼굴로 말했다. “정성과 마음을 다하여 황후를 모셨는데 보호를 받지 못하고 도리어 죄를 얻었다. 내가 죽음으로 본심을 밝혀 위로는 황제의 은혜를 갚고 가운데로는 가문의 화를 해결하고 아래로는 음씨가 ‘사람돼지’의 일[26]을 행하는 것을 피하고자 한다.” 그녀가 독을 마시고 자결하려고 하였지만 나인들이 제지하였다. 그녀는 화제의 병이 나은 후에 음(陰)씨가 무고사건으로 폐위되자, 화가 복이 되어 도리어 황후로 승격될 수 있었다.

서진(西晉) 혜제(惠帝)[27] 때 수도 낙양에 민요 한 곡조가 널리 퍼졌는데, 그 중 “남풍(南風)이 맹렬하게 불어 황사를 날린다.”는 구절이 있었다. 남풍은 황후 가(賈)씨의 이름이었다. 이 민요는 그녀가 전횡을 일삼고 방자하게 제멋대로 날뛰며, 세상을 어지럽힌 것을 빗댄 것이었다. 가남풍은 혜제를 통제하면서 조정을 장악하였다. 그녀를 따르는 자는 흥하고 거스르는 자는 망하였다. 그녀는 당장의 원한도 갚았을 뿐만 아니라 옛 원수도 잊지 않고 꼭 갚았는데 심지어 존귀하기 그지없는 황태후에게까지 은혜를 원수로 갚았다.

태후의 이름은 양지(楊芷)로 자는 계란(季蘭)이고 어릴 적 이름은 남윤(南胤)으로 무제(武帝)[28]의 두 번째 황후였다. 단정하고 착하며 부덕(婦德)이 있었으며 사람을 너그럽고 온화하게 대하였다. 당시 가남풍

26 여태후가 척 부인을 참혹무도하게 죽인 일을 말한다.
27 사마충(司馬衷, 259~307).
28 사마염(司馬炎, 236~290).

은 아직 태자비였었는데 질투가 버릇이 되어 사람을 죽이는 일을 저질렀다. 그 일로 무제가 그녀를 폐하려고 하였다. 가남풍의 운명이 걸린 이때에 양지가 그녀를 구하기 위해 나섰다. 그녀의 부친 가충(賈充)이 사직에 공이 크므로 그녀의 잘못으로 인해 그 가문의 큰 덕을 잊어버릴 수는 없다고 하였다. 가남풍의 지위가 다시 확고하게 된 후에 양지는 시어머니로서 며느리에게 더욱 매사에 주의하도록 직접 훈계하였다. 이러한 마음에서 우러나오는 진정한 권고에 가남풍이 감격한 것이 아니라 오히려 시아버지가 자기를 처벌하려고 한 것이 원래 양지가 농간을 부려서 그런 것으로 의심하게 되었다. 그녀는 권고를 들을 때마다 입으로는 '예, 예'하였지만, 도리어 마음속에 은밀하게 원한을 품었다.

무제가 죽은 후에 혜제가 즉위하였다. 가남풍이 황후가 되고 양지는 황태후가 되었다. 그녀의 부친인 양준(楊駿)이 태부(太傅) 겸 재상(宰相)이 되어 조정을 좌지우지하였다. 일반적인 논리로 보자면 양지 부녀는 명망과 지위도 높고 권력도 컸기 때문에 가남풍이 얌전하게 말을 들어야 했다. 그러나 권모술수가 뛰어난 이 여인은 복수의 칼을 휘둘러 양씨 가족으로부터 권력을 빼앗으려고 하였다.

그녀는 계략을 꾸몄다. 혜제의 명분을 빌리는 수단을 통해 정파간의 투쟁을 불러일으켜 어부지리를 얻으려고 하였다. 그녀는 직접 양지를 겨냥하지 않고 창끝을 양준에게 향하였다. 먼저 양 날개를 꺾어버리고 몸통을 공격하는 책략을 썼다. 그녀는 초왕(楚王) 사마위(司馬瑋)와 동안왕(東安王) 사마요(司馬繇)가 권력을 쥐려고 열심인 것을 보자, 양준이 외척으로 전권을 휘두르며 불측한 일을 꾸미고 있다고 말하면서 혜제의 조서를 가지고 가서 그를 처결하라고 하였다. 양준은 원래부터 덕망이 없었을 뿐만 아니라, 종실(宗室)에서 외척이 전권을 휘두르는 것을 줄곧 반대하였기 때문에 형세가 한 편으로 기울어지게 되었다. 두 왕이 정변을 일으켰을 때 양준을 도와 줄 세력이 전혀 없었다. 양지는 부친이 아주 위태로운 상황에 빠지자, 누군가 도와주기를 바라며 직접 비단에 "태부(太傅)를 돕는 자는 상을 내리리라."라는 글을 써서 화살에 매달아 성문 밖으로 날려 보냈다. 실력을 기반으로 하는 정치투쟁에서 황태후의 껍질뿐인 이름은 전혀 호소력이 없었다. 비단에 쓰여진 글은 진흙으로 만든 소가 바다에 들어가면 영원히 형체가 사라지듯 사라졌고 양준은 살해되었다.

입술이 없으면 이가 시리다고 홀로 남은 양지는 완전히 보호막을 상실하였다. 가남풍이 사람을 시켜 그녀에 대해 탄핵을 하도록 하였다. '황태후가 국가사직을 위태롭게 하는 음모를 꾸몄으며, 이 내용을 화살에 달아 밖으로 쏘아 병사들을 모집하였다. 악한 자들끼리 서로 구하려 하였으니 스스로 하늘에게 버림을 받은 것이다!'라는 내용이었다. 이에 따라 조정에서 쟁론이 일어났으며 양지를 변호하려는 사람들이 있기는 하였지만 가남풍이 한 손으로 하늘을 가리는 권세를 가진 상황이었기에 결국은 양지가 서민으로 폐하여졌고, 그녀의 모친은 처형되게 되었다. 어머니 방(龐)씨가 사형을 당할 때 모녀가 서로 껴안고 통곡을 하였다. 양지가 스스로를 '신첩'이라고 낮추어 부르면서 표를 올려 가남풍이 그녀 어머니의 목숨을 살려 주기를 간하였다. 이러한 행동은 호랑이에게 가죽을 벗어달라는 것과 다름이 없는 것으로 그 결과는 쉽게 알 수 있는 것이었다. 어머니가 죽은 후에 양지는 냉궁(冷宮)에 유폐되었다. 가남풍은 이에 그치지 않고 그녀를 모시는 10여 명의 사람을 전부 빼앗아 버렸다. 양지는 분노와 치욕이 교차하는 가운데 옛날 가남풍을 구해준 일로 인해 자신이 오히려 이러한 처지에 빠진 것을 생각하자 수많은 칼날들이 자기 마음을 후벼 파는 아픔을 느꼈다. 착한 일을 하였지만 그에 대한 보답을 얻지 못한 것이다. 그녀는 더 이상을 목숨을 이어가고 싶지 않았고, 음식을 먹지 않음으로써 스스로 목숨을 끊었다.

무측천(측천무후)이 당나라를 찬탈하고 주(周)나라를 세운 것은 그녀의 인생에 있어 한 폭의 대작이었다. 이러한 정치적 대작이 세상에 드러나기 전에 그녀는 내궁에서 일찍이 연습작품을 해본 적이 있었는데, 상당히 순조로웠으며 대단히 성공적이었다. 이 일은 그녀가 뒷날 대작을 만들어 가는데 확실한 자신감을 심어주었다. 무측천의 인생대작에 있어서는 남성이 그 대상이었지만 연습작품에 있어서는 같은 종족인 여성이 대상이었다. 모든 사람들과 기량을 감연히 겨루었던 이 여인이 당 고종(高宗)에 의해 궁중에 들어갔을 때 지위가 그리 높지 않았지만 소의(昭儀)로 책봉되었다. 그녀의 윗선에는 두 여인이 있어 그녀를 누르고 있었다. 한 사람은 왕황후로 정치상 지위가 그녀보다 높았으며, 다른 한 사람은 소(蕭) 양제(良娣)로 침실에서는 그녀보다 한 수 위였다. 그녀는 처음 궁궐에 들어갔을 때 급하게 현상을 바꾸려 하지 않고 소리 소문 없이 내궁의 인간관계를 꾸준히 살펴보았다. 당시 왕황후와 소 양제 사이에 모순이 있어 서로 허물을 찾아내 공격하고 있었다. 무측천이 내막을 확실히 파악한 후에 열세인 왕황후의 편에 서서 공동으로 소 양제를 밀어냈다. 이와 동시에 그녀는 은혜를 널리 베풀어 사람들의 마음을 빼앗으며 내궁 안에 자기 세력의 기초를 쌓아갔다. 그녀는 자기 실력이 탄탄해지고, 고종이 이미 소 양제를 멀리하는 것을 보자 왕황후와 힘을 겨루기 시작하였다. 왕황후는 자신이 무측천의 상대가 되지 않는다는 생각이 미치자 이전의 적수였던 소 양제와 연합하여, 뒤에 나타나 자신들을 앞서가는 적수와 맞서기 시작하였다. 무측천은 이미 만반의 대비를 하고 있었다. 한편으로는 남편의 총애를 확고히 하고 다른 한편으론 첩자를 심어 두 적수의 동태를 적시에 알아내었다. 비록 서로 간에 이미 물과 불 같은 사이였지만 겉으로는 왕황후에 대해 더욱 공손하게 굴었다. 딸을 낳은 후에 사람을 보내 왕황후가 와서 어린 공주를 보도록 초청하였다. 왕황후가 아기를 안아보면서 몇 마디 좋은 말을 건네었다. 그러나 그녀가 막 자리를 떠난 후에 무(武) 소의가 즉시 포대기로 자신이 난 딸을 질식시켜 죽였다. 고종이 딸을 보러 왔을 때 이미 숨이 끊어진 것을 보자, 친어미가 직접 독수를 뻗치리라고는 조금도 생각지 못하였다. 왕황후가 왔었다고 하자 깊이 생각해보지도 않고 그녀의 행위라고 생각했으며 황후를 폐출할 생각을 하였다. 무측천은 불난 집에 부채질하듯 왕황후와 모친인 유(柳)씨가 무당을 불러 궁정의 금기를 범했다고 참소하였다. 고종은 진위를 구분하지도 않은 채 아기를 죽였다는 의심과 무당을 불러들인 일을 함께 책임을 물어서 왕씨와 소씨를 동시에 서민으로 폐출하고 감금하였다.

두 사람은 연유도 없이 폐출되어 갇히게 되자, 무측천의 가죽을 벗겨 그 살을 먹지 못하는 것을 원망스러워 했다. 이에 소씨가 큰 소리로 "무씨가 쥐가 되고 내가 고양이가 되어 산채로 그 목을 뜯어 먹기를 바란다."며 욕설을 퍼부었다. 무측천이 그녀의 말을 전해 듣자 이때부터 궁궐에 다시는 고양이를 키우지 못하게 하였다. 고종이 옛 정을 버리지 못해 갇힌 곳을 찾아가자 두 사람이 죄수 몰골을 하고 은혜를 베풀어 줄 것을 구걸하자 동정심이 일어났다. 무측천은 일이 다시 뒤집힐까봐 두려워하여 철저하게 후환을 없애기로 하였다. 두 사람을 각각 일백 대씩 곤장을 때린 후에 손발을 자르고 술독에 집어넣고는 "이 두 늙은 년을 뼛속까지 취하게 하라!"고 통쾌해 하며 소리쳤다. 또한 그녀들의 가속들을 먼 곳으로 유배 보냈다. 왕씨와 소씨가 고통을 받으며 죽으면서 적수가 완전히 제거되자 무측천은 원하였던 대로 황후의 보좌에 앉게 되었다. 그러나 여전히 두 여인을 마음에 두고 있어서 왕씨의 성을 망(蟒, 이무기)씨로, 소씨의 성을 효(梟, 올빼미)씨로 바꾸어 마음속에 맺힌 것을 풀고자 하였다.

왕조의 말세에 태어난 금(金)의 마지막 황제 애종(哀宗)[29]은 조금도 자유가 없었다. 국가대사에 있어서는 강력한 몽고 군대의 공격을 도처에서 받아 금나라가 많은 성(城)을 뺏기고 땅을 잃게 되면서 조상 앞에 설 면목이 사라졌고, 황실의 위신은 날이 갈수록 땅에 떨어졌다. 개인 생활에서는 모든 것을 어머니인 왕태후의 관리를 받고 있었기에 자신이 하고 싶은 대로 하지를 못하였다. 여색을 탐할 수도, 가무를 즐길 수도 없었고 심지어 마음대로 인사를 처리할 수도 없었다. 끊임없는 훈계와 땀을 흘리게 할 정도의 태후의 책망이 그의 귓가에서 끊임없이 들려왔다. 왕태후는 금나라 조정에서는 현명한 태후였다고 할 수 있다. 학문이 있었고 예의를 알았으며, 고금의 역사를 꿰뚫고 있어 처세와 일처리에 있어 규율을 따졌으며, 체면을 중시하였다. 이에 아들은 그녀를 두려워하였으며 대신들은 존경하였고 백성들에겐 명망이 있었다. 그러나 모든 일에는 양면성이 있는 법이다. 그녀가 지나치게 전통을 따지는 바람에 아들의 혼인 인연을 무참하게 갈라 놓았다. 애종이 한 궁녀를 사랑하게 되자 자신의 정감을 그녀에게

29 완안수서(完顔守緖, 1198~1234). 금(金)의 제8대 황제 선종(宣宗)과 소성황후(昭聖皇后) 사이의 아들로, 1216년 태자 완안수충(完顔守忠)이 요절하였기 때문에 황태자가 되어 추밀사(樞密使)에 임명되었다. 1233년 제위에 오를 때 금나라는 몽고에 북부지역을 뺏기고 수도를 개봉(開封)으로 옮긴 때이다. 서하(西夏)와 동맹을 맺고 몽고에 대항했으나 1227년 서하가 멸망함에 따라 몽고의 공격목표가 되었고, 몽고가 1233년 개봉을 함락하자 채주(蔡州)로 도주하였고, 1234년 자살하였으며, 건국 120년만에 멸망하였다.

전부 쏟아 부었다. 이것은 완전히 남녀가 서로 좋아했기 때문이 아니라, 누군가 그를 이해하는, 즉 군주의 어려움을 이해해 주는 사람이 필요했기 때문이다. 자신을 위로해 주고 군주 노릇하는 고뇌를 위로해 줄 사람이 필요하였다. 그는 이 궁녀에게서 자신이 필요로 하는 이해와 위로를 얻게 되자 사랑의 강물에 빠지게 될 수밖에 없었다. 사랑의 강물에 빠진 사람은 이성적이기 어려운 법이다. 본래 이성적 지혜가 강하지 않았던 애종은 더욱 감정이 앞설 수밖에 없었다. 궁녀의 출신이 비천한 것을 고려치 않고 한달음에 그녀를 황후로 올리려고 하였다. 왕(王)태후는 이에 동의하지 않았을 뿐만 아니라 장래가 없는 녀석이라고 아들을 크게 나무랐다. 군주가 되어서 정치를 전혀 이해하지 못한다고 꾸짖었다. 아들이 철저하게 생각을 끊도록 궁녀를 출궁시키라고 명령하였다. 애종이 여러 차례 애원하였지만 왕태후는 꿈쩍도 하지 않았다. 애종은 어머니의 명령을 거역하기 어려웠기 때문에 명령대로 할 수밖에 없었다. 분노와 불만의 정서를 쏟아내기 위하여 그는 못된 짓을 꾸몄다. 궁녀를 출궁시키는 관원에게 비밀리에 "너희들이 동화문(東華門)을 나섰을 때 길에서 누구를 만나던 처음 만나는 사람에게 그녀를 주도록 하여라."고 명령하였다. 그 결과 출궁 후 처음 만난 사람은 직물을 파는 사람이었다. 이로써 원래 황후가 되어야 할 궁녀가 판매상의 아내가 되었다. 애종은 이를 통해 자기 자신을 짓밟았으며 황실의 명예를 훼손시켰다. 이를 통해 아들의 아픔을 돌보지 않고 자기 고집대로만 행한 결과를 어머니가 직접 느껴 보도록 하였다.

청(淸) 말 진비(珍妃)가 우물에 빠져 죽은 후에 학사 운육정(惲毓鼎)이 오언율시를 지었다.

궁궐 우물에 떨어지는 잎사귀 / 처량함만이 궁궐을 감싸는구나.

아직도 나무 끝에 달려 떨어지지 않는 잎사귀 / 비껴드는 햇볕에 잎사귀가 반짝이네.

도랑의 물은 헛되이 한(恨)을 품고 가며 / 화사한 옷들은 애간장을 끊는구나.

못가 풀더미에 어찌 원앙이 머물 수 있단 말이냐?[30]

진비가 우물에 빠져 죽은 것은 자살이 아니라 타살이었다. 그녀는 이 죽음으로 역사에 이름을 남겼다. 진비는 시어머니인 자희(慈禧)태후의 손에 죽임을 당하였는데, 그녀는 본래 권모술수에 닳고 닳은 자희가 주목하던 대상이 아니었다. 단지 그녀와 남편 광서제(光緒帝)의 사랑이 진솔해지면서 고부간에 충돌이 일어나게 되었던 것이다.

이름뿐인 어머니 자희태후의 전면적인 통제를 받던 광서제는 진열품이자 허수아비에 다름없었다. 군주가 되었으나 백성을 다스리지 못하고 있었다. 게다가 열강들에 능욕을 당하면서 거듭 거듭 영토를 떼어주고 배상을 하던 대청제국은 누구든지 고기를 베어 먹을 수 있는 속죄양과 같았다. 광서제는 답답함과 분노를 느꼈으며 백방으로 노력해도 어찌할 수 없는 지경이 되자, 유신파(維新派)를 기용하여 개혁을 통해 국가를 부강시키고 모친으로부터 군주권을 찾아오려고 하였다. 그러나 내궁에서 그와 황후 융유(隆裕) 사이에는 전혀 감정의 교류가 없었고 그녀 역시 그를 전혀 지지하지 않았다. 근비(瑾妃)는 아주 성실한 여인이었지만 그를 이해하지 못하였다. 오직 총명하고 귀여운 진비만이 그의 처지를 이해하여 따뜻한 감정을 실어주고 위로하였다. 스스로 끊임없이 강해져야 하며 힘을 내서 공업을 이루어야 한다고 광서제를 늘 격려하였다. 그의 회색빛 인생에 한 줄기 눈부신 광채가

30 金井一葉墜, 凄涼瑶殿旁 / 殘枝未零落, 映日有輝光 / 溝水空流恨, 霓裳與斷腸 / 何如澤畔草, 猶得宿鴛鴦.

비쳐든 느낌이었다. 진비는 광서제와 어려움 속에서도 서로를 위로하면서 함께 조상의 법도를 어기곤 하여 시어머니의 불만을 사게 되었다. 또한 그녀는 성격이 강하여 늘 합당한 이치를 들어 시어머니에게 대들었기에 시어머니에겐 눈엣가시 같았다. 자희가 보복의 칼날을 들기 시작하였다. 감히 황태후의 존엄함을 건드리려는 며느리를 강력히 손보기 시작하였다. 먼저 그녀가 경망하고 사치하다고 꾸짖고 봉호(封號)를 귀인(貴人)으로 강등시켰다. 또한 곧바로 정사에 간여하였다는 죄명으로 곤장을 친 후에 냉궁(冷宮)에 가두고 외부와 접촉하지 못하게 하고 음식만 주었다. 진비가 갇힌 후에 광서제와 그녀는 지척이 천리처럼 되었으며 서로 볼 수가 없어 인생의 즐거움이 없어졌다.

자희가 정변을 일으켜 수렴청정을 회복하면서 광서제가 기를 쓰고 실시한 유신변법도 실패로 돌아가고, 그 역시 영대(瀛臺)에 감금되었다. 얼마 지나지 않아 의화단(義和團)[31]의 난이 일어나면서 8개국 연합

31 청(淸) 말기인 1900년 화북 지역에서 일어난 외세배척 농민운동으로, 북청사변(北淸事變), 단비(團匪)의 난이라고도 한다. 1894년 청일전쟁에서 청이 패한 후에 열강(列强)의 침략이 계속되자 외국세력에 반대하는 기운이 커져갔다. 백련교의 일파인 의화단은 서양을 상징하는 교회를 불태우고 신도들을 살해하는 반기독교 운동을 전개하였으며, 농민들이 가세하면서 세력이 급증하였다. 당시 정계는 서태후(자희태후) 등의 만주인 귀족층 중심의 수구파(守舊派)와 이홍장(李鴻章) 등 한족 고위관료가 중심인 양무파(洋務派)가 대립하고 있었다. 수구파는 열강이나 양무파에 대항하려고 의화단을 사실상 묵인하였다. 의화단도 청조를 받들고 서양세력을 멸한다는 소위 부청멸양(扶淸滅洋)의 기치를 내걸고 외세배척을 주요 투쟁목적으로 하였다. 1899년 말 양무파의 원세개(袁世凱)가 산동순무(山東巡務)에 취임하면서 의화단을 탄압하기 시작하자, 의화단은 대운하, 북경-무한간 철도를 따라 흩어져 오히려 화북, 동북, 몽고, 사천으로 그 세력이 퍼져 나갔다. 청은 수구파의 주도로 1900년 6월 열강에 선전포고를 하였으며, 의화단은 관군(官軍)과 함께 열강의 공사관을 공격하였다. 영국·러시아·독일·프랑스·미국·이탈리아·오스트리아·일본 등 8개국은 이에 연합군을 형성하고 천진에서 관군과 의화단을 격파하였고, 같은 해 8월 북경에 진입하여 농성 55일이 된 각국의 공사관 인원들을 구출하였다. 서태후는 광서제(光緖帝)를 데리고 서안으로

군이 북경을 공격하자 자희는 광서, 융유 등 소수의 인원만 데리고 서안으로 달아났다. 달아나기 전에 진비를 오라고 불러서 "내가 본래 너를 같이 데려 가려고 하였으나, 의화단원이 개미떼같이 많고 도적들이 여기 저기 일어나고 있어 데리고 가기가 어렵게 되었다. 너는 아직 화사한 나이이니 그들에게 모욕을 당할 수도 있으니 차라리 죽는 것이 낫겠다." 하였다. 내감총관(內監總管)인 최(崔)모가 진비의 호소를 듣지 않고 양탄자로 그녀를 둘둘 말아서 우물에 던져 넣었다. 8개국 연합군이 북경을 점령한 후, 일본군이 자금성의 한 우물에서 진비의 시체를 건져 올려 북경 서쪽 농촌마을에 묻어 주었다. 신축조약(辛丑條約)이 체결되어 자희가 북경으로 돌아왔다. 자희는 그녀가 진비를 죽였다는 여론을 가라앉히기 위해 거짓으로 처량한 척을 하면서 "당시 나는 진비가 난을 만나느니 죽느니만 못하다고 한 것이지 정말 죽기를 바랐던 것은 아니다. 한때의 지나가는 말에 불과하였는데 최모라는 자가 즉시 그녀를 우물에 집어 넣었다. 지금 매번 최모라는 자를 볼 때마다 그 일이 생각나 가슴이 쿵쿵거린다."고 말했다. 이에 따라 최모를 속죄양으로 삼아 직위를 낮추고 궁궐에서 내쫓았다.

망국의 한

모든 사람은 어느 한 국가 안에 있으며, 그 국가는 그의 안전한 방패막이 되고 권리의 소재지가 된다. 한 마디로 국가는 국민들에게 인

피신하였고, 실권을 쥔 양무파는 연합군과 협력하여 의화단을 소멸시켰다. 1901년에 북경의정서(北京議定書: 신축조약)가 체결되었고, 중국은 막대한 배상금 지불로 오랫동안 경제적 어려움을 겪게 되었다.

격과 주권을 제공해 준다. 친지를 잃거나 가정을 잃어버리는 것은 엄청난 불행이지만, 국가를 잃어버리는 것은 벗어날 길이 없는 심연에 빠지는 것이라고 할 수 있다. 망한 나라의 사람은 노예로 인격, 생명 모두 보장받을 수 없으며, 다른 사람이 안배하는 대로, 시키는 대로 할 수밖에 없으며, 도살을 피하기 어렵게 된다.

군주가 나라를 잃으면 다스리던 천하와 자신의 존엄과 생명을 잃는 것이다. 하지만, 그 위협은 외부, 즉 적으로부터 오는 것이다. 황후와 비빈, 궁녀들은 나라를 잃게 되면 앞에서 이야기한 것 외에도 성적(性的)인 재난을 맞으며 이중의 위협을 맞게 된다. 우선 적군에게 유린을 당하거나 강제로 다시 결혼해야 한다. 다른 한편으로는 자기 측의 체면을 유지하고 적군이 그녀들의 정절을 짓밟는 것을 막기 위해 자기 편에 의해 자살을 강요당하거나 살해되었다. 나라가 망할 때 여인들이 받는 치욕은 남자들보다 훨씬 더 심하다. 이 책에서 이야기하는 망국은 이민족이 쳐들어와 주인이 되는 것뿐만 아니라 왕조의 교체를 포함하고 있다.

동한(東漢) 말 군웅들이 할거하던 시대에 비록 한(漢) 황실이 문패를 유지하고는 있었으나 사실상 군주는 허수아비로 완전히 허명에 불과하였다. 권신들이 뜻하는 대로 끌려다니며 조종당하고 있었기 때문에 왕조가 교체되는 것은 시간문제였다. 천자를 옆에 끼고 제후를 호령하던 조조(曹操)가 조정을 장악하고 있었을 때, 막다른 골목에 몰려있던 한(漢) 헌제(獻帝)는 이미 대궐에 갇혀 있는 죄인으로, 국사를 물어볼 권한도 없었으며, 심지어는 궁궐의 처소들마다 모두 조(曹)씨의 사람들이 가득 차 있어서 엄격한 감시를 받았다. 군주가 이러한 치욕을 받고 있자 한(漢)을 떠받들던 세력들은 이에 굴복하지 않고 국면을 바꾸어 보려고 시도하였다. 외척인 동승(董承)이 헌제가 의대(衣帶)에 숨겨 지시한 명령을 비밀리에 받고는 안으로는 조신들과 밖으로는 여러 제후들과 연결하여 조조를 주살하려고 하였으나, 일이 새어 나가 반대로 동승이 주살되었다. 조조는 발본색원한다며 동승의 여동생인 헌제의 동(董) 귀인을 군신간 비밀모의의 연결 끈이었다고 연좌시켜 헌제에게 대의를 위해 처결하라고 요구하였다. 일반적인 상황과는 반대로 군주가 신하에게 귀인이 이미 임신을 하고 있으니 관대히 용서하여 살길을 열어 달라고 청하였다. 조조가 응낙하지 않자 헌제는 눈뜬 채로 귀인이 황천길로 가는 것을 지켜볼 수밖에 없었다.

토끼가 죽으면 여우가 슬퍼한다는 말처럼 황후인 복수(伏壽)는 동(董) 귀인과 같은 처지가 될까봐 종일 불안해했다. 생각하면 생각할수록 두려웠다. 그녀가 이리저리 생각하다가, 그대로 앉아서 죽음을 기다릴 수는 없다고 생각하였다. 아버지인 보국장군(輔國將軍) 복완(伏完)에게 조조를 토벌하여 딸과 군주를 구하고 황실을 구하라고 요청하였다. 대범하면서도 침착하였던 복완은 형세를 깊이 살펴 본 후에 자신이 조조의 적수가 되지 않는다고 생각하였다. 계란으로 바위를 치는 일을 하고 싶지 않았고 단지 딸에게 상황을 설명해 주었을 뿐이다. 몇 년 후 복완이 병들어 죽고 나서 어찌된 일인지 알 수 없으나 이러한 내용이 새어 나갔다. 조조가 크게 화가 나서 헌제에게 황후를 폐출하도록 협박하였다. 헌제가 불응하자 조조가 대신 조서를 써내려 갔다.

황후 수(壽)는 비천한 자리에서 지극히 높은 자리에 올라갔으나 국모로서 덕이 없으며 행동을 삼가는 복이 없고, 음험함을 품고 질투로 남을 해하며, 마음에 화(禍)를 가득 품고 있어, 하늘의 명을 따르며 조상을 받들 수 없다. 이에 어사대부(御史大夫) 희려(郗慮)로 하여금 조서를 가지고 가

서 황후의 옥새를 거두고 중궁에서 쫓아내 다른 곳으로 옮기도록 하라.

희려는 상서령(尙書令) 화흠(華歆)을 조수로 병력을 이끌고 궁궐로 들어가 복(伏)황후를 잡으려고 하였다. 희려는 외전에서 헌제와 마주 앉아 헌제를 막고, 화흠은 내전으로 들어가 이중 벽 속에 숨어있던 복황후를 끄집어 내왔다. 산발한 머리에 맨발인 복황후는 이번에 끌려가게 되면 흉한 일이 많이 생길 것임을 알았기에 말은 하지 못하고 울기만 하면서 남편과 이별을 하였다. 헌제는 "정말 서로 같이 살 수 없단 말인가? 나 역시 얼마나 더 살 수 있을지!"라고 비통해 하면서, 희려를 돌아보며 "희(郗)공, 천하에 이런 일이 어디 있단 말이요?"라고 말하였다. 복황후는 내궁의 감옥에 갇힌 후 얼마 되지 않아 갑작스레 원인불명으로 죽었다. 그녀가 낳은 두 아들은 모두 독살되었고, 형제자매와 친족 백여 명이 연좌되어 살해되었다.

부부는 본래 운명을 같이하는 한 쌍의 새와 같아서 한 사람의 불행은 다른 사람의 불행을 불러올 수 있다. 특히 남성의 권한이 강한 사회에서는 남편의 아내에 대한 상황이 더욱 그러하다. 역사의 농간으로 백치인 진(晉) 혜제(惠帝)가 등 떠밀려 제위에 오른 후에 그 자신이 불행을 맞게 되었을 뿐만 아니라, 그의 아내들도 연달아 불행을 맞았다. 팔왕의 난[32] 속에서 가남풍은 전권을 휘두르다 살해당하였고, 두

32 290년 무제(武帝, 사마염)가 죽고 백치인 혜제가 즉위하자, 무제의 황후 양씨(楊氏)는 선황의 유조(遺詔)라 하여 아버지 양준(楊駿)을 재상으로 앉히고 섭정을 하였다. 혜제의 황후 가남풍(賈南風)은 여남왕(汝南王) 사마량(司馬亮)과 초왕(楚王) 사마위(司馬瑋)를 중앙으로 불러들여 양씨 일족을 처결한 뒤에, 구실을 만들어 사마량, 사마위를 죽이고 가씨 일족이 국정을 농단하였다. 301년 조왕(趙王) 사마륜(司馬倫)이 가씨 일당을 척결하고 혜제를 폐위시킨 후 스스로 황위에 올랐으나, 제왕(齊王) 사마경(司馬冏)과 성도왕(成都王) 사마영(司馬穎)의 공격을 받자 자살하였고 혜제가 복위하였다. 이후 장사왕(長沙王) 사마애(司馬乂), 동해왕(東海王) 사마월(司馬越), 하간왕(河間王) 사마옹(司馬顒)도 군사를 일으키면서 내란

번째 황후인 양헌용(羊獻容)[33]은 장난감처럼 몇 번이나 황후로 책봉되었다 폐하여졌다 하다가 마지막에는 나라가 망하여 적의 우두머리에게 다시 시집을 가야했다.

조왕(趙王) 사마륜(司馬倫)이 가짜 조서로 내린 금가루 술을 마시고 가남풍이 죽은 후에 대신 손수(孫秀)가 자기세력에 속하는 양헌용을 추천하였다. 권력도 주의력도 없고 더욱이 방법도 없던 혜제는 억지로 받아들일 수밖에 없었기에 황후의 관(冠)을 그녀의 머리에 씌워 주었다. 그녀가 황후가 된지 얼마 되지 않아 성도왕(成都王) 사마영(司馬穎)과 장사왕(長沙王) 사마애(司馬乂) 사이에 싸움이 일어났다. 사마애는 세력이 약해 전쟁에서 패하였고 그에게 붙어있던 양(羊)황후의 아버지인 양현지(羊玄之)는 죄인이 되었다. 사마영은 혜제를 강요하여 그녀를 서민으로 폐출시켰다. 조신인 진진(陳眕) 등이 사마영을 토벌하고 그녀를 황후로 복위시켰다. 하간왕(河間王) 사마옹(司馬顒)이 군사를 일으켜 장군 장방(張方)을 낙양에 주둔시키면서 그녀의 황후 지위를 폐하였다. 혜제는 강요를 못이겨 장안(長安)으로 옮겨갔는데, 조정의 중신들이 그녀를 다시 중궁전으로 맞아들였다. 그러나 장방이 이를 받아들이지 않고 그녀를 폐출시켰다. 사마옹은 자기와 다른 세력이 혜제에게 영향을 미치는 것을 철저하게 막기 위해 그 뿌리를 제거하려고, 악한 자들에 의해 양씨가 황후로 세워졌다는 죄명으로 혜제에게 그녀를 사사(賜死)하도록 강요하는 조서를 내리도록 하였다. 그러

에 휩싸인 서진(西晉)은 폐허가 되고 말았다. 그 후 사마월이 사마영과 사마옹을 죽이고, 혜제가 죽자 회제(懷帝)를 즉위시키면서 사마월이 정권을 장악하였다(306년). 이로써 16년에 걸친 내란이 일단 끝났다. 그러나 여러 왕들이 자신의 병력으로 끌어들였던 흉노(匈奴), 선비(鮮卑) 등 북방민족이 그 이후 화북(華北) 각지에 왕조를 설립하면서 이른바 5호16국(五胡十六國)의 시대로 접어들게 된다.

33 출생연도 미상, 322년 사망. 상서우복사(尙書右僕射) 양근(羊瑾)의 손녀이며, 시중(侍中) 양현지(羊玄之)의 딸.

한 조서가 내려올 때마다 대신인 유돈(劉暾) 등에 의해 압수되었다. 사마옹이 사람을 보내 유돈을 체포하려 하자 유돈은 양황후를 대동하고 청주(青州: 산동성 치박(淄博) 북부)로 달아났다. 혜제가 낙양으로 환도한 후에 양씨를 다시 복위시켰다. 양씨가 숨도 돌리기 전에 낙양령(洛陽令) 하교(何喬)가 장방의 명령에 따라 그녀를 다시 폐출하였다. 장방의 세력이 커져서 말을 듣지 않는 지경이 되자, 그의 주인인 사마옹이 사람을 보내 그를 암살한 후에 양씨는 다섯 번째이자 마지막으로 황후로 책봉되었다.

더 이상 순탄할 수 없는 운명인 양헌용에게는 나쁜 일이 극에 달하면 좋은 일이 온다는 말도 해당이 되지 않았다. 다섯 번째 황후가 된 지 얼마 안되어 백치 남편이 죽었다. 황실의 관례대로 말하자면 그녀는 한층 더 높임을 받아 황태후가 되어야 했지만 이러한 복도 없었다. 제위를 이은 사람은 혜제의 동생인 회제(懷帝)[34]였기 때문에 아무런 내용도 없는 '혜제황후'라는 존칭을 받고 별궁으로 옮겨가 살았다.

만일 진나라 황실이 강력하였다면 양헌용도 아마 그렇게 일생을 마쳤을 것이다. 팔왕의 난 때문에 진나라는 날이 갈수록 쇠약해졌고 북쪽의 반쪽 강산은 5호16국의 첫 번째인 한(漢)나라를 개국한 흉노족 귀족인 유연(劉淵)[35]의 수중에 들어갔다. 그의 조카인 유요(劉曜)[36]가

34 사마치(司馬熾, 284~313). 진 무제(武帝) 사마염(司馬炎)의 25번째 아들로 혜제의 배다른 동생이다. 307~311년간 재위하였으며 311년 6월 흉노에 의해 낙양이 함락되자 유총(劉聰)에 의해 독살된다.

35 출생연도 미상, 310년 사망. 5호16국의 하나인 한(漢, 前趙)의 창립자(재위 304~310년)이며 흉노 선우(單于)의 자손으로 이석(離石: 산서성) 도위(都尉)와 진(晉)의 무관을 지냈고, 중국 고전에도 능통하였다. 팔왕(八王)의 난이 일어나자 이석에 독립정권을 수립하여 대선우(大單于)라 칭하고, 304년에는 한왕(漢王)이라 하였다. 308년에는 황제라 칭하고 다시 남하하여 평양(平陽: 산서성)으로 도읍을 옮기고 진나라를 공격하였다.

낙양을 함락시켰고 서진(西晉)은 멸망하였으며, 양헌용은 그의 전리품이 되었다. 진 황실에서 온갖 치욕을 다 당한 이 여인은 더욱 큰 망국의 치욕 속에서 망국의 노예가 되는 치욕을 당했다. 그러나 그녀는 이를 치욕으로 여기지 않고 유요와 아주 뜨거워졌으며 사랑이 가득한 부부가 되었다. 유요가 전조(前趙, 304~329년)[37]를 건국한 후에 애처의 자격으로 국모가 되었다. 이번에 또 황후가 되면서, 대국의 황후에서 소국의 황후로 변하였고, 정절을 지키지 않았고 충성을 다하지 않았으며, 염치도 없다고 사람들에게 욕을 먹었지만, 그녀 자신은 오히려 즐겁기 그지없었다. 말하자면 일종의 재난 후에 살아남은 즐거움 같은 것이다. 이로써 그녀는 명실상부한 명분뿐 아니라 안정적이고 마음이 놓이는 생활을 얻었으며, 극진히 자신을 돌봐주는 남편을 얻었다. 유요가 "나와 사마 가문의 남자(혜제)를 비교해 보면 어떠하오?"라고 묻자, 그녀는 "어찌 같이 논할 수 있겠습니까? 폐하는 나라의 기틀을 세운 성군인 반면에 그는 나라를 망친 용렬한 자입니다. 자신과 처자 모두를 지킬 수 없었으며, 제왕이란 귀한 몸이면서 처자가 신하들의 손에 치욕을 받게 하였습니다. 첩은 당시에 정말 고통스러워 살고 싶지 않았습니다. 어찌 오늘이 있으리라고 알았겠습니까? 첩은 귀족 집안에 태어나 세상의 남자들은 모두 그런지 알았습니다. 폐하와 같이 살게 된 후에야 비로소 천하에 대장부가 있음을 알게 되었습니다."라고 답하였다. 그녀는 유요에게 아들 둘을 낳아 주었으며 죽은 후에 '헌문(獻文)황후'라는 시호를 받았다.

36 소문제(昭文帝). 출생연도 미상, 329년 사망. 광문제(光文帝) 유연의 양아들.

37 5호16국의 하나. 유연(劉淵)의 아들 유총(劉聰) 때 낙양, 장안이 함락되면서 서진은 멸망하였다. 유요(劉曜)가 황제가 되자 국호를 조(趙)라고 고치고 장안에 도읍하였다. 뒤에 흉노족 석씨(石氏)가 세운 후조(後趙)와 구별하여 전조(前趙)라고 불린다. 유요는 후조의 석륵(石勒)에게 328년 피살되었고 나라도 망하였다.

나라가 망하고 왕조가 뒤집혀지면 황후와 비빈, 궁녀들은 새 왕조 새 나라의 궁궐에 포로가 되어 들어가거나 일반 백성의 아내로 전락했다. 이런 것을 정식으로 기록한 것은 진(秦) 왕조 때부터이다. 진시황이 여섯 나라를 집어삼킨 후에 각국의 비빈들과 궁녀를 모두 내궁에 받아들였다. 삼국시대에는 위나라가 촉나라를 평정한 후에 촉나라 궁녀들을 부인이 없는 장령들에게 나누어 주었다. 촉나라 후주(유선)의 이(李) 소의(昭儀)는 이러한 치욕을 받기 싫어 자살로써 항거하였다. 북위(北魏) 효무제(孝武帝)의 고(高)황후는 북위가 와해된 후에 종실인 원소(元韶)의 비(妃)가 되었다. 북제(北齊) 후주의 제일 황후 곡율(斛律)씨, 제이 황후 호(胡)씨는 나라가 망한 후에 다른 사람과 결혼하였다. 북주(北周) 정제(靜帝)의 황후 사마령희(司馬令姬)는 수(隋)나라로 들어가게 된 후에 자사(刺史) 이단(李丹)과 재혼하였다. 오대십국 후량(後梁) 말제(末帝)의 곽(郭) 차비(次妃)는 도성이 함락된 후에 후당(後唐) 장종(莊宗)이 그녀를 불러 동침하였다.

'정강의 치욕[靖康恥]'은 한족이 세운 왕조가 겪은 전대미문의 큰 치욕이라고 할 수 있다. 북송의 수도 개봉이 금(金)나라 군대에 점령당한 후 휘종(徽宗), 흠종(欽宗) 두 황제가 포로가 되었으며, 태자와 종실의 친척들도 포로가 되었고 관리, 내시, 공인과 장인, 가무와 연기가 뛰어난 자들이 붙잡혀 갔으며, 뛰어난 문물과 국가 보물들이 강탈당하였고, 창고에 쌓여 있던 것은 모두 텅텅 비게 되었다. 내궁에 있으며 직함이 있던 황후와 비빈, 궁녀들은 모두 죄수로 잡혀갔다.

찬바람이 휘몰아치고 우마차가 덜컹거리고 모래가 눈을 가리는 북쪽 길로 금나라 병사들이 북송의 최고위 포로들, 진귀한 보물들, 이용가치가 있는 인재들을 끌고 가서 금나라 군주에게 바쳤다. 제일 언기 어려운 전리품을 얻은 금나라 조정은 기뻐 날뛰었으나 송나라 땅은 깊은 슬픔에 잠겨 있었다.

모든 황후와 비빈, 궁녀들이 이방 타향으로 끌려갔는데 유일하게 이를 면한 사람은 철종(哲宗)[38]의 맹(孟)황후였다. 폐위가 되어 사가(私家)에 있었기 때문에 그녀 혼자만이 남아있을 수 있었다. 금나라 군사가 물러간 후에 장방창(張邦昌, 1081~1127)[39]은 대리정권인 대초(大楚, 위초(僞楚))를 세웠는데, 자신이 다른 사람들의 지지를 받기 어려울까 봐 맹씨를 '송(宋)태후'로 높이고 궁중으로 맞아들여 문무백관의 배알을 받게 하여 인심을 수습하였다. 대리정권의 신하인 호순척(胡舜陟), 마신(馬伸)이 정사에 관하여 응당 황후의 뜻을 들어야 한다고 건의하였다. 장방창이 이 계책을 받아들여 맹씨를 '원우(元祐)황후'로 높이고 그녀가 수렴청정을 하도록 청하였다. 조구(趙構)[40]가 남송을 건국한 날에 그녀는 수렴청정을 끝내면서 남송을 지지한다는 것을 보여주었다.

포로로 끌려간 황후와 비빈, 궁녀들은 수없이 많았는데 그 중에서 영향력이 제일 컸던 다섯 여인은 휘종의 정(鄭)황후, 위(韋) 현비, 교(喬) 귀비, 흠종의 주(朱)황후, 고종(高宗)의 형(邢)황후였다.

---

38 조후(趙煦, 1077~1100). 신종(神宗)의 여섯 번째 아들로 송의 제7대 황제.

39 휘종, 흠종 황제 시대에 상서우승(尙書右丞), 태재겸문하시랑(太宰兼門下侍郎) 등 여러 벼슬을 했으며 금나라 군대가 개봉을 포위하였을 때 주화파의 주요 인물로 강왕(康王) 조구(趙構)와 금나라에 가서 인질이 되고 땅을 떼어주는 조건으로 강화를 요청하였다. 정강의 난 이후에 금나라가 그를 강제로 '위초(僞楚)'의 황제를 삼았다. 금나라 군대가 물러가자 바로 조구에게 정권을 물려주었으나 결국은 사사(賜死)되었다.

40 조구(趙構, 1107~1187). 송의 제10대 황제(남송의 초대 황제). 재위 시에 주로 주화파인 황잠선(黃潛善), 왕백언(汪伯彦), 진회(秦檜) 등을 중용하였다. 상황에 쫓겨 한 때 악비(岳飛), 한세충(韓世忠) 등을 대장으로 기용하여 금나라와 대항하였으나 결국 진회 등의 말을 듣고 이를 중단하였다.

정황후는 휘종이 물러나 태상황이 되었을 때 태상황후로 높여졌다. 그녀가 포로가 된 후에 금나라의 사령관 점한(粘罕)에게 애원하였다. "첩은 죄를 얻어 가게 되는 것이 당연하지만, 첩의 가족들은 나라 정치에 간여한 바가 없으니 끌고 가지 말고 남겨 주셨으면 합니다." 이로 인해 아버지 정곤(鄭紳)은 석방되어 집으로 돌아갔다. 북방에 도착하자 그들은 오국성(五國城: 흑룡강성 의란(依蘭) 동쪽 지역)에 갇혔다. 금나라 군주인 오걸매(吳乞買)[41]가 휘종을 혼덕공(昏德公)으로 봉함에 따라 그녀는 혼덕공 부인이 되었다. 남쪽으로 돌아갈 기대가 없어지자 5년 후에 마음과 힘이 다 고갈되어 죽었는데 52세의 나이였다.

주(朱)황후는 그 중에서 가장 가련한 황후이다. 남편은 금나라 군대가 포위하고 있어 개봉 함락이 눈앞에 있는 상태에서 즉위하였기 때문에 그녀의 책봉의례는 전혀 즐거움이 없는 분위기에서 치러졌다. 남편과 함께 책봉식을 할 수 없는 것을 알면서도 어쩔 수 없이 했던 것으로, 이를 무효화한 후에 포로가 되었다. 금나라 땅에 와서 흠종은 중혼후(重婚侯)로 봉해졌고 그녀는 중혼후 부인이 되었으며, 마지막에는 오국성에서 죽었는데 그녀의 죽음이 어떠했는지를 아는 사람은 없었다.

형(邢)황후는 이들 중에서도 가장 애매모호한 처지의 황후였다. 그녀는 본래 황후의 직함이 없었고 단지 강왕(康王) 조구(趙構)의 부인이었다. 남편이 사신으로 나갔을 때 그녀는 수도에 남아 있었는데, 뜻밖에도 이 이별이 영원한 이별이 되었다. 그녀는 시부모와 함께 망국의 노예가 되었다. 고종 조구가 임안(臨安)에서 즉위한 후에 멀리서 그녀를 황후로 높였다. 그러나 그녀는 이를 알지 못하였으며 만일 알

41 태종(太宗). 재위 1123~1135년.

았다면 공연히 아픔만 더 컸을 것이다. 그녀는 이런 자기 생애에 더 이상 사치스러운 것을 바랄 것이 없었으며, 유일한 희망은 남편과 서로 만나는 것이었다. 팔목의 금팔찌를 벗어서 남쪽으로 돌아가는 관원 조훈(曹勛)에게 넘겨주며 처량하게 말했다. "나를 대신해서 이것을 대왕에게 전해 주세요. 이 팔찌와 같이 빠른 시일 내에 같이 만나기를 바란다고 전해 주세요." 금팔찌가 간 후에 아무런 소식이 없자 그녀는 고독 속에 아무런 위로도 받지 못하고 타향의 귀신이 되었다.

유일하게 송나라로 돌아간 사람은 위(韋) 현비(賢妃)였다. 그녀는 고종의 생모였다. 고종은 효자라는 명성을 얻기 위해 그녀를 멀리서 황태후로 높였다. 또한 모친을 돌아오게 하는 것을 금나라와의 강화 조건으로 삼았다. 그는 "금나라에서 만일 짐의 청을 받아들이기만 한다면 그 나머지 일들은 모두 협의가 가능하다."고 했다. 또한 "이제 내가 맹세하노니 저들이 명확히 태후를 돌려 보내겠다고 하면 짐은 강화를 부끄럽게 여기지 않겠노라. 그렇지 않다면 짐이 군사를 동원하는 것도 개의치 않겠노라."고까지 하였다. 송나라 사신이 여러 차례 이런 뜻을 전달하자 금나라 조정은 쌍방의 세력이 균형을 이루게 된 점을 고려하여 위(韋)태후의 귀국에 동의하였다. 한 사람의 늙은 부인을 통해 다른 이익을 보기로 한 것이었다. 위씨가 돌아오기 전에 그녀와 자매처럼 친했던 교(喬) 귀비가 잘 보관하였던 50냥의 황금을 꺼내서 위태후 호송 사절인 고거안(高居安)에게 말했다. "예물로 드리기에는 적은 물건이지만, 언니를 강남까지 잘 호송하여 주시길 바랍니다." 또한 잔을 들어 위씨에게 존경을 표하며 "언니는 자신을 잘 보전하십시오. 돌아가는 즉시 태후가 되십니다. 동생은 돌아갈 기약이 없으니 끝내 북방의 사막에서 죽을 것입니다."라고 하였다. 두 사람은 슬피 울며 눈물로 이별을 하였다.

오대십국 시대에 사타족(沙陀族) 석경당(石敬瑭, 892~942)은 '아들 황제'라는 굴욕을 당하면서 요(遼)나라의 지지를 받아 후진(後晋)을 건국하였다. 조카이자 양자인 출제(出帝)[42]가 석경당의 뒤를 이어 제위에 올랐는데 요나라와 관계가 악화되어 요나라에게 멸망당하였다. 출제와 그의 법통상 적모(嫡母)인 이(李)태후, 생모인 안(安) 태비(太妃), 풍(馮)황후가 북방으로 끌려가 온갖 치욕, 고통, 굶주림과 더위를 다 당하였다. 이태후가 병이 깊어 죽을 무렵에 "내가 죽으면 화장하고 남은 뼈는 범양(范陽) 불사에 보내 나로 하여금 포로된 땅의 귀신이 되게 하지 말라!"고 부탁하였다. 안 태비는 죽을 때 "화장하고 뼛가루는 남쪽을 향해 뿌려 죽은 혼이라도 중국으로 돌아가게 해다오."라고 부탁하였다. 풍황후는 남편이 거듭거듭 치욕을 받는 것을 보고 몇 번이나 독약을 마셔 생을 마감하려고 하였다.

영웅의 재능은 있었지만 중흥의 운이 없었던 당(唐) 소종(昭宗)[43]은 망국 바로 전의 여러 가지 화를 직접 당했을 뿐만 아니라 황후 하(何)씨를 대재난 속으로 끌고 들어갔다. 광화(光化) 3년(900년) 금군(禁軍)의 좌우 신책군(神策軍) 중위(中尉)인 유계술(劉季述)이 정변을 일으켜, 황태자 이유(李裕)에게 선위하도록 소종을 협박하였다. 지혜와 모략이 있었던 하(何)씨는 유계술이 한 단계 더 나아가 독수를 뻗칠까봐 적의 공격을 지연시키는 계책을 써서 공손하게 옥새를 그에게 넘겨 주면서 상황이 변하기를 기다렸다. 유계술은 경계심을 풀고 그들 부부를 동궁(東宮)에 연금시키기만 하였다. 그러나 불과 두 달 후에 좌신책군(左神策軍) 장군인 손덕소(孫德昭) 등이 병사를 동원해 난을 제압하고

42 석중귀(石重貴, 914~974). 석경당의 양아들로 942~946년간 재위하였으며, 거란과의 싸움에 져서 포로로 끌려갔으며 974년 병사하였다.

43 이엽(李曄, 867~904). 당나라 19대 황제.

두 부부의 지위를 회복시켜 주었다.

이러한 풍파가 지난 지 4년이 못되어 더욱 큰 파도가 몰려왔다. 여러 세력 중 한 사람인 주온(朱溫, 852~912)[44]이 중앙정부를 장악하고는 소종에게 낙양으로 옮겨가도록 위협하였다. 하씨는 주온이 유계술보다 훨씬 더할 뿐만 아니라 강력한 군대를 가지고 있어 낙양으로 가면 조롱에 갇히게 되어 꼼짝도 못하게 될 것을 알고 남편에게 울면서 말했다. "이후에 우리 부부는 적의 손에 몸을 맡길 수밖에 없게 되었습니다!" 낙양에 도착한 후에 위엄과 권한을 모두 잃어버린 소종은 이미 조금도 천자다운 기상이 없었으며, 좌우에 그를 모시는 사람들은 모두 주온이 파견한 자들이었다. 하씨는 곁에서 그를 모시며 밤낮으로 곁을 떠나지 않았으며 부부가 눈물로 얼굴을 적시며 죽을 때가 다가오는 것을 기다릴 수밖에 없었다. 소종이 피살을 당하고 애제(哀帝)가 제위에 올랐으며 하씨는 황태후가 되었다. 하씨는 이러한 황실의 격변을 가져 온 연극이 주온이 황제 곤룡포를 입게 되는 본무대를 위한 간막극임을 알고 있었다. 그녀는 앉아서 죽음을 기다리는 것보다 위험을 무릅쓰고 살길을 찾아 나가야 한다고 생각하였다. 태후라는 특수한 신분의 여인 자격으로 눈물을 흘리며 주온의 심복인 장현휘(蔣玄暉)에게 모자(母子)의 생명을 부탁하였다. 장현휘의 마음이 움직이긴 하였지만 어떤 명확한 표시를 하기도 전에 누군가에 의해 그와 하씨가 결맹을 하였고, 당 황실을 회복시키려 준비하고 있다고 고발당했다. 주온은 지극히 능력이 있는 이 여인이 정말로 그에게 불리한

44 후량(後粱)의 초대 황제로 황소(黃巢)의 난에 참가하였다가, 정부군으로 투항하였으며, 당나라 조정으로부터 주전충(朱全忠)이란 이름을 하사받았다. 후량을 건국한 후에는 주황(朱晃)으로 이름을 바꾸었다. 성격이 포악하여 사람 죽이는 것을 아무렇지도 않게 생각하였고, 정 부인이 죽은 후에 며느리들을 범하는 등 문란하였다. 912년 셋째 아들 주우규(朱友珪)에 의해 살해되었다.

일을 만들어 내기 전에 이를 막기로 하였다. 사람을 보내 장현휘를 즉시 참하였고, 하태후는 목 졸라 죽인 후에 더러운 누명을 씌워 서민으로 폐하였다.

당 소종과 성격·지향·포부·재능이 떨어지지 않았으며, 그 종말도 별다른 차이가 없는 명(明) 숭정제(崇禎帝)[45]는 북경 매산(煤山)에서 목매달아 죽기 전에 모든 황후, 비빈, 궁녀들을 산 채로 순장하였다.

숭정 17년(1644년) 3월 18일 하늘에 석양이 깃들 때 자금성 안의 석양은 더욱 칙칙하고 어두웠다. 이자성(李自成, 1606~1645)[46]의 농민군이 북경성을 돌파하였다. 명 왕조는 막다른 골목에 들어섰으며, 이를 되돌릴 힘도 없었다. 정신과 힘이 다 빠진 숭정제는 죽음으로써 대의를 지킬 결심을 하고는 신변의 비단을 펼쳐놓은 듯 아름다운 꽃밭과 얼굴에 수심이 가득한 황후, 비빈, 궁녀들을 바라보았다. 그는 그녀들을 같이 데리고 가고자 하였다. 절대로 그녀들이 '도적'으로 불리는 난군들의 손에 떨어지게 할 수는 없었다. 그는 눈물을 흘리며 황후 주(周)씨에게 "이미 대세가 글렀습니다."라고 하였다. 주씨는 원망스럽게 말했다. "첩이 폐하를 모신 지 18년인데, 한 번도 첩의 말을 들은 적이 없더니, 결국 오늘에 이르렀습니다." 숭정제는 더 이상 무슨 말을 하고 싶지 않았고 그럴 마음도 없어 손을 휘저으며 주씨에

45 주유검(朱由檢, 1611~1644). 명의 16대 황제로 최후의 황제이다.

46 역졸 출신으로 숭정(崇禎) 2년(1629년)에 반란을 일으켰다. 숭정 16년(1643년) 양양(襄陽)에서 신순왕(新順王)으로 등극하였으며, 하남성에서 섬서총독 손전정(孫傳庭)의 주력을 격파하고 서안(西安)을 점령하였다. 1644년 정월에 대순정권(大順政權)을 세웠으며 얼마 지나지 않아 북경을 공격하여 명 왕조를 무너뜨렸다. 4월 다이곤(多爾袞)이 8기군을 거느리고 총병(總兵) 오삼계(吳三桂)와 함께 산해관에서 이자성과 전투를 벌였으며, 이자성군이 패하여 북경으로 후퇴하였고, 하남·섬서에서 싸웠으며 1645년 호북 지방에서 농민에게 오해를 받아 살해되었다.

게 자살하도록 명하였다. 주씨가 내실로 들어가 문과 창문을 닫고 목매달아 죽었다. 숭정제는 또한 원(袁) 귀비에게 자살을 명하였다. 어찌 알았으랴 그만 목매단 줄이 끊어져 그녀는 죽었다가 살아났다. 스스로 자신의 목숨을 끊지 못하는 것을 보고 숭정제는 칼을 뽑아 그녀를 베어 버렸다. 그녀의 피가 흥건해진 것을 보면서 칼을 들어 여러 명의 비빈들을 차례로 베었다. 궁녀 위(魏)씨는 군주가 칼을 더 휘두르는 것을 피하기 위하여 먼저 본보기를 보였다. 큰 소리로 "우리 같은 사람들은 반드시 도적들에게 욕을 당할 텐데, 뜻이 있는 자는 이를 계책으로 삼으라!"고 외치며 궁궐의 하천에 뛰어들어 자살하였다. 순식간에 이백 여명의 궁녀들이 이를 쫓아 하천으로 뛰어들었다. 궁궐의 하천이 아름다운 여인들의 떼무덤이 되었다. 매산 자락에 서 있던 숭정제는 이러한 참극을 본 후에 큰 걸음으로 큰 나무 아래로 걸어갔다.

'가죽이 없는데 어찌 털이 붙어 있겠는가?' 앞에서 서술한 황후와 비빈, 궁녀들은 왕조의 부속품으로 자연스럽게 왕조의 영화와 치욕을 같이 하였다. 그러나 일부 황후들은 오히려 아버지나 형제들에 의해 궁궐에 들어가게 되었고, 그들은 그녀의 지위에 기대어 명성을 높이고 몸값을 높였으며, 더 큰 권력을 잡은 후에는 반대로 그녀의 남편(관련 왕조의 마지막 군주)의 보좌를 빼앗아 왕조를 바꿈으로써 그녀들은 망국의 황후가 되었다. 이들 황후들은 아버지나 형제들의 도박품이었기에 입궁 시에도 심사가 복잡하였으며, 나라가 망한 후에는 더욱 심사가 복잡하였다. 그녀의 친가는 얻는 것이 있었지만 시가는 잃는 것만 있었다. 친지간의 득실이 그녀의 청춘과 앞날을 다 날려버린 것이다.

동한(東漢) 말 한 지방의 제후에서 승상으로 변한 조조는 '일인지하 만인지상(一人之下萬人之上)'의 지위에 만족하지 않고 세 딸 조헌(曹憲), 조절(曹節),[47] 조화(曹華)를 헌제에게 시집보내 장인이 되었다. 그가 헌제를 사위로 만든 것은 결코 허수아비 황제를 높여준 것이 아니라 그를 수중에 꽉 붙잡아 두려고 한 것이었다. 복(伏)황후가 제거된 후에 조절이 황후가 되었다. 겉으로 보면 조절은 천하에 제일 특별한 여인이라고 할 수 있었다. 자신은 황후이며, 남편은 황제이고, 아버지는 권신으로 권력, 세력, 명성, 지위를 한몸에 다 갖추고 있었다. 그러나 그녀의 실제 처지와 외관은 하늘과 땅처럼 차이가 너무 커서, 사람 노릇하기가 정말 어렵고 어려웠다. 황후가 되었기 때문에 당연히 남편을 위해 생각하여야 했지만 딸로서 아버지를 위해 생각하지 않을 수 없었다. 그러나 남편과 아버지 사이에 너무 많은 갈등이 있어서 중간에 끼인 그녀는 숨도 제대로 쉴 수 없었다. 이러지도 저러지도 못하는 어려움 속에서 몇 년을 지낸 후에 아버지가 세상을 떠나자 오빠인 조비(曹丕)가 거리낌 없이 헌제를 발로 차내고 자신이 제위에 올랐다. 한(漢)의 천하가 위(魏)의 천하로 변하였다. 오빠는 구름 위로 솟아올랐지만 여동생은 거꾸로 망국의 노예 신세로 처박혔다. 개에게 시집가면 개를 따라야 한다고 남편이 쓸모없고 무능하여 황제지위를 잃었을지라도, 그녀는 여전히 그와 한편에 서서 그를 위해 슬퍼하며 울 수밖에 없었다. 또한 자신의 불행에 눈물을 뿌릴 수밖에 없었다. 그녀는 딸을 가지고 도박한 아버지를 원망하며 한스러워 하였고, 여동생의 삶과 죽음을 오빠가 전혀 개의치 않는 것을 원망하였다. 조비가 사람을 보내 옥새를 가지러 왔을 때 그녀는 여러 차례 이를 거절하였으며, 실제로 어찌할 수 없게 되자 옥새를 땅에 내던지며 눈물

47 출생연도 미상, 260년 사망.

가득한 얼굴로 "하늘이 너를 보호하지 않으리라!"고 하였다. 조비는 그저 못들은 척하였고 헌제를 산양공(山陽公)으로 강등시켰으며 여동생도 산양공 부인으로 강등시켰다.

양견(楊堅)이 북주(北周, 557~581년)에서 재상을 할 때, 큰딸 양려화(楊麗華, 561~609)를 궁궐로 들여보내 선제(宣帝)의 황후로 세웠다. 선제가 죽은 후에 정제(靜帝)가 제위를 이었고 그녀는 황태후로 높임을 받았다. 부친이 다른 뜻을 품고 있음을 알고 극도로 화를 냈으며, 그가 선위를 받아 수(隋)를 세우자 더욱 화가 가슴에 가득찼다. 수 문제는 마음속으로 양심의 가책을 느껴 딸의 감정을 돌려보기 위해 딸이 다시 가정을 갖게 하려고 하였다. 양려화는 선제를 위해 수절을 하기로 하고 절대로 재가하지 않겠다고 맹세하였다.

절망적 반항

압박을 가하면 즉시 반항이 있게 된다. 사회 전체로도 그러하지만 구중궁궐 깊은 내원의 작은 사회에서도 역시 그러하다. 비록 셀 수 없이 많은 참혹한 법조문이 있었을지라도, 압박을 받아 더 이상 숨을 쉴 수 없는 지경이 되면 그녀들 역시 반항을 시도하였다. 그녀들을 사람으로 취급하지 아니하는 폭군에게, 자기 편끼리 서로가 서로를 죽이려는 여인들에게 반항하였다. 반항의 형식은 다양하였지만 이러한 사람들이 반항하는 방식 역시 일반적으로 가련한 것이었다. 암암리에 소란을 피우거나, 욕을 하거나, 저주를 퍼붓거나, 무술(巫術)을 사용하는 것이었다. 사는 것이 죽느니만 못한 경우에 이르렀을 때 극히 담이 큰 자가 앞장서면 그녀들은 생명의 위험을 무릅쓰고 끝까지 싸우는 것을 택하였다. 폭력을 동원한 반항은 대역무도하고 반역을 꾀하는 것으로 여겨졌고, 자신을 희생해야 할 뿐만 아니라 가족까지 연좌되기 때문에 이러한 일은 아주 적은 편이었다. 절망한 사람이 일체를 고려하지 않고 감연히 세상을 놀라게 하는 '모살 사건'을 일으키는 것은, 그 자체로 그녀들 역시 존엄한 인격을 가지고 있으며, 귀한 생명을 가지고 있음을 나타내는 것이며, 태어나면서부터 군주를 포함한 모든 사람과 평등한 것을 가지고 있다는 것을 반영하고 있다.

삼국시대 손권(孫權, 182~252)[48]은 아버지와 형의 가업을 이어 정치·외교적인 연합과 분열을 통해 정치와 군사 양쪽을 다 아우르면서 동오(東吳)를 건국하고 제위에 올랐으며, 일대 영웅의 공적을 쌓았다. 이 영웅은 정치를 다루는 데 달인이 되었는데, 일단 정치를 다루는 것이 습관이 되자 후궁 역시 정치를 하는 장소로 삼았다. 황후를 세우는 일에 있어서 이래라 저래라 하였다. 그는 황후로 이 사람을 세우려다가 저 사람을 세우려다가 하면서 어수선한 혼란을 가져왔으며 결국은 살인사건을 불러왔다. 그의 처음 아내는 사(謝) 부인으로 남편이 오왕이 되었을 때 시어머니인 오부인 주재로 그녀를 왕비로 삼았다.

어머니가 중매한 혼사에 손권은 만족하였고 사씨를 좋아하였다. 그러나 서로 사랑하는 날은 길지 않았으며, 훗날 정치적 이유로 서

48 오군(吳郡) 부춘(富春: 지금의 절강성 항주) 사람으로 동오의 건국자. 아버지 손견(孫堅)과 형 손책(孫策)이 동한 말기 군웅할거 시대에 강동(江東)에 기반을 마련하였으며, 200년(건안 5년) 손책이 칼에 찔려 사망한 후에 손권이 이어받아 강동의 제후가 되었으며, 유비와 연합하여 208년 적벽(赤壁)에서 조조를 대파하여 삼국정립의 기초를 확립하였다. 219년 여몽을 보내 관우가 지키던 형주(荊州)를 빼앗아 영토를 늘렸으며, 222년 위(魏) 문제(文帝) 조비(曹丕)가 그를 오왕(吳王)으로 책봉하면서 정식으로 오나라를 세웠으며, 229년 황제를 칭하였다. 손권은 말년에 후계 계승 문제에서 혼란을 조성하여 국가를 혼란에 빠뜨렸다. 252년 71세로 사망하였으며 장릉(蔣陵: 남경 명태조릉 경내)에 묻혔다.

(徐) 부인을 비(妃)로 받아들였다. 그는 사씨에게 자리를 양보토록 하고 서씨를 정궁으로 세우려고 하였다. 사씨가 이를 받아들이지 않자 그녀를 멀리 하였으며, 얼마 지나지 않아 그녀는 우울함 속에서 죽었다. 손권이 오왕에서 동오의 황제가 된 시기에 신하들은 사씨라는 장애는 이미 제거되었고 서씨가 태자인 손등(孫登, 209~241)[49]의 양어머니이며, 역사적으로 아들이 귀해지면 어머니도 귀해져야 한다는 논거를 들어 서씨를 황후로 세울 것을 요구하였다. 그는 본래 순풍에 돛을 달 듯 이러한 마음의 소원을 이루려고 하였지만, 갑자기 마음이 달라졌다. 아름답고 마음이 넓은 보(步) 부인에게로 순식간에 마음이 쏠려 황후의 관을 그녀에게 씌우려고 하였다. 그러나 신하들이 이에 이론을 제기하였으며, 손권 역시 황제의 위엄을 유지하기 위하여 양보하지 않음으로써 쌍방이 십여 년간 대치를 하였다. 그 결과 두 여인은 모두 황후가 될 수 없었고 연달아 사망하였다. 그녀들이 죽고 난 후에 원래 보 부인 다음으로 총애를 얻고 있던 왕 부인이 전면에 나섰으며, 그녀의 아들 손화(孫和)가 손등을 대신해 태자가 되었다. 보자 하니 황후의 관은 그녀의 머리에 씌어질 판이었다. 그러나 손권의 여동생 전공주(全公主)[50]의 몇 마디 악담이 이를 허공에 날려 버렸다. 손권이 중병이 들었을 때 왕씨는 마음 아파한 것이 아니라 반대로 너

49 동오의 황태자. 손권의 장자. 회계왕(會稽王) 손량(孫亮), 경제(景帝) 손휴(孫休)의 배다른 형. 225년 손권은 주유(周瑜)의 딸을 태자비로 맞아들였으며 이를 대단히 중시하였다. 손등은 손권이 깊이 아꼈던 아들로 현명하고 정무처리에도 능력이 뛰어났으나 33세의 젊은 나이에 유명을 달리하였다.

50 손노반(孫魯班). 출생 및 사망 연대 미상. 본문에는 손권의 누이로 되어 있으나 역사 기록에는 손권이 보(步) 부인과 사이에 낳은 딸(장녀)로 알려져 있다. 회계왕 손량의 배다른 누나. 공신 주유의 아들 주순(周循)과 결혼하였으며 뒷날 명장 전종(全琮)과 재혼하였다. 전종과 사이에 두 아들 전역(全怿), 전오(全吳)를 낳았으며, 이에 따라 그녀를 전공주(全公主)라 불렀다. 한 때 권력을 휘둘렀으나 권신 손침(孫綝)을 몰아 내려던 일이 실패하면서 258년 예장(豫章)으로 쫓겨났다.

무 기뻐하면서 남편이 하늘나라로 가기를 절실히 기대하였다. 아들이 제위에 오른 것을 빙자해서 한걸음에 황태후가 되려고 한 것이었다. 그러나 그녀의 처세가 신중치 못하여 기쁜 빛이 얼굴에 나타났다. 누가 알았으랴? 손권의 병이 치유되었던 것이다. 손권이 그녀를 통렬히 꾸짖자 그녀는 두려움과 근심 속에 사망하였다.

고귀한 부인이 한 사람 한 사람 세상을 떠나자, 오랫동안 논쟁거리였던 황후의 지위를 궁녀인 반(潘)씨가 차지하리라고는 누구도 생각하지 못하였다. 아버지는 일개 작은 관리로 범죄를 저질러 처형되었고, 그녀는 죄인의 가족이어서 예에 따라 궁궐에 들어와 옷을 만드는 곳에서 일을 하였다. 어찌 알았으랴? 전혀 대단한 것이 없었던 옷감 짜는 여공이 뜻밖에도 손권에게 한눈에 들어 후궁으로 불러들여져 부인(夫人)으로 책봉되었다. 그녀는 운 좋게도 임신을 하였고, 남편에게 꿈속에서 천신이 용머리를 주었다고 말하였다. 달이 찬 후에 손량(孫亮)을 낳았다. 손량은 어미가 총애를 얻은 덕으로 손화를 대신해서 태자가 되었다. 이번엔 아들로 인해 어미가 귀해진다는 원칙이 제대로 작용하여 그녀가 그 다음 해에 반(潘)황후가 되었다. 반씨는 비록 모두 다 선망하는 손권의 첫 번째 황후가 되었지만 마음속은 그리 편하지 않았다. 경쟁대상이 어느 때라도 그녀를 위협할 수 있다고 느꼈기 때문이다. 반황후를 밤낮으로 불안하게 했던 여인은 같은 내궁에 있던 원(袁) 부인으로 원술(袁術)[51]의 딸이었다. 그녀는 덕망이 높았으

51 출생연도 미상, 199년 사망. 종형인 원소(袁紹)와 더불어 세력기반을 가졌던 동한 말기의 명문거족이었다. 동탁(董卓)이 전횡을 휘두르며 황제 폐위 계획을 세우고 그에게 참여를 획책하자, 남양(南陽)으로 달아나 장사태수(長沙太守) 손견(孫堅)의 도움을 받아 그곳에 정착했다. 나중에 동탁을 격파하여 명성을 떨쳤으나, 조조에게 패하였으며, 그 후 양주(揚州)로 근거지를 옮겼고 197년 구강(九江)에서 황제가 되었으나, 엉망진창의 정치로 2년도 채 버티지 못하고 수춘(壽春)에

나 자식이 없었다. 남편이 몇몇 비빈의 자녀를 키우게 하였으나 그 자녀들도 오래 살지 못하였다. 보(步) 부인이 죽은 후에 손권이 그녀를 황후로 세우려고 하였으나 그녀는 아이를 낳은 적도 길러본 적도 없다는 이유로 이를 거절하였다.

만일 반씨가 마음 상태가 정상이었다면 본래 서로 아무 일 없이 잘 지낼 수 있었다. 그러나 반씨는 질투심이 강하고 마음씨 역시 음험하여 백방으로 흠집을 찾아내 원(袁) 부인을 공격하였다. 사실 이것은 아무것도 아니었다. 다른 비빈들에게 총애를 빼앗기는 것을 막기 위해 내궁에서 고압정치를 펼치면서 조금도 거리낌 없이 내궁의 자매들을 핍박하였다. 뭇 여인들은 굴욕을 참고 참으며 황후의 양심이 살아나길 기대하였지만 반씨는 전혀 감동을 받지 않았다. 남편의 병이 깊었을 때 사람을 시켜 중서령(中書令) 손홍(孫弘)에게 유방의 부인인 여(呂)태후가 전권을 휘둘렀던 이야기를 알아보게 하였다. 이런 소식이 전해지자 내궁의 비빈들이 종말이 다가왔음을 느끼고 척(戚) 부인이 '사람돼지'가 되었던 결말이 다시 재연되는 것을 막기 위해 그녀들 중 6, 7명이 여러 차례 모의를 한 끝에 반씨를 없애기로 결정하였다. 마침 공교롭게도 반씨가 몸에 작은 병이 들어 침상에서 혼곤히 잠들어 있었다. 그녀들이 침실로 뛰어 들어가 새끼줄로 그녀의 목을 잡아매어 죽였다. 그런 후에 외부에는 그녀가 독한 기운에 중독되어 죽었다고 하였다. 그러나 그 일을 숨길 수 없게 되었고 상황이 다 드러나게 되어 6, 7명의 비빈은 사형에 처해졌다. 손권은 이 사건에 놀라 병이 더욱 깊어졌으며 세상을 뜨게 되었다.

해서(海瑞)에게 욕을 먹은 명(明) 왕조의 가정제(嘉靖帝)[52]는 재위 전반

서 피를 토하고 죽었다.

52 주후총(朱厚熜, 1507~1566). 명의 제11대 황제로 1521~1566년간 재위. 장거

기에는 개혁을 추진하여 조정에 만연된 부패의 폐단을 징계하고 사직 패망의 위기를 구하려고 하였다. 그러나 정신적, 육체적 힘을 다하면서 노력하였음에도 불구하고 세월만 지나고 상황은 여전히 이전과 같았다. 이에 따라 정치에 뜻이 없어지고 도교로 귀의하면서 내궁에 깊이 파묻혀 양생과 여인들에 빠져들었다. 비록 정치에 뜻이 없었으나 황제 자리를 내려놓을 생각을 하지 않았으며, 20여 년이나 조회에 나오지 않아 그림자 황제가 되었다. 동남지역에서는 왜구가 침입하였으며, 북방에서는 타타르족이 공격해 오는 외환을 겪었고, 내적으로는 궁궐 노비들의 살해 모의를 겪으면서 하마터면 의외의 일을 당할 뻔하였다.

이 사건은 임인년(壬寅年) 궁궐 노비 역모사건이라고 불린다.

가정제의 욕망이 넘쳐 흘러나면서 궁정 안의 풍기가 엉망진창이 되었다. 그는 한편으론 도교를 믿으며 신선이 되길 바라면서 한편으로는 여색을 탐하였다. 장생불로의 무한한 생애 속에서 절세미인들과 두루두루 놀기를 원했다. 양자 간에는 모순이 있었지만 이러한 모순 중에서 그가 희생시킨 것은 여인들이었다. 첫 번째 황후 진(陳)씨는 표준적인 미녀로 깨가 쏟아지는 신혼 시기에는 남편의 환심을 얻었다. 시간이 지나면서 미인이 미인으로 여겨지지 않게 되면서 가정제는 다른 궁녀를 사랑하게 되었다. 진황후는 시기와 질투에 사로잡혀 그녀를 궁궐 밖으로 내 보냈다. 가정제는 기분이 나빠졌으며 얼굴이 얼음처럼 냉랭해졌다. 그러나 진황후는 온갖 아첨을 통해 황제의 비위를 맞추면서 애정을 되찾아 왔고, 거기에 임신을 하는 기쁜 일이

정(張居正)과 같이 했던 개혁정치가 유명하며, 비록 집권 후반기에 도교에 빠졌으나 명대의 정치기반을 공고히 한 황제로 평가되고 있으며, 북경 명 13릉의 영릉(永陵)에 묻혔다.

겹쳤다. 임신한지 6개월이 되던 시기에 가정제는 차를 나르는 장(張)비(妃)의 가녀린 손에 관심을 가지게 되었다. 진황후는 이런 자극을 참지 못하고 장비를 힘껏 밀어제쳤고, 장비가 제대로 서지 못하면서 찻물이 군주의 몸에 뿌려지는 사건이 발생했다. 가정제의 화가 폭발하면서 진황후를 겨냥하여 발길질을 하였다. 진황후가 땅바닥에 쓰러지면서 하혈을 하였다. 그 즉시 유산을 하였으며 피를 너무 많이 흘려 죽고 말았다. 두 번째 황후는 바로 장(張)비(妃)로 그녀는 몸이 약하고 말을 잘 듣는 사람이었다. 남편이 도교를 쫓는 일에 있어 모든 면에서 남편을 떠받들었다. 이러한 일이 오래 되면서 그녀는 장생불로를 추구하는 남편의 실험대상이 되었으며, 신체가 날이 갈수록 나빠졌고 정신도 갈수록 혼미해졌다. 그러나 계속해서 끝없이 학대를 받게 되자 온순한 사람이었지만 그녀 역시 화가 받쳐 직접 남편이 자기를 해치고 있다고 비난하였다. 황제를 직접 욕하게 되면 심각한 대가를 치르게 된다. 장황후는 황후에서 쫓겨나 서민이 되는 대가를 치루어야 했다. 별궁에 유폐된 그녀는 우울함과 분함 속에서 이 년 후에 죽고 말았다. 세 번째 황후는 신중하고 단정한 방(方)씨였다. 그녀는 앞 두 황후의 일을 교훈으로 받아들여 남편의 무례한 대우를 참고 견디면서 일시나마 아무 일도 없이 지냈다.

가정제와 방(方)황후는 비록 평안하게 아무 일도 없이 지냈지만 서로 간에 정이 없었으며, 단지 부부라는 명분만을 유지할 뿐 남녀로서의 즐거움이 전혀 없었다. 그가 마음을 쏟은 것은 비록 아름답지는 않았지만 계략이 있는 왕(王) 영빈(寧嬪)이었다. 그녀는 도교에서 하늘의 천신에게 재(齋)를 올릴 때 사용하는 '청사(靑詞)'를 잘 읽었기 때문이다. 청사를 읽을 때 글자를 정확히 읽을 뿐만 아니라 억양이 부드러웠고, 목소리가 촉촉하고 감미로웠다. 그러나 아름다운 목소리가 아름다운 얼굴을 이기지 못한다고 오래가지 않아 왕 영빈에 대한 총애를 조(曹) 단비(端妃)가 빼앗아 갔다. 왕 영빈은 조 단비가 총애를 빼앗아 간 것을 원망하여, 그녀의 수많은 잘못을 이야기하였다. 조 단비는 이에는 이라고 잠자리 베갯머리에서 대대적으로 남편을 충동질하였다. 가정제는 시시비비를 구분하지 않고 왕 영빈의 옷을 벗겨서 매질을 한 후에 벌로 힘든 노역을 해야 하는 궁녀가 되도록 하였다.

당시에 제일 힘든 노역은 새벽에 이슬을 받아 가정제가 도교의 양생을 하는데 복용하도록 하는 것이었다. 노역에 종사하는 궁녀들은 늘 피로가 쌓여 병이 났기 때문에 매번 병을 핑계삼아 이를 피하였다. 이슬을 받는 궁녀는 3~40명으로 이들을 관리하는 사람은 약간 나이가 많은 30세 가까이 된 양금영(楊金英)과 형취연(邢翠蓮)이었다. 한 번은 거짓으로 병을 핑계삼아 게으름을 피우다 가정제에게 발각되어 뼈가 으스러지고 살이 헤어질 정도로 매를 맞았다. 이후에도 작은 사건으로 인해 여러 차례 처벌을 받았다. 처벌이 많아지자 원망의 말도 많아졌다. 그녀들은 계속해서 원망의 말을 내뱉었고, 강등되어 그녀들과 같은 대열이 된 왕 영빈 역시 원망의 말을 내뱉었다. 그들은 함께 늘 원망의 말을 하였다. 똑같이 불행한 처지가 되자 서로가 친해졌다. 화나는 일이 많아지게 되면 정말로 화를 내고 싶어지게 된다. 왕 영빈은 일석이조의 방법, 즉 나쁜 남편을 죽이면서 그 죄를 조 단비에게 씌우는 방법을 생각해 냈다. 공교롭게도 가정제가 양금영과 형취련에게 키우도록 맡긴 오색 거북이가 갑자기 죽어서, 그녀들은 목숨이 위태로워질까 심히 걱정하고 있었다. 왕 영빈이 여러 차례 자신의 생각을 말하고 이해관계를 설명하여 그녀들이 그녀의 생각을 실행하도록 하였다. 그녀들은 처음에는 두려워하였지만 만일 혼용한 군주를 제거하지 못한다면 죽는 길밖에 없다는 것을 생각하게 되자, 더 이상 다른 많은 것들을 생각하지 않고 살길을 찾기로 결심하였다.

양금영은 사람이 너무 적어 일을 이루기가 어렵다고 생각하여 장금련(張金蓮), 왕수란(王秀蘭) 두 명의 궁녀를 끌어들여 같이 행동하기로 약속하였다. 가정제가 조 단비의 침궁에서 자는 날 행동하기로 정하였다. 그날 저녁 양금영 등 네 명이 가정제가 죽은 돼지처럼 잠이 든 후에, 조 단비가 어선방(御膳房)으로 가는 것을 기다렸다. 왕 영빈이 다른 궁녀들을 비키도록 하여 그녀들이 손을 썼다. 양금영은 먼저 준비했던 비단 밧줄을 가지고 가서 가정제의 목에 한 끝을 묶었으며, 다른 세 명은 손으로 다리를 눌렀다. 다급한 가운데 목을 맨 밧줄이 엉켜서 더 조여지지 않으리라고 어찌 알았으랴. 아무리 잡아당겨도 조여지지 않았다. 가정제가 깨어나서 반항하자 양금영은 밧줄을 침대의 나무틀 사이로 힘껏 잡아당겼다. 목줄이 잡아당겨진 가정제는 눈이 튀어나오고 혀가 늘어지면서 미친 듯 와와와 소리만 지를 뿐 숨은 끊어지지 않았다. 장금련이 일이 틀어진 것을 보자 공을 세워 죄를 감하려고 뛰어나가서 방(方)황후에게 보고하였다. 양금영은 밧줄로 목을 조르는 것이 효과가 없자 머리에서 은비녀를 뽑아 힘을 다해 사타구니 부분을 찔러갔다. 찔린 부위에서 피가 철철 흘러 나왔다. 그 때 방황후가 내시들을 거느리고 황급히 침실로 들어가 그녀들을 모두 붙잡았으며, 어의를 불러 이미 숨이 가물가물한 가정제에게 긴급 처방을 하였다. 가정제는 겨우 목숨을 보전하였고, 사건은 방황후가 조사하였다. 결과 왕 영빈이 주모자이고, 양금영 등 네 명이 살인범이며 이외 이십여 명도 걸려들었다. 왕 영빈은 어찌해도 죽게 될 것이란 것을 알자 철천지 원수인 조 단비가 같이 모의하였다고 억지로 끌어들였다. 방황후는 교지를 내려 사건에 연루된 모든 사람을 능지처참하라고 명하고 가족들은 다 죽이라고 하였다.

방황후는 어가를 구출한 공이 있고 역모를 막은 공이 있게 되어, 그 사건 두 달 후에 건강을 회복한 가정제가 그녀에게 무척 감격했을 뿐만 아니라 아주 높게 그녀를 예우하였다. 그러나 그는 조 단비를 그리워하였으며, 아무리 생각해도 자기가 깊이 총애하였던 비빈이 어떻게 자기를 죽이려는 음모에 가담하였는지 이해가 되지 않았다. 시간이 흘러 조 단비의 억울한 사건이 명확히 밝혀지자 방황후에 대한 감격이 한스러움으로 변하였으며, 그녀가 제멋대로 자신의 사랑하는 비빈을 처결한 것을 그것도 그렇게 처참하게 죽인 것을 원망하게 되었다. 이 후에 그는 더욱 도교에 미혹되었으며 더욱더 황당하기 그지없는 일을 행하였다. 방황후가 여러 차례 간언하였지만 오히려 그 일들은 그의 그녀에 대한 더 이상 억누를 수 없는 염증을 유발하였다. 하루는 방황후가 거처하는 곤녕궁(坤寧宮)에 불이 나서 불길이 거세었다. 궁인들이 황제에게 명령을 내려 불을 끄게 해 달라고 요청하였다. 그러나 그는 '옛 건물이 사라져야 새 건물이 생기는 법'이라는 구실로 이를 거절하였고, 그 결과 방황후는 산채로 불구덩이에서 장사되었다.

인간 세상에 뿌려진 것은 모두 다 원한

가정제의 할머니 소(邵)태후는 일찍이 직접 겪고 보고 들은 경험을 통해 말했다. "여인이 궁궐에 들어오게 되면 일체 자유가 없게 된다. 툭하면 죄를 얻게 되며, 마치 오랫동안 갇혀 있는 죄수와 같아서 인생의 즐거움이 전혀 없게 된다." 이 말은 조금도 틀린 것이 없으며,

이 말은 이천여 년 동안의 궁중 여인들의 삶을 저미는 아픔을 정확히 말해주고 있다. 그녀들의 몸은 장난감으로 평생을 금고상태로 지냈다. 조금만 부주의해도 어마어마한 재앙을 불러올 수 있었으며, 가장 냉혹한 처벌을 받았다. 그녀들은 사람이면서 사람이 아니며, 사람인 듯 아닌 듯 인생의 길을 걸어갈 수밖에 없었다.

생활은 내궁에서 이루어지며, 말과 행동에 금기가 있으며, 모든 곳에 범해서는 안 되는 금기가 있었다. 최대의 금기는 절대로 무당과 접촉할 수 없다는 것이다. 무당을 이용하여 자신이 추구하는 모종의 목적에 도달하려 해서는 절대로 안 된다는 것이었다. 무술(巫術)은 사악한 방도로 복을 구하고 재난 액막이를 하는 것으로, 무술이 가장 흔히 등장하는 곳은 무술을 사용하여 원수에게 해를 가하려는 데 있었다. 구체적인 형식은 부적, 저주, 기도, 독충, 인형, 굿을 하며 기묘한 짓을 하는 것 등이었다. 군주를 대표로 하는 통치집단은 무당을 궁궐로 끌어들이는 것을 절대로 반대하였다. 그들이 이런 미신을 반대한 것은 미신을 믿지 않기 때문이 아니라, 오히려 극도로 미신을 믿었기 때문이었다. 누군가 몰래 무술을 사용하여 그들을 해치려 하는 것을 두려워하였기 때문이다. 궁중에서 군주, 황후와 비빈, 주요 인물을 모해하려 한다면 명백한 형식으로 할 가능성은 상당히 적은 반면 암암리에 행해지는 무술은 막으려 해도 막을 수 없었기 때문이다. 무당을 궁궐에 불러들인 것이 일단 발견되면 가벼운 경우 폐출되어 냉궁에 갇히거나 힘든 노역을 하는 벌을 받았다. 심한 경우는 명령을 받아 자살하거나 처단되었으며 심지어 가족을 멸문시켰다. 비록 무술을 사용하는 것이 극도로 위험한 결과를 가져왔지만 내궁의 여인들은 막다른 골목에 몰리게 되거나 절망적인 상황에 빠지게 되면, 이 미신의 무기를 들고 나와 기적을 만들어 내기를 원하였다. 그녀들에게 다른 방법이 없었기 때문이다. 그러나 아주 공교롭게 이루어진 경우를 제외하고는 기적이 만들어지지 않았다. 그녀들은 그 대가를 거듭해서 치렀다. 서한 시대에 무술로 인한 사건이 끊임없이 발생하였다. 무제의 진(陳)황후와 위(韋)황후, 성제(成帝)의 허(許)황후 모두 이로 인해 폐출되었으며 어쩔 수 없이 자살하였다.

한(漢) 애제(哀帝)[53] 때 무술로 인해 특대형의 억울한 사건을 빚어냈다. 억울한 사건을 만들어 낸 사람은 할머니인 부(傅)태후였고, 피해를 입은 사람은 중산왕(中山王)태후 풍(馮)씨였다. 두 사람은 모두 원제(元帝)[54]의 소의(昭儀)로 서로의 원한이 오랜 기간 쌓였는데, 손자가 제위에 오를 때까지도 해결이 되지 않았고 날이 갈수록 더욱 심해졌다. 누군가가 풍(馮)태후가 무당을 옆에 끼고 당시의 황제와 부태후를 저주했다고 무고하였을 때, 부(傅)태후는 진위를 따지지 않고 또한 따질 생각도 없었기 때문에 즉시 태후의 명령을 내려 사건을 다루도록 하여, 전국적인 범위로 풍씨의 친족들을 다 잡아들였다. 심문과정에서 수십 명이 고문을 당해 맞아 죽었다. 무당 유오(劉吾), 서수성(徐遂成) 등은 죄를 뒤집어쓰고 그 죄를 인정하도록 강요당하면서 풍씨를 무술로 반역을 꾀하였다고 왜곡하여 말하였다. 풍씨는 이를 인정하지 않았으며 이러한 일이 절대로 없었고 누군가 고의로 자신을 해치려 하고 있다고 끝까지 주장하였다. 사건을 처리하는 관리는 부태후의 뜻을 받들어 애제가 풍씨를 주살하도록 상주하였다. 애제는 이렇게 하는 것은 지나친 일이라고 생각하여 가벼운 처벌이라고 할 수 있는

53 유흔(劉欣, B.C. 25~1).

54 유석(劉奭, B.C. 74~33). 선제(宣帝)와 본처인 허평군(許平君) 사이의 아들로 서한 제11대 황제. 어머니 허평군은 B.C. 67년 곽광(霍光)의 처와 딸에 의해 독살되었다. B.C. 49년에 제위에 올랐으나 환관에 기대는 정치를 하여 서한 몰락의 길을 열어 놓았다.

조치를 취하여 풍씨를 서민으로 폐하여 냉궁에 가두었다. 풍씨는 구차하게 생명을 이어가기를 원치 않아 약을 먹고 자살하였다.

당(唐) 현종의 왕(王)황후는 남편을 도와 그가 제업을 이루는데 큰 공적이 있었으며 아버지 왕인교(王仁皎) 역시 공신의 한 사람에 속한다. 그녀는 중궁전에 들어간 후에 아랫사람들에게 은혜를 베풀었으며, 주변과 인간관계가 좋았고 국모로서의 품격이 있었다. 아쉬운 것은 그녀가 줄곧 아이를 나을 수 없었다는 것이었다. 그녀의 눈가에 잔주름이 나타난 후에는 일찍이 같이 환난을 겪었던 남편이 냉담해졌다. 그는 자색이 뛰어나고 고혹적이며 왕자를 낳은 무(武) 혜비(惠妃)를 사랑하게 되었다. 그녀의 오빠인 왕수일(王守一)은 군주가 황후를 폐위할까 두려워서 속으로 다급해졌다. 그는 승려 명오(明悟)를 찾아가 도와 줄 것을 요청하였다. 명오는 먼저 별자리 중에서 남두(南斗)와 북두성에게 제사를 지낸 후에, 벼락을 맞은 나무의 조각 위에 천지 글자 모양과 피휘(避諱)[55]인 현종의 이름 '이융기(李隆基)'를 새겨 주면서 왕황후에게 차고 다니도록 하라고 하였다. 왕황후는 이것을 차고 기도하면서 말하였다. "하늘이시여 이것을 차면 제게 아들이 있게 하시고, 측천무후와 비견될 수 있도록 하옵소서!" 그러나 그 사정이 새어 나간 후에 현종이 직접 이를 조사하여 왕수일에겐 죽음을 내리고 왕씨는 서민으로 폐하였다.

송(宋) 휘종(徽宗)의 총애를 독차지하였던 비빈이자 황제가 도교의 지도자로 직접 임명한 임영소(林靈素, 1075~1119)[56]가 '구화옥진안비(九華玉眞安妃)'로까지 높여 주었던 유(劉) 귀비(貴妃)가 작은 병에 걸렸는데

55 주로 제왕의 이름자를 문장에 써야 하는 경우 삼가는 뜻을 표하기 위해 뜻이 통하는 다른 글자나 획의 일부를 생략하는 것.

56 북송의 저명한 도사.

돌연히 죽었다. 휘종은 자기 몸을 가누기 어려울 정도로 상심하였으며, 그녀를 황후로 추존한 후에 내궁에 대규모의 빈소를 설치하여 추모행사를 하였다. 군주가 마음 아파하면 모든 사람들이 아파하지 않을 수 없었기에 사람마다 눈물을 흘렸다. 빈소 안이 흐느낌으로 가득 찼다. 그러나 유독 최(崔) 비(妃)만이 눈을 돌려 여기저기를 보고 있었고 조금도 슬픈 기색이 없었다. 이런 모습을 본 휘종의 마음속에서 화가 일어났다. 그 즉시 유 귀비가 별다른 뚜렷한 이유도 없이 죽었는데, 혹시 최 비가 무고(巫蠱)를 해서 그런 것이 아닐까 하는 의심이 들었다. 그는 사법 관서에서 책임지고 전담조를 만들어, 이 사건을 신속히 조사하여 밝혀 내도록 하였다. 이러한 일들은 전혀 근거나 증거가 없었기 때문에 명백하게 밝혀 내기 어려웠다. 그러나 군주의 뜻 또한 거역하기 어려웠기 때문에 결국에는 사법 관서에서 모호한 언사로 군주가 의심하고 있는 것과 동일한 결론을 내렸다. 판결 결과 최 비는 폐서인이 되었으며, 그녀가 끌고 들어 온 점장이 유강손(劉康孫)은 길흉화복을 제멋대로 말한 죄로, 어의 조효충(曹孝忠)은 자기 직무를 다하지 못한 죄로 함께 처형되었다.

궁정의 여인이 군주나 황후, 태후에게 대들거나, 죄를 짓거나, 규정을 어기거나 하면 곤장을 맞거나 노역에 끌려가거나, 사형 당하거나, 자살을 명령받는 등 형벌 이외에도 가장 흔하게 보는 형벌은 두 종류로, 하나는 냉궁(冷宮)에 갇히는 것이며, 다른 하나는 생식기능을 없애는 것이다.

냉궁 또는 유궁(幽宮)이라 불리는 곳은 변형된 내궁의 감옥으로 일반적으로 궁궐의 후미진 곳의 낡고 오래된 거처에 있었으며 생활조건도 극히 열악하였다. 냉궁에 유폐되는 것이 지극히 보편적인 궁정의 처벌이라 할지라도 역사서에 기록된 것은 지극히 간단하며, 세부 내용을 구체적으로 기록한 것은 거의 없다. 자희(慈禧, 서태후) 신변에서 여관(女官)을 지냈던 덕령(德齡)[57]이 궁궐 내에서 보고 들었던 것을 써내려 간 〈영대읍혈기(瀛臺泣血記)〉에 진비(珍妃)가 냉궁에 갇힌 일이 상세히 기록되어 있다. 비록 확실한 역사적 사실로 여길 수는 없을지라도 중요한 방증적 가치는 있다. 그녀는 아래와 같이 써 내려갔다.

냉궁은 원래 어떤 고정 장소가 있는 것이 아니다. 위치가 후미진 곳의 궁전이나 오래되고 수리가 되지 않은 낡은 궁전이면 언제라도 냉궁으로 변할 수 있었다. 이번에 태후가 진비를 유폐시킨 냉궁은 멀리 어화원의 동북 쪽 구석에 있는 몇 개의 작은 건물이었다.

…

가련하다고 말할 수밖에 없다. 진비의 그 당시 생활은 옥에 갇힌 일반 죄수에 비교해도 실제로 나쁘면 나빴지 더 좋을 수 없었다. 그녀가 거주한 몇 개의 방은 이미 3,40년이나 문을 걸어 두었던 허물어진 가옥으로 사면이 모두 채마밭이어서 적어도 백미터 이내에는 사람의 소리를 들을 수 없었다. 방 앞의 돌밭에는 이미 처마 끝까지 높이 자란 야생초와 작은 나무로 가득 차 있어서 방 밖으로 나가려는 생각을 먹을 수 없었다. 이것들이 광선을 다 가로막아 방안을 특별히 어둠침침한 깜깜 천지가 되게 하였다.

그녀가 입은 옷에 대해 이야기하자면 더욱 처참하고 가련하다. 그녀가 유폐되던 첫째 날 입고 있던 한 벌의 옷 외에는 융유(隆裕)가 가장 조악한 것으로 골라서 준 몇 벌의 옷만 있어서, 추위를 피하는 정도였다. 더욱이 이 몇 벌의 옷조차 그녀는 몸에 걸치고 있을 수 없었다. 왜냐하면 반달이 되어가도 아무도 그녀를 대신해서 더러워진 옷을 가지고 가서 빨아 줄 사람이 없었기 때문이다. 그녀가 거주한 세 개의 방은 너무 춥고 축축하였다. 따라서 진비가 당시 냉궁에서 목숨을 잃지 않은 것은 말하자면 기적

57 유덕령(裕德齡, 1886~1944).

이라고 할 수 있다.

…

그녀는 결코 누군가가 그녀를 찾아가기를 바라지 않았고 사실상 누구도 감히 가지 않았다. 매일 그녀와 얼굴을 마주 대하는 사람은 단지 명령을 받아 그녀를 지키는 환관들이었다. 귀로는 단지 그들이 그녀를 조롱하고 신랄하게 비꼬는 냉혹한 말들을 들어야만 했다.

이 냉궁을 포함하는 세 개의 방은 다 합쳐서 단지 두 개의 창문이 있었는데 이 두 창문의 밖에 이미 거칠고 두꺼운 판대기로 하나하나 못을 박아 놓았기 때문에 방안은 정말 컴컴하기 그지없었다. 게다가 출입이 가능한 유일한 문에는 세 개의 커다란 자물쇠를 상, 중, 하 각기 하나씩 채워 놓았고 이 세 자물쇠를 위에서 아래로 굵은 쇠줄로 연결해 놓았다. 사실상 이렇게 견고한 자물쇠는 하나면 그녀를 가두어 놓기에 충분하였다. 특별히 촘촘하게 세 개의 자물쇠를 달아 놓은 것은 그녀가 석방될 가능성이 거의 없다는 것을 말하는 것과 같았다.

…

이제 냉궁의 상황을 더 상세하게 이야기하고자 한다. 이 제도는 당연히 절대권력을 쥔 전제군주가 폭력을 제멋대로 휘두르던 표징이라고 할 수 있다. 선발되어 궁정에 들어가 황후나 비빈이 된 여인들은 언제라도 이러한 감옥 속에 갇힐 수 있었다. 궁궐 내 오랫동안 사람이 거주하지 않던 빈 건물은-어두컴컴하면 할수록 사람이 더욱 두려움을 느끼게 되어 더욱 좋았다. 왕왕 냉궁으로 지정될 수 있었다.

황후 비빈 중 누구라도 황제의 총애를 잃게 되고, 아주 작은 구실이라도 책잡히게 되면 심지어는 아무런 구실이 없더라도 황제는 금지옥엽 같은 여인을 냉궁에 집어넣을 수 있었다. 가장 조악한 식사를 하게 하고 가장 낡아빠진 옷을 입도록 하면서 매일 세 차례 환관을 파견하여 그녀의 죄악을 말하도록 하였다. 이들 내시들은 손가락으로 직접 유폐된 황후와

비빈들의 얼굴을 가리키며 인정사정 없이 그녀를 꾸짖으면서 그녀를 비꼬았다. 그녀는 아무소리 없이 들어야만 할 뿐 아니라 절대로 대꾸할 수도 없었다. 또한 이 내시는 황제의 명령을 가지고와서 그녀를 꾸짖는 것이기 때문에 그녀 역시 황제가 내린 조서를 받는 것처럼 아주 공손하게 이 내시를 대하여 꿇어앉아, 그가 조금도 개의치 않고 내뱉는 욕설, 비난, 조롱을 받아들어야 했다.

궁형(宮刑)으로 여인의 생식기능을 파괴하는 이야기는 문헌에 아주 은밀하게 기재되어 있다. 명확한 자료는 거의 없으며 고증을 통해서만 한두 개 밝혀 낼 수 있을 뿐이다. 허중의(許仲毅) 선생의 〈고대궁형술문(古代宮刑述聞)〉이라는 글에 다음과 같은 구절이 있다. '궁형을 탁형(椓刑)이라 부르는데 〈상서(尙書)·여형(呂刑)〉 편에 보인다. '탁(椓)'자는 〈설문해자(說文解字)〉에 방망이로 때린다는 뜻으로 해석되어 있다. … 정수덕(程樹德) 선생이 마국한(馬國翰)의 〈동경첩(同耕帖)〉에 기재된 것을 인용한 것에 따르면, 옛날에 방망이로 때리는 요령이란 법이 있었는데 나무막대기로 여성의 상반신을 때려서 그 생육기능을 파괴하는 것이다. 따라서 궁형을 탁형이라고 부르는 것은 이러한 것과 연계가 없다고 하기 어렵다. … 만일 육체의 아픔은 잠시라 한다면, 정신적인 치욕감은 장기적인 것이다.'

한대(漢代)에 황제가 그 잘못을 도저히 용서할 수 없다고 여기는 황후나 비빈들은 대다수가 '폭실(暴室)'로 끌려갔다. 환제(桓帝)의 황후 등맹녀(鄧猛女)[58]는 오만하고 불순한데다 남편의 총애를 받던 곽(郭) 귀인(貴人)과 질투로 다투다가 폐출되어 폭실에 갇혔다가 근심 걱정으로 인해 죽었다. 〈한관의(漢官儀)〉에는 '폭실은 액정(掖庭, 법정) 안에 있는

58 출생연도 미상, 165년 사망. 동한 개국공신 등우현(鄧禹玄)의 손녀. 159년 황후가 되었으나 165년 곽 귀인과 다툼으로 인해 폐출되어 우울증으로 죽었으며 북망산에 묻혔다.

데 폭실승(暴室丞) 한 사람이 있어 주로 궁중 부인들의 질병을 주관하였다. 황후, 귀인이 죄가 있는 경우 역시 이곳으로 보내졌다.'고 기록되어 있다. 일부 자료에 따르면 폭실은 내궁에서 전문적으로 여성을 다루는 병원으로 그 중 부인과가 주요 병과였다. 그러나 이러한 병증세가 없었던 등맹녀를 폭실에 집어넣은 것은 아마 그녀의 생식기에 모종의 수술을 했을 가능성이 있으며, 이로 인해 그녀는 근심 걱정으로 죽은 것 같다. 아마 치욕을 도저히 참을 수 없어서 살아가지 못했던 것 같다고 추정해 볼 수 있지 않을까 한다.

남자의 궁형은 목을 베는 것과 다름없는 것으로 생식기의 가치는 머리에 버금갔기 때문이다. 여자의 궁형도 남자의 궁형과 그 정도가 거의 같았을 것이다. 왜냐하면 여인의 생육기능은 그녀들의 인생에 있어 결정적인 의미를 갖고 있기 때문이다. 그녀들의 생식계통을 파괴하는 것은 그녀들이 여인이 되는 자본을 없애는 것과 같다고 할 수 있기 때문이다.

여자의 생식기능을 제거하는 기록은 중국에는 없을지라도 외국의 것을 참고할 수는 있다. 미국 학자인 웨일러(Weiler, 위륵(魏勒))가 저술한 〈성숭배(性崇拜)〉의 책에 다음과 같이 적혀 있다.

러시아의 스커피시(斯可皮西) 교파는 대략 1757년에 시작되었는데 그들은 스스로를 거세하거나 늘 자신의 몸을 채찍질하였다. 이러한 제도는 당국에 의해 엄금되었지만 여전히 성행하였다. 1815년에 이르러서는 채찍질 제도를 시행하는 사회단체의 여수도원장들이 이러한 습관을 여성들에게까지 확대하여, 젊은 여성들이 자신의 난소를 절개하거나 유방을 자르거나 하도록 하였다. 이렇게 하면 남자들의 성욕을 불러일으키지 않을 수 있었다. 이 교파는 대단히 유행하였다. 비록 우리들은 자신의 몸을 잔혹하게 다룬 사람들이 확실히 몇 명이나 되는지 알 수 없었지만 소문에

따르면 이 교파의 인원은 대략 15만 명이었다. … 여자들의 거세수술은 다양하였다. 한 쪽 또는 두 쪽의 젖꼭지를 자르거나 태워버렸으며, 한 쪽 또는 두 쪽의 유방을 잘라버리거나 가능한 한 생식기--음순과 음핵 등을 들어냈고, 난소를 제거하기도 하였다.

북제(北齊)에서는 내궁에서 잔인하여 더 이상 볼 수 없는 형벌이 있었다. 군주에게 완전히 순종하지 않고 자기의 의사를 감히 표현하려는 궁정 여인은 얼굴 가죽을 벗겨냈다. 그녀가 체면을 필요로 하지 않는다는 뜻의 징벌이었다. 악공(樂工) 조승노(曹僧奴)는 두 딸을 후주(後主)[59]에게 바쳤다. 둘째는 비파를 잘 연주하였으며 소의(昭儀)로 책봉되었으며, 큰딸은 황제의 뜻을 거역하였기 때문에 얼굴이 벗겨지는 형벌을 받았다.

황후와 비빈, 궁녀들이 남편의 신변에 머물다 냉대를 당한다 할지라도 전체적으로 말하자면 이러한 불행은 그녀들의 생애 중에 그나마 괜찮은 시절이었다고 할 수 있다. 왜냐하면 남편의 그녀들에 대한 보호가 필경 박해보다 더 크기 때문에 생활상의 부귀영화는 심령상의 공허함을 메꾸어 주었기 때문이다. 그러나 남편이 붕어(崩御)한 후에 태후나 태비(太妃) 등 극소수 사람이 계속해서 새로운 군주에게 고급의 대우를 받는 것 외에는 대다수 사람들은 더욱 냉혹하고 비참한 지경에 빠지게 되었다. 이 여인들은 옛 군주의 독점물에 속하기 때문에 다른 사람이 다시 손에 넣을 수 없었다. 이에 따라 그녀들은 새로운 군주에겐 부담이 되었다. 일단 그녀들을 잘못 처리하면 옛 군주의 얼굴에 먹칠을 할 수 있으며, 새로운 군주의 명성에 악영향을 줄 수 있었기 때문이다. 이러한 난제에서 벗어나려면 하늘에 있는 옛 군주의 영(靈)을 위로한다는 명목으로 원칙상 그녀들을 희생시킬 수밖에

59 고위(高緯, 556~577). 북제의 제5대 황제로 폭군이자 망국의 군주임.

없었다. 시대별로 풍속이 다르듯 그녀들이 받은 대우 역시 시대별로 달랐다. 그러나 같은 점이 있었는데 그들은 살든 죽든 결국은 죽은 남편의 망령 아래 맴돌 수밖에 없었다는 것이다.

가장 잔혹하고 비인도적인 것은 원시시대의 흔적을 갖고 있는 순장(殉葬) 제도이다. 이러한 제도는 황후와 비빈, 궁녀들을 군주의 완전한 부속품으로 간주하고 있었다. 이에 따라 살고 죽는 것을 반드시 군주와 같이 해야만 하였기 때문에, 이 세상에 잠시 생명을 홀로 유지하면서 남아 있을 수는 없었다. 실행 방법은 강제적인 것으로 본인이 순장품이 되길 바라든 않든 전혀 관계가 없었다. 시간의 흐름 속에서 세부적인 내용은 변화를 보였다. 첫째는 순장 여부를 대상자가 선택할 수 있게 되었고, 둘째는 자녀가 있는 경우는 모두 순장의 행렬에서 제외되었다. 진시황이 죽은 후에 자녀를 낳은 적이 없는 궁중의 모든 여자는 전부 같이 묻혔다. 명대 전반기에는 순장의 풍속이 크게 형성되어 태조(太祖)부터 선제(宣帝)[60]까지 오랜 기간 계속되었다. 무릇 순장자는 모두 시호(謚號)를 높여 주었으며 가속들은 우대를 받았다. 태조가 죽은 후에 궁녀들 중 순장을 선택한 자가 상당히 많았다. 그녀들의 가족들은 건문(建文),[61] 영락(永樂)[62] 두 대에 걸쳐 벼슬을 세습하였다. 사람들은 이들을 '태조 시대 천녀집안[天女戶]'이라고 불렀다. 선종(宣宗)이 죽은 후에 10명이 같이 묻혔는데 영종(英宗)은 각각 시호를 내리고 지위를 높여주었다. 하(何) 혜비(惠妃)를 귀비(貴妃)로 올리고 단정(端靜)이라는 시호를, 조(趙)씨는 현비(賢妃)로 올리고 순정(純靜)이라는 시호를, 오(吳)씨는 혜비(惠妃)로 올리고 정순(貞順)이라는

60 주첨기(朱瞻基, 1399~1435).
61 건문제 주윤문(朱允文) 통치 시기 연호.
62 성조(成祖) 주체(朱棣)의 연호(1403~1424년 기간).

시호를, 초(焦)씨는 숙비(淑妃)로 올리고 장정(庄靜)이라는 시호를 내렸다. 조(曹)씨는 경비(敬妃)로 올리고 장순(庄順)이라는 시호를, 서(徐)씨는 순비(順妃)로 올리고 정혜(貞惠)라는 시호를, 원(袁)씨는 여비(麗妃)로 올리고 공정(恭定)이라는 시호를 내렸다. 제(諸)씨는 숙비(淑妃)로 올리고 정정(貞靜)이라는 시호를, 이(李)씨는 충비(充妃)로 올리고 공순(恭順)이라는 시호를, 하(何)씨는 성비(成妃)로 올리고 숙희(肅僖)라는 시호를 내렸다. 시호를 내릴 때 이를 찬양하는 시책문(諡冊文)에는 "이에 자신의 몸을 맡기고 의의 도를 밟아 상빈(上賓)으로서 용(군주)과 함께하니 마땅히 이를 추천하고, 그 빛남을 칭찬하며 그 행실을 널리 밝힌다."라고 되어 있다. 명대에 성행했던 군주와 함께 궁인들을 순장하는 풍속은 영종(英宗)이 유서를 내려 금지시킴으로써 비로소 혁파되었다.

전한과 후한 시대로부터 북송과 남송 시대까지는 군주가 죽은 후에 비빈들이 군주의 능침을 지키는 것을 위주로 한 것 같다. 이러한 제도는 순장에 비해 훨씬 더 부드러운 조치이지만, 이 순간부터 삶과 죽음의 경계에서 살게 되어 마치 산 채로 순장된 것과 같아서 전혀 활기가 없었다. 하루 또 하루 죽은 남편과 만날 날을 기다리며 지내는 것이 전부였다. 한(漢) 성제(成帝)의 반(班) 첩여(倢伃)는 남편이 죽은 후에 능침을 모시도록 조치되었으며, 죽은 후에 그 능에 같이 묻혔다. 그녀가 남긴 한편의 부(賦)에는 사람의 마음을 산란하게 하는 글귀가 있다. '죽어 영원히 같이하기를 바라니, 뼈가 산록에 묻히는 것으로 족하다. 소나무, 잣나무와 같이 쉬노라.' 송(宋) 진종(眞宗)[63]의 이(李) 신비(宸妃)는 인종(仁宗)[64]의 생모였다. 두 군주가 교체되는 시기에 유(劉)태후가 자신의 지위를 보전하기 위하여 그녀가 새 군주의 생모

63 조항(趙恒, 968~1022). 제3대 황제로 송 태종의 셋째 아들.

64 조정(趙禎, 1010~1063). 북송 제4대 황제.

라는 사실을 숨기고 그녀를 일반 비빈과 같이 대우하여 진종의 영정릉(永定陵)에 보내 능침을 지키도록 하였다. 신종(神宗)의 진(陳) 미인(美人)은 죽은 남편의 능침을 지키면서 몰골이 초췌해지고 마음이 죽은 자와 같게 되어 좌우에 모시는 사람들이 죽을 올려도 약을 올려도 모두 거절하였다. 그녀는 멍한 눈으로 "하루 빨리 선제를 지하에서 모시는 것이 내 소원이다."라고 하였다.

북위(北魏) 통치자들은 황후와 비빈들이 출가토록 하는 풍속을 만들어 내었다. 죽은 군주의 미망인 및 폐출된 황후와 비빈들은 절에 들어가 여승이 되어 남은 생을 이어가야 했다. 효문제(孝文帝)[65]의 황후 풍(馮)씨는 폐출된 후 바로 출가하여 여승이 되었다. 서위(西魏) 공제(恭帝)[66]의 황후 약간(若干)씨는 미망인이 된 후에 불문에 귀의하였다. 이러한 풍속은 그 이후의 몇몇 왕조들에게도 이어져 내려갔다. 북주(北周) 선제(宣帝)의 천중대황후(天中大皇后) 진월의(陳月儀), 천우대황후(天右大皇后) 원악상(元樂尙), 천좌대황후(天左大皇后) 위지번치(尉遲繁熾)는 남편이 하늘로 돌아간 후에 같이 여승이 되어 법호를 화광(華光), 화승(華勝), 화도(華道)라고 하였다. 이러한 풍속의 여파는 당(唐)나라 초엽까지 이어져 내려와서 태종이 붕어하였을 때 그의 재인(才人)이었던 무측천과 모든 비빈들이 비구니가 되었다. 이들 수절을 하는 황후비빈들이 아침에 종이 울리고 저녁에 북소리가 들리는 절로 가게된 것은 그녀들 자신이 세상의 헛됨을 깨우쳐서가 아니고, 어쩔 수 없이 속세를 등진 것으로 세속의 잡념을 씻어버리고 남편을 위해 정절을 지키도록 요구되었다. 출가하면 비록 목숨은 유지할 수 있었지만 적막하고 견디기 어려운 것은 능침을 지키는 것과 다를 바 없었다.

65 탁발굉(拓跋宏, 467~499). 북위에서 탁월한 정치를 펼쳤던 황제.
66 탁발곽(拓跋廓, 537~557). 선비족으로 서위의 마지막 황제.

7

종잡을 수 없는 여인들의 마음

같은 처지에도 서로 껴안을 수 없는 여인들 / 군주의 사랑을 한몸에 다 받기 / 총애를 유지하는 길 / 동궁(東宮)만을 바라볼 수밖에 없는 여인들 / 외척과 비빈: 친정을 위하여 힘쓰기

사람의 심리는 공통되는 점이 있다. 이익을 쫓고 손해를 피하며 자신이 이상으로 여기는 생활목표를 실현하려고 한다. 그러나 구체적인 표현은 지위, 성격, 성별 및 환경의 차이로 아주 다채로운 개별적인 특징을 드러낼 수 있다.

황후와 비빈들의 심리는 군주의 처첩으로서의 심리와 일반 여인으로서의 심리가 혼합되어 섬세하고 교묘함과 심각함이 한 사람에게 섞여 있었다. 너무나 뚜렷해서 쉽게 헤아릴 수 있는 것 같기도 하고 자욱한 안개 같아서 음미해 보기가 어려웠다. 역사상 수많은 황후와 비빈들의 천성이 같지 않았기에 각자의 생활 모습도 같지 않았다. 온화하고 점잖으며 마음이 넓어 부녀의 덕을 드러내는 여인이 있는가 하면, 마음이 음험하고 속이 좁고 비열한 인격을 가진 여인도 있었다. 부드럽고 온화하여 사람의 마음을 잘 헤아리는 여인이 있는가 하면, 포악하고 오만하여 순종치 않고 사단을 일으키는 여인도 있었다. 보기에는 완전히 다른 이런 표현들은 모두 일종의 배역에 따른 심리가 작용하는 것으로 볼 수 있다. 즉 자신의 지위를 확고히 하고 강화하여 자신의 앞날을 보전하려는 것이었다. 그녀들은 여성으로서의 성에 따른 심리가 비교적 섬세하고 민감하며 근심이 많고 감정이 예민하였다. 어려서는 오랜 기간 집안에서만 자랐고, 커서는 깊고 깊은 궁궐에서 지냈기 때문에 사회적인 단련을 받지 못해 식견이 부족했고, 처세를 결정하는 심리가 비교적 좁고 편향적이어서 기분 내키는 대로 일을 처리하곤 하였다. 물론 일부의 뛰어난 여인들의 심리는 결코 이와 같지 않았다.

같은 처지에도 서로 껴안을 수 없는 여인들

웅장하고 화려한 궁궐이지만 그곳에 사는 황후와 비빈들의 심리상태는 오히려 음험하였다. 그녀들이 모두 군주의 처첩이라 할지라도 정말로 남편의 총애를 얻을 수 있는 사람은 너무나 적은 수였다. 이러한 상황 아래서 높은 지위와 명예를 얻으려 하든 남편의 총애를 얻으려 하든 경쟁대상을 배척하고 공격하고 소멸시킬 수밖에 없었다. 이러한 행동들을 심리학에선 '질투'라고 부른다. 질투의 본질은 다른 사람이 잘되는 것을 보아 넘기지 못하는 것이다. 왜냐하면 다른 사람이 잘 된다는 것은 자기가 뒤처지게 되거나 될 것을 의미하기 때문이다. 그녀들은 심리적인 평형을 얻기 위해 가벼이는 말로써 상대방을 폄훼하며, 좀 심하면 상대방을 불안에 떨며 살게 하고, 아주 심하면 상대방을 죽음으로 몰아넣었다.

본성이 몹시 잔학하였던 가남풍(賈南風)이 태자비였을 때 출산을 하면 남아를 낳지 못하고 여아만을 낳았다. 같은 궁궐에 있는 다른 여인이 임신을 하자 마음속으로 무어라 말할 수 없는 떨떠름함을 느꼈다. 한번은 질투가 나서 더 이상 참을 수가 없게 되자 창을 들어 임산부를 향해 집어던졌다. 창이 사람을 찌르자 당장에 유산이 되어 핏덩이의 남자 아이가 죽은 채 나왔다. 진(晉) 무제(武帝)[1]가 이 소식을 듣고 대로하여 질투가 지나친 며느리를 폐하려고 하였다. 신하 조찬(趙粲)이 그녀를 위해 통사정하였다. "가 태자비는 나이가 어리며, 질투는 부녀자들의 보편적 감정으로 시간이 지나면 자연히 좋아질 것입니다." 시아버지는 그녀를 놓아주었다. 그러나 강산은 변해도 본성

1 사마염(司馬炎, 236~290).

은 잘 바뀌지 않는다고 그녀는 황후가 된 후에도 여전히 옛날과 다름이 없었다.

당(唐) 현종(玄宗)[2]이 총애했던 두 비빈은 매비(梅妃)[3]와 양귀비(楊貴妃)로 한 사람은 호리호리하였고 한 사람은 뚱뚱하였는데 서로가 서로를 질투하였다. 매비가 먼저 궁궐에 들어왔기 때문에 자신이 먼저 입궁하였으므로 자신이 더 위라는 자부심으로 양귀비를 깔보았다. 양귀비는 뒤에 입궁하였지만 오히려 굴러온 돌이 박힌 돌을 빼낸다고 매비를 발 아래 두었다. 그녀들은 서로 총애를 다투면서 서로를 원수로 여겼으며 거듭거듭 소란을 피웠다. 현종이 새 여인을 좋아하고 옛 여인을 싫어하게 되면서 양귀비를 하늘로 떠받든 반면, 매비는 궁벽진 상양동궁(上陽東宮)으로 옮겨가게 하였다. 양귀비를 이기지 못하는 매비는 만인이 주목하는 자리에서 잊혀진 자리로 굴러 떨어졌다. 적막강산에 슬픔이 가득한 신세가 되었다. 현종은 매비가 불현듯 생각나자 매비와 옛정을 다시 살리고자 하였지만, 양귀비가 알까봐 비밀리에 매비를 불러오게 하여 한쌍의 원앙이 되는 꿈을 이루었다. 아침 해가 돋고 두 사람이 아직 침상에서 일어나지 않았는데 양귀비가 문안을 드리러 왔다. 현종이 급히 매비를 안아서 휘장 사이로 숨겼다. 양귀비는 일찍이 의심을 품고 있었는데 황제의 침대 밑에 여인의 신

2 이융기(李隆基, 685~762). 당나라 황제 중 최장기간인 48년(712~759년)간 재위. 개원의 치세[開元之治]를 이루었으나 집권 후반기에 정치를 이임보, 양국충 등에 맡기면서 쇠락의 길로 걸어갔다.

3 강채평(江采萍, 710~756). 지금의 복건성 포전(莆田) 사람. 14세에 시를 읊고 부(賦)를 잘 지어 스스로를 진(晉)의 재녀였던 사도온(謝道韞)과 비교하였다. 또한 가무에도 뛰어났는데 고력사에 의해 선발되어 입궁하였으며, 양귀비가 등장하기 전까지는 현종의 극진한 사랑을 받았었다. 756년 안록산 병란 시에 상양궁에 있던 매비를 현종이 데리고 가지 못하자 비단으로 몸을 감은 후 우물에 빠져 자살하였다.

발이 있는 것을 보고는 "매비가 어찌 있습니까?"라고 물어 보자 옷을 두르고 앉아 있던 현종이 오고간 적이 없다고 대답하였다. 양귀비는 나라를 걱정하는 모양을 하고는 남편이 환락을 탐하여 일찍이 조정에 들지 않았다고 나무랐다. 그 일이 있은 후에 현종은 사람을 보내 매비를 위로하였다. 그녀는 비탄에 잠겨 "상(上)께서 나를 아주 버리신 것인가?"라고 묻자, 이에 심부름 온 자가 "상께서 비를 버리신 것이 아니라 귀비가 화를 낼까 두려워한 것입니다."라고 하였다. 그녀는 냉소를 지었다. "나를 가엾게 여기면서 뚱뚱한 계집이 화를 낼까 두려워하니 어찌 버리지 않은 것이라고 한단 말인가?" 매비는 한바탕 원망을 쏟아 놓은 후에 남편의 사랑을 찾아오려고 생각하였다. 천금을 내놓고 고력사(高力士)에게 문인을 찾아 사마상여(司馬相如)의 〈장문부(長門賦)〉를 본뜬 부(賦) 한 편을 그녀 대신 짓게 하라고 부탁하였으나 고력사는 감히 응낙을 하지 못하였다. 그러자 그녀는 스스로 〈루동부(樓東賦)〉를 지었는데 그 가운데 양귀비를 욕하는 구절이 있었다. '어찌 용렬한 질투의 낯빛과 가득한 질투로 나의 사랑을 빼앗고, 나를 처서 궁궐에 유폐시키는가?'

양귀비가 이 부(賦)를 읽은 후에 즉각 이에 대응하여 현종에게 말하였다. "매비는 용렬하고 천한 자입니다. 이 빈약한 말로 원망을 쏟아내다니 그에게 죽음을 내리길 바랍니다." 현종은 이에 대해 아무런 말을 하지 못했으며, 이때부터 매비를 만날 생각을 하지 못하였다.

남편과 천하를 거의 양분하였던 후당(後唐) 장종(莊宗)[4]의 유(劉) 황후는 나라의 진상품을 둘로 나누어 하나는 장종에게 하나는 그녀에게 주었던 특별대우에도 만족하지 못하고, 남편이 영원히 자신만을 사랑

4 이사원(李嗣源, 867~933). 사타인(沙陀人). 5대10국 시기 후당의 두 번째 황제로 진왕 이극용(李克用)의 양아들.

하기를 바랐다. 이를 위해 그녀는 여러 수단을 동원하여 궁중의 여인들에 대해 압력을 가할 수 있는 경우는 억누르고, 그러하지 못하면 아예 제거하였다. 장종에게 사랑하는 애첩이 있었는데 미모가 뛰어난데다 아들이 있었다. 중년에 접어들었지만 자식이 없는 유씨는 질투를 참을 수 없었다. 그러나 그녀는 정면으로 공격하지 않고 수단을 부려 급습을 하는 방법을 취했다. 한번은 장종의 친신인 원행흠(元行欽)이 내궁에 들어왔는데 장종이 그에게 물었다. "그대가 최근 아내를 잃었는데 다시 여인을 맞고 싶은가? 짐이 도와주겠네." 유씨가 손가락으로 애첩을 가리키며 장종의 면전에 대고 말하였다. "폐하가 행흠(行欽)을 가련하게 여기신다면 어찌 저 여인을 하사하지 않습니까?" 장종이 어쩔 줄 몰라 하며 노련한 척 거짓으로 그러마라고 답하였다. 유씨는 더욱 노련하여 당장에 원행흠이 감사를 드리도록 하였다. 방법이 궁해진 장종은 눈뜬 채로 친신이 애첩을 데리고 가는 것을 볼 수밖에 없었다. 애첩이 떠나간 후에 장종은 큰 병을 앓는 듯 몇 날 동안 식사를 하지 못했다.

후당 장종이 아내를 두려워했고 수(隋) 문제가 아내를 두려워했는데, 아내를 두려워했던 군주가 정말로 적지 않았다. 북위(北魏) 효문제(孝文帝)[5]의 풍(馮)황후는 총애를 혼자 독차지하기 위하여 다른 비빈이 군주와 만나는 것을 매번 가로막았다. 효문제는 친신에게 여인의 질투는 군주도 면치 못하는데 하물며 사대부와 서민들은 말해 무엇 하겠는가라고 탄식하였다. 선무제(宣武帝)[6]의 질투 많고 표독한 고(高)황후도 투기심이 풍황후보다 더하면 더했지 절대 뒤지지 않았다. 그녀가 가로막는 바람에 수많은 비빈들이 평생 남편과 은밀한 애정을 나

5 탁발굉(拓跋宏, 467~499).

6 원각(元恪, 483~515). 북위(北魏) 효문제(孝文帝) 원굉(元宏)의 둘째 아들.

눌 수 없었다.

남송에서 질투심으로 유명했던 이봉랑(李鳳娘, 1144~1200)[7]은 입궁 전에는 이런 사항이 전혀 알려지지 않았었고 오히려 덕망으로 아주 높은 명성을 누리고 있었다. 아버지인 절도사 이도(李道)가 도사(道士) 황보탄(皇甫坦)이 관상을 잘 본다는 소리를 듣자 그를 특별히 불러와서 딸들의 관상을 보도록 하였다. 딸들이 한 사람 한 사람 도사를 대면하였다. 이봉랑의 차례가 되어 그녀가 절을 하려 하자 황보탄은 감히 절을 받으려하지 않고 놀라운 말을 하였다. "이 여자아이가 국모가 될 것입니다." 관상이 끝난 후에 그는 이봉랑을 궁정에 추천하여 들여보냈다. 공왕(恭王) 왕비, 태자비. 이봉랑은 한 걸음 한 걸음 발자국을 남기며 광종(光宗)[8]의 황후 자리에 올라갔다. 이 과정에서 그녀의 표독함과 질투심이 점차 드러나기 시작하였으며 날이 갈수록 심해졌다. 태상황 고종(高宗)[9]이 원망 섞인 말을 하였다. "이 여자가 장차 화근의 씨가 될 것이다. 황보탄이 나를 망쳤도다." 효종(孝宗)[10] 역시 그녀를 훈계하며 말하였다. "너는 마땅히 황태후를 본받아야 한다. 그렇지 않다면 너를 폐할 것이다." 그러나 그녀는 이런 말에 전혀 개의치 않았고 오히려 남편과 조부, 부친 사이에 반목을 조장하여 남편을 수중에 넣었다. 광종은 아내를 두려워하여 모든 것을 아내의 말에 따랐으며 계속해서 아내의 말을 듣게 되자 자유를 잃어 버렸다. 이봉랑은 후궁제도를 무시하고 남편이 그녀를 제외하고는 다른 여인을 사

7 제4대 황제 조확(趙擴)의 어머니로 북송, 남송 두 왕조의 황후 중 가장 표독한 황후로 유명하다.

8 조돈(趙惇, 1147~1200). 1194년 조확에게 양위.

9 조구(趙構, 1107~1187). 남송 초대 황제.

10 조신(趙昚, 1127~1194). 재위기간 1162~1189년. 고종의 양자로 1162년 고종이 양위하였으며, 본인은 1189년 광종에게 양위하였다.

랑하지 못하도록 하였다. 한번은 광종이 그의 목욕을 도와주는 궁녀의 섬섬옥수에 기쁨을 느꼈다. 며칠 후에 이봉랑이 사람을 통해 식품한 상자를 보내왔다. 열어 보니 그 궁녀의 두 손이 들어 있었다. 광종은 감히 화를 내지 못했지만 마음속은 도리어 답답하고 황망하였다. 이에 따라 황(黃) 귀비를 총애하게 되었고 정신의 위로를 그녀에게 의탁하였다. 그러나 얼마 지나지 않아 이봉랑은 황 귀비를 참혹하게 살해하였다. 말로는 갑작스런 죽음이라고 둘러댔다. 이봉랑은 유아독존에 악랄하여 하고 싶은 대로 하였기 때문에 광종이 다시는 여색을 가까이 하지 못하게 하였다.

황후비빈들의 최대의 질투 대상은 자기의 정적(情敵)으로 그녀들이 자신을 넘어서서 자기의 지위에 영향을 주고 자기의 앞길을 막을까봐 두려워하였다. 그녀들은 질투심 때문에 비열한 행동을 보였고 잔인한 수단을 동원하였기 때문에 내궁을 전쟁터와 형장으로 변하게 하였다.

군주의 사랑을 한 몸에 다 받기

아무리 웅대한 재능과 원대한 지략을 지녔고, 의지가 매우 강인하여 흔들리지 않는 군주라 할지라도 피와 살을 지닌 그의 육체가 내리는 결정은 일반 사람들과 다름이 없어서, 벗어나기 어려운 정서적 흔들림과 감정상의 필요를 지니고 있었다. 정무의 번잡함, 인간관계의 어려움, 속세의 번뇌 모두 끝 모를 정서적인 문제를 만들어 냈다. 이러한 것들을 극복하고 심리적인 평형을 유지하려고 하면 자신의 의지 이외에도 외부를 통한 심리 조절도 적지 않게 필요하였다. 수많은 조절의 과정 중에서 황후와 비빈, 궁녀들을 통한 조절은 말로 표현하기 어려운 특별한 효과를 가지고 있었다. 여향은 〈미인부〉에서 '음악으로 조급함을 조절하고, 여색으로 근심을 누그러뜨리니, 군주의 준칙이요 군주들이 실제로 할 수 있는 것이네'[11]라고 하였다. 그는 간단하지만 모든 뜻을 포괄하는 말로, 음악과 여색(女色)이 군주의 정서를 조절하는 양약임을 지적하고 있다.

기이함과 요염함을 다투는 궁정에서 군주가 보는 것은 전부 빼어난 미모들이며, 듣는 것은 전부 부드럽고 정감어린 말들이었다. 이러한 환경과 정서의 영향 아래 군주들은 정사를 다루느라 지나치게 곤두선 신경을 잠시 느슨하게 할 수 있었다. 사마상여는 〈상림부(上林賦)〉에서 이러한 상황을 눈에 선하게 묘사하였다.

선녀 청금(青琴), 복비(宓妃)[12] 같은 미녀들
속세를 초월하는 특별한 아름다움, 요염하면서도 우아하네.
아름답게 치장하여 조각한 듯 꾸민 모습, 낭창낭창 맵씨 있고 단아한 자태
부드럽고 아름다우며 섬세하고 우아하구나.
순색의 고운 비단 천으로 옷을 지어입고 옷소매를 끄니
길고 긴 옷자락 정갈하게 바람결에 부드럽게 흔들리니
세속의 일반 옷과 너무나 다르네.
짙은 향기를 흩뿌리는 깨끗한 아름다움이 짙고 짙구나.
선명하고 희디 흰 치아, 이슬을 머금은 듯 촉촉한 미소,
그 깨끗하고 부드러움이 사람의 마음을 움직이는 구나.
길고 부드럽게 구부러진 눈썹, 정을 가득 품은 듯한 두 눈,
아름다운 눈길로 멀리 바라보네.

---

11 樂以和操, 色以怡慮, 豈曰帝則, 實惟君擧.

12 둘 다 전설상의 여신. 복비(宓妃)는 낙수(洛水)의 여신으로 남편인 하백(河伯)은 황하의 신.

그 미색이 사람을 유혹하여 마음과 혼을 흔드네.
여인들이 기쁜 마음으로 군주의 곁에 서 있네.[13]

대업을 이루고자 하는 마음이 강한 군주는 궁중의 환락을 정신의 피로를 가볍게 풀어주는 거리로 삼기 때문에 환락에 깊이 빠져 몸을 빼지 못하는 지경이 되지는 않는다. 황음무도한 군주는 여색을 즐기는 것을 인생 최대의 낙으로 알아, 정사를 제쳐놓고 색에 빠져 헤어나오지 못하였다. 이로 인해 정통관념에서는 여색을 탐하는 정도를 명군과 혼군을 평가하는 기준의 하나로 삼았다. 하늘과 땅만큼 큰 차이가 있는 명성과 오명은 비록 군주 자신의 행동에 따른 결과이지만 그들과 밀접한 관계가 있는 여인들 역시 중요한 역할을 하였다.

군주의 정신상황 조절에 영향을 주려는 궁정 여인들의 주동적인 행위는 그녀들 스스로 군주에게 모든 것을 바치려는 생각 때문이 아니라, 자신의 지위를 보전하고 높이려는 동기에서 나온 것이다. 그녀들의 군주에 대한 영향력은 천차만별이지만 자신의 지위를 높이는 길은 똑 같았다. 즉, 어떻게 군주의 총애와 사랑을 얻느냐가 관건이었다. 이것을 실현할 수 있느냐 없느냐가 그녀들의 영광과 치욕, 신분의 상승과 하강을 결정하는 가장 중요한 일이어서 그녀들은 온몸과 마음을 다 쏟았으며 전력을 다하여 자기의 뛰어난 솜씨를 드러냈다.

군주에게 영향력을 미치려면 무엇보다 매력이 있어야 한다. 군주에게 매력이 갖는 영향은 달이 조수간만에 미치는 영향과 같다. 군주들의 감정의 파도를 격하게 출렁거리게 하며 심지어 완전히 뒤집히게 한다. 자석이 쇠붙이에 미치는 영향처럼 일단 가까워지면 서로 끌

13 若夫青琴，宓妃之徒，绝殊离俗，妖冶娴都，靓妆刻饰，便嬛绰约，柔桡嫚嫚，妩媚孅弱。曳独茧之褕绁，眇阎易以恤削，便姗嫳屑，与俗殊服，芬芳沤郁，酷烈淑郁；皓齿粲烂，宜笑的皪；长眉连娟，微睇绵藐，色授魂与，心愉于侧。(〈상림부〉 중에서)

어 잡아당기게 된다. 그녀들의 매력은 여러 요인이 섞여서 이루어진 것으로 사람의 성적 감정을 불러일으켜 군주가 애정을 지고무상의 표준으로 받들게 만든다. 궁정의 여인들이 군주의 총애를 얻는 것은 선천적인 자질이 어떠하든지 간에 대부분은 후천적인 노력과 특수한 분위기의 영향에 따른 것으로 지나치게 멍청한 여인은 거의 없었다. 이백(李白, 701~762)[14]은 일찍이 〈청평악령(淸平樂令)〉에서 '짝이 되려는 여인이여 고독한 잠을 잔다고 말하지 말라! 육궁에 미녀가 삼천이며, (그녀들이) 한 번 웃으면 모두가 온갖 아름다움을 드러내는데, 황제의 마음이 누구의 곁에 (계속) 있게 하겠는가?'라고 하였다. 황후비빈들의 매력은 군주들의 정신을 즐겁게 해주고 심정을 편하게 해주며 감각을 흥분시키는 것이다. 매력이 충만한 달기(妲己)[15]가 표연히 상(商) 주왕(紂王)[16] 앞에 나타났을 때 문무를 겸전한 군주가 자신을 자랑하기 어려운 상태에 어떻게 빠져들어 가는지를 보자. 〈봉신연의(封神演義)〉 제4회 차에 다음과 같은 묘사가 있다.

주왕이 시종에게 "달기를 대전에 들라하라."고 명하였다. 달기가 오문(午門)에 들어서서 구룡교(九龍橋)를 지나 대전의 물이 떨어지는 처마 앞에 이르러 홀(笏)을 높이 쳐들며 예를 다하여 절을 하면서 입으로 "만세!"라고 외치자 주왕이 그 모습을 주시한다. 겹겹이 쌓아올린 검은 머리카락, 복숭아 같이 발그스레한 뺨, 봄의 산같이 감도는 연한 색의 의상, 야들야들 가느다란 허리의 달기. 정말 해당화가 햇빛에 취한 듯, 배꽃이 비를 머금은 듯, 선녀들이 연못[瑤池]에 내려온 듯, 달 속의 상아가 옥(玉)

14 호 청련거사(靑蓮居士). 시선(詩仙)으로 불리며 시성 두보(杜甫)와 '이두(李杜)'로 병칭되는 가장 유명한 시인이다.

15 상(商) 주왕(紂王)의 비. 부친은 기주후(冀州侯) 소호(蘇護)로 소씨 부족의 사람이어서 소달기라 불린다.

16 제신(帝辛, B.C. 1075~1046). 상나라 최후의 군주로 성은 자(子), 이름은 수(受)임.

궁궐을 떠난 듯한 모습이었다. 달기가 붉은 입술을 달싹거리는 모습은 앵두와 같았으며, 혀끝에서 뻗어지는 것은 아름다움이 넘쳐나는 부드러운 기운이었다. 추파를 던지는 눈길은 두 쌍의 봉황의 눈길, 눈가에는 교태가 넘치는 끝없는 정감이 어려 있다. 입에서 "죄인 달기는 폐하가 만세를 누리시길 소원합니다. 만세! 만만세!"라는 말이 나온다. 이 몇 마디에 주왕의 혼백은 천리 밖 높은 하늘로 날아올라가고 뼈가 녹고 살이 흐물흐물해지는 느낌이며, 귓불이 뜨거워지고 눈이 튀어나올 지경이어서 어찌해야 좋을지 몰랐다.

이 구절들은 비록 허구이며 예술적인 과장이 더해진 것이지만 황후비빈들의 매력이 군주에게 주는 자극의 이미지를 잘 반영하고 있다. 황후비빈들의 매력은 군주가 느낄 수 있지만 그것이 무엇이라 꼭 집어 말하기 어려우며, 마음으로는 이해가 가지만 말로 전할 수는 없는 성질의 것이다. 그러나 자세히 살펴보면 일련의 구체적인 내용들을 찾아낼 수 있는데 대체로 안팎 두 방면으로 귀결된다. 밖으로는 타고난 미모와 보들보들하고 아리따운 몸매, 좋은 느낌을 주는 적합한 차림새와 화장을 포함하고 있으며, 안으로는 꾀꼬리가 지저귀고 제비가 우는 듯한 말씨, 애정이 넘치는 부드러움, 사람의 마음을 잘 헤아려주는 민감함, 노래와 춤을 잘하는 기예를 포함한다. 이러한 매력의 내외적인 요소를 한 사람이 모두 갖추기는 불가능하다. 몇 가지만 잘 갖추어 배합을 잘 이룬다면 육체와 정신 양 쪽의 흡인력을 갖추게 되어 성(性)이란 기반 위에 구축하는 전체적인 아름다움을 이루게 되고 군주의 애모를 얻을 큰 기회를 갖게 된다.

양(陽)은 강하고 음(陰)은 부드러운 것이 세상만사와 만물의 근본적인 속성이다. 만물의 영장인 인간이 이러한 속성을 체현할 때만이 비로소 자연적 본성의 아름다움을 뿜어내게 된다. 군주의 타고난 성격이 아무리 나약하다 할지라도, 한 나라의 주인이라는 양성 본위에서 보면 객관적으로 강한 양성의 이미지를 갖추게 된다. 이와 서로 짝을 이루는 역할이 필요하기에 황후비빈들은 음의 부드러움이라는 심리를 키워야 한다. 또한 이에 상응하는 행동 특징을 나타내야 하며, 이를 통해 음양이 어울리는 조화로운 효과를 만들어 내야 한다. 부드러움은 여성의 매력을 나타내는 가장 적합한 형식이다. 성격이 포악한 군주도 부드럽고 도리가 있는 황후비빈들 앞에서는 어느 정도 그 성격이 중화되어 포악함이 수그러들 수 있다. 처첩의 유순함이 여유 있는 분위기를 만들어 내어 심경의 안정을 얻고 편안함을 느끼게 할 수 있다. 일대 폭군이었던 수(隋) 양제(煬帝)도 따스함을 가지고 있던 소(蕭)황후에게는 가장 큰 호감을 가지고 있었다. 소씨는 성격이 온순하여 양제가 총애했을 뿐만 아니라 존경하였다. 그녀를 황후로 세우는 책봉조서에 '비(妃)인 소씨는 옛 사람의 교훈을 잘 이어받아, 부녀의 도리가 엄정하니, 당연히 내궁의 정위치에 있어야 하며, 품행이 단정하고 수양이 깊어서 황후로 세우기에 적합하다.'[17]라고 하였다. 소씨의 부드러움은 일종의 평안함과 고요함을 갖춘 자연적인 부드러움으로 온화한 바람과 이슬비의 아름다움을 지니고 있었다. 일부 황후비빈들의 부드러움은 강렬한 자극성을 가지고 있었다. 예를 들면, 조비연(趙飛燕), 양옥환(楊玉環) 등은 남편과 같이 있을 때 서릿발과 눈발을 봄물로 변하게 하는 능력이 있어서 무한한 위로와 친밀함을 느끼도록 하였다. 그녀들의 부드러움은 자신의 본성에서 흘러나온 면도 있지만, 그녀들이 세심하게 구현한 애교기술이란 뚜렷이 인위적인 면도 있다. 그러나 남편이 애정의 그물에 빠져 자연스러움과 인위적인 것

17 夙稟成訓, 婦道克修, 宜正位軒闈, 式弘柔教, 可立爲皇后(〈隋書 卷三十六 列傳 第一·後妃〉).

을 분별하지 못했을 뿐이다. 속담에 '사람은 꾸미기 나름'[18]이란 말이 있다. 또한 '부처는 금가루로 꾸미고, 사람은 옷으로 꾸며야 한다(佛要金妝, 人要衣妝).'라는 말도 있다. 녹색 잎사귀 사이의 붉은 꽃의 효과, 붉은 태양에 비친 울긋불긋한 구름의 효과와 같이 옷은 사람에게 중요한데 특히 여인들에게 대단히 중요하다. 옷을 잘 입으면 용모가 보통인 여인에게도 아름다움을 더해주듯, 아름다운 여인은 더욱 빛을 발하게 한다. 궁중 안에는 능라비단이 얼마든지 있으며, 게다가 옷을 만드는 곳과 천하제일을 뽐내는 의복 제작기술이 있어, 황후비빈들은 그녀들의 아름다움을 충분히 드러낼 수 있는 남달리 좋은 조건을 가지고 있었다. 당나라를 예로 들자면 황후비빈들의 옷은 궁정 상복국(尙服局)에서 책임을 졌는데 품계의 차이에 따라 서로 다른 옷을 제공하였다. 군주의 특별한 총애를 받는 사람은 전문적인 대우가 있었다. 현종의 특별한 총애를 받았던 양귀비는 그녀 한 사람만을 위하여 직물을 짜고 자수를 놓던 공인들만 7백여 명에 달했다. 그녀의 옷은 아침 안개와 무지개처럼 변화가 끊임없었다. 옷을 잘 갖추어 입던 절세가인에 대해 이백(李白)은 그의 〈청평조(淸平調)〉에서 이를 찬양하였다.

> *구름 같은 옷, 꽃도 부러워할 미모. 난간을 스치는 봄바람에 영롱하게 맺히는 이슬 같네. 군옥산에서 본 선녀일까, 아니면 요대에서 보았던 선녀일까*[19]

옷은 일종의 도구라고 할 수 있다. 그 자체로는 사람의 혼백을 호리는 능력이 없지만, 적합한 사람에게 입혀지면 그녀들의 기질에 따라 그녀들의 매력이 옷에 물들어져서 외모를 더욱 승화시켜 주게 된

18 三分長相, 七分打扮.

19 雲想衣裳花想容 / 春風拂檻露華濃 / 若非群玉山頭見 / 會向瑤臺月下逢.

다. 황후비빈들의 옷에는 예복, 평상복, 무도복의 구분이 있다. 황후의 예복은 국가의 큰 행사에 사용하는 제례복인 휘의(褘衣),[20] 황후의 친잠(親蠶) 시 입는 국의(鞠衣), 빈객을 초청한 연회에서 입는 장신구가 달린 단의(襢衣)가 있다. 이들 복장은 옷감 사용에 정성을 들였으며 공정이 세밀하고 디자인이 화려하여 귀한 느낌을 주어 몸에 걸치면 고아한 느낌을 주었다. 평상복은 다양한 형식이 있으며 어느 한 형식에 구속을 받지 않았다. 무도복은 자유스럽고 거리낌이 없으면서도 우아한 스타일이었다. 예를 들면, 예상우의무(霓裳羽衣舞)[21]의 무도복과 춤추는 사람들이 서로 잘 어울려 달 속에 있는 선녀들 같은 효과를 냈다. 백거이(白居易)[22]가 한 시에서 '상(床) 앞에 춤추는 미녀의 얼굴 옥(玉)같이 아름다워 / 입은 옷 이 세상 것 아닌 듯 / 화려한 색 치마, 날아갈 듯 가벼운 저고리, 보요(步搖)꽂은 머리 / 비녀와 구슬 목걸이 여러 겹 두르고, 산호장식 허리에 찼네.'[23]라고 읊었다. 황후비빈들은 번거로움도 마다하지 않고 끊임없이 옛 것을 버리고 새 것을 추구하면서 옷 디자인을 확확 바꾸어 갔다. 아름다움을 추구하는 마음에서뿐만 아니라 주요 목적은 자신의 몸값을 올리고 자기를 드러나게 해서 군주에 대한 흡인력을 증가시키려는 것이었다. 무대 위의 배경에 따라 극의 상황이 다른 효과를 나타내듯이, 황후비빈들은 빈번하게 의복을 갈아입으면서 수많은 모습을 드러내어 자기의 신체를 다양한 아름다움으로 꾸며갔다. 마치 꽃이 아침에는 붉은 색이었다가 저녁에

20 옛날 황후가 입던 오색 깃 꿩 무늬의 제례복(祭禮服).

21 당(唐) 현종(玄宗)이 꿈에 본 달 속의 선녀들의 모습을 상상하여 만들었다는 춤. 춤옷은 희고 긴 비단으로 만들어졌으며, 양귀비가 잘 추었다고 함.

22 백낙천(白樂天, 772~846). 호는 향산거사(香山居士)로 당나라 3대 시인 중의 한 사람. 〈장한가(長恨歌)〉, 〈비파행(琵琶行)〉 등이 유명하다.

23 案前舞者颜如玉, 不著人家俗衣服。虹裳霞帔步摇冠, 钿璎累累佩珊珊(〈예상우의가(霓裳羽衣歌)〉 중에서).

는 흰색이 되는 것과 유사하였다. 군주의 자신에 대한 신선감을 유지하고 군주의 정감과 흥분을 계속 불러일으키려 하였다.

이미지의 아름다움을 증가시키는 것은 복장 외에도 장식품이 있다. 장식품은 장식을 통해 현란한 효과를 불러일으키는 작용을 한다. 대부분은 화려하고 엄청 비싸서 빛나고 투명한 재료로 만들어져 치장하고 나면 보는 이로 하여금 눈부시게 하는 느낌을 가져온다. 황후 비빈들은 군주가 내린 상품, 지방에서 올려온 진상품, 속국의 조공품, 외국의 선물, 대량의 진기하고 귀한 장식품을 얻었다. 장식품은 용도가 다양하지만 대체로 머리장식과 노리개 두 종류로 나눌 수 있다. 예를 들면 진(晉)대 황후의 머리장식은 가발·보요(步搖)[24]·비녀가 있고, 노리개로는 곰·호랑이·붉은 곰·사슴·벽사(辟邪)[25] 등 6 짐승이 있으며, 장식품에 사용된 재료는 주로 황금, 진주, 비취 등이다. 머리장식과 복장은 인체를 꾸며 주지만 인체를 대신할 수 없었고 보조적인 작용만 할 수 있을 뿐이다.

당(唐) 시대 궁정 복장이 비교적 개방적이었던 것 외에는 전통도덕의 여성에 대한 규범으로 인해 역대 왕조의 궁정에서는 여자의 신체는 일반적으로 밖으로 드러낼 수 없었으며, 오직 얼굴 부분만 드러낸다. 여인들에게는 얼굴을 어떻게 하여 충분히 아름다움을 나타내는가가 아름다움의 관건이 걸린 부분이다. 이로써 얼굴 화장기술이 발달하게 되었다. 삼국시대에 보조개 화장(靨粧)이 유행하였고, 가장 유명했던 것은 볼에 해와 달로 연지 곤지를 하는 것이었다. 이러한 화장

24 중국 고대 여인들의 머리장식품으로 걸어갈 때 흔들린다고 하여 보요(步搖)라고 하였다. 황금으로 구부려서 용이나 봉황의 모습을 만들었으며 끝은 옥(玉)으로 만들었다.

25 액막이 짐승.

은 손화(孫和, 224~253)[26]의 등(鄧) 부인이 창조한 것으로, 처음에는 좋지 않은 모습을 좋게 보이고, 추한 것을 가려 아름답게 보이려는 궁여지책으로 나온 것이었다. 손화가 술이 취하여 제멋대로 춤을 추다가 잘못해서 등 부인의 뺨을 다치게 하였다. 상처에서 피가 계속 흘러 나왔으나 이를 봉합할 수 없었다. 어의가 수달의 뼈, 옥, 호박가루로 만든 연고를 얻어 발라야 효과를 볼 수 있다고 하였다. 등 부인이 처방대로 붙여 발라 상처가 봉합되었는데 호박 사용량이 너무 많아 붉은 점과 같은 흔적이 남았다. 그런데 이로 인해 얼굴이 더욱 아름답게 보일 줄을 누가 알았으랴? 수많은 비빈들이 앞다투어 이를 본따서 붉은 색으로 뺨에 점을 찍었다. 이것이 널리 퍼지면서 궁정 여인들의 얼굴 화장에 중요한 양식이 되었다. 이러한 양식은 오랫동안 계속되었고 당 시대에 이르면 민간에도 보급이 되었다. 얼굴 화장은 금상첨화(錦上添花)의 효과 외에도 결함을 보충할 수 있었다. 당 중종의 상관(上官) 소용(昭容)은 얼굴에 주근깨가 생겨났는데 그녀의 아름다운 얼굴에 옥의 티였다. 심성이 민첩하고 지혜로웠던 이 여인은 다른 복안이 있었다. 그녀 스스로 얼굴에 꽃을 그려 넣어 주근깨를 가렸는데 과연 그녀의 꽃 같은 얼굴을 더욱 더 아름답게 보이게 하였다.

궁정 안의 여인들이 아무리 아름답고 아무리 화장을 멋있게 할지라도 군주의 총애를 얻지 못한다면 모두 헛일이었다. 군주의 은총을 얻으려면 첫걸음이자 가장 핵심이 되는 것이 바로 군주와 이루어지는 성(性)관계이다. 처첩이 부부생활을 할 때 엄청나게 신경을 써야 한다고 하면 일반 사람들은 우스갯소리라고 생각하겠지만 궁중에서는 오히려 아주 지당한 일이었다. 군주와 성생활이 있어야 비로소 명

26 손권의 셋째 아들. 손권이 가장 총애하던 아들이었다고 한다. 동오 마지막 황제 손호(孫皓)의 친부이다. 253년 사사되었다.

실상부한 부부가 될 수 있었으며, 비로소 자녀를 낳아 기를 수 있는 희망이 있게 되는데 이러한 기회는 얻기가 어려웠다. 어렵지만 반드시 쟁취해야 했으며, 반드시 군주의 주의를 끌어야 했고, 밤에 군주를 모시는 것을 쟁취하여야만 했다. 진(晉) 무제(武帝)[27]가 삼국을 통일한 후에 각 지역의 미녀들로 내궁을 가득 채웠다. 이로 인해 그는 이것저것 돌아볼 겨를이 없었으며, 밤마다 우연히 만나는 여인과 편안함을 갖기로 했다. 이에 따라 매일 밤이 되면 그는 양들이 끄는 수레를 타고 내궁을 돌아다니다가 양들이 멈추는 그 곳에서 그 곳의 여인과 밤을 보냈다. 양들은 대나무 가지와 소금 먹기를 좋아했기 때문에 비빈과 궁녀들이 앞다투어 그녀들의 처소 문 앞에 소금 즙과 대나무 잎을 뿌려놓고 무제의 양 수레가 자기 처소의 문 앞에 머물게 하려고 하였다. 유송(劉宋, 420~479년)[28]의 문제(文帝)[29]도 진 무제와 마찬가지로 늘 양 수레를 타고 내궁을 돌아다녔다. 미모가 아주 아름다웠지만 남편의 주의를 끌지 못했던 반(潘) 숙비(淑妃)는 침궁을 더욱 우아하게 꾸미고 소금물을 땅에 뿌려 양들이 걸음을 멈추고 이를 핥도록 하였다. 이러한 방법으로 남편을 침실로 끌어들였다. 문제는 애정에서 헤어나지 못하고 그녀에게 "양도 네 주변을 감도는데 하물며 사람이야 말해 무엇 하겠느냐!"고 하였다. 이 하루 밤의 은총에 기대어 반 숙비는 총애를 받는 후궁의 첫걸음을 내디뎠다.

27 사마염(司馬炎, 236~290).
28 남북조 시대 남쪽의 첫 왕조.
29 유의융(劉義隆, 407~453). 424년 즉위하여 30년간 통치.

총애를 유지하는 길

군주가 천하를 얻는 것도 어렵지만 천하를 다스리는 것이 더 어렵듯이, 황후와 비빈들이 군주의 총애를 받는 것이 쉽지 않았지만, 총애를 계속 받는 것은 더욱 어려웠다. 그녀들이 여인으로서 가지고 있는 청춘이란 자본은 끝없이 사용할 수 있는 것이 아니었고, 일단 나이 들어 얼굴색이 누렇게 되면 그 즉시 빛을 잃고 초라해진다. 온갖 꽃이 시들어 떨어지면, 관상하는 사람의 흥미를 끌지 못할 뿐만 아니라 도리어 반감을 불러일으키듯이 그녀들의 청춘 역시 그러하였다. 황후와 비빈들은 그녀들의 인생가치가 군주가 얼마나 그녀들을 좋아하는지에 달려 있다는 것을 명확히 알고 있었다. 그러나 군주가 끊임없이 좋아하게 하려면 선결조건이 청춘을 영원히 붙잡아 두는 것이었기에, 아름다운 얼굴을 늘 신선하게 유지하고 힘을 다해 자신을 가꾸며 여색이 사라져 사랑도 식는 악운이 다가오는 것을 막으려고 하였다. 이 외에 군주가 자기에게만 정을 쏟게 하는 자신만의 개성, 군주의 혼을 쏙 빼앗는 매력을 갖추어 군주가 그녀들을 버리고 가지 못하게 하는 것이 필요하였다.

사람은 적막함과 평온함을 잘 견디지 못한다. 자극적인 것을 통해 생활을 풍성하게 하는 것이 필요하다. 군주는 정사를 처리하느라 긴장된 신경을 풀기 위하여 특히 애정 속에서 자극을 찾는 것이 필요하였다. 화려하고 다양해 보이지만 사실은 건조하고 특별함이 없는 자신의 사생활을 성격이 남다른 여인이 잘 조절해 주면서 자신을 도와주기를 바랐다. 이러한 여인들은 사납고 말을 잘 듣지 않았으며 제멋대로 화를 내고 체면과 자존심을 지키기 위하여 군주와 감연히 충돌하였다. 그러나 그녀들이 표적 없이 화살을 날려 자기의 지위와 생명을 가지고 농담을 한 것이 아니라, 그녀들에 대한 군주의 뜨거운 애정을 앞세워 그리고 이러한 사랑을 몸을 보호하는 방패로 삼아 군주를 자신의 치맛자락에 더욱 더 깊게 감싸 안았다. 비록 군주와 충돌하는 중에 어느 정도의 풍파와 좌절을 피하기 어려웠을지라도 최종에는 여전히 군주가 투항하였고 그녀들에 대한 총애는 더욱 증가하였다. 발군의 미모를 가졌지만 상당히 냉랭했던 포사(褒姒)는 감히 주(周) 유왕(幽王)이 그녀의 기분을 맞추려 하는 것들을 못본 척하였다. 결국은 그녀의 웃음을 얻어 내려고 거짓 봉화를 올려 제후들을 놀리는 일로까지 발전하였다. 천여 년을 전해져 오는 현종과 양귀비의 애정사에서 양옥환이 당 현종과 충돌했던 두 번의 간주곡이 있었다. 황후비빈과 군주의 충돌은 감정과 자존심의 상호 모순에서 나오는 자체 조절작용으로, 이러한 일은 군주가 피할 수 없는 원망과 노기를 띠게 하였으나 사랑의 뿌리 때문에 분노와 원망이 물러 간 후에는 더욱 짙게 서로 얽히는 감정을 불러일으킬 수 있었다. 이와 같이 애정과 원망이 서로 교차하는 과정에서 군주의 정감은 더욱 높은 차원으로 올라갔다. 애정이 깊으면 원망 역시 깊으며, 원망이 깊으면 애정이 더욱 절절해진다. 이러한 연애심리는 기민하고 총명한 황후비빈들에게는 적절하게 군주를 거스리는 것이 반대로 자신에 대한 군주의 흡인력을 증가시켜 더욱 자신을 사랑하도록 할 수 있다는 중요한 계시를 주었다.

황후와 비빈, 궁녀들이 군주를 거스르는 행위를 했던 것은 전부 다 그녀들이 수단을 부리거나 자의로 그런 것이 아니라, 대다수가 성격에 따른 것이다. 처음 궁에 들어온 연령이 어린 여인들은 궁궐의 규칙을 이해하지 못하는데다 사람 사이의 이해관계도 잘 헤아리지 못해 일반 사람이 볼 때에 스스로 화를 불러일으키는 표정을 짓곤 하지만, 죄를 얻는 것이 아니라 오히려 군주의 특별한 대우를 받았다. 서진(西晉) 초기에 귀족 출신인 호방(胡芳)이 아름답고 요염하여 궁궐에 뽑혀 들어갔다. 부모와 멀리 떨어져 있게 되자 그녀는 뜻밖에도 넋나간 사람처럼 크게 소리내어 울었다. 곁에 있는 사람이 황제가 들을지 모르니 조심하라고 주의를 주었으나 전혀 개의치 않고 "죽음도 두려워하지 않는데, 어찌 폐하를 두려워하겠느냐!"라고 하였다. 명(明) 중엽 도교를 숭상하였던 가정제(嘉靖帝)가 경을 읽으며 경쇠[磬]를 치다가 잘못하여 다른 곳을 치게 되었다. 좌우에 모시고 있던 비빈들과 궁녀들이 모두 고개를 숙이고 감히 그 장면을 보려하지 않았는데, 유일하게 십삼 세의 상(尙)씨가 큰 소리로 웃었다. 이 두 여인 중 한 사람은 울고 한 사람은 웃었는데 일반적인 규례에 따르면 용안을 거스른 죄에 속한다. 그런데 화가 복이 될 줄을 누가 알았겠는가? 오히려 군주가 이들을 남과 다르게 보게 되었고 총애를 얻었으니 말이다. 화가 변하여 복이 된 것은 결코 군주가 다른 사람을 받아들이는 아량 때문이 아니라, 그녀들의 당돌함이 군주에게 자극적인 쾌감을 가져다주어, 질식할 듯한 분위기에서 한 줄기 생기발랄함을 군주에게 주었기 때문이다.

군주는 황후와 비빈들의 부드러움을 좋아하였다. 만일 그녀들이 부드러움을 기본으로 하되, 거기에 어느 정도의 강함을 섞어서 부드러움 속에 강함이 있는 품격을 갖추고 있었다면 더욱 좋은 효과를 거둘 수 있었다. 그녀들의 부드러움은 여인의 특색을 표출하게 되어 군주가 나긋나긋함과 부드러움을 느끼면서 이성 간에 필요한 감정의 만족을 얻게 하였다. 적절하게 체현된 강함은 남성의 특징에 가까워서 부부의 범위를 넘어서 군주와 일종의 친구관계를 형성하게 할 수 있었다. 부부가 되어 남녀 간 즐거움을 얻을 수 있었고, 친구가 되어 뜻과 정서의 교감을 가질 수 있었다. 이러한 관계는 단순한 애정관계보다 더욱 뚜렷한 정취가 있었다. 명(明) 성화제(成化帝)[30]와 만(萬) 귀비[31] 사이에는 이러한 이중의 관계가 있었다. 만씨는 네 살에 입궁하여 손(孫)태후를 모시는 어린 궁녀가 되었다. 성인이 된 후에는 동궁에 들어가 시녀가 되었다. 성화제가 16세에 등극하였을 때 그녀는 이미 35세의 중년의 나이였다. 그러나 이 중년여인은 본인이 나이 들었다고 생각하지 않고 매사에 청춘의 숨결이 넘쳐 흘렀다. 성화제 역시 그녀가 늙었다고 느끼지 못했으며 그녀가 풍월을 이해하고 사람의 일을 잘 이해한다고 여겨, 그 이상 얻을 수 없는 반려자라고 생각하였다. 여자가 나이가 많고 남자가 어린 연령 차이는 장애가 되지 않았고, 나이든 아내와 어린 남편은 흥미진진하게 지냈다. 만씨는 성화제가 커 나가는 것을 보았기 때문에 그의 성격이나 성질, 좋아하는 것을 아주 잘 이해하여 상황에 따라 적절히 좋아하는 것을 넣어줌으로써 그가 즐거워서 그녀 곁을 떠나지 못하게 하였다. 그녀의 말이라면 다 따르게 되었다. 그녀로 인해 오(吳)황후가 폐서인이 되었으며, 다른 비빈들이 남편과 만나기가 어려웠다. 그녀가 침실을 독점하고 총애를 독차지함으로써, 같은 내궁의 여인들이 그녀를 피하여 양보할 수밖에 없게 하였다.

그녀는 여인네들의 화려한 옷보다 융장(戎裝: 무인의 복장)을 좋아하였다. 매번 남편이 행차할 때마다 융장을 하고 앞장을 섰으며 목적지에 도달해서는 칼을 차고 황제를 옆에서 모셨다. 성화제는 그녀의 이

30 주견심(朱見深, 1447~1487). 제8대 황제로 영종(英宗) 주기진(朱祁鎭)의 장자로 1464~1487년간 재위하였다.

31 만정아(萬貞兒, 1430~1485).

러한 역할과 그러한 모양으로 차려입는 것을 좋아하여 매번 그녀를 돌아볼 때마다 기쁜 빛이 얼굴 가득하였다. 그녀는 융장을 즐겨 입어 복장에 있어 다양성을 주었을 뿐만 아니라, 중요한 것은 부드럽고 약하며 힘이 없는 듯한 미인의 모습을 강하고 용감하며 의지가 강한 풍모로 바꾸어 나가 성화제의 눈과 귀를 새롭게 해주었다는 것이다. 그녀는 복도 있어서 남편이 등극한 그 다음 해에 꿈에도 잊지 못하고 갈구하던 아들을 낳았다. 성화제는 너무나 기뻐서 명산대천에 제사를 드리게 하였으며, 그녀를 황후 바로 밑인 귀비로 책봉하였다. 그러나 그녀는 아들을 낳는 복은 있었지만 누릴 복은 없었다. 아들이 돌이 되지 못해 그만 죽고 말았다. 이후로 다시는 그녀의 배가 불러 오르지 않았다.

만 귀비는 남편에 대해서는 사랑의 표현이 이루 다 말할 수 없었지만 다른 사람들에게는 지나칠 정도로 폭력적으로 대하였다. 늘 여인의 사나운 기질을 폭발시켜 내시가 조금만 뜻에 거슬려도 당장에 쫓아내었고, 궁녀들은 더욱 심하게 당하여 거듭거듭 그녀에게 매를 맞았다. 한번은 화가 나서 궁궐 노비를 때리다가 너무 화가 치밀어 스스로 억제가 되지 않아 가래가 입 안 가득 끓어오르면서 그 자리에서 목이 메어 기절하였고, 다시는 깨어나지 못하였다. 성화제는 그녀가 죽었다는 부고를 듣자 머리에 벼락을 맞은 듯 한동안 말을 못하고 있다가 장탄식을 하며 "만 비가 죽었으니, 짐 역시 가야겠구나."라고 했다. 만씨가 죽은 후 그는 온종일 넋이 나가 있었으며 몸이 점점 나빠지면서 사랑했던 만 귀비를 좇아 얼마 뒤 세상을 떠났다. 〈만력야획편(萬曆野獲編)〉[32]의 작자인 심덕부(沈德符)는 만씨가 부드러움이 아니

32 명(明) 시대 개인들의 기록으로 심덕부가 편찬하였다. 명 초엽부터 만력제 말기까지 기록되어 있는 자료로 중국 역사 연구의 중요한 사료 중 하나이다.

라 강함으로 총애를 얻은 일을 도무지 이해하지 못하고 말했다. "부녀자는 나긋나긋함이 기본이 되어야 하는데 오늘날 만씨는 반대로 강함으로 특별한 은총을 입었다."

사실 이러한 현상은 성화제와 만 귀비에 그치지 않는다. 일찍이 당(唐) 무종(武宗)[33]과 왕(王) 현비(賢妃)[34] 사이에도 같은 정서를 보였다. 왕(王)씨는 몸매가 날씬하고 키가 훤칠하여, 무종과 비슷하였다. 그녀와 무종 역시 사냥을 좋아하였다. 이에 따라 두 사람은 늘 같이 사냥을 나갔는데 왕씨가 군복을 입으면 무종과 거의 같은 모양으로 입었다. 곁에서 시중드는 사람들이 보면 누가 무종인지 누가 왕 현비인지 알아보기 어려울 정도였다. 무종이 그녀를 황후로 책봉하려 하였지만 재상 이덕유(李德裕, 787~849)[35]가 그녀가 자녀가 없고 출신 또한 비천하다고 반대하자 이런 생각을 접었다. 무종이 병이 깊어 다시 일어나지 못하리란 것을 알았지만 그녀를 떼어놓지 못하고 뚫어지게 바라보면서 "내가 기력이 다하고 정서도 고갈되었소. 다만 그대와 결별하여야 한다는 것이 두려울 뿐이다."라고 하자, 왕씨가 이에 "폐하의 만세 후에 첩도 몸을 바쳐 같이 묻히겠나이다." 하였다. 그녀는 재물을 궁인들에게 모두 나누어 준 뒤에 무종이 붕어하자 생사의 약속을 지켜 스스로 목을 매어 남편을 따라 땅 속으로 갔다.

---

33 이염(李炎, 이전(李瀍), 814~846). 목종(穆宗) 이항(李恒)의 다섯 번째 아들. 이덕유를 중용하여 당 왕조 후기의 폐단들에 개혁적인 조치를 하였다.

34 13세에 노래와 춤을 잘 추어서 입궁되었다. 목종이 그녀를 무종에게 하사하였으며, 840년 무종이 제위를 얻는데 비밀리에 도와 주었다. 무종이 제위에 오른 후에 현비로 책봉되었다.

35 당(唐) 왕조의 대신이자 시인. 한림학사(翰林學士), 병부상서(兵部尚書), 재상 등을 역임했다. 재상으로 있을 때 번진(藩鎮)의 세력을 약화시켜서 중앙집권을 공고하게 만들었다. 당시 내우외환의 상황에 처한 조정을 잠시 안정시키는 데 큰 공헌을 하였다.

이러한 무인같은 행동으로 자신의 강함을 표현한 비빈 외에도 위급한 상황에 처해 두려워하지 않고 용감하게 나서서 군주를 보호한 비빈도 군주의 특별한 총애를 얻을 수 있었다. 한(漢) 원제(元帝)[36]가 황후와 비빈들을 동반하고 사나운 동물들이 싸우는 모습을 관람하고 있었는데, 갑자기 한 마리 곰이 우리 밖으로 뛰어나와 전각 위로 달려들었다. 모두 다 놀라서 도망가는데 애첩인 풍(馮) 첩여(倢伃)가 몸을 날려 곰을 가로막고 원제를 보호하였다. 호위병들이 이틈을 타 곰을 찔러 죽였다. 원제가 그녀에게 "사람들이 놀라고 두려워하는데 그대는 어떻게 앞으로 나와 곰을 가로막았느냐?"고 묻자, "맹수는 한 사람이라도 얻게 된다면 그 자리에서 그만 멈춘다고 하였습니다. 첩은 곰이 용상으로 올라올까봐 두려워 제 몸으로 막아섰습니다."라고 답했다. 원제가 이 말을 듣고 더욱 그녀를 존중하고 아꼈다. 5대 시대에 양(梁) 태조(太祖)[37]가 병이 들어 막 낮잠이 들었는데 돌연히 방의 용마루가 부러졌다. 병상을 지키던 이(李) 비(妃)가 황급히 태조의 옷자락을 잡아당겨 그를 위험에서 구해냈다. 그들이 막 자리를 뜨자 용마루가 태조가 있던 자리로 무너져 내렸다. 태조는 감격하여 그녀를 소용(昭容)으로 책봉하였다.

사람이 생활하는 즐거움 중 최대의 즐거움은 인간관계가 정말로 찰떡궁합일 때이다. 무릇 군주의 총애를 얻는 여인들은 어쨌든 군주와 가장 잘 어우러진 여인들이라고 할 수 있다. 이러한 융합이 이루어지려면 수많은 요인들이 있기는 하지만 가장 중요한 것은 서로 간의 철저한 이해, 심령상의 교통, 정취상의 의기투합이 있어야 한다. 군주와 육신의 욕망을 넘어 정신적 교감이 있는 정감을 가진 황후와

36 유석(劉奭, B.C. 75~33). 전한의 제10대 황제.
37 주온(朱溫, 852~912).

비빈들은 모두 남다른 소질을 갖추고 있어 군주의 심사를 지극히 잘 살필 수 있었다. 한 마디 평범한 말, 일상적인 기색을 통해서도 상대방이 무엇을 생각하는지를 알아서 그들의 어려움을 풀어주고 근심을 같이 나누었다. 이러한 관계 속에서는 쌍방 모두 진정을 드러내 감히 자신의 진실한 정감을 표현하며 마음먹고 유쾌한 교류를 하게 된다. 그들의 관계는 간단한 부부관계나 군주와 신하의 관계가 아니라 그것을 넘어 승화된 친구관계가 된다. 여자 쪽은 남자 쪽을 상당히 존중하지만 시종일관 그들을 신(神)이 아닌 사람으로 여기며, 남자 쪽도 마찬가지로 여자 쪽을 사람으로 여겨 더 이상 노리개나 노예가 아닌 평등한 반려로 여기게 된다. 그들은 서로 존중하고 사랑하며 세속의 제약을 넘어 흔쾌한 마음으로 사랑의 강물 속에서 헤엄을 치게 된다. 중국 역사에서 이러한 예는 많지 않았으며, 아마 명(明) 만력제(萬曆帝)[38]와 정(鄭) 숙빈(淑嬪)의 한 쌍이 해당될 것이다. 황인우(黃仁宇, 1918~2000)[39]는 〈만력십오년(萬曆十五年)〉에서 그들의 진심을 다음과 같이 발굴해 냈다.

전해지는 바에 따르면 숙빈 정씨는 만력제와 같이 독서하는 취미를 가지고 있었다. 동시에 만력제를 세세한 부분까지 보살필 수 있었다. 이러한 정신상의 일치점으로 이 젊은 여인은 황제 신변에 없으면 안 되는 인물이 되었다. 그녀는 가장 적합한 시기에 그의 생활 속에 들어와 그의 정신상의 부족함을 채워 주었다. 기지와 총명함으로 그녀는 대단히 빨리 운명이 그녀에게 안배해 준 역할을 이해하였으며, 현실을 파악하였기 때문에 최대의 능동성을 발휘하여 자신이 예상한 목적에 도달하였다. 그녀는 그가 비록 온 세상을 다 소유한 천자의 귀한 신분이지만 실질적으로는 유약하고 그 누구도 그를 동정하거나 보호하지 않는다는 것을 알아차렸다.

38 주익균(朱翊鈞). 1563~1620년.

39 저명한 역사학자. 중국의 역사를 거시적, 재정제도적 관점에서 보는 역사관으로 유명하며 〈만력십오년〉은 그의 대표작이다.

비록 그의 어머니가 있기는 하였지만 의식적이든 무의식적이든 항상 그를 임무를 집행하는 기계로 여겼으며 그도 결국 피와 살이 있는 또한 충동과 감상적 기분이 있는 사람이라는 것을 무시하였다. 이러한 이해 위에 그녀는 아내로서 할 수 있는 직분을 철저하게 인식하게 되었다. 다른 비빈들은 황제에게 고분고분 말을 잘 들었으나 마음속 깊은 곳에서는 오히려 거리와 경계감을 가지고 있었으나 유일하게 그녀만은 아무런 거리낌 없이 황제를 놀리고 조소하면서 동시에 황제의 고충을 귀 기울여 들어주고 황제가 확신을 가지도록 격려할 수 있었다. 명분상 첩에 속하였지만 정신적으로는 이미 자신을 첩으로 간주하지 않았고, 만력황제 역시 진정으로 이러한 정신교류의 역량을 느꼈다. 환관들의 사담에 따르면 황상과 숙빈 부부가 일찍이 쌍쌍이 서쪽 내원에 있는 불사에서 불상을 배알할 때, 어느 때에는 함께 불상 앞에서 기도를 하였다. 그녀는 만력황제의 우유부단한 성격에 대해 즐거워하지 않았으며, 또한 일종의 애교와 조롱이 섞인 태도로 그에게 "폐하! 폐하는 정말 늙은 부인입니다."라고 했다.

이와 같은 세밀한 묘사에서 만력황제와 정 숙빈 사이에 일종의 진정한 인정미가 생생하게 드러난다. 정 숙빈의 남보다 뛰어난 곳은 감히 남편을 평등하게 대우하였다는 것이다. 그녀는 비록 정치적 지위에 있어 자신을 변화시킬 능력이 없었지만 인격적으로 부속품의 역할을 뛰어넘었다. 그녀는 만력제를 존경하기보다 자상하게 돌보았으며, 단순히 그에게 복종하기보다는 협력자였으며, 공손하기보다 해학적이었으며, 회피하기보다는 그와 교류를 하였다. 이러한 관계는 만력제가 군주로서 혼자 있어야 하는데 따른 어려움과 곤란함을 변화시켜, 위엄 있고 엄숙한 태도 속에 갇혀 있는 그의 심령이 상대적으로 편안함을 얻게 하였다. 그녀는 동시에 만력제의 성격상의 약점을 교정하고 보완하면서 서로가 서로를 채워 주는 조화의 아름다움을 얻었다. 따라서 만력제가 그녀를 일반적인 여자로 여길 수 없었고 신뢰할 수 있는 정신적 지주로 여겼다는 것은 조금도 이상할 것이 없다.

일부 황후비빈들은 젊은 얼굴을 유지하고, 아첨을 유지하는 데 대단한 비결이 있어 군주의 오랜 총애를 얻을 수 있었다. 그녀들 중 그 오묘함을 잘 알고 있는 여인은 살아 생전에 군주와 물과 고기처럼 줄곧 서로 좋아하였을 뿐만 아니라, 죽고 나서도 군주가 그녀를 그리워하게 할 수 있었다. 그녀들이 이렇게 할 수 있었던 비결은 자신의 가장 아름다운 이미지를 군주의 기억 속에 남겨 그들이 그녀들의 가장 아름다운 감각을 영원히 간직하도록 한 것이었다.

서한(西漢) 시대 이렇게 노래한 가사가 있다.

북방에 한 미인이 있어,
비할 데 없이 아름다운 그녀
세속을 벗어나 홀로 서 있네.
그녀의 눈길 한 번에 성(城)이 기울고,
다시 한 번의 눈길에, 나라가 기우네.
성이 기울고 나라가 기우는 것을 어찌 모르랴만
절세가인은 다시 얻기 어려워라.[40]

가사의 내용은 이(李) 부인(夫人)을 노래한 것이다. 한 무제가 이 나라를 기울게 할 정도의 절세가인을 한번 보자 마음이 쏠렸으며, 얼마 후 그녀에게 전부 사랑을 쏟아 부었다. 무제의 인생에서 가장 깊이 빠졌던 사랑이자 가장 집착하였던 사랑이었다. 그러나 그가 술에 취한 듯 사랑에 깊이 빠졌을 때 미인이 갑자기 병들어 쓰러졌다. 병이 더 이상 회복될 길이 없어서 몸이 야위고 뼈가 앙상하였다. 병이든 후에 그녀는 다시는 남편과 만나지 않았다. 그 시간이 길어지자 무제

40 北方有佳人, 絶世而獨立. 一顧傾人城, 再顧傾人國. 寧不知傾城與傾國, 佳人難再得.

는 더 이상 참지 못하고 그녀의 침궁으로 와서 만나줄 것을 요청하였다. 그녀는 결사적으로 이를 거절하고 이불로 얼굴을 덮고는 말했다. "첩이 병이 난지 오래되어 몰골이 말이 아니어서 폐하를 뵐 수 없습니다. 바라기는 제 몸을 형제들에게 위탁하고자 합니다." 무제가 "부인의 병이 중하여 다시 일어나기 어려울 듯하오. 나를 먼저 본 후에 형제들에게 위탁하도록 한다면 어찌 불쾌함이 있겠는가?" 이에 이 부인이 "아녀자는 외모를 잘 차리지 않으면 군주를 뵙지 않는 법입니다. 첩은 감히 이런 식으로 폐하를 뵙고자 하지 않습니다." 하였다. 무제가 유혹을 하며 말하였다. "부인이 나를 보기만 한다면 천금을 내리고 형제들에게도 좋은 관직을 주겠노라." 이 부인은 이 말에 전혀 감동받지 않고 말했다. "관직을 주고 아니고는 폐하께서 정할 문제이며, 저를 보고 안 보고에 달려 있는 것이 아닙니다." 무제는 포기하지 않고 반드시 보겠다고 말했다. 그러자 이 부인이 엉엉 소리를 내며 울면서 더 이상 말하지 않았다. 무제는 크게 불쾌하여 화를 내며 돌아갔다. 곁에서 지키고 있던 이씨의 자매들이 그 상황을 보고 극도의 공황에 빠져 이 부인을 비난하며 말하였다. "네가 어찌 황제를 보지 못하면서 형제를 부탁하겠는가? 어찌해서 황제가 이러한 정도까지 원망하시도록 하는가?" 그녀는 고충을 토로하며 말했다. "황제를 뵙지 않은 것은 바로 형제를 깊이 부탁하려는 것입니다. 나는 용모의 아름다움으로 비천한 출신에서 사랑을 받게 되었습니다. 그러나 아름다운 용모로 다른 사람을 섬기는 자는 용모가 쇠퇴하면 사랑이 옅어지고, 사랑이 옅어지면 은혜가 끊어지게 됩니다. 황제가 진지하게 나를 돌아보시는 것은 용모에 따른 까닭입니다. 이제 내 용모가 나빠지고 얼굴색이 옛날과 다르니 반드시 혐오하여 나를 버릴 것인데, 이후에 어찌 내 형제를 등용할 수 있겠습니까?"

이 부인은 지피지기(知彼知己)였다. 그녀가 무제와 만나보는 것을 거절하되 아주 뛰어나게 거절하면서, 남편에게 국가를 기울게 할 정도의 아름다운 얼굴과 용모를 남겨 주었으며, 제일 좋은 추억을 남겨 주었다. 그녀가 죽은 후에 무제는 황후급의 장례를 치러주었으며 두 형제 이광리(李廣利)와 이연년(李延年)이 각각 군사와 음악 부문에서 요직을 얻게 되었다.

무제는 이 부인을 몹시 그리워하였다. 아침저녁으로 그리워하며 다른 일을 할 마음이 없을 정도였다. 방사(方士)인 소옹(少翁)이 군주를 가련하게 여기고 또한 공을 세우고 싶어 이 부인의 혼을 돌아오게 하여 한번 만나게 할 방법이 있다고 말했다. 무제가 방법을 찾으라고 그를 청하였다. 소옹은 밤이 깃든 후에 등촉을 펼치고 장막을 치고, 술과 고기를 차려 놓고는 군주에게는 다른 장막 안에서 장막만 서로 바라보도록 하였다. 무제가 사랑하던 옛 비빈의 그림자를 보았지만 너무 몽롱하자 그가 성큼 걸어 그 앞으로 나아가자 도리어 아무것도 없었다. 이러한 관념 속의 만남은 그가 그리워하는 고통을 경감해 주지 못했을 뿐만 아니라 반대로 그에게 더욱 큰 비통함을 가져다 주었다. 그가 시를 지어 읊었다. "그댄가? 아닌가? 서서 바라보니 어찌 그토록 더디게 더디게 오시는가!" 음악가에게 곡을 만들어 노래를 부르도록 하였다. 부르고 부르면서 더욱 감상에 빠져 들었다. 이에 또 부(賦)를 지어 말했다. "섬세하고 연약한 너의 아름다운 모습이여 … 내 영혼이 홀로이 멀리서 너를 그리워하노라 … 너의 그 아름다운 얼굴을 어찌 깊숙이 감추는 것이냐 … 너를 생각하는 마음 끊임없이 흐르니, 마음은 영원히 처연하구나."[41]

41 美連娟以修嫮兮, … 神煢煢以遨思兮, … 包紅顏而弗明, … 思若流波, 怛兮在心(漢書 卷97 列傳第67 外戚傳 孝武李夫人).

여자의 자태는 남성과 여성이 가깝게 되는 신기한 매개체이지만, 자태가 고우면 사랑을 얻게 되고 은총도 얻게 되지만, 그 아름다움이 지나가면 만사가 다 헛것이 되고 만다. 얼굴이 아름다운 황후비빈들은 아주 쉽게 군주의 총애를 얻었으며, 쉽게 의기양양한 생활을 했다. 그러나 이 이면에 그녀들은 늘 심각한 우려를 품고 있었다. 꽃같이 아름답고 옥같이 고운 용모 속에 추녀보다 더 비천한 마음이 뛰고 있는 그녀들은 얼굴의 고움이 사라질까 두려워하였으며, 정적이 등장할까봐 두려워했으며, 남편이 새 여인을 좋아하고 자신에게 염증을 낼까봐 두려워했으며, 자기가 시든 꽃이 될까봐 두려워하였다.

동궁(東宮)만을 바라볼 수밖에 없는 여인들

장기간에 걸친 사회질서의 고착화로 황후와 비빈들은 아주 극심한 의존심리를 가지게 되었다. 그녀들은 우선은 남편에게 기대고 그 후에는 아들에게 기대게 된다. 그녀들 중 대다수는 기댈 곳이 있으면 기대고, 기댈 곳이 없으면 자신의 운명이 고르지 않다고 여기면서 운명을 받아들이면서 순리에 따라 행동하였다. 그녀들의 이러한 심리와 그에 따른 행동은 결코 큰 깨달음이 있어서가 아니라 어쩔 수 없어서 그러한 것이었다.

그러나 그녀들 중 상당수는 의지할 수 있는 사람이 있다면 그를 확실히 붙들어야 하며, 의지할 곳이 없다면 노력을 통해서라도 쟁취해야 한다고 생각하였다. 남편에게 의지할 수 있다면, 당연히 이러한 의지를 아들에 대한 의지로 바꾸어야 한다. 이러한 생각으로 이에 상응하는 행동을 하는 사람들은 대부분 미모가 뛰어나고 자질이 좋으나, 지위가 아직 최고에 도달하지 못한 총애받는 비빈들이었다.

그녀들이 비록 내궁에서 총애를 독차지 한다 할지라도 정치적 지위에 있어 국모로서 천하를 대하는 황후와 같이 이야기할 수 없었다. 영예와 권력을 위해, 자신의 전도를 위해 자나 깨나 황후의 자리가 빌 경우 그녀들 자신이 그 자리에 앉기를 바랐으며, 아니면 아예 현 황후의 자리를 대신 차지하고자 하였다. 여인들이 가장 존귀한 지위로 올라가는 길은 여러 종류가 있는데, 그 중에서 비교적 관례적이고 자연스러우며 위험이 적은 길은 아들을 태자의 자리로 밀어 올린 후에, 아들로 인해 어미가 귀해지게 된다는 원칙에 따라 자신이 황후의 자리를 얻어내는 것이다. 그녀들은 인생 최대의 일을 이루기 위하여 바람결에도 쓰러질 것 같은 가녀린 여성의 모습에서 벗어나, 용감하게 앞으로 돌진하면서 생각과 역량을 황제의 후사 문제에 집중하는 도박을 하게 된다.

동궁(東宮)에 이미 주인(태자)이 있고 중궁(中宮)에 이미 주인(황후)이 있는 상황에서도 그녀들은 결코 낙심하지 않았다. 아들로 인해 어미가 귀해지게 된다는 원칙은 보편적인 것이지, 어느 한 사람만을 위하여 제정한 것이 아니라는 것을 잘 알고 있었다. 즉 모든 어미들이 아들의 지위를 변화시킴으로써 자신의 지위를 바꿀 수 있으며, 필요한 것은 경쟁에서 이기는 것뿐이라는 것을 잘 알고 있었다. 누구든지 이 원칙에 따라 조금도 힘들이지 않고 푸른 구름 위로 솟아오르려고 한다면, 특별히 좋은 기회가 없는 한 지나치게 고지식하며 정통적이든지, 지나치게 머리가 단순한 경우이다. 편안하고 한가롭게 살지 않는 이들 궁정 여인들은 비록 심오한 정치적 원리를 잘 이해하지 못한다 할지라도 본능과 천부적 소질, 간접적 경험을 통해서 일을 만들어 내었다. 그녀들이 만들어 내는 일이나 수단은 대단해서, 속셈이 깊고 경력이 극히 풍부한 정치가들도 감탄을 금치 못할 정도였다.

오와(吳娃)는 전국시대 조(趙)나라 무령왕(武靈王)[42]이 총애하는 비빈이었다. 무령왕은 영웅으로 오랑캐의 복장을 들여와 말을 타고 화살을 쏘게 하는 것을 추진하여 조나라를 강대하게 만듦으로써 그 명성이 자자하였다. 그러나 그가 오와를 만난 후에 남녀 간의 사랑이 깊어지면서 영웅의 기질이 약해졌다. 오와는 너무나 아름다워서 천하제패에 뜻을 두었던 무령왕의 마음 반쪽은 그녀의 육체에 쏠리게 되었다. 몸값이 천하강산과 맞먹게 되었지만 오와는 여전히 만족하지 못하고 동궁의 지위에 시선을 집중하였다. 그러나 동궁에는 일찍이 주인이 있었다. 무령왕의 큰아들 조장(趙章)이 이미 여러 해 동안 태자로 있었다. 오와는 이러한 상황이 기정사실로 불변하는 것이라고 생각하지 않았다. 만일 남편이 정말로 그녀를 사랑한다면 그가 당연히 행동에 나서 태자를 다시 안배하여야 한다고 생각했다. 무령왕은 총애하는 비빈이 기뻐하지 않는 것을 참을 수 없어서 조상 전래의 법과 신하들의 반대를 무릅쓰고 재능이 있고 인심을 얻고 있던 조장을 폐하고, 오와의 아들 조하(趙何)[43]를 동궁에 들도록 하였다. 아들이 동궁에 들어가자 어미도 중궁으로 들어갔다. 오와는 아들을 발판삼아 왕후의 지위를 얻었으며 혜후(惠后)라고 불렸다. 무령왕은 이 세상에서 가장 신실한 사랑을 표현하기 위하여 아예 철저하게 끝장을 보고자 하였다. 이에 따라 왕위조차 원하지 않고 시원스럽게 조하에게 나라를 넘겨 주고 자신은 물러나 스스로 주공의 아버지[主父]라 칭하였다.

42 조옹(趙雍, B.C. 340~295).

43 혜문왕(惠文王, B.C. 309~266). 재위 시에 인상여(藺相如), 염파(廉頗), 평원군(平原君), 조사(趙奢) 등 문무대신들이 보좌하여 맑은 정치를 하였으며 군사력이 강하였다.

춘추오패[44]의 한 사람인 진(晉) 문공(文公, B.C. 697~628)은 젊은 시절 그의 아버지 헌공(獻公)[45] 시대에 한바탕 악몽을 겪었다. 그는 중이(重耳)라 불렸고 형은 신생(申生), 동생은 이오(夷吾)로 한 어미의 소생으로 모두 헌공의 적자였다. 어머니 제강(齊姜)은 일찍 죽었고 신생이 적자로서 태자로 책봉되었고, 두 동생은 수도에서 떨어진 지역을 지키면서 서로 아무 일 없이 잘 지냈다. 그러나 부친이 여희(驪姬)를 받아들인 후에는 분쟁이 일기 시작하였다.

여희는 총애를 받는 비빈으로 해제(奚齊)라 불리는 아들을 낳았으며, 해제는 어미로 인해 헌공의 총애를 받는 아들이 되었다. 여희는 아들이 총애를 받고 있는 데 만족하지 않고 해제가 신생을 대체하여 태자가 되게 하려고 생각하였다. 그러나 여희는 꿍꿍이가 깊은 여인이어서 남편에게 이러한 일을 공개적으로 제기한 적도, 심지어 뜻을 암시한 적도 없었다. 뜻밖에도 헌공이 먼저 이러한 뜻을 꺼내면서, 침상에서 여희에게 말하였다. "내가 태자를 폐하고 해제로 대신하고자 하오." 여희가 이 말을 듣자 울음을 터뜨렸다. 서럽게 울면서 한편으론 눈물을 훔치며 "태자가 이미 세워져 있고, 제후 모두 이를 알고 있습니다. 태자는 여러 차례 군사를 이끈 바 있으며 또한 백성의

44 춘추시대 천자의 힘이 약해지고 제후들의 힘이 강해지면서 주(周) 왕실이 더 이상 제후들을 호령할 수 없게 되자, 제후 중 강력한 힘을 지닌 자들이 천자를 모신다는 명분으로 제후국 간의 질서를 잡으며 패권을 차지하였다. 여러 가지 설이 있는데 〈사기(史記)〉에 따르면 제(齊) 환공(桓公), 송(宋) 양공(襄公), 진(晉) 문공(文公), 진(秦) 목공(穆公), 초(楚) 장왕(莊王)의 다섯 명이며, 〈순자(荀子)〉에 따르면 제(齊) 환공(桓公), 진(晉) 문공(文公), 초(楚) 장왕(莊王), 오왕(吳王) 합려(闔閭), 월왕(越王) 구천(句踐)의 다섯 명이다.

45 출생 미상, B.C. 651년 사망한 것으로 추정됨. 성은 희(姬)이고 이름은 궤제(詭諸)로, 진(晋)의 제21대 군주로 진무공(晋武公)의 아들이다. 말년에 여희를 총애하여 내분을 겪게 된다.

마음을 얻고 있습니다. 어찌하여 천첩으로 인하여 적자를 폐하고 서자를 세우려고 하십니까? 반드시 이렇게 하신다면 첩은 자살할 것입니다."라고 하였다. 총애하는 비빈이 이렇게까지 말하자 헌공은 감히 다시 이야기를 하지 않았다. 이 일 이후에 여희는 신생에 대해 단 한 마디도 나쁜 이야기를 하지 않았으며, 오히려 힘을 다해 좋은 말을 하면서 은밀히 다른 사람이 태자에 대해 중상모략을 하도록 하였다. 헌공이 그 둘을 비교해 보니 날이 갈수록 여희는 어질고 총명하며 신생은 밉살스럽게 여겨졌다.

정확히 때를 맞추어 여희가 계책을 내놓았다. 그녀가 신생을 속여 말하기를 "부친께서 꿈에 제강을 보았다고 합니다. 태자는 빨리 가서 제사를 지내고 제사지낸 고기를 가지고 돌아와 부친께 바치도록 하세요." 신생이 이 말을 좇아 그대로 하였다. 여희는 사람을 시켜 제사지내고 가지고 온 고기에 독을 넣도록 하였다. 헌공이 사냥을 다녀온 후에 제사고기를 먹으려고 하자, 그녀가 저지하면서 말하였다. "제사지낸 고기는 먼 곳에서 가져온 것이니 마땅히 먼저 시험해 보아야 합니다." 이 결과는 두렵고 놀라운 것이었다. 고기를 땅에 던지자 땅에 거품이 솟아올랐다. 개에게 주어서 먹게 하자 개가 즉시 죽었다. 노예에게 먹게 하자 노예도 죽었다. 여희가 구슬 같은 눈물을 주룩주룩 흘리며 말했다. "태자가 너무 잔인합니다. 부친조차 시해하려는 판인데 다른 사람이야 어떠하겠습니까? 공께서 이미 늙어 노년에 접어들었는데도 기다리지 못하고 시해하려고 하다니요!" 또 "태자의 이번 행동은 첩과 해제 때문에 그런 것입니다. 저희 모자가 빠른 시일 내 자살해야 비로소 태자에 의해 곤죽탕이 되는 것을 면할 것입니다."라 하였다. 그 소문을 들은 신생은 수도를 빠져 나왔다. 어떤 사람이 그에게 아버지께 가서 시시비비 진상을 밝히라고 하자, "아버지께서는 늙으셨습니다. 여희가 없다면 잠을 편안히 주무시지 못하고 먹는 것도 맛을 모르시게 될 것입니다. 그렇게 할 수는 없습니다."라고 하였다. 그는 죽음으로써 아버지의 뜻을 이루어 주고자 자살을 택하였다. 그 때에 중이, 이오가 궁궐로 들어왔다. 그들을 후환으로 여겼던 여희는 다시 참소를 하여 두 형제가 신생이 독을 넣은 것을 알았다고 하였다. 두 형제는 다른 사람으로부터 그 소식을 듣고 도망쳐 나와 각기 다른 나라로 망명하였다.

역사를 서주(西周) 시대로 되돌려 보면 이와 똑같은 일들을 여전히 찾아볼 수 있다. 주(周) 유왕(幽王)[46]이 포사(褒姒)를 총애하여 관례를 벗어난 기이한 일 하기를 좋아하면서 국가대사를 전부 어린애 연극으로 여겼다. 그는 미인이 즐거워하기만 하면 무슨 일이든지 하려고 하였다. 미인이 한번 웃기만 한다면 어떤 대가라도 치르려고 하였다. 본래 왕후가 있었는데 신(申)후(侯)의 딸이었다. 그녀는 본래 태자가 있었는데 신후(申后)가 낳은 아들로 희의구(姬宜臼)라 불렸다. 모든 것이 본래 잘 안배되어 있었지만 포사는 이에 따르지 않고 왕후가 되고자 하였고, 아들 희백복(姬伯服)을 태자로 만들고자 하였다. 유왕은 두 말하지 않고 즉시 미인의 뜻대로 처리하여 신후와 희의구를 함께 폐위하고, 포사와 희백복으로 그 자리를 채웠다. 태사(太史)인 백양(伯陽)은 그 상황을 보고 말했다. "아! 이미 화가 닥쳤도다. 어찌할 수 없구나."

상술한 전국 시대, 춘추 시대, 서주의 세 가지 사례는 모두 국내대란과 궁정의 정변을 불러왔다. 조하가 등극한 후에 얼마 지나지 않아 오와가 병들어 죽었다. 여전히 대권을 장악하고 있던 조(趙) 주부(主父), 즉 무령왕은 조장에 대해 사랑하는 마음이 일어나, 땅을 나누

46 희궁생(姬宮湦, B.C. 795~771).

어 그가 왕이 되도록 하려고 하였으나 머뭇거리며 결정을 하지 못했다. 조장이 조하를 토벌하려고 일어섰으나 공자 조성(趙成)에게 격퇴되어 조 주부에게로 달아났다. 조성의 병력이 궁궐을 포위하였고 조 주부와 조장은 성에 갇혀 죽었다.

제해는 헌공이 죽은 후에 보좌를 이어받았다가 대신인 리극(里克)에게 피살되었다. 상국(相國)인 순식(荀息)은 다시 해제의 동생인 도자(悼子)를 옹립하였으나 리극에 의해 살해되었다. 리극은 이오(夷吾)를 맞아들여 진의 군주[47]로 세웠다.

희백복이 태자로 세워진 후에 신(申)후(侯)가 증국(繒國), 견융(犬戎)과 연합하여 군대를 이끌고 주나라 궁정을 공격하였으며, 여산(驪山) 발치에서 유왕을 살해하였고 포사를 포획하였다. 신후는 제후들과 모여서 희의구를 주나라 천자(平王)로 세웠다(평왕은 낙읍(洛邑)으로 수도를 옮겼으며 역사적으로 동주(東周) 시대가 시작되었다).

명(明) 성화제(成化帝)[48]가 애지중지하였던 만(萬) 귀비는 자나 깨나 황후의 자리에 앉고 싶었으나 그녀에게 있어 유감스러웠던 일은 어미가 아들로 인해 귀해진다는 이 다리를 이용할 수 없었다. 왜냐하면 그녀의 첫 아이가 요절한 후에 끝내 임신을 할 수 없었다. 이 심장이 강한 여인은 운명의 안배를 받아들이지 않고, 내가 자식이 없으면 다른 사람도 자식이 없어야 한다는 생각으로 수단과 방법을 가리지 않고 내궁의 여인들이 아이 낳는 것을 막았다. 남편의 후손이 끊어지는 것을 개의치 않았다. 서로 모두 아이가 없는 상황에서 그녀는 군계일학의 지위를 유지하였다. 그녀는 면밀하게 주시하면서 엄격한 조치를

47 혜공(惠公) 희이오(姬夷吾). 출생연도 미상, B.C. 637년 사망.
48 헌종(憲宗) 주견심(朱見深, 1447~1487).

취하였다. 다른 비빈들이 일단 임신하면 전부 핍박을 받아 낙태하여야 했으며 속이고 넘어가기 어려웠다.

성화제가 우연히 내고(內庫)에 갔다가 여사(女史)[49] 기(紀)씨를 만났다. 일시의 즐거움으로 마음이 동하여 당장에 그녀를 생초 휘장으로 불러들였다. 한바탕 정사를 나눈 후에 기씨는 의외로 용의 씨를 임신하였다. 만 귀비가 기씨의 몸에 이상이 있다는 소식을 듣자 비녀를 보내서 탐문하였다. 비녀는 나쁜 사람의 앞잡이가 되고 싶지 않았고, 또한 일을 너무 바로 끝낼 수 없다고 생각하여 기씨의 몸에 병이 전염되었다고 거짓 보고하였다. 만 귀비는 반신반의하면서 기씨를 냉궁에 가두었다. 달이 찬 후에 기씨가 몰래 아들을 낳았다. 그녀는 경사로 여기지 않고 비극으로 여겼다. 만 귀비가 알고 나면 화를 불러일으킬까봐 두려워하여, 독한 마음을 먹고 태감(太監) 장민(張敏)을 보고 영아를 익사시키라고 하였다. 장민이 놀라서 말했다. "폐하께서 아직 아들이 없으신데 어찌 버린단 말인가?" 그는 위험을 돌보지 않고 영아를 별실에 감추었으며 마음을 다하여 키웠다. 6년 후 성화제가 장민을 불러 머리를 빗기라고 하면서 거울을 보면서 탄식하였다. "이렇게 나이가 들었건만 아들이 없구나." 장민이 바로 땅에 엎드려 아뢰었다. "노비의 죄는 죽어 마땅합니다. 만세께서는 이미 아들이 있습니다." 성화제는 놀라면서 그 아이가 어디 있느냐고 물었다. 장민이 말하였다. "노비가 이를 말하면 황자는 바로 죽을 것입니다. 만세는 황자(皇子)를 위해 직접 나시셔야 합니다." 성화제는 아주 기뻐하며 사신을 보내 황자를 맞아들였다. 사자가 냉궁에 도착하자 기씨는 어린아이를 안고 울면서 말했다. "아들아 네가 가고 나면 나는 살아남지 못할 것이다. 황포를 입고 수염이 있는 사람을 보면 바로 그분이

49 옛날 후궁을 섬기며 기록과 문서를 맡아 보던 여관(女官).

네 아버지이다.” 아버지와 아들이 서로 만나자 온 조정에 큰 소동이 일어났으며 천하에 조서를 내렸다. 만 귀비는 그물이 찢어진 것을 보면서 밤낮으로 울며 크게 소리쳤다. “너희 무리들이 나를 망쳤다.” 기씨는 놀라서 혼비백산하여 스스로 목을 매달아 죽었다. 장민은 박해를 피하기 위하여 금을 먹고 죽었다.

어린아이가 황태자(훗날의 홍치제(弘治帝)[50])로 세워지자 그의 할머니이자 성화제의 생모인 주(周)태후가 자동적으로 양육·보호하는 중책을 담당하였다. 하루는 만 귀비가 태자를 식사 자리에 초청하였다. 주태후가 신신당부하였다. “애야 거기에 가면 절대 아무것도 먹지 말거라!” 연회에서 만 귀비가 음식을 내리자 그가 말했다. “이미 배불러요.” 걸쭉한 탕을 권하자 또 대꾸하였다. “독이 있을 것 같아요.” 만 귀비는 부끄러움과 분함 속에서 “이 아이가 몇 살 되지 않아 이런 정도이니 훗날 반드시 나를 어육 곤죽탕으로 만들 것이다.”라고 말했다. 태자가 간 후에 그녀는 가슴이 답답하여 병이 되었다. 태자가 훗날 보복하는 것을 막기 위하여 그녀는 계책을 바꾸어 다시는 비빈들이 아들 낳는 것을 막지 않았다. 황자들이 많아진 후에 온갖 말을 하여 태자를 바꾸도록 할 계획이었다. 성화제는 황자를 배반할망정 사랑하는 비빈을 저버릴 수 없어서 한 마디로 그러겠노라고 답하였다. 그때 태산에서 지진이 발생했는데 점치는 자들이 동궁의 문제로 지진이 났다고 이야기하였다. 황제는 하늘이 자신에게 벌을 내릴까봐 두려워서 더 이상 이일을 꺼내지 않았다.

50 효종(孝宗) 주우탱(朱祐樘, 1470~1505). 1487년 제위에 올랐고, 너그럽고 인자하였으며, 여색을 멀리하고 언로를 개방하여 정사에 힘쓰면서 소위 ‘홍치중흥(弘治中興)’을 이끌었다. 만력제 시대 수석재상이었던 주국정(朱國楨)은 하·은·주 3대 이래 현명한 군주 세 사람을 꼽으며 한(漢) 문제(文帝), 송(宋) 인종(仁宗)과 함께 홍치제를 꼽았다.

동궁 쟁탈전 속에서 황후비빈들은 남김없이 그녀들의 총명과 재능, 지혜를 발휘하면서 서로가 서로를 속이고 하였는데, 정치계의 싸움과 조금도 손색이 없었다. 패자는 심연에 빠졌으며 승자는 아들의 어깨 위에서 찬란한 전도를 바라보았다. 실제로 동궁 쟁탈전은 중궁 쟁탈전의 특수한 형식이다. 의외의 일이 없다면 승자는 상황이 날로 좋아지면서 먼저 황후가 된 후에 다시 태후가 되었다.

외척과 비빈: 친정을 위하여 힘쓰기

'출가외인'이란 옛말은 그렇게 확실하지 않다. 특히 일부 황후비빈들과 친정의 관계에 대한 역사 자료를 읽어보면 더욱 이러한 느낌을 가지게 될 것이다. 황후와 비빈들의 친정집 사람들을 외척(外戚)이라고 하는데, 한 사람이 권세를 잡으면 주변 사람들이 덕을 본다고, 외척이 황후와 비빈의 후광을 입고 높은 직위에 오르고 부호가 되는 것은 늘 있는 일이었다. 황제의 처가가 지나치게 비천한 지위에 있을 수는 없었다. 만일 그렇지 않다면 황가의 체면이 서지 않기 때문이다. 재력, 지위, 영예 등에 있어 외척은 다른 사람이 비교할 수 없을 정도로 많은 것을 얻었다. 그러나 외척들이 일단 세력을 얻고 나면 늘 정치에 간섭하면서 무시로 화근이 되었으며, 시도 때도 없이 궁정 정변을 일으키곤 하였다. 이렇게 되자 시간이 흐르면서 '외척'이란 명성은 그리 듣기 좋지 않은 것으로 변하였고 낮추어 보는 뜻까지 생겨났다. 절대다수의 여인들은 결국은 많든 적든 친정을 생각하고 힘을 쓰게 된다. 비록 모두가 그렇더라도 사람마다 생각하는 것이 다른 데 일부의 경우에는 정말 현격한 차이를 보였다. 어느 경우에는 부귀영화를, 어느 경우에는 굉장한 권력을 주어 외척들이 천하의 제일 큰 가족이 되도록 하였다.

역사의 경험을 통해 보면 이러한 생각의 결과는 너무 빨리 귀하게 되면 아주 빨리 화가 닥쳐온다는 것을 보여주고 있다. 이 책의 앞 부분에서 이야기하였던 서한 여(呂)태후와 그의 가족들, 동한의 네 명의 태후와 그녀들의 형제들, 서진 양지(楊芷)와 아버지 양준(楊駿), 당나라의 양옥환(양귀비)과 그녀의 먼 친척인 양국충(楊國忠) 등은 이루 헤아릴 수 없이 많은 사례들 중 일부에 불과하다. 일부 황후비빈들은 앞 시대 사례들을 무시하고 자신은 요행히 괜찮으리라는 희망을 품고 똑같은 일을 저지르면서 결국은 똑같은 결말을 반복하였다. 사리분별이 뛰어난 황후비빈들은 이러한 전례를 경계삼아 친정집 사람들을 높이지 않고 가능한 억눌렀다. 그들이 지나치게 부유하지 않도록 하여 안녕을 유지하도록 하였다. 녹봉을 덜 받도록 하여 장수를 누리도록 하였다. 한 마디로 요약하자면 다가올 화를 방지하면서 얻기 쉽기도 하고 어렵기도 한 평범한 복을 누리게 하였다.

삼국시대 위(魏) 문제(文帝)[51]의 곽(郭)황후는 형제들과 조카들을 돌보면서 "친척들이 혼인을 할 때 마땅히 향리에 있는 사람들을 선택해야 하며, 자신의 세력을 뽐내어 다른 사람들이 강제로 너희들과 결혼하도록 하면 안 된다."고 하였다. 그녀는 그들이 첩을 얻는 것을 금지하였다. "오늘날 부녀의 숫자가 적으니, 마땅히 그녀들을 장군과 사병들의 짝이 되게 해야 한다. 나로 인하여 첩을 들이는 짓을 해선 안 된다. 마땅히 각자가 스스로 삼가서 절대로 벌을 먼저 받게 되는 자

51 조비(曹丕, 187~226).

가 되어서는 안 된다." 그녀는 옛 사례를 들어 자기의 분수를 지키도록 훈계하였다. "한(漢) 왕조의 외척들 중 온전하였던 경우가 적었다. 그들이 교만하고 사치하였기 때문이다. 어찌 근신하지 않을 수 있겠느냐?"

당 순종(順宗)[52]의 왕(王)황후는 덕스러움으로 유명하였는데, 친정 사람들을 억제한 것이 가장 큰 덕으로 꼽혔다. 그녀는 그들이 고위직을 얻지 못하도록 하였으며, 찬란한 직위를 도모하지 못하게 하였고, 부수입이 짭짤한 보직을 갖지 못하도록 하였다. 심지어는 하찮은 작은 요구조차 융통을 부리지 못하게 하였다. 그녀는 친정 식구들을 억제하는데 있어 사리분별이 명확하여 다른 사람들의 찬사를 받았으며, 친척들이 감탄할 정도였다. 사람들은 그녀를 옛 시대의 현명한 황후의 품격을 갖추었다고 칭찬하였다.

송 인종(仁宗)[53]의 양(楊) 미인은 아주 아름답게 생겼을 뿐만 아니라 일처리도 아름다웠다. 그녀의 아버지 양충(楊忠)은 금군(禁軍)에서 근무하고 있었는데, 남편이 그를 승진시키려고 하자 그녀가 엄격한 말로 이를 거절하였는데, 그 이유가 확고하고 아름다웠다. "외직에 근무하는 자는 마땅히 공적을 쌓아 부귀하게 되어야 합니다. 오늘날 제 부친이 요행으로 은택을 받게 된다면, 앞으로 폐하를 모시는 자들이 개인적인 일로 폐하를 알현하게 되는 단초를 여는 일이 될까 두렵습니다."

송 휘종(徽宗)[54]의 정(鄭)황후는 남편에게 추밀부(樞密府)에 있는 친족 정거중(鄭居中)을 파직하라고 요구하였다. "외척은 국정에 간여할 수

52 이통(李通, 761~806).
53 조정(趙禎, 1010~1063).
54 조길(趙佶, 1082~1135).

없습니다." 정거중이 파직된 후에 다시 복직되었는데 추문이 끊이지 않자, "정거중과 그 아비 정신(鄭紳)이 권모술수를 부려 뇌물을 받고 있습니다. 폐하 명령을 내리시어 어사가 그들을 탄핵하도록 윤허하여 주시옵소서."라고 다시 한 번 간언하였다.

금 현종(顯宗)[55]의 도단(徒單)황후는 조카들을 훈계하면서 "황제께서 나로 인해 은택을 우리 집안에 베풀어 주셨으니 너희는 마땅히 충성을 다하여 보답하여야 한다. 절대로 이익도 없는 작은 선한 일이라고 소홀히 하거나, 누구를 상하게 하지 않는 작은 악한 일일지라도 절대로 해선 안 된다. 내가 귀한 신분이 되었다고 이를 기대어 국가의 근본이 되는 것을 절대로 위배해서는 안 된다."라고 하였다. 그녀는 여동생과 제부에게 "너희들 가정의 부담이 적지 않고, 재정 또한 풍부하지 않으니 마땅히 재물을 사용함에 있어 절약해야 한다. 절대로 나를 의지하지 말라. 나는 천하 사람들의 재정으로 보살핌을 받는 자로 어찌 사적으로 쌓아 두는 것이 있겠느냐? 더욱이 재정이란 천하 사람들을 위해 사용하는 것이니, 내가 어찌 많이 취하여 개인적인 것을 쌓을 수 있단 말이냐?"

외척을 억제할 수 있는 황후와 비빈들은 멀리 내다보는 눈이 있었다. 그녀들이 친정집 사람들이 두드러지게 드러나지 않게 하려는 것은 바로 그들을 보호하려는 것이었다. 그녀들은 쉽게 얻을 수도 없었지만 잃을 수도 없었던 모종의 원칙을 사용하여, 친정집 사람들이 나뭇가지가 커져서 바람을 일으키게 되는 일을 피하게 하고, 다른 사람의 비방을 받는 것, 정치 소용돌이에 빠지는 것, 위험과 재난에 처하는 것을 피하게 하려고 하였던 것이다. 친정집을 안전하게 함으로써

55 완안윤공(完顔允恭). 1146~1185년.

잠재의식적으로 자신들 역시 안전감을 얻었다. 아비와 자식이 모두 서로 평안하게 지내기 어려운 궁정에서 이렇게 하려면 극도로 마음을 쓰면서 희생을 하여야 했다. 고심과 희생이 있어야 현명한 황후라는 아름다운 이름을 얻게 되는 것이다.

치마폭에 흐르는 중국역사 - 황제의 여인들 -

초판인쇄 2017년 12월 11일
초판발행 2017년 12월 15일

지은이 짜오지엔민(趙劍敏)
옮긴이 곽복선
펴낸이 김중용

총괄기획 박노일 · 최준규
편 집 심성보 · 김인숙

펴낸곳 마인드탭 MIND TAP
경기도 파주시 책향기로 441, 1004동 1004호(동패동, 책향기마을)
등록 제406-2014-000093호
전 화 070)7550-3758 팩 스 02)718-8554
홈페이지 www.mindtap.co.kr 이메일 pnc@pncmedia.co.kr
ISBN 979-11-86672-63-1 93910

※ 마인드탭은 피앤씨미디어의 자매 브랜드입니다.

정 가 16,000원